Heleno Saña

DAS ENDE DER GEMÜTLICHKEIT

Eine Bilanz der Krise unserer Zeit

Rasch und Röhring Verlag

CIP-Kurztitelaufnahme der Deutschen Bibliothek

Saña, Heleno:
Das Ende der Gemütlichkeit: Eine Bilanz der Krise unserer Zeit/
Heleno Saña. – Hamburg: Rasch und Röhring, 1992
ISBN 3-89136-447-4

Schutzumschlaggestaltung: Studio Reisenberger
Satzherstellung: Utesch Satztechnik GmbH, Hamburg
Druck- und Bindearbeiten: Bercker, Kevelaer
Printed in Germany

»Aber die wahre Krise von heute ist einzigartig in der Menschheitsgeschichte: Es ist die Krise des Lebens selbst.«

Erich Fromm, »Analytische Sozialpsychologie und Gesellschaftstheorie«

INHALT

1. Teil
DIE WELT, IN DER WIR LEBEN

»Die Auflösung der Gesellschaft steht drohend vor uns als Abschluß einer geschichtlichen Laufbahn, deren einziges Endziel der Reichtum ist; denn eine solche Laufbahn enthält die Elemente ihrer eigenen Vernichtung.«

Lewis H. Morgan, »Die Urgesellschaft«

Vorwort

Die Welt ist aus den Fugen geraten. Ich will im vorliegenden Buch versuchen, den Gründen und Hintergründen dieser Fehlentwicklung auf die Spur zu kommen, und gleichzeitig Wege aufzeigen, die langfristig zu einer Überwindung des gegenwärtigen Weltzustands führen könnten. Der Ausgangspunkt meiner Überlegungen ist die Kritik, ihre Motorik, der Glaube an eine bessere, humanere Welt. Apologetik – das sage ich gleich – wird man bei mir allerdings vergebens suchen. Deshalb richtet sich meine Analyse sowohl gegen das Bestehende wie gegen überzogene, sektiererische und infantile Utopien. Ich versuche, den träumerischen Geist des Donquijotismus mit der nicht minder spanischen Tradition des Realismus dialektisch zu verbinden, damit aus meinen Hoffnungen keine weltfremden Phantasiebilder entstehen.

Der deutsche Leser kennt mich – wenn überhaupt – fast ausschließlich aus den drei Büchern, die ich in den letzten Jahren über dieses Land und seine Menschen geschrieben habe. Aber die Welt besteht nicht nur aus Deutschland, und die Krise, die unsere Zeit kennzeichnet, stellt eine weltumfassende Erscheinung dar. Daher mein Entschluß, die deutsche Problematik momentan ruhen zu lassen und meinen Blick auf das planetarische Geschehen zu richten. Und dennoch spielt Deutschland unterschwellig eine wichtige Rolle in meiner Untersuchung, schon deshalb, weil die Entwicklung Deutschlands die Entwicklung in den anderen Ländern in beträchtlichem Ausmaß widerspiegelt und beeinflußt. Kein geeigneteres Observatorium also, um den Weltverlauf zu beobachten.

Mit diesem Buch kehre ich zu meinem ureigensten Arbeitsfeld zurück, das vornehmlich immer die Sozialphilosophie und Sozialgeschichte war. Ich weiß nicht, inwieweit das deutsche Publikum Wert darauf legt, die Stimme eines Ausländers und damit Außenseiters zu vernehmen, zumal ich aus einer anderen Perspektive denke und fühle, aus jener Perspektive, die Albert Camus einmal »la pensée du midi« nannte und die er als den Gegenpol des germanischen Denkens begriff. Aber vielleicht liegt der Reiz für den deutschen Leser gerade darin, mit einer anderen Denk- und Sichtweise konfrontiert zu werden. Die lebhafte – wenn auch kontroverse – Aufnahme meiner Bücher über dieses Land beweist, daß es genug Deutsche gibt, die bereit oder gar daran interessiert sind, den Ansichten eines Gastes ihre Aufmerksamkeit zu schenken, einerlei, ob sie sie teilen oder nicht. Davon abgesehen schreibe ich immer aus einem spontanen Impuls bzw. inneren Bedürfnis, ohne mich vorher zu fragen, ob mein Vorhaben opportun oder inopportun ist, dabei in Kauf nehmend, den Zorn oder die Entrüstung meiner Leser auszulösen.

Mit diesem Buch versuche ich, eine zwar komprimierte, aber doch integrale Antwort auf die Problematik unserer Zeit zu geben. Um diesem Anliegen zu entsprechen, bin ich gezwungen, in die tiefsten Schichten der heutigen Gesellschaft hinabzusteigen und mich in die Höhle des Löwen zu begeben, dorthin, wo der kodifizierte und verlogene Diskurs der etablierten Ideologien und der etablierten Parteien hergestellt wird. Ja, ich suche bewußt die Konfrontation mit der herrschenden Denkströmung, teilweise aber auch mit den Befreiungsschemen linker Provenienz. Mein Versuch, eine Diagnose der Krise unserer Zeit aufzustellen, wäre tatsächlich unvollständig, wenn ich nicht gleichzeitig mit vielen der gängigen linken Vorstellungen ins Gericht ginge.

Auch wenn es arrogant klingt: Die deutsche Linke ist trotz ihres professoralen Tons, ihrer tiefsinnigen Begriffsbildung und ihres beeindruckenden Wissens irgendwie im 19. Jahrhundert stehengeblieben. Deshalb glaubt sie, noch mit einer meist unkritischen Rezeption von Hegel, Marx, Freud und anderen ehrwürdigen Autoritäten die neuere und gegenwärtige Entwicklung der Geschichte und der Gesellschaft erklären zu können. Sie ist zudem schrecklich deutsch, will heißen, provinziell. Sie erweckt mitunter den Eindruck, als wollte sie den Zauber des »made in Germany« nicht nur der Industrie und der Geschäftswelt überlassen. Dieser geistige Patriotismus hat sie gehindert, sich neuen, nichtdeutschen Denkströmungen und

-anregungen zu öffnen, und hat damit den Weg für eine tiefgreifende Erneuerung versperrt. Deshalb auch der trostlose Anblick, den sie bietet. Das einzig wirklich Eigene, das sie zustande gebracht hat – das ökologische Bewußtsein –, ist längst zu einem überparteilichen Allgemeingut geworden und hat sich damit als politische Waffe gegen die etablierte Macht oder gegen die Pseudo-Emanzipation aufgehoben, zumal wiederum der weitblickende Geist der Pioniere sich mittlerweile in den Schachzügen der Tagespolitik und der Flügelkämpfe weitgehend verflüchtigt hat.

Es versteht sich von selbst, daß mein Buch alles andere als eine »wertneutrale« Stellungnahme ist. Ich nehme Partei, ganz klar Partei für ein Wertesystem, das ich zusammenfassend das Reich des Humanen nenne, als Antwort und als Alternative zu der Sackgasse, in die unsere Zivilisation geraten ist.

Heleno Saña

DIE WELTKRISE: EIN MILLENNIUM GEHT ZU ENDE

»Die Götter sind fortgegangen: Dem Menschen bleibt nichts anderes übrig, als sich zu langweilen und in seinem Egoismus zugrunde zu gehen.«

Proudhon, »Système des Contradictions Economiques«

Der Rhythmus der Geschichte

Die Weltgeschichte kennt keine geradlinige, gleichmäßige, immer vorwärts verlaufende Entwicklungsdynamik. Ihr Rhythmus war immer kontrapunktisch, asymmetrisch, diskontinuierlich. Verheerende Mißerfolge sind ihr genauso vertraut wie spektakuläre Erfolge, unerwartete Rückschläge unterbrechen immer wieder den Drang nach Erfüllung und Emanzipation, werfen oft die Menschen in Zeiten und Verhältnisse zurück, die schon als überwunden galten. Es gibt keine Vergangenheit, die sich nicht wiederholen kann, keine Zukunft, die gesichert ist. Deshalb sind Ungewißheit und Unvorhersehbarkeit das Grundgesetz der menschlichen Geschichte. Möge der Mensch sich so hoch emporheben, wie er will – unter ihm lauert immer die Gefahr des Falls und des Sturzes in die Tiefe. Giambattista Vico ahnte es, als er seine gegen den rationalistischen Fortschrittsglauben der Aufklärung gerichtete Theorie der »Corsi« und »Ricorsi« entwarf.

Aus diesem sich immer wiederholenden Dualismus von Fortschritt und Rückschritt ergeben sich die qualitativen Unterschiede und Kontraste, die zwischen den jeweiligen historischen Zyklen und Zivilisationen immer bestanden haben. Es gibt einerseits schöpferische Epochen des Aufstiegs, die sich zu klassischer Vollendung entfalten und ein insgesamt fruchtbares Erbe hinterlassen. Aber es gibt andererseits Geschichtsabschnitte des Abstiegs, die keine neuen Werte schaffen und in Zerstörung, Zusammenhanglosigkeit und Desintegration münden. Zu letzteren gehört die Zeit, in der wir uns befinden, die Zeit der Atomindustrie, der Elektronik, der Gentechnik, der Massenvernichtungsmittel, der Eroberung des Alls und der technologischen Wunder überhaupt.

Das ausgehende 20. Jahrhundert brüstet sich, eine Zeit der Kulmination zu sein; in Wirklichkeit erweist es sich immer mehr als eine Zeit des Epigonentums und des Verfalls. Der von Oswald Spengler vor siebzig Jahren plakativ angekündigte »Untergang des Abendlandes« hat sich zwar nicht bestätigt; dafür zeichnet sich immer deutlicher ein Untergang der ganzen Zivilisation und der gesamten Menschheit ab.

Wir wissen seit langem, daß das Fortschrittscredo der bürgerlichen Philosophie unhaltbar geworden ist. Genauso verhält es sich mit anderen messianischen und utopischen Erwartungen, seien sie religiöser, wissenschaftlicher oder philosophischer Natur. Die von Charles Darwin, Thomas Henry Huxley und anderen Wissenschaftlern in der Mitte des 19. Jahrhunderts formulierte Evolutionstheorie der menschlichen Gattung hat sich insgesamt als ein Blendwerk herausgestellt. Dasselbe gilt für die kulturgeschichtlichen Zukunftsträume der deutschen klassischen Geschichtsphilosophie und des deutschen Idealismus überhaupt. Marx' Reich der Freiheit rückt immer mehr in die Ferne, dagegen wird das Reich der Notwendigkeit, das es zu überwinden galt, immer mächtiger und erdrückender.

Das »In-der-Welt-Sein« wird für den größten Teil der Menschheit zunehmend zu einer Hölle. Selbst jene privilegierte Minderheit, die vordergründig die Chance besitzt, ein halbwegs erfülltes Dasein zu führen, lebt längst in einem Zustand tiefen Unbehagens, als ahnte sie, daß auch für sie der »point of no return« näherrückt. Ja, selbst die Saturierten und Mächtigen müssen am eigenen Leib die erbarmungslose Härte des von ihnen verwalteten Weltglanzes spüren.

Die Zivilisation, nicht die Revolution frißt ihre Kinder. Der Mensch sieht sich zunehmend außerstande, mit der Welt fertig zu werden, die er in den letzten Jahrhunderten mit Hilfe der Technik und der Wissenschaft gebaut hat. Les jeux sont faits, auch wenn das Roulette weiter kreist und den Anschein erweckt, man könnte noch den großen Coup landen. Die Höllenmaschinen der vielgepriesenen abendländischen Zivilisation können kaum zum Stillstand gebracht werden, sie sind dabei, sich zu verselbständigen und sich der Kontrolle ihrer eigenen Schöpfer zu entziehen. Ihre Lenker und Ingenieure geben sich noch der Illusion hin, alles im Griff zu haben, und prahlen weiterhin mit ihren Erfolgsstatistiken und ihrem technokratischen Hokuspokus. Sie ahnen nicht – oder doch? –, daß sie die allerletzten Epigonen einer untergehenden Welt sind, die im Begriff ist, mit einer Katastrophe ungeahnten Ausmaßes zu enden. Was sich anbahnt, ist die endgültige Götterdämmerung des mechanischen Zeitalters, »the eclipse of reason« auf planetarischer Ebene. Die Menschen in den privilegierten Ländern feiern noch Parties, kopulieren, bringen ihre Ersparnisse zu den Geldinstituten, zeugen Kinder und gehen ihren Arbeits- und sonstigen Pflichten nach, aber auch der Josef K. in Kafkas Roman »Der Prozeß« führte nach seiner Verhaftung sein Alltagsleben weiter.

Nach der Niederschlagung des Faschismus war man weltweit überzeugt, daß eine neue Ära des Aufbaus, des Fortschritts und des Glücks angebrochen war. Wenn man die Reden und Statements der Staatsmänner und Intellektuellen jener Zeit nachblättert, spürt man tatsächlich die Aufbruchstimmung, die damals die Seelen der Menschen beflügelte. Und es gab wirklich Gründe genug für diese jubilierende Stimmung: Die nationalsozialistische Bestie lag tot am Boden, eine Epoche der Barbarei und des Nihilismus schien endgültig überwunden zu sein. Man sprach von Freiheit, von Menschenrechten, vom friedlichen Zusammenleben der Völker, und man gründete Institutionen, die die Verwirklichung dieser und anderer Werte garantieren sollten. Selbst die besiegten Deutschen, Italiener und Japaner erholten sich rasch von ihrer Niederlage und gliederten sich ziemlich reibungslos in die von den Siegermächten errichtete Neuordnung ein.

Doch schon bald wurde die Idylle durch das Entstehen des Kalten Krieges zwischen dem westlich-kapitalistischen und dem kommunistischen Block jäh unterbrochen. In der westlichen Hemisphäre glaubte man an eine Ära des kapitalistischen Wohlstands, jenseits des Eisernen Vorhangs an den Endsieg des Sozialismus.

Aber nach und nach traten die Widersprüche und Unzulänglichkeiten beider Systeme zutage. Der Mythos des unbegrenzten Wachstums begann schon in den sechziger Jahren zu wackeln, er stürzte wie ein Kartenhaus zusammen, spätestens mit dem berühmten Bericht des Club of Rome über die Grenzen des Wachstums. Aber auch der real existierende Sozialismus erwies sich trotz seiner quantitativen Wachstumserfolge als ein untaugliches System. Während das westliche Modell zu einer »enttotalisierten Gesellschaft« entartete (Sartre), entwickelte sich das östliche Modell, der Sozialismus, als eine Pseudototalität, als ein Hort von Bürokratismus, Unfreiheit und Ineffizienz. In den achtziger Jahren wurde auch klar, daß die Länder der Dritten Welt nicht mehr in der Lage waren, ihre Schulden und ihr Elend zu bewältigen.

Der Zustand der Welt ist in allen wesentlichen Bereichen hoch prekär geworden. Wohin man schaut, stößt man auf eine immer dramatischer werdende Fülle von ungelösten Problemen, irrationalen Erscheinungen, Auflösungssymptomen und Anomalien aller Art. Und was noch besorgniserregender ist: Mit der Zunahme der Probleme wächst zugleich die Unfähigkeit, sie unter Kontrolle zu bringen oder sie gar aus der Welt zu schaffen. Daher auch die Atmosphäre von Panik und Endzeitstimmung, die sich zunehmend ausbreitet.

Um die gegenwärtige Weltkrise überhaupt verstehen zu können, müssen wir uns zuerst klar darüber werden, daß es sich keineswegs um eine vorübergehende Krise handelt, um eine, die die Legitimität und Funktionsfähigkeit der in der Welt waltenden Systeme, Ideologien und Institutionen nicht in Frage stellt, wie die Macht- und Interessengruppen aus zweckmäßigen Gründen immer wieder beschwichtigend behaupten. Im Gegensatz zu dieser apologetischen Auslegung gehe ich von der Voraussetzung aus, daß die in der Welt herrschenden Verhältnisse den ureigensten Kern unserer Zivilisation treffen. Was auf dem Spiel steht, ist nicht dieser oder jener Teilaspekt des modernen Lebens, sondern das eigentliche Fundament des industriellen und nachindustriellen Zeitalters. Es gibt eine Krise der Gesellschaft und der Zivilisation, weil es eine Krise des Menschen gibt, wie wir im Verlauf unserer Analyse feststellen werden.

Die Herrschaftsträger und ihre Helfershelfer fanden von jeher die

Welt stets in Ordnung. Dies kann nicht überraschen, wenn man bedenkt, daß ihr Handwerk immer darin bestand, die Wahrheit zu verschleiern und so zu tun, als würde alles prima laufen. Denn was zuerst auffällt, ist die abgrundtiefe Kluft, die zwischen der erbaulichen Rhetorik der Kanzleien und dem verheerenden Zustand der Welt besteht. Mit Rhetorik kann man zwar die Realität beschönigen und schmackhafter machen, ändern kann man sie nicht. Deshalb werden die Lenker des Status quo irgendwann die Quittung für ihren Zynismus bekommen.

Das Reich des Nichts

Die Wiedervereinigung Deutschlands, der sich langsam abzeichnende Zusammenschluß Westeuropas, das Ende des Kalten Krieges und der Zusammenbruch des bürokratischen Sozialismus werden weit und breit als der Beginn einer neuen Ära der Freiheit, des Wohlstands, des Friedens und des Glücks gedeutet. Der Golfkrieg brachte für eine kurze Weile diese idyllischen Vorstellungen ins Wanken, aber der Sieg der westlichen Waffensysteme stellte bald das alte, vertraute Gefühl der Selbstherrlichkeit wieder her. Auch die verzweifelte Lage der postsozialistischen Länder Osteuropas und der Völker der Dritten Welt sind für den Westen kein Anlaß, um an seinem eigenen Wertesystem zu zweifeln. Das kartesianische Ego des Okzidents hat verlernt, sich selbst in Frage zu stellen, und kennt nur die blinde, reflexartige, narzißtische Automatik der Selbstbeweihräucherung.

Tatsächlich ist die Menschheit in eine neue dunkle Nacht ihrer Geschichte eingetreten. Wir befinden uns schon längst mitten in der Finsternis jenes »Neuen Mittelalters«, das Nicholai Berdjajew im Berlin der zwanziger Jahre schon voraussah. Der schimmernde Glamour der Lichtreklame und der Neonlampen kann uns nicht darüber hinwegtäuschen, daß der Mensch im Begriff ist, das innere Licht zu verlieren, das Licht der Vernunft und der Aufklärung. Dies erklärt, warum die platonische und neoplatonische Kunst des Sehens abhanden gekommen ist und der Homo sapiens Gefahr läuft, seine Odyssee durch die Weltgeschichte als ein für immer verlorener Schiffbrüchiger zu beenden. Was auf uns wartet, ist das Reich des Nichts, die schwindelerregende Perspektive einer neuen Apokalypse von Zerstörung und Nihilismus.

Die Krise, mit der die Menschheit ringt, ist dualer Natur, hat eine objektive und eine subjektive Dimension. Einerseits gibt es eine Krise der politischen Institutionen, der Produktionsweisen, der technischen Instrumente und des gesellschaftlichen Lebens, andererseits eine Krise des menschlichen Bewußtseins, der kulturellen, geistigen und sittlichen Werte. Obwohl sie auf verschiedene Weise zutage treten, bilden beide eine geschlossene, sich gegenseitig bedingende Einheit. Man kann daher nicht über die wirtschaftspolitischen Probleme sprechen, ohne die moralischen miteinzubeziehen.

Die Geschichte lehrt uns, daß es kein großes Ideal gibt, das am Ende seine ursprüngliche Reinheit und seine Kraft nicht verliert und sich in eine traurige Karikatur seiner selbst verwandelt. Dies geschieht seit langem mit der klassischen »Humanitas«, mit dem christlichen Postulat der Nächstenliebe, mit dem Renaissance-Traum vom universalen Menschen, mit dem pädagogischen Modell der Aufklärung und mit der emanzipatorischen Botschaft der sozialen Lehren und revolutionären Bewegungen des 19. Jahrhunderts. Vertraute und von uns noch tagtäglich benutzte Begriffe wie Rechtsstaat, Freiheit, Selbstbestimmung, soziale Gerechtigkeit oder menschliche Würde haben ihre originäre Echtheit eingebüßt und zirkulieren nur als falsche Münze. In welchem Ausmaß große Befreiungsideale verzerrt und verraten werden können, hat zuletzt der real existierende Sozialismus belegt.

Strenggenommen behalten die emanzipatorischen Werte, die wir soeben genannt haben, weiterhin die Gültigkeit, die sie einst hatten. Nur, ihre ständige Vergewaltigung und ihre Entartung haben sie zu toten Formeln verkümmern lassen. Es gibt freilich genügend Menschen, Gruppen und Organisationen, die sich nicht vom Zynismus der Zeit vereinnahmen lassen und treu zu diesen ewigen Werten stehen. Der insgesamt trostlose Zustand der Welt beweist jedoch, daß sie eine Minderheit darstellen, während die überwältigende Mehrheit der Zeitgenossen kein anderes Anliegen kennt, als ihren privaten

Garten zu bestellen und das Beste aus der allgemeinen Misere zu machen. Schließlich muß man leben und überleben, nicht wahr?
Auf jeden Fall steht außer Zweifel, daß die Bereitschaft des Menschen, sich für eine emanzipatorische Aufgabe einzusetzen, stark abgenommen hat. Entsprechend läßt er sich Dinge gefallen, die früher seine Empörung auslösten und seinen Widerstandsgeist mobilisierten. Es sieht tatsächlich so aus, als hätte sich der Mensch daran gewöhnt, das Entwürdigende als einen normalen Zustand zu betrachten. Die gängige Haltung ist daher nicht der Protest, sondern der Konformismus, wie Albert Camus schon klar erkannte: »Die wahre Leidenschaft des 20. Jahrhunderts ist die Unterwerfung.«[1] Wir befinden uns deshalb in einer Phase des emanzipatorischen Stillstands – oder genauer: des Rückschritts.
Aber wahr ist auch, daß die organisierte Macht gelernt hat, besser mit ihren Widersprüchen umzugehen und die Menschen tüchtiger zu manipulieren. Im Vergleich zu den raffinierten Managern der spätkapitalistischen Gesellschaft waren die früheren Unterdrücker stümperhafte Zauberlehrlinge. Deshalb kommen die heutigen Verwalter der Macht in der Regel ohne offene Gewalt aus. Warum brutale Methoden anwenden, wenn man dasselbe Ziel durch geistige Verführung, durch tägliche, massive Gehirnwäsche, durch die Methoden der Werbung und mit den Mitteln der systemkonformen Medien erreicht? Dort, wo der Fetisch des materiellen Wohlstands die Menschen blendet, braucht man keinen Faschismus, man braucht nur den Besitztrieb zu mobilisieren. Vergewaltigung ohne Gewalt: Das ist die Masche der westlichen Herrschaftsträger, und sie hat sich als tausendmal effizienter erwiesen als die plumpen Methoden der faschistischen Neandertaler. Daher auch die weitgehende Integration, die grundsätzliche Bereitschaft, mitzumachen, sich anzupassen und okay zu sagen. Hauptsache, man hat seinen Komfort, die Regale der Warenhäuser sind voll und man kann sich eine Auslandsreise leisten.

Die Wiederkehr des Gleichen

In den letzten Dekaden – Krise des Marxismus, Entstehung des Strukturalismus, der Postmoderne und der Neuen Philosophen – hat sich die kritische Theorie ins Winterquartier zurückgezogen und ist überall durch Nachahmung und mechanische Hinnahme der triumphierenden Faktizität ersetzt worden. Flacher Positivismus, vordergründiger Pragmatismus haben sich weitgehend des öffentlichen, gesellschaftlichen Raums bemächtigt. Gefragt und beliebt sind nur Fakten und statistische Tabellen, smarte, agile Intellektuelle, anpassungsfähige Politiker, Kommentatoren und Meinungsmacher, die bedenken- und hemmungslos sich bereit erklären, alles Hintergründige und Problematische auszuschalten und Konsens um jeden Preis herzustellen. Diskutiert wird höchstens noch über Detailfragen, ansonsten ist man über die Marschroute der Zukunft einer Meinung: rigorose Marktwirtschaft, hohe Exportquoten, brutaler Wettbewerb wie eh und je und neuerdings freilich die ökologische Komponente. Der schon tausendmal für tot erklärte Kapitalismus feiert den größten Sieg seiner Geschichte. Mit Spott bemerkt Hans-Martin Lohmann: »Wendige und windige Gestalten, die sich heuschreckenartig der öffentlichen Meinung bemächtigt haben, lassen uns seit ein paar Jahren wissen, das Problem unseres Zeitalters und unserer Gesellschaft besteht nicht darin, wie wir der immensen Schwierigkeiten Herr werden . . ., sondern darin, wie wir unseren täglichen Speiseplan zusammenstellen.«[2]

Es gab schon mal eine europäische Belle Époque, es gab in Deutschland eine stürmische Gründerzeit, es gab in England einen blühenden Kolonial-Liberalismus, und es gab ebenso ein reiches Frankreich – und man weiß, wie all diese Prosperität und diese Euphorie endeten: in Kriegen, sozialen Kämpfen, Faschismus, Chaos, Terror, Elend und Trümmern.

Man verspricht heute dasselbe wie damals, ohne kaum ein Wort über die Fehlentwicklungen der Vergangenheit und über die Gefahren zu verlieren, die sich schon jetzt klar am Horizont abzeichnen. Und wenn sich verantwortliche und krisenbewußte Stimmen melden, werden ihre Mahnungen als ein Zeichen von Kulturpessimismus oder von intellektuellen Ressentiments verachtungsvoll abgetan, zu unbedeutenden Fußnoten des Weltgeschehens herabgestuft. Plötzlich soll das, was schon einmal kläglich mißlang, sich endgültig und für alle Zeiten bewähren: Der Spätkapitalismus werde unter der Federführung Amerikas, Westeuropas und Japans schon das Wunder vollbringen, alle Probleme der Welt zu bewältigen, zumal er, nach einer jahrhundertelangen Konfrontation mit seinen sozialistischen Feinden und Widersachern, ganz allein als absoluter, unbestrittener Triumphator dasteht.

Die antikapitalistischen Kräfte sind weitgehend zerschlagen, jetzt beginnt das Goldene Zeitalter der kapitalistischen Vollendung. Und alle scheinen bereitwilligst mitzumachen, an erster Stelle die früheren stalinistischen Apparatschiks und sonstigen realsozialistischen Bonzen und Mitläufer, die ex officio jahrzehntelang den Kapitalismus verflucht hatten. Oder auch jene westlichen Intellektuellen, die sich als devote und linientreue Propagandisten des Kommunismus sowjetischer Prägung betätigt und den westlichen »way of life« verachtungsvoll angeprangert hatten. All diese ehemaligen Kapitalistenfresser sind zahme Diener desselben Systems geworden, das sie in vergangenen Zeiten in Bausch und Bogen verdammt hatten. Sie alle haben sich dem Trend der geschichtlichen Entwicklung angepaßt und loben unisono die Vorzüge des freien, tüchtigen, fortschrittlichen, rationalen Modells des Westens. Aber auch die Gewerkschaften und die sozialdemokratischen bzw. sozialistischen Parteien der Sozialistischen Internationale leisten seit langem ihren Beitrag für den Einzug dieses Goldenen Zeitalters.

Man sollte mißtrauisch werden, wenn alle Welt einer Meinung ist, denn eine solche Übereinstimmung läßt vermuten, daß etwas faul ist im Staate Dänemark. Mögen die Staatsmänner und die Massenmedien behaupten, was sie wollen: Die Wirklichkeit wird sich früher oder später als zäher und stärker erweisen als ihre Propaganda. Gewiß wachsen weiterhin die Statistiken über Produktion und Konsum, aber noch schneller vermehren sich die Armut, das soziale Elend und die Gewalt. Wir befinden uns längst in einer Zeit der Brutalität, wir gehen noch brutaleren Zeiten entgegen, die, global gesehen, an Härte den von Dickens in »Hard Times« angeprangerten viktorianischen

Kapitalismus noch übertreffen werden. Die bürgerlichen und vom Vulgärsozialismus geteilten Illusionen über den unentwegten Fortschritt der Geschichte sind unhaltbar geworden. Die Zeit der fetten Kühe, die nach dem Zweiten Weltkrieg durch den Wiederaufbau, das Ausdehnen der Märkte und die Forcierung des Massenkonsums herbeigeführt wurde, ist längst vorbei. Deshalb wurde Keynes, der die arbeitenden Massen durch Umverteilung zu ihren Gunsten mit dem Kapitalismus aussöhnen wollte, in den siebziger Jahren in die Wüste geschickt und nach und nach durch den knallharten Monetarismus der Chicago-Schule, die Umverteilung von unten nach oben, ersetzt. Die schon heute bestehende chronische Arbeitslosigkeit, Rezession und Armut werden sich ins Groteske vermehren.

Es geht um die ewige Frage: um die Verteilung der vorhandenen und in Zukunft zu schaffenden wirtschaftlichen Güter und Ressourcen, und sie kann in absehbarer Zeit nicht zugunsten der Benachteiligten gelöst werden, weil kein Gegengewicht zur Herrschaft des Kapitalismus in Sicht ist. Der Spielraum für die Verteilung der Zuwächse ist enger geworden und nicht nur in der Dritten Welt. Die Verwalter der Macht wissen dies, wissen, daß die Linke sich in einer tiefen Identitätskrise befindet und aktionsunfähig geworden ist, und entsprechend werden sie um so hemmungsloser vorgehen. Und sie blühen, die Geschäfte, sie blühen im direkten Verhältnis zum wachsenden Elend, das diese Geschäfte weltweit erzeugen.

So, wie Leibniz die Schöpfung als die beste aller möglichen Welten begriff, behaupten die heutigen Machthaber, daß die Menschen es noch nie so gut hatten. Entsprechend versuchen sie, sie davon zu überzeugen, daß sie keinen Grund haben, sich zu beklagen. Sie können freilich nicht ganz leugnen, daß es unzählige Krisenherde zu bewältigen gibt – Osteuropa, Dritte Welt, Nahost, Zerstörung der Natur –, aber sie geben vor, eine Patentlösung für diese Probleme zu besitzen und daß es nur eine Frage der Zeit ist, sie zu lösen. Diese Patentlösung heißt – wie könnte es anders sein? – freie Marktwirtschaft, in Deutschland auch mit dem Adjektiv »sozial« geschmückt. Damit es keinen Anlaß zu Mißverständnissen gibt: Hier wird dem untergegangenen »realen Sozialismus« nicht nachgetrauert und noch weniger seine eventuelle – freilich unwahrscheinliche – Wiederherstellung als Alternative zum Status quo empfohlen. Aber ich füge gleich hinzu, daß das klägliche, selbstverschuldete Scheitern dieser Alternative kein ausreichender Grund ist, um sich mit dem westlichen System abzufinden. Ich tue es wenigstens nicht.

In letzter Zeit ist bis zum Überdruß die Rede vom »rationalen« Charakter des bürgerlich-kapitalistischen Systems gewesen. Ich verstehe nicht, worin die Rationalität eines Systems liegen soll, dessen Hauptmerkmal darin besteht, den größten Teil der Weltbevölkerung rücksichtslos auszunutzen und verelenden zu lassen. Ich kenne keine andere Rationalität als Freiheit, soziale Gerechtigkeit, Selbstbestimmung und Erfüllung, und niemand mit einem Mindestmaß an kritischem Bewußtsein wird behaupten wollen, daß die angebliche Rationalität der westlichen Welt zu einer Realisierung dieser Werte und Zielsetzungen geführt hat. Was die unterstellte Rationalität des Spätkapitalismus geschaffen hat, sind vielmehr Arbeitslosigkeit, Ungleichheit zwischen den Klassen und den Völkern, skandalöser Luxus auf der einen Seite und tiefe Armut auf der anderen, dauernde Vergeudung von Produktionsmitteln und Konzentration der politischen, ökonomischen und gesellschaftlichen Macht in den Händen einer privilegierten Minderheit. Max Horkheimer hatte recht, auch wenn man seine Mahnung vergessen hat: Die kapitalistische Rationalität ist eine irrationale Rationalität. Oder, wie es Ernest Mandel formuliert hat, »eine widerspruchsvolle Kombination von Teilrationalität und Gesamtirrationalität«[3].

Die Menschheit befindet sich an einem der dramatischsten Tiefpunkte ihrer Entwicklungslinie, und die Dimensionen dieser Krise sind globaler Natur. Nicht nur einzelne Länder oder Regionen müssen mit allen möglichen Sorgen und Problemen ringen; die ganze Welt ist ein riesiges Problem geworden. Wenn es in absehbarer Zeit der Menschheit nicht gelingen sollte, die selbstmörderische und vernunftwidrige Dynamik des waltenden Systems durch ein sinnvolles, lebenserhaltendes und lebensstiftendes Gegenmodell zu ersetzen, wird die Zivilisation wie ein neuer babylonischer Turm einstürzen. Was Max Frisch vor vielen Jahren schon feststellte – »Die Sintflut kann hergestellt werden« –, rückt immer näher. Es gibt tatsächlich keine göttliche oder sonstige Gewähr für das Weiterbestehen des

Menschengeschlechts. Alles, was von unseren Vorfahren im Laufe der Jahrhunderte und Jahrtausende in mühevoller und aufopfernder Arbeit erbaut wurde, wird in Schutt und Asche enden. Man muß leider dem polnischen Philosophen Adam Schaff zustimmen: »Die Bedrohung der menschlichen Existenz gab es immer, aber noch nie war das Problem so total und so entsetzlich in seinen Folgen für die Existenz der Menschheit als solcher wie heute.«[4]

Entweder – Oder

Ein irrationales System ist ein sich selbst zerstörendes System. Es kann sich nicht »ad infinitum« reproduzieren, sondern muß früher oder später Opfer seiner eigenen Widersprüche werden.
Die westliche Zivilisation steht auf der Höhe ihrer Macht, aber sie hat gerade deswegen auch den Gipfel ihrer Sinnlosigkeit erreicht. Ja, die herrschende Entfremdung und Sinnlosigkeit sind schon eindeutige Vorboten ihres längst eingetretenen Auflösungsprozesses. Die Geschichte zeigt uns unzählige Beispiele von Imperien, Zivilisationen, gesellschaftlichen Systemen und mächtigen Weltanschauungen, die sich für unbesiegbar und krisenfest hielten und trotzdem irgendwann zugrunde gingen und in Trümmern endeten.
Eines ist unbestreitbar: Die westliche Zivilisation ist trotz ihrer weltweiten Herrschaft und ihrer ungeheuerlichen Machtfülle in die Sackgasse geraten – in dem Sinne, daß sie sich als unfähig erwiesen hat, mit den globalen Problemen fertig zu werden, die sie selbst erzeugt hat. Die überwältigende Überlegenheit ihrer Technik, ihre Produktionskraft und ihre Zerstörungsarsenale dürfen uns nicht darüber hinwegtäuschen, daß sie geistig und moralisch ein bankrottes, kaputtes Wertesystem vertritt, ohne jede Chance, sich jemals zu regenerieren und aus der eigenen Asche wieder aufzuerstehen.
Die Weltgeschichte ist gewiß keine Theodizee, keine »Rechtfertigung Gottes«, wie Leibniz oder auch Schelling und Hegel dachten; sie verfolgt auch keinen sonstigen teleologischen Zweck. Aber das heißt nicht, daß sie nicht ihre Logik besitzt. Das Gute, das Rationale, das Sinnvolle, das Gerechte und Menschliche setzen sich selten oder nur

für eine kurze Weile durch, aber auch für das Böse und Niederträchtige kommt eines Tages die bittere Stunde der Niederlage. In dieser Hinsicht hat die Geschichte doch einen Sinn, der darin besteht, das Lebensfeindliche und Zerstörerische nicht ewig herrschen zu lassen. Aber wir dürfen uns nicht allein auf den Gang der Geschichte verlassen; wir müssen vielmehr die Weltentwicklung als eine persönliche Affäre begreifen, als etwas, was jeden von uns ganz direkt betrifft. Wenn wir diesen grundsätzlichen Zusammenhang zwischen Objekt und Subjekt nicht zur Kenntnis nehmen, entziehen wir uns unserer persönlichen Verantwortung und degradieren uns selbst zu passiven Zaungästen eines deterministischen Prozesses.

Der Mensch ist immer vom Ganzen abhängig gewesen, aber diese Abhängigkeit bedeutet keineswegs, daß er ein mechanischer Reflex der ihn umgebenden Verhältnisse ist. Er ist nur bedingt frei, aber frei genug, um die gesellschaftliche Totalität beeinflussen und umformen zu können. Deshalb ist Geschichte auch Schöpfung, ewiger Neubeginn. Sowenig wie es eine unbegrenzte Freiheit gibt, genausowenig gibt es einen unwiderruflichen Determinismus. Deshalb ist Geschichte letzten Endes korrigierbar, deshalb sind wir nicht verdammt, uns von ihrer Dynamik willenlos treiben und drängen zu lassen.

Die Erfahrung beweist andererseits, daß eine allzu optimistische Auffassung vom Befreiungsprozeß in der Regel in Ernüchterung mündet und von hier aus in ein Sich-Arrangieren mit dem Vorhandenen. Es sind immer die radikalsten und ungeduldigsten Weltverbesserer, die das Schlachtfeld am schnellsten verlassen, und zwar, sobald sie feststellen, daß der bürgerliche Klassenfeind mächtiger ist, als sie in ihrer revolutionären Schwärmerei angenommen hatten. Dem französischen Sozialphilosophen Sorel war schon aufgefallen, daß »der Optimismus mit erstaunlicher Leichtigkeit von revolutionärer Wut zum lächerlichsten sozialen Pazifismus übergeht«[5]. Damit wollen wir der Skepsis keineswegs Vorschub leisten oder die Bereitschaft zum emanzipatorischen Engagement bremsen, den Leisetretern, Vorsichtigen und Superklugen recht geben. Im Gegenteil: Gerade weil das Leben ein so unerträgliches Ausmaß an Sinnlosigkeit und Häßlichkeit erreicht hat, ist es um so dringender, sich gegen diesen

Zustand zur Wehr zu setzen, und zwar, ohne vorher zu fragen, ob diese Haltung realistisch ist oder nicht. Marx selbst war nicht realistisch, bezeichnete sich in seinen Briefen an Kugelmann als »kein Realpolitiker« und fügte hinzu: »Die Weltgeschichte wäre allerdings sehr bequem zu machen, wenn der Kampf nur unter den Bedingungen unfehlbar günstiger Chancen aufgenommen würde.«[6] »La vérité n'est pas realiste«, stellte ein Jahrhundert später der große Albert Camus lapidar fest.[7] Godot, der Erlöser, wird auf jeden Fall nicht freiwillig kommen, wir müssen ihn uns selbst holen.

Wie dem auch sei – große Ideen, die aus großen Bedürfnissen und Notwendigkeiten entstehen, brauchen nicht die Genehmigung des Zeitgeistes, um sich in Gang zu setzen, um so weniger, wenn sich der Zeitgeist mit allen Formen der Verlogenheit arrangiert hat und nicht mehr imstande ist, über seinen unmittelbaren Horizont hinauszuschauen. Gegen die alles überlagernde Macht des Faktischen Widerstand zu leisten ist längst ein Gebot des Überlebens. Und diese Haltung bedeutet, Partei für den Eros zu nehmen, für das Leben, und gegen Thanatos, gegen Zerstörung, Selbstzerfleischung und Entfremdung.

Mit welchem Wasser könnten wir uns reinigen, fragte sich Nietzsche einmal. Diese zu allen Zeiten berechtigte Frage ist heute, am Ausgang des zweiten Millenniums, aktueller denn je. Wir haben unter unserem schöpferischen und geistigen Niveau gelebt, wir Abendländer, und wenn die Bewohner der anderen Regionen des Globus auch nicht auf der Höhe der Zeit gewesen sind, so sind wir diejenigen, die auf Grund unserer wirtschaftlichen und technologischen Machtfülle die Hauptverantwortung für das Weltgeschehen tragen. Noblesse oblige – wer hält sich noch an diesen alten europäischen Spruch? Wer fühlt sich in der Alten Welt noch der schönen Tugend der Selbstlosigkeit und der Hilfsbereitschaft verpflichtet?

Wir haben auf die frivolste und oberflächlichste Weise dahinvegetiert, und anstatt sinnvolle Lösungen für die brennenden Weltprobleme zu suchen, haben wir uns mit allen möglichen Ersatz- und Pseudowerten zufriedengegeben und den von der Konsumgesellschaft produzierten Kitsch gierig aufgegriffen. Und wir haben dies getan, während in unserer unmittelbaren Nähe oder anderswo das

Elend ins Unermeßliche wuchs und die Völker der Dritten Welt zur Verzweiflung und Ohnmacht verdammt wurden. Wir haben sie nicht nur im Stich gelassen, wir haben sie überdies mit falschen Versprechungen auf den Arm genommen.

Wir sind nicht der aufgeklärten Vernunft gefolgt, sondern der instrumentellen Vernunft der Geschäftswelt. Deshalb haben wir alles vermarktet und verdinglicht, auch das menschliche Leben, das die Ideologie des Kalküls zum bloßen Tauschobjekt oder zu Kanonenfutter herabgesetzt hat, zuletzt am Persischen Golf.

Diese geschichtliche Fehlentwicklung haben wir ganz pompös »Modernität« genannt oder »affluent society« oder »freie Marktwirtschaft« und weiß Gott noch was, zuletzt auch »Postmoderne«. Aus diesen ideologischen Etiketten und Schlagworten ist nichts Fruchtbares und Großes entstanden, das uns das Recht geben könnte, stolz auf die letzten fünf Jahrzehnte zu sein. Denn was bleibt von dieser unmittelbaren Vergangenheit? Nicht viel mehr als eine traurige Bilanz von Mittelmäßigkeit, Enthumanisierung, gesellschaftlicher Desintegration und allgemeiner Entfremdung. Aber gerade deshalb, weil wir so tief gesunken sind, werden wir nur durch eine tiefgreifende Katharsis in der Lage sein, uns selbst und die Welt zu erneuern. Das Entweder-Oder, das Kierkegaard für das Leben der einzelnen verlangte, gilt jetzt für eine ganze Zivilisation.

BARBAREI UND ZIVILISATION

»Dies Jahrhundert, welches nicht das deutsche geworden ist, soll auch nicht das amerikanische oder das russische werden. Es wird das Jahrhundert der beginnenden Weltzivilisation, oder es wird das Jahrhundert der beginnenden Weltbarbarei.«

Klaus Mann, »Der Wendepunkt«

Der mitleidlose Fortschritt

Der im vorigen Kapitel kurz skizzierte Zustand der Welt belegt unmißverständlich den barbarischen und nihilistischen Charakter unserer Epoche. »Wo sind die Barbaren des 20. Jahrhunderts?« fragte sich schon Nietzsche. Nun, wir wissen es mittlerweile: Sie sind hier, sie leben in unserer Mitte. Die Barbaren sind tatsächlich wir, die angeblich hochzivilisierten Träger des klassischen Humanismus, des Christentums, der Aufklärung, des Sozialismus und aller sonstigen Lorbeerkränze, mit denen wir uns schmücken und überall renommieren. Mögen die Anbeter des Fortschritts und der technischen Erfindungen in Ekstase fallen: Das »fin de siècle«, in das wir eingetreten sind, ist eine barbarische Zeit, barbarischer als viele der früheren Epochen, die in den Geschichtsbüchern als solche gelten. Oder, um mit den sarkastischen Worten von Bertrand de Juvenel zu sprechen: »Qu'avons-nous besoin d'invasions barbares? Nous sommes nos propres Huns.«[1]

Eines der zentralen Merkmale unserer Zeit liegt in der Diskrepanz zwischen der hochentwickelten materiellen Infrastruktur (Technik, Wissenschaft, Informatik, Nachrichtenwesen) und dem niedrigen geistig-humanen Niveau des einzelnen. Das äußere Gehäuse hat sich zu einer Superzivilisation entwickelt, aber die darin lebenden Menschen könnten aus dem Dschungel stammen, auch wenn sie gelernt haben, ihre Primitivität hinter der Maske der Urbanität zu verbergen. Wir kehren zum Urwald-Menschen zurück, nur technokratisch organisiert und mit millionenfach effektiveren Mordinstrumenten ausgestattet. Welche Rankünen und sadistischen Phobien sich in der Brust des modernen Menschen einnisten können und wie leicht harmlose Kleinbürger sich in Bestien verwandeln können, zeigten die dreißiger Jahre. »Wenn die Zivilisation sich ihrem Ende nähert, wird sie noch hassenswerter«, stellte Fourier prophetisch fest.[2]

Man pflegt die Barbarei und die Zivilisation säuberlich zu trennen, als wären sie ganz unterschiedliche räumlich-zeitliche Entwicklungsstufen. Man übergeht dabei geflissentlich, daß unsere westliche Zivilisation vom ersten Moment an barbarische Züge enthielt, Züge, die mit mehr oder weniger Wucht immer wieder zum Vorschein kommen, wie der Faschismus belegt, als paradigmatische Chiffre für eine Brutalisierung der Lebensverhältnisse. Man kann ohne weiteres behaupten, daß es innerhalb der angeblich zivilisierten Welt oft zu Gewalt- und sadistischen Exzessen kommt, die in den archaischen Gesellschaften unvorstellbar waren, unter anderem, weil heute das Böse systematisch und industriemäßig betrieben werden kann, Auschwitz wiederum als Paradebeispiel für dieses Phänomen. Selbst Leibniz, der von der Überlegenheit der christlich geprägten weißen Rasse überzeugt war, sagte in bezug auf die Europäer und die »Barbaren«: »Bei uns gibt es mehr Gutes und mehr Böses als bei ihnen: Ein böser Europäer ist böser als ein Wilder, denn er betreibt das Böse auf raffinierte Weise.«[3]

Typisch für die Auseinanderlegung von Barbarei und Zivilisation, von Primitivität und Gesittung ist die klassische Aufklärung, die, die Wirkung der Erziehung mächtig überschätzend, die atavistischen, regressiven Triebe des Menschen grob unterschätzte. Bezeichnend für dieses evolutionistische, dualistische Schema ist Morgans Schrift »Ancient Society«, deren Untertitel lautet: »Untersuchungen über den Verlauf des menschlichen Fortschritts von der Wildheit durch die Barbarei zur Zivilisation«. Allerdings muß man hinzufügen, daß, bei aller Betonung der Vorzüge der Zivilisation, der amerikanische Ethnologe den Beitrag der unteren und mittleren Entwicklungsstufen

der Menschheit (Wildheit und Barbarei) immer wieder würdigte. Ja, er schätzte den Beitrag der Barbarei zum Fortschritt höher ein als den der neuzeitlichen Zivilisation selbst.
Auch Hegel teilte die vulgär-evolutionistische Auffassung seiner Zeit, was vor allem in seinen Vorlesungen über die Philosophie der Geschichte zum Ausdruck kommt. Seine Grundthese lautet: Der Weltgeist geht vom Morgen- zum Abendland. Europa stellt schlechthin den Höhepunkt der Weltgeschichte dar, die wiederum in der germanischen Welt ihre Vollendung erreicht.
Man hat in Europa und Amerika den Begriff Barbarei vor allem mit Rußland und Asien in Verbindung gebracht. So wurde der russische Kommunismus jahrzehntelang als eine »asiatische« oder »mongolische« Erscheinung dämonisiert. Im Gegensatz zum arischen »Übermenschen« waren die Russen für die Nazis einfach »Untermenschen«. China und Japan galten traditionell als die »gelbe Gefahr«, ihr geschichtlicher Aufstieg wurde prinzipiell als eine Bedrohung für die christlich-abendländische Zivilisation ausgelegt. Dieser apodiktischen Herabsetzung der nicht westlich geprägten Weltteile liegt die anmaßende und selbstgefällige Vorstellung zugrunde, daß das Abendland das Monopol der Kultur und des Fortschritts besitze und alles andere entweder barbarisch oder rückständig sei. Die westliche Welt lebt tatsächlich seit Jahrhunderten mit dem guten Gewissen, die Barbarei überwunden zu haben, ohne dabei auf die Idee zu kommen, daß sie ihr eigenes Modell von Barbarei erzeugt hat, und zwar als Endprodukt einer Fehlsteuerung und Fehlentwicklung der Rationalität der abendländischen Wissenschaft, Produktion und Technik.
Die willkürliche Abgrenzung zwischen den angeblich fortschrittlichen »Kulturvölkern« und den rückständigen und primitiven beruht auf einer willkürlichen Sichtweise, stellt eine ideologische Konstruktion der Moderne dar. Baudelaire schrieb in seinem Buch »Journaux intimes«: »Was sind die Gefahren des Waldes und der Wiese im Vergleich zu den alltäglichen Schrecken und Konflikten der Zivilisation?«[4] Die Nationen, die gemeinhin als die fortschrittlichsten des Globus gelten, sind in Wirklichkeit ein Sumpf von Gewalttätigkeit, Mord und Aggressionen aller Art geworden, an erster Stelle die USA, aber dicht gefolgt von Europa und Japan. Schon diese Entwicklung

beweist, daß das Dogma von der Überlegenheit der Zivilisation über die Wildheit und die Barbarei ein rein ideologisches Produkt ist. Rousseau ging nicht zu Unrecht den umgekehrten Weg, faßte die Zivilisation als einen Entfremdungsprozeß gegenüber dem Naturmenschen oder »homme naturel« auf. Auch wenn er zweifellos den Zustand der Urgesellschaft idealisierte: Mit seiner Vorstellung vom »bon sauvage«, vom edlen Wilden, bewies er mehr Durchblick als die bürgerlichen und sozialistischen Propheten des ewigen Fortschritts. Selbst der Idealist Schiller – von Rousseau beeinflußt – fragte erstaunt: »Das Zeitalter ist aufgeklärt... Woran liegt es, daß wir noch immer Barbaren sind?«[5]

Nein, der heutige Mensch hat wenig Grund, auf die Errungenschaften der Zivilisation stolz zu sein, und wenn er sich trotzdem einbildet, Träger einer höheren geschichtlichen und kulturellen Entwicklungsstufe zu sein, dann nur, weil sein tiefsitzender Narzißmus ihn daran hindert, sich selbst vorurteilsfrei zu analysieren. Scham wäre das angebrachte Gefühl, nicht Stolz.

Die heutige Zivilisation basiert auf dem Hobbesschen »bellum omnium contra omnes«, auf dem Krieg aller gegen alle. Die Auseinandersetzung wird anders geführt als früher, aber keineswegs humaner, sondern brutaler. Dieser harte, erbarmungslose zwischenmenschliche Kampf wird mit Bezeichnungen wie »Leistungsprinzip«, »Wettbewerb« oder »Selbstverwirklichung« umschrieben und als die optimale Form menschlichen Zusammenlebens gefeiert. In Wahrheit können die angestrebten Ziele nicht niedriger sein: materielle Beute, Prestige, Macht, Einfluß. Das verbissene tagtägliche Ringen um diese Pseudowerte ist weniger harmlos, als es aussieht, denn es handelt sich um einen Kampf, der der Befriedigung von Trieben wie Aggression, Neid, Haß oder Sadismus dient. Auch hier wiederholt sich das Gesetz aller Kriege: Sieger auf der einen und Opfer und Gedemütigte auf der anderen Seite.

Nein, lassen wir uns nicht von vordergründigen Parolen täuschen: Die moderne westliche Zivilisation ist alles andere als zivilisiert. Sie ist in ihrem Kern barbarisch und mitleidlos. Sie hat die Rücksichtslosigkeit und das Böse als Grundlage, und sie führt zum Reich des Inhumanen.

Das Zivilisationsmodell, das die Propagandisten der herrschenden Klassen und Nationen als das beste aller möglichen preisen, hat bisher vor allem Krebs, Kriminalität, Drogensucht, Gewalt, Selbstmord und Neurosen hervorgebracht. Das Automobil, das repräsentativste Symbol des heutigen Wertesystems, hat schon mehr Opfer verursacht als der Erste Weltkrieg. Und was noch deprimierender ist: Hinter diesem systematischen Zerstörungs- und Tötungsprozeß steckt nichts als Profitgier.

Zivilisation und Gewalt

Blut ist immer geflossen, nicht nur in den Urzeiten der Wildheit und der Barbarei, und wenn wir statistische Daten heranziehen wollten, würde sich herausstellen, daß es innerhalb unserer Zivilisation weit mehr Gemetzel gegeben hat als in den primitiven und antiken Kulturen, schon deshalb, weil der Kampf ums Dasein im Laufe der Geschichte immer härter und die Zahl der Beteiligten immer größer wurde.
In der Tat ist die abendländische »hohe Stufe« der Entwicklungsgeschichte mit Gewalt in allen Formen und mit Grausamkeit eng vertraut. Wir brauchen nur etwa an die Verbrechen zu erinnern, die im Namen der christlichen Religion in all den Jahrhunderten begangen worden sind, an die Opfer der Inquisition, an die Verbrennung von angeblichen Hexen, an den Fanatismus der Religionskriege, an den blutdurstigen Eifer, mit dem Luther die Fürsten aufforderte, die aufständischen Bauern und Kleinbürger niederzumachen. Oder an die Abschlachtung ganzer Völker, an die von den spanischen und nordamerikanischen Kolonisatoren in der Neuen Welt begangenen Genozide und Ethnozide oder an die nicht weniger grausame Behandlung anderer Überseevölker durch Portugal, England, Holland, Frankreich, Belgien und Deutschland in der klassischen Kolonialzeit. Denn es gibt nicht nur eine in technischer Hinsicht (Erfindungen, Entdeckungen) »geometrische Progression« des menschlichen Fortschritts, sondern auch eine geometrische Zunahme an Zerstörung, Gewalt und Tod, an Sadismus und Menschenverachtung. Gewiß, mit

dem Fortschreiten der Geschichte wurden bestimmte Formen der Gewalt und der Grausamkeit überwunden, aber dafür traten neue an ihre Stelle. Das biblische Symbol des tötenden Kain steht für einen sich immer wiederholenden Vorgang, und in diesem Sinne hatte William Godwin recht, als er gleich eingangs seines großen Werkes »Enquiry« schrieb, daß »die Geschichte der Menschheit nicht viel mehr als eine Chronik von Verbrechen ist«[6].

Auch und gerade der Kapitalismus liefert ein Beispiel für diese blutige Tradition. Der junge Engels war einer der ersten, der auf den kausalen Zusammenhang zwischen Kapitalismus und Gewalttätigkeit verwies. Und was er damals voller Entrüstung über die im viktorianischen England herrschenden Verhältnisse schrieb[7], gehört keineswegs der Vergangenheit an, sondern behält im Kern seine Gültigkeit auch heute. Der einzige Unterschied zwischen damals und heute besteht darin, daß wir für unsere Schandtaten und unsere Skrupellosigkeit subtilere, raffiniertere, »wissenschaftlichere« Begründungen erfunden haben und immer weiter erfinden, zuletzt im Golfkrieg. Daß aus der Profitgier und dem Willen zur Macht Aggression und Zerstörung entstehen mußten, war nur folgerichtig. So hat die angeblich friedfertige Bourgeoisie die grausamsten Verbrechen der Weltgeschichte auf ihrem Gewissen, einerlei, ob sie von ihr direkt begangen wurden (wie in ihrer Kolonial- und imperialistischen Zeit) oder von Kräften, die in ihrem Schoß entstanden und sich ihrer technischen Mittel bedienten, wie dem Faschismus. Aldous Huxley übertrieb nicht, als er unsere Zeit »the age of unlimited violence« nannte.[8]

Nicht von ungefähr begann die moderne Psychiatrie sich im Laufe des 19. Jahrhunderts herauszubilden, und sie entstand nicht als ein platonisches Nebenfach der Medizin, sondern als konkrete Antwort auf die wachsende Anzahl von psychosomatischen Störungen, Phobien, Neurosen, Psychosen und sexuellen Perversionen als Folge eines Gesellschaftssystems, das unter Berufung auf den Fortschritt den Menschen schwere körperliche und psychische Schäden zufügte. In seinem 1897 veröffentlichten Werk »Le Suicide« stellte der Vater der modernen Soziologie, Emile Durkheim, fest, daß das schon damals grassierende Selbstmordsyndrom das Zeichen einer allgemeinen

»malaise social« war, wobei er Freuds »Unbehagen in der Kultur« vorwegnahm.
Auch der neue, »wissenschaftlich« begründete Rassismus (Gobineau, H. S. Chamberlain) meldete sich mitten in der Apotheose der bürgerlichen Ära, als die Bourgeoisie sich brüstete, kosmopolitisch und liberal zu sein. Rassismus als theoretische Legitimation der Gewaltanwendung und der Vernichtung menschlichen Lebens auf Grund seiner ethnischen »Andersartigkeit«.
Im letzten Drittel des 19. Jahrhunderts taucht der Terrorismus als Waffe gegen die institutionalisierte Gewalt der herrschenden Klassen auf. 1880 beschließen die Anarchisten in London, ihre Vorstellungen von einer herrschaftslosen Gesellschaft, durch Gewalt, durch die sogenannte »Propaganda durch die Tat«, zu verwirklichen. Europa und Amerika werden in den nächsten Dekaden von einer Welle von Attentaten, Bombenexplosionen und Dynamitanschlägen erschüttert. Georges Sorel schreibt um die Jahrhundertwende seine »Réflexions sur la violence« und empfiehlt den arbeitenden Massen die Anwendung von Gewalt, um die Bourgeoisie einzuschüchtern und der Theorie des Marxismus eine neue Praxis zu geben. Mussolini wird sein eifrigster und erfolgreichster Schüler. Während des Ersten Weltkriegs und danach liefern sich in Katalonien die anarchosyndikalistische CNT und die im Dienste der Arbeitgeber stehenden gelben »Sindicatos Libres« eine mehrjährige Killerschlacht, in der 800 CNT-Mitglieder den Tod finden, darunter ihr großer Führer Salvador Seguí. Die katalanische Polizei unterstützt die Pistoleros (Berufskiller) der »Sindicatos Libres«, indem sie festgenommene Anarchisten »auf der Flucht erschießt«. Das Gemetzel findet erst mit einem militärischen Staatsstreich des (gemäßigten) General Primo de Rivera ein Ende.
Bis hinein in die vierziger Jahre werden in den USA aktive Gewerkschafter von im Solde der Großkonzerne stehenden Schlägertrupps verfolgt, geschlagen und ermordet, z. B. in der Musterfabrik Ford in Detroit. Und dies im Einvernehmen mit dem FBI und seinem damaligen Direktor J. Edgar Hoover. Die Polizei schaute weg, als die antigewerkschaftlichen »Außenkommandos« die Arbeiterversammlungen überfielen und die Anwesenden prügelten.

Die Spirale der Gewalt erreicht ihren Höhepunkt mit dem Entstehen des Faschismus, der die systematische physische Vernichtung des Gegners zu seiner Strategie erklärt. 1936 diagnostiziert Max Horkheimer: »Je reiner die bürgerliche Gesellschaft kommt, je uneingeschränkter sie sich auswirkt, desto gleichgültiger und feindseliger stehen sich die Menschen als Individuen, Familien, Wirtschaftsgruppen, Nationen und Klassen gegenüber, desto mehr gewinnt das ursprünglich fortschrittliche Prinzip des freien Wettbewerbs ... den Charakter des dauernden Kriegszustands nach innen und außen.«[9]
Aber nicht nur innerhalb der bürgerlich-westlichen Welt findet eine Rückkehr zur Bestialität statt. Terror und Menschenverachtung werden bald auch ein fester Bestandteil des Herrschaftssystems der Sowjetunion und, nach dem Zweiten Weltkrieg, in den osteuropäischen Volksdemokratien. Was als Befreiung vom kapitalistischen Joch begann, entpuppt sich als »Erziehungsdiktatur«, eine neue Methode der Versklavung.
Und die Gewaltanwendung grassiert wie eh und je, nur mit dem Unterschied, daß heute ihre Beweg- und Hintergründe anders geworden sind. Während in Westeuropa die ideologisch motivierte Gewalt zurückgegangen ist und nur von terroristischen Gruppen und Bewegungen wie ETA, RAF, IRA, Action Directe, dem griechischen »17. November« oder dem korsischen FLNC praktiziert wird, vermehrt sich die diffuse, spontane und unkontrollierte Gewalt unzufriedener und rachsüchtiger Schichten, vor allem innerhalb der Jugend und des jugendlichen Lumpenproletariats, das in den Fußballstadien randaliert oder über ausländische Minoritäten herfällt. Der Vandalismus ist zu einer alltäglichen Erscheinung der Konsumgesellschaft geworden. Durch die regelmäßigen Berichte von Amnesty International und anderer humanitärer Organisationen wissen wir, daß in vielen Teilen der Welt Folter und andere polizeiliche und staatliche Gewalt auf der Tagesordnung stehen. Nach einem von AI am 8. März 1991 den Vereinten Nationen vorgelegten Bericht sind Frauen in mehr als 40 Ländern Opfer von polizeilicher Willkürhaft, Folter, Hinrichtungen, staatlichen Mordtaten und sexueller Gewalt durch Angehörige der Sicherheitskräfte. Diese an Frauen begangenen Menschenrechtsverletzungen werden in der 152 Seiten umfassenden Dokumentation

zu Recht als »barbarisch« bezeichnet. Diese primitiven Formen des Sadismus sind in Westeuropa nicht mehr üblich, aber keineswegs verschwunden. Polizeieinsätze entarten oft in offene Gewalt, führen nicht selten zum Tod oder zur Verletzung von Demonstranten, die wiederum sich auch oft zu gewalttätigen Aktionen hinreißen lassen oder sie bewußt provozieren, nicht nur auf seiten neofaschistischer Schlägertrupps. Es ist bekannt, wie Frauen in unserer so zivilisierten westlichen Konsumgesellschaft geschlagen, mißhandelt und vergewaltigt werden, wie Kinder die Schläge von wutentbrannten Eltern ertragen müssen. Auch Gewalt gegen ethnische Minderheiten gehört zur Realität unserer Gesellschaft. In Osteuropa hat sich nach dem Zusammenbruch des Realsozialismus auf die erschütterndste Weise gezeigt, wie tief noch in einigen Ländern das Syndrom des gewalttätigen Nationalismus sitzt. Aber auch in Mittel- und Westeuropa wächst der Haß gegen ausländische Mitbürger und das damit verbundene sadistische Bedürfnis, sie zu unterdrücken und notfalls kaltblütig zu töten, eine Entwicklung, die sich vor allem in Frankreich am radikalsten zeigt, die aber auch in Ostdeutschland immer bedrohlicher wird.

Nicht weniger besorgniserregend als die rohe Gewalt ist die psychische Gängelung der Menschen quer durch die ganze Gesellschaft. Die, die Macht haben, benutzen oft ihre gesellschaftliche oder berufliche Position, um die Schwächeren zu unterdrücken und zu demütigen. Ich nenne dies administrative Gewalt. Aggression ist weiterhin einer der zentralen Züge unserer Gesellschaft, und es gibt diese zwischenmenschliche Aggression, weil das System als solches auf Herrschaft beruht und diese zwangsläufig zu einer allgemeinen Menschenverachtung und zur gegenseitigen Feindseligkeit führt. »Diese nach allen Seiten auftretende Feindseligkeit«, schrieb ich vor einigen Jahren, »muß nicht nur oder vorwiegend in aktiver Hinsicht verstanden werden, noch weniger ausschließlich als physische Gewalt, denn die moderne Unmenschlichkeit schließt ein breites Spektrum von Aggressionsformen ein, die mehr passiver und rein psychischer Natur sind, wie Gefühllosigkeit, Kälte, Gleichgültigkeit, Berechnung oder Mangel an Hilfsbereitschaft.«[10] Und diese Tendenzen wachsen in direktem Verhältnis zur Verhärtung der gesellschaftlichen und

zwischenmenschlichen Beziehungen. Zu meinen, man könnte die Aggression verbannen, ohne die Bedingungen der Gesellschaft radikal zu ändern, ist eine »contradictio in subjecto«, ein frommer Wunsch frommer Weltverbesserer.
Aber der Hauptschauplatz der Gewalt ist noch immer die Dritte Welt, in der seit Ende des Zweiten Weltkrieges 170 Kriege und militärische Konfrontationen ausgetragen wurden, oft mit direkter Beteiligung von westlichen oder östlichen Industrienationen, die natürlich auch die Waffen lieferten.

Der Mythos des Neuen

Die ganze Fortschrittsphilosophie der Moderne dreht sich um die angebliche Heraufkunft des »Neuen« als ein Wert an sich. Keiner der unzähligen Fortschrittsapostel hat versäumt, in seinen Heilsbotschaften, die am Horizont der Zukunft brav wartende »vita nuova« zu verkünden. So ist der Mythos des Kommenden als die wahre »raison d'être« der Moderne entstanden.
Diese Verherrlichung des Werdens nährt sich aus unkritischer Schwärmerei, verrät ein erstaunliches und gefährliches Unvermögen, die Zähigkeit des Bösen in all seiner Tragweite und seiner Tiefe zu erkennen. Der apodiktische Glaube an eine bessere Zukunft ist nur eine erhabene Variante des philisterhaften Egoismus des Kleinbürgers, der das Absurde als ein konstantes Element des Lebens verdrängen will, um inmitten der tragischen Wirklichkeit weiter gemütlich die kleinen Vorzüge seines Daseins zu genießen. Camus nannte diese Haltung »moralische Feigheit«, ein Vorwurf, der die Anhänger aller möglichen erbaulichen Heilslehren trifft, auch jene, die sich »dialektisch« nennen, um sich so dem berechtigten Vorwurf der Apologetik und der Dogmatik zu entziehen.
Die Theorie des Fortschritts wurde zum ersten Mal von Turgot an der Sorbonne formuliert, und zwar als Antwort auf Bossuets düsteren Diskurs über die Universalgeschichte. Und da er nichts anderes tat, als die Gedanken und Interessen der aufgeklärten Bourgeoisie seines Landes und seiner Zeit wissenschaftlich zu untermauern, wurde er als

der Prophet der bürgerlichen Emanzipationstheorie gefeiert, einer Theorie, die unter abgewandelten Vorzeichen bald auch zum sozialistischen Gedankengut gehörte.

Der Begriffsapparat, mit dem neue Erlöser der Menschheit ihre Verheißungsträume formulieren, entspricht freilich nicht mehr den Parabeln der alten Mythen und religiösen Glaubenssätze. Sie operieren mit strenger Wissenschaft, kennen ihren Hegel und ihren Marx und erheben den Anspruch, jede Form des vorwissenschaftlichen oder mythischen Denkens überwunden zu haben. Ernst Bloch, der biblisch-marxistische Verkünder des »Prinzips Hoffnung«, war einer der letzten großen Exponenten dieses vermeintlich wissenschaftlichen Prophetentums Hegelscher/Marxscher Provenienz. Seine Huldigung des »Noch-Nicht«, der »fundierten Hoffnung« und des »Wachtraums« stellt in der Tat eines der letzten Elaborate Hegelschen/Marxschen Messianismus dar, und sie war so rührend formuliert, daß sie am Ende auch zum Trost der bürgerlichen (westdeutschen) Intelligenz wurde. Wo die Hoffnung schon eine feste Kategorie im seelischen Haushalt des Menschen bildet, warum zweifeln und verzweifeln – also warum gegen das Absurde kämpfen? Der Apfel wird schon von selbst vom Baum fallen, man braucht nur zu warten, daß er reift. Godot wird am Ende also doch kommen wie der biblische Messias.

Die Verherrlichung der Zukunft, einerlei, ob dialektisch formuliert oder nicht, entsteht aus demselben positivistischen Geist, der das dialektische Denken zu bekämpfen vorgibt. Der einzige Unterschied besteht darin, daß das positivistische Element nicht in der Bejahung der Gegenwart, sondern der Zukunft liegt.

Bei der Mythologisierung des Kommenden als ein Wert an sich spielen die deutsche Geschichtsphilosophie und die deutsche Geschichtswissenschaft eine zentrale Rolle. Zwar hatten viele nichtdeutsche Vertreter der Moderne (Vico, Hume, Gibbon, Montesquieu, Voltaire etc.) schon unterstrichen, daß die Geschichte einen Entwicklungsprozeß darstellt, aber erst Herder und vornehmlich Hegel legen die Geschichte am entschiedensten und systematischsten als Heilsprozeß aus. Geschichte war bis dahin traditionell nichts als schlichte Chronik oder »storia« gewesen, chronologische Beschreibung von Ereignissen und Tatbeständen, kurz: Rekonstruktion von Vergangenheit. Deshalb hatte die Geschichtsschreibung sich auf das Gewesene konzentriert, ohne zu versuchen, aus ihm die Grundlinien des Kommenden abzuleiten. Mit dem Entstehen der deutschen Geschichtsphilosophie vollzieht sich eine kopernikanische Wende: Sie versucht jetzt, das noch nicht Eingetretene und Vollzogene wertend zu deuten, so daß Geschichtswissenschaft Dialektik, Hermeneutik, im Grunde Prophetie wird.

Jeder geschichtlichen Interpretation liegt eine Weltanschauung zugrunde, auch die deutsche – und gerade sie – ist diesem Prinzip unterstellt. Der auffallendste Zug der deutschen Geschichtsphilosophie und des deutschen Denkens überhaupt ist die Idealisierung der Zukunft. Die Gegenwart ist für den deutschen klassischen Idealismus grundsätzlich das Unvollkommene; die Vernunft, der Weltgeist oder das Absolute werden sich erst im Laufe der Zeit verwirklichen, eine Vision, die Marx vollends übernimmt. Deshalb wirft er Feuerbach Mangel an historischem Sinn vor, ein Vorwurf, der von seiner teleologischen Perspektive aus logisch ist. Die Zukunft soll jede Form der Entfremdung (Reich der Notwendigkeit) aufheben und das Reich der Freiheit in Gestalt einer klassenlosen Gesellschaft herbeiführen: Das ist das Fazit des aus dem Hegelianismus hervorgegangenen Marxismus.

Die deutsche Verherrlichung der Geschichte als ein erlösender Prozeß ist stark von religiösen Motiven geprägt, ja, sie bildet eigentlich einen Ersatz für den abhanden gekommenen Glauben an Gott. Gott oder das Absolute wird in Geschichte umfunktioniert. Das gilt für Herder und Hegel insbesondere, aber auch für Schelling und Fichte. Sie alle versuchten, die Statik ihrer christlichen Grundeinstellung mit der Dynamik der Neuzeit zu versöhnen. Das Resultat ist eine neue Mystik, eine seltsame Allianz von messianisch-religiösem und positivistisch-bürgerlichem Denken.

Die Huldigung der Zukunft als heilbringendes Agens verleitet die Vertreter der Hegelschen/Marxschen Geschichtsphilosophie, die Möglichkeit des Werdens (welches ein Abstraktum ist, eine »petitio principii«) überzubewerten und die Erfahrung der Vergangenheit als Unheil zu relativieren oder gar auszuklammern. Ja, ihr utopischmessianisches Bekenntnis zum Werden gründet sich auf der Verdrängung der Vergangenheit als Zeugnis der Entfremdung, des Bösen und des Irrationalen. Was sich als Philosophie der Zukunft gebärdet, ist in Wirklichkeit eine Philosophie des Verdrängens und Vergessens und, in diesem Sinne, das gerade Gegenteil von der platonischen Anamnese als Grundlage der Erkenntnis.

Wenn man genau hinschaut, stellt man überdies unschwer fest, daß die ganze Dialektik der Geschichtsphilosophie, einerlei, ob sie sich auf Herder, Hegel oder Marx beruft, im Kern nichts anderes ist als eine neue Auslegung des Determinismus. Hegels Konzeption ist, trotz ihrer Überfülle an begrifflichen Kategorien, eine Rechtfertigung Gottes, und sie unterscheidet sich von Leibniz' Theodizee nur in der Form. Alles ist vorprogrammiert und vorbestimmt, die Zeit wird schon dafür sorgen, daß sich der Weltgeist am Ende durchsetzt. Nicht zufällig steht im Mittelpunkt des Hegelschen Systems die Idee der Notwendigkeit oder, was auf dasselbe hinausläuft, die apodiktische Behauptung, daß alles Reale zugleich Rationales ist und umgekehrt. Hegels Grundintention besteht darin, eine Konvergenz von Vorsehung und Freiheit herzustellen, genauso wie im christlichen Katechismus: Gott der Vater weiß schon, warum alles so geschieht.

Auch Marx und seine Schüler weisen dem Hegelschen Moment der Einsicht in die Notwendigkeit eine Schlüsselrolle zu, auch wenn gleichzeitig – und das ist die sozialistische Komponente – viel von Revolution, Gewalt und Kritik der Waffen die Rede ist. Das Hegelsche Prinzip der Notwendigkeit wird vom Marxismus durch das im Grunde verwandte Fortschrittscredo der Bourgeoisie ergänzt und durch die Heranziehung der vor allem in Frankreich entstandenen sozialistischen Utopie (Saint-Simon, Fourier) in einen neuen Mythos umgewandelt. Man muß Gurvitch zustimmen: »Bei Marx verbirgt sich aber hinter der ›historischen Dialektik‹ eine *Geschichtsphilosophie*, und die historische Dialektik dient dazu, die historischen Realitäten, die Historiographie (oder das geschichtliche Wissen) mit einer *eschatologischen* und *utopischen Schau* der Zukunft der Gesellschaft zu verschmelzen. Unter diesem Gesichtspunkt gründet sich seine ›historische Dialektik‹ auf eine vorgefaßte Auffassung über das Schicksal der Menschheit.«[11]

Die Auffassung, daß Notwendigkeit und Freiheit dasselbe sind, wird von Hegel am konsequentesten entwickelt, aber die Idee stammt von Spinoza, der durch Vermittlung von Schelling in die deutsche Philosophie mächtig eindringt. Der späte Schelling (der »Positivist«) wird sich von dieser Gleichsetzung distanzieren und im Namen der Freiheit Gottes das ganze dialektische, antizipatorische und deterministische System Hegels bekämpfen. Sein Fazit: Da Gott in bezug auf die menschliche Geschichte frei ist, ist sie »per definitionem« unvorhersehbar. Schelling relativiert freilich seine These, indem er zugleich unterstreicht, daß sich Gott letzten Endes nur für die Liebe entscheiden kann, womit er durch die Hintertür die Freiheit Gottes in Notwendigkeit verwandelt. Dessenungeachtet bleibt seine Grundkritik an der Hegelschen Auffassung gültig.

Wohlbemerkt: Die deutsche Vergötterung der Geschichte entspricht nichts anderem als einer Vertiefung der bürgerlichen Ideologie des Fortschritts. Schon pragmatisch orientierte Bourgeois wie Turgot oder Condorcet hatten das Neue als Erlösung verkündet, bevor die deutschen Philosophen auf die Idee kamen, daraus eine Mystik zu machen. Denn das Eigentümliche der Bourgeoisie besteht eben darin, die Umwälzung des Bestehenden in Profit zu verwandeln. Daß dem Land der Dichter und Denker die Aufgabe zufiel, die prosaischen, ganz und gar unromantischen Werte der Bourgeoisie mit hochtrabenden und tiefsinnigen Theorien zu sublimieren, ergab sich unter anderem aus der Tatsache, daß Deutschland abseits der realen bürgerlichen Entwicklung stand und seine geistigen Eliten noch in dem vorkapitalistischen und bürgerlichen luftleeren Raum der reinen Ideen und der reinen Religion lebten. Eine Rolle spielte dabei freilich der tiefe Drang der Deutschen, alles zu sublimieren. Zu vornehm und zu rückständig, um sich mit den gewöhnlichen und praktischen Beweggründen der richtigen Bourgeoisie zu befassen, zogen sich die deutschen Philosophen in den Elfenbeinturm der weltfremden Spekulation zurück, so daß, während in England, Holland und Frankreich die Grundlagen der modernen Ökonomie und der modernen Gesellschaft gelegt wurden, die deutsche klassische Philosophie nichts Besseres zu tun hatte, als sich an Abstraktionen über den Weltgeist und anderen erhabenen Phantasien zu berauschen.

Die Größe Marx' besteht darin, mit diesem verlogenen denkerischen Philistertum gebrochen und die wahre Natur des Neuen beim Namen genannt zu haben. Deshalb konnte er mit Recht behaupten, immer wieder behaupten, daß sein System das genaue Gegenteil des Hegelschen darstellte. Er widmet sein Leben und sein Werk der Aufgabe, zu beweisen, daß das Neue – die Herrschaft der Bourgeoisie – Ausbeutung bedeutet, Geldgier, Unmenschlichkeit. Und dennoch gelingt es ihm nicht, sich dem fatalen Einfluß Hegels zu entziehen. Deshalb wird er am Ende (bei Niederschreibung des »Kapitals«) auf den apologetischen Panlogismus seines philosophischen Präzeptors zurückgreifen und verkünden, daß nach der Höllenfahrt durch den Kapitalismus doch noch der Sieg der Vernunft – durch das Proletariat verkörpert – kommen wird. Daher die treffende Bemerkung Camus': »Es kann also nicht überraschen, daß er in seiner Doktrin die wertvollste Kritik und den strittigsten utopischen Messianismus mischen konnte.«[12]

Die Haß-Liebe Marx' gegenüber Hegel steigerte sich unter den Epigonen in unkritische und heiße Anbetung. Hegel blieb nach seinem Tod zunächst jahrzehntelang als Inbegriff der Reaktion und Konterrevolution verpönt oder gar vergessen. Und es wäre wahrscheinlich immer so geblieben, wenn die Marxisten, von Karl Korsch und Lenin bis zu Lukács, Bloch und Marcuse ihn nicht als Idol der »Negation« hochstilisiert und aus seiner Dialektik nicht einen revolutionären Fetisch gemacht hätten.

Sogar eine so selbständig denkende Frau wie Rosa Luxemburg, die den Mut hatte, das »Kapital« von Marx äußerst kritisch unter die Lupe zu nehmen, berief sich auf die Hegelsche »Wissenschaft der Logik«, um die Ideologie des Fortschritts philosophisch zu untermauern: »Die menschliche Gesellschaft im ganzen verwickelt sich aber fortwährend in Widersprüche, sie geht aber daran nicht zugrunde, sondern tritt umgekehrt erst dann in Bewegung, wo sie in Widersprüchen steckt. Der Widerspruch im Leben der Gesellschaft löst sich nämlich immer in Entwicklung, in neue Fortschritte.«[13] Daß der antihegelianisch und vulgärpositivistisch orientierte Marxismus nicht weniger verheerende Folgen für die Geschichte des Sozialismus hatte, steht auf einem anderen Blatt.

Nichts Neues unter der Sonne

Der tatsächliche Geschichtsverlauf der letzten hundertfünfzig Jahre hat auf die brutalste Weise die Hohlheit der modernen Verherrlichung des Neuen belegt. Wenn sich etwas bestätigt hat, dann gerade nicht der bürgerliche Mythos des Fortschritts, die Hegelschen Mutmaßungen über den Weltgeist oder das marxistische Heilscredo der klassenlosen Gesellschaft, sondern der uralte Spruch Salomons: »Nihil novum sub sole.«

Die frommen Anbeter des Werdens müssen jetzt konsterniert feststellen, daß die von ihnen erträumte wunderbare Zukunft sich als eine Fortsetzung der Vergangenheit mit anderen Mitteln erwiesen hat. Und die ersten, die unter die Räder dieser Entwicklung geraten sind, sind gerade die Erben der Hegelschen/Marxschen Tradition, genau diejenigen, die der Prophetie gemäß die designierten Erbauer des neuen Paradieses auf Erden hätten sein sollen. Der Traum ist ausgeträumt, die Linke steht mit ihrem alten Befreiungsmessianismus ganz allein und verlassen da, enttäuscht und verspottet von den Rittern des neuen Realismus, isoliert, frustriert, bar jeder Alternative zum Status quo. Die Hegelsche Gemeinde erlebt jetzt an sich selbst das von ihren Meistern dargestellte »unglückliche Bewußtsein«, und die Legionen Marxisten, die über ein Jahrhundert lang mit der Illusion gelebt haben, dem gehaßten Kapitalismus den Todesstoß zu versetzen, müssen heute an der Tür des einstigen Feindes anklopfen und um Almosen bitten, damit ihre Völker nicht an Hunger zugrunde gehen. Nur vereinzelte und durch nichts zu erschütternde gläubige Marxisten wie Ernest Mandel glauben noch an die Weltrevolution und an die Mission des Proletariats. Auch die Bourgeoisie hätte Gründe genug, um ernüchtert und reumütig zu sein, aber zynischer als die Linke kann sie sich den Luxus leisten, alles mit Geld zu kaufen, angefangen bei ihrem eigenen Gewissen.

Das Satanische, das die Aufklärer mit ihrem gut gemeinten Rationalismus vom Planeten vertreiben wollten, ist alles andere als überwunden, es gehört weiterhin zu den grundlegendsten Zügen unserer Zivilisation. Nur berufsmäßige Optimisten und Nutznießer des

Systems werden behaupten, daß der nie endende Kampf zwischen Licht und Finsternis sich zugunsten des ersteren entwickelt hat.
Der oft belächelte Rousseau war einer der ersten, der das wahre Antlitz des modernen Fortschrittsprinzips durchschaute, der den Fortschritt in Zusammenhang mit der Entstehung eines neuen Entfremdungsprozesses brachte: ». . . und unsere Seelen sind korrumpiert worden in dem Maße, in dem unsere Wissenschaft und unsere Künste bis zur Vollkommenheit sich entwickelt haben«.[14] Die Dynamik des Neuen, die für Schelling das eigentliche Subjekt der Geschichte ist, hat auf jeden Fall die Statik der anthropologischen Grundstruktur des Menschen nicht aufgehoben. Trotz der ständigen Erneuerung der äußeren Welt – oder gerade deshalb – bleibt der innere Raum der darin lebenden Individuen eine unaufhörliche, sich immer wieder reproduzierende Wiederholung derselben oder ähnlicher Leidenschaften, Verbrechen, Illusionen, Mythen und Erfahrungen, ein tausendmal erlebtes »déjà-vu«. Nur die Kulissen sehen anders aus. Denn was hat sich zwischen dem Ulysses von Homer und dem Ulysses von Joyce in einem tieferen Sinn geändert?
Geändert haben sich vor allem die Mythen, die nicht nur phantastische, wirklichkeitsfremde Erklärungen und Deutungen des Universums sind, sondern auch ideologische Machtinstrumente. Als solche werden sie heute genauso in Gang gesetzt bzw. aufrechterhalten wie in anderen, primitiveren, älteren Zivilisationen. Und so wie die antiken Mythen dazu dienten, zugleich die materiellen und politischen Interessen der herrschenden Kasten zu legitimieren, dient die von der Moderne konzipierte Ideologie des Neuen (Demokratie, Freiheit, Chancengleichheit etc.) in Wirklichkeit den Belangen der privilegierten Schichten. Genauso geschah es jahrzehntelang im Osten mit dem Mythos von der Diktatur des Proletariats.
Die von den herrschenden Klassen und Nationen in der ganzen Welt gepflegten Mythen der Moderne werden weiterhin mit großem Eifer an die große Wand geschrieben, obwohl sie längst zur Lüge geworden sind und keine andere Funktion haben, als die Massen zu betäuben und zu manipulieren. Die Geschichte der Zivilisation ist bis zur Stunde die Geschichte eines verfehlten Traums geblieben.
Hat also die Postmoderne recht? Nein, natürlich nicht. Aber sage ich

nicht dasselbe wie ihre Vertreter? Vielleicht, aber mit dem feinen Unterschied, daß, während sie ihre Totenglocken für die emanzipatorischen Träume der Moderne voller Schadenfreude läuten läßt, ich voller zorniger Trauer bin und meine, daß die allerletzten Würfel noch nicht gefallen sind. Deshalb schreibe ich dieses Buch, das – falls man es noch nicht gemerkt hat – ein kämpferisches Buch ist.

DAS ZEITALTER DES ZYNISMUS

»Das Prinzip des bürgerlichen Standes oder der bürgerlichen Gesellschaft ist der Genuß und die Freiheit zu genießen.«

Marx, »Kritik des Hegelschen Staatsrechts«

Erfolg und Genuß

Unsere Zeit ist eine moral- und prinzipienlose Zeit, einzig von dem Gedanken des Materialismus, des Hedonismus und dem Willen zur Macht bestimmt, wie Raymond Aron vor vielen Jahren feststellte: »Die industriellen Gesellschaften haben keine Liebe zur Asketik, sie sind ihrer Natur nach hedonistisch, getrieben von dem Wunsch, Reichtum und vielleicht Macht und Ruhm zu erwerben.«[1] Das Ausmaß der materialistischen Gesinnung steht im linearen Verhältnis zum Entwicklungsgrad der Produktionskräfte. Je mehr ökonomisch-technischer Fortschritt, desto umfassender die materialistisch-hedonistische Gesinnung. Während Schiller meinte, daß die Bestimmung des Menschen darin bestehe, ein »sittliches Wesen« zu sein, ist die Grundmotivation der menschlichen Praxis in den hochentwickelten Ländern auf Anhäufung und Genuß von materiellen Werten ausgerichtet. Nicht der Idealismus in seinen verschiedensten Varianten hat sich durchgesetzt, sondern der Utilitarismus und seine Lehre vom »enjoyment of pleasures, security from pain« als das höchste Gut.[2] Jeremy Bentham und seine Gesinnungsgenossen und Nachfolger können zufrieden sein, die flache Ideologie, die sie predigten, ist weltgeschichtliche Realität geworden, während der »Weltgeist« Hegels und die aus ihm hervorgegangenen Doktrinen und Theorien nur in den Gelehrtenstuben und Bibliotheken weiterleben.

»Die Philosophie des Genusses«, schrieb Marx, »war nie etwas andres als die geistreiche Sprache gewisser zum Genuß privilegierter gesellschaftlicher Kreise.«[3] Dies stimmt nicht mehr. Die führenden Schichten haben es geschafft, die Genußsucht als ein allgemeines Lebensziel zu »sozialisieren«, so daß der Unterschied zwischen den oberen und unteren Klassen der Gesellschaft lediglich quantitativer Natur ist.

Es ist klar, daß das Entfallen jedes moralischen Gebots und die hemmungslose Jagd nach dem täglichen Quantum an Genuß dem Zustandekommen einer nur halbwegs humanen und gerechten Weltordnung im Wege stehen. Dort, wo die elementarsten Gesetze der Ethik und des Rechts fortwährend mit Füßen getreten werden, kann es kein rationales und emanzipiertes gesellschaftliches Ganzes geben. Die Krise, die die Welt durchlebt, ist in ihrer tiefsten Bedeutung eine Krise der Moralwerte, auch wenn sie vordergründig mehr in wirtschaftlicher und politischer Hinsicht zum Ausdruck kommt.

Nicht das von den Griechen gestiftete und von der Aufklärung wieder aufgegriffene ethische Bewußtsein hat die Seele des Menschen erfaßt, sondern Nietzsches »Jenseits von Gut und Böse«, wobei er nichts anderes tat, als den Zeitgeist in einer genialen und schonungslosen Sprache zusammenzufassen. Der Amoralismus und der mit ihm zusammenhängende Hedonismus waren schon bei den Libertins der Barock- und Rokokozeit eine gängige Haltung. Ähnliches gilt für die französischen Materialisten des 18. Jahrhunderts. In seinem Werk »Diskurs über das Glück« (das den bezeichnenden Untertitel »Anti-Seneca« trägt) bekämpfte LaMettrie die stoische Askesis und den christlichen Mystizismus und schrieb: »Man muß die Seele nur pflegen, um dem Körper mehr Genüsse zu ermöglichen.«[4] Sein Werk »Die Kunst des Genießens« beginnt mit den Worten: »Genuß, oberster Herr der Menschen und der Götter...«[5] Selbst der geniale Fourier meinte, daß das Glück »vor allem darin besteht, Reichtum zu besitzen«, und war überzeugt, daß die zukünftigen Menschen »von der Liebe zum Genuß und zum Reichtum immer getrieben werden«[6].

Lange vor Nietzsche hatte der Linkshegelianer und kleinbürgerliche Anarchist Max Stirner in seinem Werk »Der Einzige und sein Eigentum« die Moral als ein Zeichen von Selbstentfremdung angeprangert und den Genuß als höchsten Wert gesetzt. Nicht zu Unrecht hat ein deutscher Marxist ihn als den eigentlichen Vorläufer der Konsumgesellschaft bezeichnet.[7]

Wohlbemerkt: Die Bejahung des Genusses als Reaktion auf die körperfeindliche Spiritualität des Christentums ist positiv, gehört zum Emanzipationsprozeß des neuzeitlichen Menschen. Nur, wenn der Genuß-Drang sich in eine absolute Kategorie verwandelt, führt er zu einer Verarmung der menschlichen Natur und der menschlichen Persönlichkeit, wie es in der heutigen Konsumgesellschaft der Fall ist. Sich ausschließlich für den Genuß zu entscheiden bedeutet tatsächlich, einen subalternen Modus der Selbstverwirklichung zu wählen und sich damit selbst zu schaden, wie es die alten Griechen schon wußten.

Vor 150 Jahren stellte Edgar Quinet fest, daß die ökonomische Frage den Kategorischen Imperativ Kants überall verdrängt habe.[8] Tolstoi beklagte sich wiederum in seinen Briefen, daß an der Jahrhundertwende nicht mehr Kant, sondern vielmehr Nietzsche gelesen werde. In der Tat ist das 20. Jahrhundert nicht kantianisch gewesen, sondern mehr Nietzsche zugewandt, allerdings mit dem nicht zu unterschätzenden Unterschied, daß die kleinen und großen Übermenschen der Gegenwart vulgäre Karikaturen von Nietzsches »Wille zur Macht« darstellen. Denn letzten Endes war Nietzsche ein Träumer, der, ähnlich wie Carlyle, an die Möglichkeit des Heroischen glaubte, dazu ein Denker von klassischem Format. Was aber heute bei seinen Nachahmern überwiegt, ist die bürgerliche und prosaische Moral der Wirtschaftlichkeit und des Strebertums. Nietzsche wird weiterhin eifrig gelesen – an erster Stelle von den Postmodernisten –, aber sein Werk hat herzlich wenig zu tun mit dem Krämergeist unserer westlichen Welt, genausowenig wie mit den Verbrechen der Nazis, die sich immer wieder auf ihn beriefen.

Der geistige Standort der westlichen Gesellschaft entspricht eher der Anti-Ethik eines Hobbes oder Mandevilles, die nicht zufällig von einer pessimistischen Auffassung vom Menschen ausgingen und die ethische Tradition der Antike als naiv ablehnten. Jeder von ihnen ist auf seine Weise Vorläufer der bürgerlichen Gesellschaftsordnung in ihrer häßlichsten Fassung. Für Hobbes galt der Machttrieb als der universalste und verbreitetste Trieb des Menschen, sein »Leviathan« war nur das folgerichtige gesellschaftspolitische Produkt dieser Auffassung. Die zentrale These Mandevilles, wonach die Perpetuierung der Armut das wirksamste Mittel für die Gewährleistung des gesellschaftlichen Produktions- und Reproduktionsprozesses ist, nimmt den ganzen Sozialdarwinismus der heutigen Neokonservativen vorweg. Auch seine Apologie des Luxus als eine Quelle des Fortschritts findet ihre Bestätigung im Moralkodex der westlichen Welt, wo Luxus schon seit langem mit Vornehmheit gleichgesetzt wird.

Der Genußprozeß, der vordergründig als ein rein rezeptiver Vorgang erscheinen mag, entwickelt sich vielmehr in einen eminent aktiven Kontext, schon deshalb, weil er das Sichbeschaffen der wirtschaftlichen und gesellschaftlichen Mittel voraussetzt, mit denen das Teilnahmerecht am materiellen Bankett finanziert werden muß. Deshalb ist der Spätkapitalismus nicht nur eine Konsum-, sondern ebenso eine Leistungsgesellschaft. Letzter Begriff entstammt der Welt der Produktion und stellt die Verneinung alles Beschaulichen und Selbstlosen dar. Der Mensch ist heute nur Mensch in dem Maße, in dem er leistet, und leisten bedeutet in der kapitalistischen Gesellschaft materiell leisten, Aktivitäten nachzugehen, die in Geld und Ware verwandelt werden können, auch im Bereich der Kultur. Der Mensch der spätkapitalistischen Gesellschaft muß sich vor allem als Leistungsmaschine bewähren, und wenn er dies nicht schafft oder sich diesem Diktat nicht beugt, wird er brutal beiseite geschoben und als ein unnützes Mitglied der Gesellschaft gebrandmarkt. Die triumphierende Bestie hat sich schon längst die Automatik der Maschine angeeignet: Härte, zweckmäßiges Handeln und Ausschalten jeder Gefühlsregung, die dem Weg des Erfolges zuwiderlaufen könnte, als einzige in Frage kommende Haltung. Deshalb konnte Pasolini in den sechziger Jahren mit einer gewissen Berechtigung vom »faschistischen Hedonismus« unserer Gesellschaft sprechen.

Der Kult des Privaten

Wenn es etwas gibt, das die großen Lehrmeister der Menschheit auszeichnet, dann ist es die moralische Grundausrichtung ihres Denkens. Deshalb waren ihre Traktate in der Regel vor allem moralische Abhandlungen, Anleitungen zu tugendhaftem Leben. Es sei beiläufig daran erinnert, daß sich Sokrates vor dem Aeropag verteidigt, nicht um sein Leben zu retten, sondern um zu verhindern, daß seine Richter eine Ungerechtigkeit begehen. Wie weit sind wir heute von dieser Charaktergröße entfernt!

Die großen Gestalten des klassischen Denkens haben die Ethik nie als einen rein subjektiven Wert begriffen, sondern als eine Kategorie, die im fundamentalen Zusammenhang mit dem Gemeinwesen steht. Deshalb nennt Aristoteles die Politik »die souveräne Wissenschaft«, die »fundamentalste aller Wissenschaften«. Der Mensch ist schlechthin und konstitutiv ein politisches Wesen, »anthropos physei politikon zoon«. Entsprechend kann man sein privates und öffentliches Verhalten nicht trennen. Das ganze Denken der Griechen unterstreicht immer wieder die primäre Bindung zwischen Individuum und Polis, und in diesem Zusammenhang entsteht der abschätzig belegte Begriff von »idiotes«, mit dem jener Bürger bezeichnet wird, der sich nur um seine privaten Geschäfte kümmert und sich von der Gemeinschaft oder »Koinonia« abwendet.

Die Aufklärung – besonders in ihrer französischen Fassung – nimmt diese griechische Tradition wieder auf, der Begriff »citoyen« ist nur eine moderne Umschreibung des antiken »polites«. Man braucht ja nur den »Sozialen Vertrag« von Rousseau in die Hand zu nehmen oder die Reden von Robespierre, Saint-Just, Marat und anderen Helden der Französischen Revolution flüchtig zu lesen, um gleich festzustellen, welch enormen Stellenwert sie alle der politischen Dimension des Menschen einräumen, jenem, was Montesquieu »la vertu politique« nannte. Und umgekehrt richten sich die Vorwürfe der Jakobiner gegen die Feinde der Revolution auf ihr Desinteresse gegenüber der »chose publique«, auf ihre Mißachtung der Belange und Bedürfnisse des Gemeinwesens. Was sie anprangern, ist der private Egoismus, das Streben, mehr an das eigene Wohl als an das des Kollektivs zu denken. Ihre immer leidenschaftlicher wiederholte Behauptung, daß dieses unsolidarische Verhalten die Republik zugrunde richten wird, erweist sich als prophetisch, und das gilt nicht nur für die Französische Revolution.

Der »Idiotismus« als gleichbedeutend für die Pflege des reinen Partikularismus tritt mit dem Entstehen der bürgerlich-kapitalistischen Ideologie wieder in die Geschichte ein. Das bürgerliche System geht von einer Verabsolutierung des Ichs aus, stellt im wesentlichen eine unsolidarische, individualistische Philosophie dar, auch wenn es in seiner Sternstunde – das darf man nicht vergessen – eine fruchtbare Rolle als Widersacher und Überwinder des Feudalismus spielte und zum Träger der persönlichen Freiheit wurde. Aber was von dem bürgerlichen Erbe geblieben ist, ist der in der heutigen Gesellschaft herrschende hemmungslose Ich-Kult. Aus dieser Verbindung zwischen privatem Eigennutz und dem Desinteresse am Gemeinwohl ist auch die Krise unserer Zeit entstanden – Krise, ein Wort, das bezeichnenderweise im Griechischen »Trennung« bedeutet.

Anstelle des tugendhaften und engagierten Citoyen ist der Spießer entstanden, und anstelle einer sich auf gesellschaftliche Solidarität gründende »res publica« hat sich ein Gesellschaftsmodell entwickelt, in dem das Hobbessche Gesetz, der Krieg aller gegen alle, waltet, ein Phänomen, das den Griechen auch nicht neu war. Zenon von Zitium war einer der ersten, der klar erkannte, daß es unter Toren und Unwissenden keine echte Gemeinschaft geben kann, denn ihr Mangel an moralischen Prinzipien verurteilt sie unwiderruflich, in Zwietracht zu leben, eine Ansicht, die auch Sokrates und Plato teilten. Dasselbe gilt für Aristoteles und überhaupt für die klassische griechische Philosophie, in der »Anthropos« und »Polis« unzertrennliche, sich gegenseitig ergänzende und vermittelnde Kategorien bilden.

Die Geschichtsschreibung stimmt jedenfalls in der Ansicht überein, daß der Untergang der klassischen Antike – in Griechenland wie in Rom – durch die Vorherrschaft des Privaten über das Gesellschaftliche eingeleitet wurde. Diese Entwicklung kündigt sich schon ganz klar mit dem Erscheinen der Sophisten an, die eine objektive, allgemeingültige Wahrheit zurückwiesen und keine andere theoretisch-praktische Richtschnur kannten als die Subjektivität des einzelnen.

Heute wiederholt sich dasselbe. Die Welt ist nicht zuletzt aus den Fugen geraten, weil die Mehrheit der Menschen nur an ihre eigenen Interessen denkt und für die Probleme und Sorgen ihrer Mitmenschen und Mitbürger nur blanke Gleichgültigkeit übrig hat, wie Erich Fromm schon in den dreißiger Jahren feststellte: »Zu der für die bürgerliche Epoche charakteristischen Verdinglichung kommt weiterhin die Gleichgültigkeit gegen das Schicksal der Nebenmenschen, die für die Beziehung der Menschen der bürgerlichen Welt charakteristisch ist. Nicht daß man in der vorbürgerlichen Epoche nicht oder auch nur weniger grausam gewesen wäre, aber die bürgerliche Indifferenz hat eine bestimmte, für sie spezifische Nuance: das Fehlen der Verantwortung eines jeden für das Los aller.«[9] Dem kann hinzugefügt werden, daß diese Entfremdung der zwischenmenschlichen Beziehungen in engem Zusammenhang mit dem Verfall der staatsbürgerlichen Gesinnung steht, ja, ihre direkte Folge ist. Man kehrt den Mitmenschen den Rücken, weil man sich vorher vom Begriff des Allgemeinwohls abgewendet hat. Wir werden noch Gelegenheit haben, auf diesen Sachverhalt zurückzukommen.

Der Spätkapitalismus hat tatsächlich zu einer weitgehenden staatsbürgerlichen Teilnahmslosigkeit des Individuums geführt, die Zahl derer, die sich politisch engagieren, ist äußerst gering, so daß Wohlstand und Entpolitisierung zu Zwillingsbrüdern geworden sind. Dieses Sichzurückziehen ins Private als Folge eines falsch verstandenen Eigennutzes mündet freilich in der Selbstentmachtung des Bürgers als mitbestimmendes und mitgestaltendes Subjekt, wie schon Benjamin Constant erkannte: »Die Gefahr der modernen Freiheit liegt darin, daß wir, vom Genuß unserer privaten Unabhängigkeit und von der Pflege unserer privaten Interessen vereinnahmt, auf unser Recht auf Beteiligung an der politischen Macht zu leicht verzichten.«[10]

Auch hier stoßen wir auf uralte Erfahrungen, denn die Entartung der sokratischen Ethik setzt gerade mit der Heraufkunft des Individualismus Aristipps und der Kyrenaiker an. Den heutigen Hedonismus antizipierend, bejahten sie den Egoismus als Grundlage des Glücks und stellten dementsprechend den Genuß über die Tugend. Die Yuppies und Konsumfetischisten von heute wissen kaum, daß ihr Genuß und ihre Erfolgssucht eine verspätete Abart dieser materiali-

stischen Philosophie der Spätantike, daß sie Epigonen vergangener Pseudo-Werte sind, ungeachtet der Tatsache, daß sie sich als Vertreter der Postmoderne und des »dernier cri« verstehen. Aristipp als ewig reproduzierbarer Archetyp jeder Spätzeit.
Mit dem Triumph des Privaten als dem absoluten Wert schlechthin ist die bürgerliche Entwicklungslinie in ihren tiefsten Niederungen angekommen, während der Begriff der gesellschaftlichen Totalität immer mehr an Boden verliert. Die Gesellschaft, die Marx als Mittelpunkt und Drehscheibe für die Selbstverwirklichung jedes einzelnen konzipierte, existiert nur als Schlachtfeld für die Macht- und Genußgelüste der atomisierten Individuen.

Zeit der Brutalität: Alles ist machbar

Carlyle beschrieb unsere Zeit als »mechanical age«, aber seine Definition reicht heute nicht mehr aus, um den wahren Kern des Maschinen-Zeitalters zu erfassen, das sich als viel brutaler und erbarmungsloser erwiesen hat, als der englische Denker ahnen konnte, obwohl er unmittelbarer Zeuge des Manchester-Kapitalismus und der Zerschlagung der klassenkämpferischen Chartisten-Bewegung war.
Die Mechanisierung der Lebensformen hat zu einer allgemeinen Brutalisierung der gesellschaftlichen und zwischenmenschlichen Verhältnisse geführt. Wir leben in einer tief enthumanisierten und entpersonalisierten Zeit, einzig von der Ideologie des Habens beherrscht. Deshalb versuchen die Herrschaftsträger mit allen Mitteln, den Menschen zum bloßen Konsumenten zu reduzieren und sein »pleasure of possession« (Bentham) als das einzig wirklich lohnende Lebensziel anzupreisen. Zusammenfassend kann man sagen, daß die frühen Wertvorstellungen (Gott, Moral, Geist, Kultur) durch Wertsurrogate wie Erfolg, Genuß oder Macht restlos ersetzt worden sind. Diese oder ähnliche von der westlich-bürgerlichen Zivilisation erzeugten Fetische sind alles, was von dem antiken »summum bonum«, dem höchsten Gut, geblieben ist.
Das zynische postmoderne Losungswort »anything goes« ist nur ein weiterer Beleg für die Bereitschaft, sich mit allem, auch dem Uner-

träglichsten, zu arrangieren und die Möglichkeit zu einer qualitativen Umwälzung der bestehenden Verhältnisse im voraus als den infantilen Traum eines verlorenen Haufens von Desperados und Dummköpfen abzutun. Der Weltschmerz, der tagtäglich erlebte Schmerz der Leidenden, Hungernden, Ausgebeuteten, Geschundenen und Verfolgten – dies alles spielt sich inmitten der Gleichgültigkeit, der Witze und der Cocktailparties der Saturierten und Privilegierten ab. Was auch geschehen mag: Die Yuppies finden immer einen Grund, zufrieden zu sein, das Leben zu genießen und schicke Kleidung zu tragen. Überraschend ist dies indes nicht, denn dort, wo kein Bedürfnis mehr für Wahrheit und für ein sinnvolles Dasein besteht, sucht man eben als Ersatz die Banalität des Kitsches, wie Marx schon wußte: »Die letzte Phase einer weltgeschichtlichen Gestalt ist ihre Komödie.«[11] Natürlich wird heute viel über Moral geredet, vielleicht mehr denn je. Aber dieser Begriff wird instrumentell und in einem abstrakten und plakativen Sinn angewandt, als rhetorisches Feigenblatt für die Fortsetzung der Brutalität. Was heute waltet und verwaltet, ist die von Iwan Karamasow verkündete Moral des »Alles ist erlaubt«, nur mit der Aura der bürgerlichen Respektabilität versehen.

Die von der Bourgeoisie errichtete Zivilisation hat nicht nur die äußeren, ökologischen Strukturen der Welt und des Lebens verändert, sie hat ebenso zu einer tiefgreifenden Umgestaltung des inneren, psychischen Bereichs geführt. Unser Ich ist genauso kaputt, wahrscheinlich kaputter als das ökologische System. Die weltweite Vermehrung der Produktion und der technischen Apparaturen hat zwar die physische Macht des Menschen verstärkt, aber eine Zerstörung des Seins zur Folge gehabt. Das Subjekt, das die materiellen Vorzüge der westlichen Zivilisation genießt, ist nicht mehr das der vorindustriellen Zivilisation. Sein Genuß ist entsprechend ein ganz anderer, nämlich ein viel ärmerer und prekärerer, schon deshalb, weil es ein entmenschlichtes und entfremdetes Individuum ist, das sich in einer genauso entmenschlichten und entfremdeten Umwelt befindet. Die Menschen, denen wir in den Einkaufszentren, auf der Straße, in der Nachbarschaft, am Arbeitsplatz, in den Flughäfen, auf den Autobahnen oder sonstwo begegnen, erwecken nicht den Eindruck, daß sie mit ihrem Los besonders glücklich sind. Vielleicht, weil sie ahnen, daß etwas Wesentliches in ihrem Leben nicht stimmt. Ja, selbst die Gier, mit der sie sich in Vergnügungen stürzen, die die Konsumgesellschaft für sie parat hat, mutet eher als der unbewußte (und verzweifelte) Versuch an, die Leere und die Sinnlosigkeit ihrer Existenz zu verdrängen. Im Grunde wissen sie sehr wohl, daß sie in der Falle sitzen, daher auch ihre bedrückten Gesichter.

Ich höre schon die Zyniker und die Berufsoptimisten: Aber es funktioniert doch! Sicher, aber wie und zu welchem Preis! Es funktioniert, weil die Menschen ein erstaunliches Anpassungs- und Selbstverleugnungsvermögen besitzen, weil ihr Erhaltungs- und Reproduktionstrieb nicht leicht zu erschüttern ist. Die Zunahme von Neurosen und Selbstmorden läßt allerdings vermuten, daß selbst dieser Trieb immer schwächer und der Druck der äußeren Verhältnisse immer stärker wird. Deshalb steigt die Zahl der kranken Menschen viel schneller als die Produktionsziffern. Der darwinistische Begriff »survival of the fittest« hat eine makabre Aktualität bekommen.

Kann es wirklich Glück geben, wo es so viel Hektik, so viel Unsicherheit, so viel Angst gibt? Kann das Leben der einzelnen anders sein als das System, in dem sich alles abspielt? Alles scheint da zu sein in dieser Zeit des Mammonkults, aber trotzdem weiß jeder, fühlt jeder, daß etwas fehlt und daß dieses Etwas das Entscheidende ist, auch wenn man dafür keinen Namen hat. Aber wie sollen die Menschen die richtigen Worte für ihre Sorgen und ihr existentielles Vakuum finden, wenn sie kaum oder gar nicht miteinander sprechen? Die Kommunikation, mit der die eigentlich bewußte menschliche Geschichte einsetzt, läuft Gefahr, in Wortlosigkeit zu entarten, und so, wie die Politik in die Hände der Professionellen der Macht übergegangen ist, wird die zwischenmenschliche Kommunikation zunehmend durch den Jargon der technischen Eliten und den konventionellen Diskurs der Massenmedien ersetzt. Das von Orwell befürchtete und antizipierte »Neusprech« ist zur Realität geworden. Über das Wichtigste – den Sinn des Lebens – wird geschwiegen, wie in »1984«. Das Zeitalter hat uns nur Narkotika anstatt eines Lebensinhalts gegeben. Daß die Menschen trotzdem am Rande des Abgrunds Feste feiern und den Tanz ums Goldene Kalb unbeirrt fortsetzen, beweist nur, wie nah beieinander das Frivole und das Tragische oft liegen.

Die Verneinung der anderen

Selbstverwirklichung ist für den heutigen Menschen vor allem »extensio«, Ausbreitung des eigenen Ichs, eine Haltung, die das Streben nach Beherrschung oder Einengung der Mitmenschen einschließt.

Diesem Ausdehnungsdrang entspricht auf zwischenmenschlicher und gesellschaftlicher Ebene die Unterwerfung der Natur durch die Wissenschaft, die Technik und die Produktion. Hinter beiden Prozessen steht die Dynamik der Machtakkumulation als höchster Wert. Da dieser Extensio-Drang ein allgemeiner ist, verwandelt sich das Leben in einen ununterbrochenen und immer rücksichtsloser werdenden Kampf, in dem das einzige Ziel der Beteiligten darin besteht, die anderen von ihrem Platz zu verdrängen.

Aber auch die Philosophie Hegels hat ihren Ausgangspunkt in der Ideologie der Ich-Ausdehnung, die bei ihm Anerkennung durch die anderen heißt. Camus: »Die grundsätzlichen menschlichen Beziehungen werden auf diese Weise zu reinen Prestigeverhältnissen, zu einem den Tod einschließenden Kampf um die Anerkennung der einen durch die anderen.«[12] Hier ist schon Nietzsches »Wille zur Macht« vorgegeben, auch wenn Hegel diesen Willen zur Macht am Ende zum Staatsprinzip erhebt und den einzelnen dann zum Untertan des allmächtigen, »göttlichen« Staats degradiert.

Was Hegel als die Vollendung des abendländischen Denkens anbietet, ist aber nichts anderes als das philosophisch hochstilisierte Ich der bürgerlichen Ära. Er vergißt, daß in der Antike und noch mehr in der Urgesellschaft – selbst noch im Mittelalter – das Bedürfnis der Individuen nach Anerkennung durch die anderen nicht oder nur schwach entwickelt war. Deshalb war der Kommunismus die Grundstruktur der primitiven Gesellschaft, in der das Sich-Absondern von den anderen als eine Strafe galt, als Fluch. Denn in Wirklichkeit ist der Mensch von Natur aus eher scheu und ängstlich als aggressiv, wie sein immer wieder auftretender Herdentrieb beweist. Erst die Verhärtung der Lebensverhältnisse und der bis zum äußersten herausgeforderte Überlebenstrieb machen aus ihm ein Raubtier. Das, was man seit Darwin gemeinhin »struggle for life« nennt, ist in Wahrheit eine ideologische Konstruktion des bürgerlichen Zeitalters, die aus einer unhistorischen und fehlgeleiteten Vorstellung von der menschlichen Natur entstanden ist.

Das Prinzip der Ich-Ausdehnung, das im Feudalismus auf nackter Gewalt beruhte und das Privileg einer Minderheit von Adligen war, wurde von der Bourgeoisie sozialisiert und auf eine rechtspolitische Grundlage gestellt, und zwar unter dem Motto: Die Freiheit des einzelnen endet dort, wo die Freiheit seines Nächsten beginnt. Da aber das vom bürgerlichen Staat eingeführte Gleichheitsprinzip rein formaler Natur ist und dem Ausdehnungsdrang im Bereich der Wirtschaft keine Grenzen gesetzt sind, wird damit das Primat der Geburt nur durch die subtilere, aber nicht minder willkürliche Herrschaft des Geldes und dem aus ihr hervorgegangenen Konkurrenzkampf aller gegen alle ersetzt. So wird das Gesetz des Dschungels, das der bürgerliche Staat beseitigen wollte, durch die Konkurrenzdynamik wiederhergestellt. Auch wenn dieser Konkurrenzkampf in der Regel ohne Anwendung physischer Gewalt stattfindet, verkörpert er, was Proudhon »le regime de la force« nannte.[13] Aus der hemmungslosen Entwicklung des bürgerlichen Extensio-Drangs jedes einzelnen ist jener rücksichtslose Individualismus entstanden, der das industrielle und kapitalistische Zeitalter auszeichnet und den Bakunin so zusammenfaßte: »Ich verstehe unter Individualismus die Tendenz, welche die ganze Gesellschaft, die Masse einzelner Menschen als gleichgültige Personen, Rivalen, Konkurrenten, kurz als natürliche Feinde betrachtet, mit denen jeder wohl leben muß, die aber jedem den Weg versperren, und welche den einzelnen antreibt, seinen eigenen Wohlstand, seinen Erfolg, sein Glück aller Welt zum Trotz, zum Schaden aller und über den Leibern aller zu erobern und zu begründen.«[14] Diese Worte wurden vor fast hundertfünfzig Jahren geschrieben, aber sie bringen auf das genaueste den Zustand der heutigen westlichen Gesellschaft zum Ausdruck. Nicht unbedingt, weil der russische Revolutionär ein Prophet war, sondern einfach deshalb, weil sich das bürgerliche System im wesentlichen nicht geändert hat.

DIE POLITISCHE MACHT

> »Setzen Sie eine solche bürgerliche Gesellschaft, und Sie haben einen entsprechenden politischen Zustand, der nur der offizielle Ausdruck der bürgerlichen Gesellschaft ist.«
>
> *Marx, »Brief an Annenkov«, 28. Dezember 1846*

Die parlamentarische Demokratie

In den westlichen Ländern herrscht nicht nur eine große soziale Ungerechtigkeit; ähnlich verhält es sich mit den politischen Machtverhältnissen. Trotz seiner formellen und verfassungsmäßigen Souveränität ist das Volk kaum in der Lage, selbst zu regieren. Es ist mehr Objekt als Subjekt der »res publica«. Es kann sich beklagen, protestieren, einen Streik entfesseln und mit seiner Stimme ihm unerträglich gewordene Politiker abwählen. Was es aber in der Regel nicht schafft, ist, die Kaste der etablierten Berufspolitiker und Herrschaftsträger von der Macht zu verjagen. Lincolns Grundsatz, daß die Demokratie die Herrschaft des Volkes durch das Volk und für das Volk sei, hat sich in der Praxis nie bestätigt oder, genauer: nur in revolutionären Zeiten und nicht durch Wahlzettel, sondern durch einen bewaffneten Aufstand. Alexis de Tocqueville, weniger naiv als der amerikanische Staatsmann, stellte vor zweihundert Jahren fest: »Das Prinzip der Souveränität des Volkes, das mehr oder weniger den Hintergrund aller menschlichen Institutionen bildet, hat sich gewöhnlich nicht verwirklicht.«[1] Die Geschichte der letzten zwei Jahrhunderte hat ihm recht gegeben.

Diese Entwicklung kann nicht überraschen, schon deshalb nicht, weil der Mittelpunkt der kapitalistischen Demokratie das Parlament ist und diese Körperschaft im allgemeinen nicht die Interessen des Volkes vertritt. Wir verstehen unter diesem Begriff die große Masse von Arbeitern, kleinen Angestellten, Bauern und sonstigen einfachen Schichten, die schon aufgrund ihres Bildungsgrads und ihres Berufs kaum Zugang zur politischen Führerschaft haben. Die politische Macht liegt weitgehend in den Händen von Berufspolitikern, die durch ihre berufliche bzw. akademische Qualifikation auch die Parteien beherrschen: Professoren, Rechtsanwälte, Wirtschaftsexperten, Lehrer, Technokraten, Staatsbeamte, kurz: die gebildeten Schichten. Die spätkapitalistische Gesellschaft operiert hier mit der gleichen Arbeitsteilung, die sie in allen Bereichen des Lebens eingeführt hat. In der Politik führt diese Arbeitsteilung zur Herrschaft der Professionellen der Macht und nicht, wie Durkheim meinte, zu einer Zunahme der gesellschaftlichen Solidarität. Nicht er, sondern Bakunin hat recht behalten: »Man muß wirklich sehr naiv sein, um zu glauben, ein bürgerliches Parlament könne aus freien Stücken für eine geistige, materielle und politische Befreiung des Volkes stimmen.«[2]

Die Professionellen der Macht bilden mittlerweile ein riesiges Heer, das nichts produziert und vom »Verwalten« lebt, und zwar ausnahmslos mit überdurchschnittlichem, oft üppigem Einkommen. Es sind theoretisch die Diener des Gemeinwesens – so ihre Selbstdarstellung – tatsächlich seine Nutznießer. Proudhon nannte sie deshalb verachtungsvoll »la caste des improductifs«, auf Deutsch: »Schmarotzer«. Lenin bezeichnete den Staat als »parasitäre Organisation«. Für Marx und Engels – wie vorher für Saint-Simon, Fourier und andere Theoretiker des Sozialismus – war Emanzipation die wirtschaftliche und politische Befreiung von der herrschenden Klasse. »Die politische Gewalt im eigentlichen Sinne ist die organisierte Gewalt einer Klasse zur Unterdrückung einer andern«[3] – so im Kommunistischen Manifest. Hier waren sie mit ihren Rivalen, den Anarchisten, einig, die das Machtmonopol des Staates bzw. seiner Vertreter immer als das Grundübel der Gesellschaft angeprangert haben. Auch Radikaldemokraten der ersten Stunde wie Thomas Paine oder Henry David Thoreau bekämpften leidenschaftlich die Staatsmacht als unvereinbar mit der Freiheit und der Selbstbestimmung des einzelnen. Selbst die Stifter des klassischen Liberalismus – die nichts zu tun haben mit ihren jetzigen Epigonen – donnerten gegen die Staatsbürokratie und wollten keine allmächtige Regierung haben. Deshalb kann man noch heute ihre Schriften mit großem Gewinn (und Vergnügen) lesen, und ich denke, hätten die Verwalter des real existierenden Sozialismus diese Klassiker des Liberalismus gelesen, wären sie nicht auf die Idee gekommen, ihre staatlichen Leviathans zu errichten.

Die bürgerliche »repräsentative« Demokratie bedeutet immer eine oligarchische Form der politischen Praxis, weil sie sich auf eine institutionalisierte Trennung zwischen den Bürgern und einer Minorität von Berufspolitikern stützt, die stellvertretend für sie entscheiden. Man braucht nur flüchtig in Rousseaus »Contrat social« zu blättern, um zu erfahren, worauf dieses Modell der Demokratie hinausläuft: auf eine permanente Bevormundung und Manipulation des Volkes durch ein kleines Mandarinat von Partei- und Parlamentsbonzen. Wohl haben die Bürger die Chance, in regelmäßigen Abständen die Träger der politischen Gewalt abzuwählen und sie durch andere zu ersetzen, aber mehr nicht. Deshalb bemerkte Rousseau, daß die Wähler nur am Wahltag frei seien: »Das englische Volk bildet sich ein, ein freies Volk zu sein, aber es täuscht sich gewaltig; frei ist es nur während der Wahl der Parlamentsmitglieder; sobald sie gewählt sind, ist es Sklave, ist es nichts.«[4]

Die repräsentative Demokratie stammt direkt aus dem Mittelalter, und auch wenn sie später in ihrer revolutionären, fortschrittlichen Phase einen großen Beitrag zur Überwindung des Feudalismus und des Absolutismus leistete, ist sie im wesentlichen ein im Dienste der privilegierten Schichten stehendes Modell geblieben. Auch hier hat Rousseau recht behalten: »Ab dem Moment, in dem ein Volk Repräsentanten wählt, hört es auf, frei zu sein.«[5] Das parlamentarische und Parteiensystem hat keineswegs eine wirkliche, umfassende Demokratisierung des politischen und gesellschaftlichen Lebens bewerkstelligt. Vielmehr hat es das »eherne Gesetz der Oligarchie« (Robert Michels) unter neuen formellen Bedingungen bestätigt, wie Michels selbst, Pareto, Gaetano Mosca, Georges Sorel und andere Vertreter des Neomachiavellismus in ihren Untersuchungen über die Parteien und die politische Macht feststellten. Einer von ihnen – Mosca – drückt es so aus: »Die herrschende Klasse, das heißt diejenigen, die

die öffentliche Macht innehaben und ausüben, stellt stets eine Minderheit dar, und unter dieser finden wir eine zahlenmäßig große Gruppe von Personen, die niemals in irgendeinem *wirklichen* Sinn an der Regierung teilhaben, sondern ihr nur unterworfen sind; diese Gruppe können wir als die beherrschte Klasse bezeichnen.«[6] Und später in seiner Schrift »Elementi di scienza politica«: »In allen Gesellschaften ... gibt es zwei Klassen, eine, die herrscht, und eine, die beherrscht wird. Die erste ist immer die weniger zahlreiche, sie versieht alle politischen Funktionen, monopolisiert die Macht und genießt deren Vorteile, während die zweite, zahlreichere Klasse von der ersten befehligt und geleitet wird.«[7] Daran hat sich nichts Substantielles geändert, und es wird auch so bleiben, solange die parlamentarisch-kapitalistische Demokratie als höchster Ausdruck der politischen Weisheit gilt.

Gewiß, im Zuge der Entstehung der sozialistischen und Arbeiterparteien als parlamentarische Kraft sah es eine Zeitlang so aus, als ob die proletarische Beteiligung an den gesetzgebenden Funktionen eines Tages das Ende des bourgeoisen Machtmonopols mit sich bringen würde. Aber die Hoffnungen, die die Stifter des Sozialismus – Engels an erster Stelle – auf die Arbeiter- und Linksparteien gesetzt hatten, haben sich letzten Endes als unrealistisch und unerfüllbar erwiesen. Im Grunde ist die berufliche und soziale Zusammensetzung der jetzigen Parlamente ähnlich jener, die schon in der Anfangsphase des Parlamentarismus existierte, als etwa von den 577 Deputierten der französischen verfassungsgebenden Versammlung von 1779 373 Rechtsanwälte und Juristen waren. Auch die Linksparteien des Westens (Labour Party, Sozialdemokraten und Sozialisten aller Couleur, Kommunisten) sind längst ein Monopol der Intelligenzija geworden. Wo findet man Arbeiter in den westlichen Parlamenten? Man kann sie an den Fingern abzählen.

Aber entscheidend ist nicht einmal die Abwesenheit von Arbeitern in den gesetzgebenden Körperschaften, denn trotz der charakterlichen Deformation, die die Ausübung von Macht mit sich bringt, gibt es unbestreitbar Abgeordnete, die sich bemühen, der Sache des Volkes zu dienen. Viel wichtiger in diesem Zusammenhang sind die strukturelle Grundlage der repräsentativen Demokratie als solche und die

Fiktion der Trennung von politischer und ökonomischer Macht. Das Wort »Demokratie« wird in der politischen Diskussion verständlicherweise in abstraktem Sinn benutzt, ohne jeglichen Bezug auf die hinter diesem Begriff steckenden sozialen und ökonomischen Unterschiede. Aber wie Lenin sagte: »Denn in keinem der zivilisierten kapitalistischen Länder existiert eine ›Demokratie überhaupt‹, sondern es existiert nur eine bürgerliche Demokratie...«[8]

Die Herrschaft einer politischen Elite über die breite Masse des Volkes ist eng mit der Manipulation letzterer verbunden. Dies erklärt auch, warum die parlamentarische Willensbildung oft auf ganz legalen und verfassungskonformen Wegen zu ganz verheerenden Fehlentwicklungen führt. Man sollte sich deshalb hüten, bürgerliche bzw. indirekte Demokratie als gleichbedeutend mit Freiheit, Fortschritt und Emanzipation zu setzen. Sie kann genauso in Reaktion, Restauration oder gar Faschismus münden, wie es in den zwanziger und dreißiger Jahren in einigen Ländern geschah. Der nordamerikanische Politologe Barrington Moore bemerkt dazu: »Freie Wahlen sind ja nicht schon an und für sich verbürgter Ausdruck einer freien Gesellschaft... Der Begriff der freien Wahl hat keinen Sinn, wenn derjenige, der wählt, systematisch der Einsicht in die Bedeutung seiner Handlung beraubt worden ist. Totalitäre Diktaturen bedienen sich der Propaganda und des Terrors, um die Menschen zu entmündigen; moderne Demokratien können die gleichen Resultate erzielen, indem sie den Bürgern Pseudoalternativen vorlegen.«[9] Dem ist nichts hinzuzufügen.

Der Aufstieg der Mittelklasse

Die Lenkung und Verwaltung der Gesellschaft ist seit langem in zunehmendem Maße gerade von jener sozialen Gruppierung übernommen worden, die nach Ansicht von Marx/Engels prädestiniert war, als selbständige Kraft im gesellschaftlichen Prozeß immer mehr an Bedeutung zu verlieren. Diese soziale Gruppe ist die Mittelklasse. So steht im Kommunistischen Manifest: »Die bisherigen kleinen Mittelstände, die kleinen Industriellen, Kaufleute und Rentiers, die

Handwerker und Bauern, alle diese Klassen fallen ins Proletariat hinab.«[10] Diese Prognose hat sich im wesentlichen bestätigt, aber wenn einerseits viele der frühen zum Mittelstand gehörenden Schichten unter die Räder des Proletarisierungsprozesses geraten sind, ist im Zuge der Weiterentwicklung des Kapitalismus eine ganz neue Mittelklasse entstanden, die alles andere als proletarisiert bezeichnet werden muß. Der US-Wirtschaftstheoretiker Paul M. Sweezy: »Zum anderen gibt es eine große Gruppe, die zwischen den Kapitalisten und Arbeitern steht und diesen nicht einfach zugeordnet werden kann: Regierungs- und Wirtschaftsbürokraten, Freiberufliche, Lehrer, Journalisten, Werbefachleute usw. Man nennt sie, nicht zu Unrecht, die neuen Mittelklassen – neu wegen ihres auffallenden Wachstums sowohl absolut als auch relativ zu anderen Klassen.«[11]
Die Mittelklasse ist also nicht nur keineswegs verschwunden, sondern hat sich als eine der wichtigsten Grundsäulen des Kapitalismus und des industriellen Zeitalters entwickelt. Insoweit stimmt nicht mehr, daß die Kapitalistenklasse die Mittelschichten »mit Splittern ihres Mehrwerts abfindet«, wie Rosa Luxemburg noch meinte.[12] Die Zusammensetzung der Mittelklasse ist sehr vielschichtig und differenziert, man kann aber sagen, daß sie insgesamt die Verwaltung der Gesellschaft in ihren Händen hat. Ihr überwiegender Teil arbeitet als Führungs- und mittleres Management in der Industrie, im Handel, im Bank- und Versicherungswesen und in anderen Branchen des Dienstleistungsbereichs oder tertiären Sektors. Ein beträchtlicher Teil übt freiberufliche Tätigkeiten aus, und der Rest bildet die verwaltungstechnische Infrastruktur des Staates. Auf Grund ihrer Entscheidungsbefugnisse stellt letztere Gruppe qualitativ den wichtigsten Teil der Mittelschichten dar.
Marx ahnte diese Entwicklung. So schrieb er im »Kapital«, daß die Beaufsichtigung der Arbeiter von einer besonderen Gruppe von Angestellten wahrgenommen wird, die zwischen Lohnabhängigen und Kapitalisten steht. Und in seinen historischen Werken »Die Klassenkämpfe in Frankreich«, »Der 18. Brumaire des Louis Bonaparte« und »Der Bürgerkrieg in Frankreich« schließt er nicht aus, daß neben dem Klassenkampf zwischen Bourgeoisie und Proletariat ein bürokratischer Staat entstehen kann, der sich verselbständigt und alle

Klassen verschlingt. Im dritten Band des »Kapitals« hebt er die zunehmende Bedeutung hervor, die den »industriellen Oberoffizieren« (Managern) und Unteroffizieren im Bereich der betrieblichen Organisation zukommt und schließt nicht aus, daß der Kapitalist eines Tages als überflüssige Person aus dem Produktionsprozeß verschwindet.

Der Aufstieg der Mittelklasse als Machtfaktor hat sich parallel zu einem Abbau des Einflusses des Proletariats und der unteren Schichten vollzogen. Was diese soziologisch-geschichtliche Umwälzung bedeutet, liegt auf der Hand: Während die Arbeiterklasse in ihrer aufsteigenden Entwicklungsphase eine Konzeption vertrat, die auf die Errichtung einer klassenlosen Gesellschaft zielte, propagieren die neu entstandenen Mittelschichten eine liberal-bürgerliche Ideologie, sei es in fortschrittlichem oder konservativem bis reaktionärem Sinn. Die von der Mittelklasse bevorzugte Regierungsform ist die parlamentarische Demokratie, eben weil dieses Modell für sie den geeignetsten Rahmen bietet, um ihre eigenen klassenspezifischen Interessen durchzusetzen.

Schon Aristoteles sah in der Mittelklasse das zentrale (für ihn stabilisierende) Element im gesellschaftlichen Organismus. Das Entstehen der Moderne ist weitgehend ein Produkt der Mittelklasse, auch wenn sie sich nur mit Hilfe des Volkes gegen den Feudalismus und den monarchistischen Absolutismus durchsetzen konnte. Auch technisch spielt sie eine Schlüsselrolle bei der Gestaltung des modernen Staates, schon deshalb, weil ihr Ethos auf Leistung und nicht auf Adelsprädikaten beruht.

Innerhalb der sozialistischen Theorie war Eduard Bernstein der erste, der die These von Marx und Engels über die zunehmende Proletarisierung der Arbeiterklasse verwarf und die wachsende Bedeutung der Mittelschichten unterstrich. Diese Auffassung wurde, wie man weiß, zur Magna Charta des Reformismus innerhalb der deutschen und europäischen Sozialdemokratie. Vergessen wir auch nicht die Rolle, die die Mittelschichten als ideologische Führer und Verführer des Lumpenproletariats im Faschismus spielten.

Ein großes Quantum an Macht, das früher die Mittelschichten mit anderen sozialen Gruppen teilen mußten – Aristokraten, Militärs,

Kapitalisten, später Arbeiterparteien und Gewerkschaften – ist nach dem Zweiten Weltkrieg ganz in ihre Hände übergegangen, so daß ihre Machtfülle am Ausgang des 20. Jahrhunderts umfassender ist als je zuvor. Viele Marxisten und andere Linke tendieren dazu, die Mittelklasse als ein bloßes Anhängsel des Großkapitals einzustufen und damit ihre Relevanz als eigenständiger Machtfaktor zu relativieren, wie etwa Ernest Mandel: ». . . das Großkapital überläßt die Routineverwaltung umso bereitwilliger den Experten und Managern (Berufspolitikern in diesem Fall), als es sich auf die strategischen Hauptentscheidungen konzentrieren muß.«[13] Oder Paul M. Sweezy: »Die zahlenmäßige Bedeutung der Mittelklasse, der alten wie der neuen, darf uns aber nicht dazu verleiten, ihre Rolle der der Kapitalisten und Arbeiter gleichzusetzen.«[14] Keine Frage: Aufs Ganze gesehen dient die Mittelklasse den Interessen des Großkapitals, aber sie besitzt trotzdem ihre eigene Dynamik, die überdies immer kräftiger wird, schon deshalb, weil bei dem immer undurchsichtiger werdenden Produktions- und Reproduktionsprozeß des Spätkapitalismus die Funktion der Experten und Fachmänner immer bedeutungsvoller wird. Der Kapitalist im alten, herkömmlichen Sinn ähnelt seit langem dem Feudalherrn im ausgehenden Mittelalter, er wird zunehmend eine überflüssige, parasitäre Gestalt, zumal die großen und sogar die mittleren technischen Kader selbst zu Aktionären und Mitbesitzern geworden sind. Der Verfall der alten Familienunternehmen und das Anwachsen der Aktiengesellschaften und Großkonzerne entspricht genau dieser Entwicklung.

Man darf wiederum den Begriff »Mittelklasse« nicht in einem mechanischen Sinn auffassen und ihn mit unveränderlichen klassenspezifischen Merkmalen versehen. Denn es gibt tatsächlich einen beträchtlichen Teil von Angehörigen der Mittelschichten, der sich mit den Klasseninteressen der Bourgeoisie nicht nur nicht identifiziert, sondern sie ablehnt. Es ist im übrigen bekannt, daß ein Großteil der heutigen humanitären und systemkritischen Funktionen von Menschen ausgeübt werden, die aus den Mittelschichten stammen, während die designierten Träger der Emanzipation – Gewerkschafter, Arbeiter – kaum das Bedürfnis empfinden, sich systemverändernd zu engagieren.

Die Moral der Berufspolitiker

Was heute im Bereich der etablierten Politik überwiegt, ist nicht das ethische Bewußtsein, sondern vielmehr Nietzsches »Wille zur Macht«, eine Haltung, die schon im voraus die Verneinung jeder selbstlosen, im Dienste des Allgemeinwohls stehenden Motivation einschließt.

Natürlich gibt es in jeder Partei Politiker, die es »ehrlich« meinen und sich gegen Karrieretum, Postenjagd und sonstige beim politischen Establishment geläufigen Erscheinungen wehren. Mit ihrem guten Willen stehen sie aber auf verlorenem Posten und müssen sich am Ende der Automatik der Routine beugen oder dem politischen Betrieb den Rücken kehren – was übrigens einige von ihnen aus blankem und unüberwindbarem Ekel ab und zu tun. Aber sie bilden die Ausnahme, die Mehrheit macht mit, wenn möglich, bis ins Pensionsalter.

Die Wahrheit ist heute weitgehend durch die Werbung ersetzt worden, nicht nur im Wirtschaftsbereich, sondern auch im öffentlichen Leben. Was die meisten amtlichen Machtträger anstreben, ist nicht, die Bürger aufzuklären, wie es ihre Aufgabe und ihre Pflicht wäre, sondern sie zu täuschen. Durch die verfügbaren Public-Relations- und Propagandaapparate ist Manipulation ein Kinderspiel geworden. Der von Kant konzipierte »mündige Bürger« hat sich weitgehend in einen entmündigten verwandelt.

Nicht nur durch Propaganda wird Politik bestimmt. Daß das Geld dabei eine ausschlaggebende Rolle spielt, ist ein offenes Geheimnis. Und dies nicht erst seit heute, sondern seit der Geburtsstunde des Parlamentarismus, als es in England ein weitverbreiteter Usus war, Stimmen ganzer Wahlbezirke gegen Geld zu kaufen. Das Zusammenspiel von Politik und Geld gestaltet sich in jedem Land anders, der Ausgangspunkt ist immer aber die Korruption in platter oder subtilerer Form. In Deutschland oder Spanien etwa werden die Parteien in beträchtlicher Weise aus Staatsmitteln finanziert, in anderen Ländern mit mehr liberaler Tradition greift man zu privaten Sponsoren. Ein Mitglied des Repräsentantenhauses in den USA braucht durchschnittlich 350 000 Dollar, um seine Wahlkampfkosten zu finanzieren, ein Senator zehnmal mehr. Für die nichtvermögenden Kongreßabgeordneten sorgen die sogenannten »Political Action Committees«. Daß sich unter den Geldgebern viele Firmen befinden, ist bekannt, ebenso, daß sie von den so unter die Arme gegriffenen Abgeordneten entsprechende Gegenleistungen erwarten. Auf diese Weise entstehen die berühmten Lobbies, die mittels gekaufter Abgeordneter und sonstiger Mandatsträger wie Vampire das Blut des Volkes aussaugen. Kaum jemand hat diese Wechselwirkung zwischen Politik und Business so deutlich zum Ausdruck gebracht wie der entführte italienische Ex-Ministerpräsident Aldo Moro in dem Brief, den er als Gefangener den Roten Brigaden schrieb: »Wir haben es hier mit einem brutalen Geben und Nehmen zu tun. Ich gebe dir Geld, und du machst meine Politik. So ist es leider geschehen. Es war schändlich und unzulässig.«[15] Was dieser Politiker über die Democrazia Cristiana und den Arbeitgeberverband Confindustria sagte, ist mutatis mutandis eine weltweite Praxis. Sie ist so verbreitet, daß die Menschen sie mittlerweile als ein unvermeidbares Übel des Systems betrachten und nur noch mit einem Achselzucken zur Kenntnis nehmen.

Nicht daß die Wirtschaftsbosse mit dem Scheckbuch in der Hand quer durch das Land reisen und die Volksvertreter in einer Hotelsuite bestechen oder Geld auf irgendwelche Geheimkonten überweisen. Sie brauchen es in der Regel nicht zu tun, weil sie immer genügend prominente Politiker finden, die sich aus eigenem Antrieb und aus lauterer Gesinnung selbstlos mit ihren Interessen identifizieren und dann in den politischen Gremien auch dafür stehen. Das ist die größte Lobby, die die Konzerne und sonstigen Pressure-groups besitzen: die unbestechlichen, freiwilligen, ehrbaren Anhänger der Privatwirtschaft.

Jede mit Macht ausgestattete Klasse oder Schicht tendiert dazu, ihren eigenen Interessen zu dienen, die politische Kaste miteinbegriffen. Milovan Djilas wurde im Westen gefeiert, weil er – freilich zu Recht – in seinem Buch »Die neue Klasse« die materiellen Privilegien der Parteikader anprangerte. Die westlichen Medien haben jahrelang ausführlich über die skandalösen Vergünstigungen berichtet, die die Nomenklatura in der Sowjetunion genoß, auch hier zu Recht. Nur, im Westen ist es nicht viel anders, wenn auch mit dem Unterschied,

che Interessengemeinschaft aller »Produzenten« wurde später von den italienischen Faschisten und den deutschen Nationalsozialisten als Vorwand benutzt, um die Arbeiterorganisationen aufzulösen und an ihre Stelle einheitliche, klassenübergreifende Pseudo-Gewerkschaften zu setzen. Dasselbe tat Franco mit seinen »Sindicatos verticales«.

Auch heute bemüht man sich allerorten um Harmonie, sogar mittels der Mitbestimmung, die schon längst zu einem Instrument der Integration geworden ist und kein Konfrontationspotential mehr besitzt. Extreme müssen überwunden werden, Antagonismen glattgebügelt, Konsens hergestellt. Kein Wunder, daß sich die Parteien immer eifriger um den Begriff »Mitte« als ideologischen Standort streiten. Einheit über alles – das ist der Trend, das Gebot der Stunde. Prinzipien zu haben ist unzeitgemäß geworden. Auch der Volkskapitalismus mit seinen Betriebsaktien, seiner Sparförderung und seiner Vermögensbeteiligung ist eines der typischen und althergebrachten Heilmittel der Rechten, das mittlerweile von der Linken gutgeheißen wird, obwohl jedem klar sein muß, daß diese Zugeständnisse an den kleinen Mann nur den Zweck verfolgen, die Klassenverhältnisse zu vertuschen und den Widerstand gegen das herrschende System ein für alle Mal zu lähmen.

DIE WELT ALS WARE

»Das kapitalistische System besitzt . . . eine allgemeine, umfassende Tendenz zur unablässigen Erweiterung seiner materiellen Basis, zur Verallgemeinerung und Ausdehnung seiner eigenen Produktionsverhältnisse auf die gesamte Gesellschaft.«

Maurice Godelier, »Rationalität und Irrationalität in der Ökonomie«

Innere Expansion

Die Theorie Rosa Luxemburgs, wonach der Kapitalismus zugrunde gehen muß, weil er eines Tages an die äußerste Grenze seiner räumlichen Expansion stoßen wird, hat sich als verfrüht und nicht zwingend erwiesen.

Um seinen sich immer steigernden Produktions- und Reproduktionsprozeß in Bewegung zu halten, ist der Kapitalismus zwar auf immer neue Absatzmärkte angewiesen. Sie brauchen aber nicht unbedingt durch äußere Expansion beschafft zu werden; es reicht aus, wenn sie innerhalb der hochentwickelten kapitalistischen Länder vorhanden sind und intensiviert werden können, wie schon Jean Baptiste Say wußte: ». . . der inländische Markt, wenn er denselben Gewinn wie der ausländische gewährt, ist der Nation ebenso günstig und beweist mehr das Zunehmen des Wohlstandes als die Ausfuhr.«[1] Ähnlich Eduard Bernstein in seiner Auseinandersetzung mit Rosa Luxemburg: »Es ist ja doch Fräulein Luxemburg nicht unbekannt, daß es nicht nur eine extensive, sondern auch eine intensive Erweiterung des Weltmarkts gibt und die letztere heute von viel größerem Gewicht ist wie die erstere. In der Handelsstatistik der großen Industrieländer spielt der Export in den alten, längst besetzten Ländern bei weitem die größte Rolle ... Die extensive Erweiterung des Weltmarkts vollzieht sich zu langsam, um der faktischen Produktionssteigerung genügenden Abfluß zu gewähren, wenn eben nicht die schon früher einbezogenen Länder ihr einen immer größeren Markt darböten.«[2]

Aufgrund seiner weltweiten Ausbeutungsdynamik und der daraus resultierenden Verelendung der Länder der Dritten Welt ist der Spätkapitalismus tatsächlich gezwungen, seine Produktion vornehmlich im eigenen Bereich abzusetzen und seinen Verwertungsprozeß innerhalb der reichen Länder zu konzentrieren. Dies erklärt auch, warum der Welthandel sich weitgehend innerhalb der führenden Industrienationen selbst abwickelt und nicht zwischen diesen und den unterentwickelten Ländern. Indien z. B. hat eine Bevölkerung von rund 800 Millionen Menschen, aber sein Anteil am gesamten Welthandel beträgt weniger als ein halbes Prozent.

Nach dem Zweiten Weltkrieg war der Imperialismus und Kolonialismus alter Prägung schwer aufrechtzuerhalten. Deshalb mußten die dominierenden Industrienationen die direkte Expansion nach außen durch eine Intensivierung ihrer Wirtschaftsdynamik auf ihren eigenen Territorien ausgleichen. Der Kapitalismus hat in der Tat Mittel und Wege gefunden, um sich im eigenen Bereich zusätzliche Expansionsebenen zu verschaffen. Dadurch ist es ihm weitgehend gelungen, sich von dem Zwang zu befreien, Expansion nach außen betreiben zu müssen. Die Regionen ohne Kaufkraft, einst begehrtes Ziel der Großmächte, läßt man als Abnehmer einfach beiseite liegen. Und außerdem: Das Begehrenswerte, das sie besitzen – ihre Rohstoffe und Naturprodukte – braucht man ja nicht mit Gewalt zu nehmen, man erwirbt sie für ein Geringes auf dem Weltmarkt, auf dem man ohnehin schon die Preise diktiert. Der Spätkapitalismus beutet zwar die unterentwickelten Länder weiter aus (sowohl als Lieferanten billiger Rohstoffe und Arbeitskräfte wie als Abnehmer eines Teils seiner Produktion), aber das Elend, das in diesen Ländern herrscht, hindert ihn daran, sie in größerem Ausmaß in seinen Verwertungsprozeß miteinzubeziehen.

Andererseits ist das System nicht daran interessiert, den Entwicklungsländern ernsthaft zu helfen, und zwar, weil deren Rückständigkeit und Abhängigkeit einen unerläßlichen Faktor seines ausbeuterischen Prozesses darstellen. Der Kapitalismus operiert hier mit derselben Logik, die er in seinem Verhältnis zur Arbeiterklasse anwendet: Er will sie zum Verbraucher und Abnehmer seiner Produkte machen, aber nur bis zu einem gewissen Grad. Denn wenn es nicht so wäre, würde der Kapitalismus seine Daseinsberechtigung – Mehrwert auf Kosten der arbeitenden Bevölkerung zu realisieren – ad absurdum führen.

Die Kapitalisten wissen sehr wohl, in welchen »circulus vitiosus« sie verstrickt sind, und versuchen trotzdem, beides in Einklang zu bringen: die Entwicklungsländer weiter in Abhängigkeit zu halten, ohne sie aber in die Lage zu versetzen, ihre Rückständigkeit und ihre Ohnmacht zu überwinden. Denn das Dilemma ist klar: Solange die hochentwickelten Länder die unterentwickelten durch die heute waltende schändliche Praxis des »ungleichen Austauschs« übervorteilen, werden letztere nicht imstande sein, sich selbst zu entwickeln. Und umgekehrt. Wenn die Länder der Dritten Welt durch eine großzügige und solidarische Politik seitens der führenden Industrienationen ihre wirtschaftliche Misere beseitigen könnten, würden die kapitalistischen Hochburgen ihre Privilegien teilweise verlieren, das heißt, sie müßten auf eine wichtige Komponente ihres Wohlstandes verzichten. Da aber der Kapitalismus nicht bereit ist, bei Strafe des Untergangs nicht bereit sein darf, auf seine Vorteile zu verzichten, wird er nie in der Lage sein, den immer krasser und dramatischer werdenden Widerspruch zwischen Entwicklung und Unterentwicklung zu lösen. Paul M. Sweezy hat es so ausgedrückt: »Entwicklung auf der einen und Unterentwicklung auf der anderen Seite bedingen sich in dialektischer Weise gegenseitig. Darin besteht von Anfang an die ganze Geschichte des Kapitalismus ... Die kapitalistische Entwicklung erzeugt zwangsläufig an einem Pol Entwicklung, am anderen Pol Unterentwicklung. Die entwickelten kapitalistischen Länder und die unterentwickelten Länder sind keine getrennten Welten; sie sind das Oben und Unten ein und derselben Welt.«[3]

Die innere, intensive Expansion des Spätkapitalismus basiert auf der Beschleunigung und Erweiterung des Konsumprozesses, auf der Schaffung neuer, meist künstlicher Bedürfnisse. Seine Strategie besteht darin, das Spektrum des Warenangebots ständig zu erneuern und neue Konsumreize zu wecken. Er tut dies nicht nur, um die Profite zu maximieren, sondern ebenso, um die Abhängigkeit des Menschen vom System zu vertiefen. Das ganze Geheimnis der sogenannten »affluent society« ist kein anderes als die ständige Manipulation des Konsumverhaltens. Welche Rolle die Public-Relations- und die Marketing-Abteilungen der Konzerne hierbei spielen, stellte schon vor Jahren Vance Packard in seinem Buch »Die geheimen Verführer« fest. Die Manipulation der Erwartungen und Sehnsüchte der Konsumenten gehört seit langem zu den Methoden der Verkaufs- und Absatztechnik.

Die Fetischisierung des Massenkonsums ist im Kapitalismus aber nicht nur ein Taschenspielertrick spitzfindiger Werbe- und Verkaufsstrategen, sondern das unvermeidliche Produkt seiner eigenen Irrationalität. Da der forcierte Konsum mittlerweile eine unerläßliche Voraussetzung für das Weiterbestehen des Systems geworden ist, sieht es sich gezwungen, ihn zu einer Art neuer Metaphysik zu erheben, von der die Seligkeit des einzelnen abhängt. Was nichts anderes als kunstvoll erzeugte Gier nach materiellem Besitz ist, wird von den Apologeten des Systems gerade als eine Tugend gepriesen. So Ludwig von Mises: »Es wäre unsinnig, diesen unersättlichen Appetit nach mehr und immer mehr Gütern zu bedauern. Diese Gier ist genau der Impuls, der den Menschen auf den Weg der wirtschaftlichen Verbesserung führt.«[4]

Da die reale Kaufkraft der Bevölkerung bei weitem nicht ausreicht, um den Produktionsausstoß des hochentwickelten Kapitalismus zu absorbieren, wird der Konsumterror zusätzlich durch den Kauf auf Pump vorangetrieben. Dies geht vonstatten durch eine Politik des leichten Geldes, den bargeldlosen Zahlungsverkehr und die Einführung von Geldautomaten. Diese künstliche Absatzvermehrung verwandelt sich immer mehr in die eigentliche Grundlage des Produktions- und Reproduktionsprozesses. Das Aufpeitschen zu immer mehr Konsum bringt zwangsläufig eine wachsende Verschuldung der Verbraucher mit sich. Die private Verschuldung (von der öffentlichen nicht zu reden) stellt tatsächlich eine der gravierendsten und auch bezeichnendsten Erscheinungen in allen Ländern des Westens dar, nicht nur in den Vereinigten Staaten von Amerika, wo buchstäblich alles auf Kredit läuft.

Die Werbung, die zur systematischen Lenkung des Konsums gehört, galt noch im 19. Jahrhundert als ein Zeichen von Unseriosität. Überhaupt hat sich das ganze »Ethos« des Kapitalismus um 180 Grad gedreht. Galt früher das Sparen als eine seiner Lieblingsfloskeln, predigt der Kapitalismus heute das Verschwenden als ein Zeichen für Prestige und Wohlstand. Daß damit die Tür zu Spekulation und Korruption geöffnet wird, braucht nicht unterstrichen zu werden. Der Griff zu unlauteren Geschäftspraktiken als Ausweg aus den Widersprüchen des Systems breitet sich immer mehr aus, ist mittlerweile zur Gewohnheit geworden, nicht nur im Bereich des Waffen- oder Drogenhandels. Ernest Mandel: »War für den Durchschnittskapitalisten, der an Ruhe, Ordnung und normaler Abwicklung seiner Geschäfte interessiert war, im 19. Jahrhundert Achtung vor dem Gesetz eine Selbstverständlichkeit, so lebt der Durchschnittskapitalist im 20. Jahrhundert mehr und mehr am Rande des Gesetzbruches, wenn nicht im Konflikt mit dem Gesetz.«[5]

Die zahlreichen westlichen Firmen, die in den achtziger Jahren den Irak mit ihren Rüstungslieferungen bis an die Zähne bewaffneten – auch während des von der UNO gegen Hussein verhängten Embargos –, waren der letzte große Beweis für die Skrupellosigkeit, mit der die Geschäftswelt verfährt, wenn es darum geht, sich zu bereichern. Daß die verantwortlichen Unternehmen von den Regierungen selten oder nur halbherzig zur Rechenschaft gezogen und nicht gezwungen wurden, die verdienten Milliarden an die Staatskassen zurückzuzahlen, zeigt wiederum, daß die Moral der Politiker ähnlich ramponiert ist wie die der Geschäftsleute, die nicht zögern, durch Waffenhandel ihre Taschen zu füllen. Diese Komplizenschaft zwischen Business und Politik bildet im übrigen einen festen Bestandteil des Wesens des Monopolkapitalismus, der seinen Einfluß benutzt, um den Staat für seine eigenen Zwecke und Interessen zu gebrauchen. »Was gut ist für General Motors, ist auch gut für die Vereinigten Staaten«, lautete während des Zweiten Weltkriegs die Parole, die besser als jedes Traktat die Interessengemeinschaft kennzeichnet, die im Monopolkapitalismus zwischen Staat und Big Business besteht.

Konkurrenz und technische Erneuerung

Das Prinzip der Konkurrenz gilt für die Apologeten des Systems seit Adam Smith als das ureigenste Fundament des Fortschritts und der wirtschaftlichen Harmonie. Es wird u. a. mit dem Argument verteidigt, daß es den Produzenten zwingt, immer neue Technologien zu erfinden und einzuführen, die wiederum die Rationalisierung der Produktion und die Humanisierung der Arbeitsvorgänge ermöglichen. Mag diese Argumentation im Rahmen der bourgeois-kapitalistischen Vorstellungen stichhaltig sein – aus einer emanzipatorischen Sicht enthüllt sie sich unschwer als hoch trügerisch und zynisch. Denn die durch die Gesetzmäßigkeit des Kapitalismus bedingte ständige Erneuerung des produktionstechnischen Apparats führt in Wirklichkeit zu einer ständigen Stillegung bzw. Verschrottung von noch leistungsfähigen Maschinen und Produktionsanlagen, die unter einem rationaleren, den Menschen dienenden System weiter produzieren könnten. Es ist der Markt, der bestimmt, ob eine Maschine durch eine andere ersetzt werden muß oder nicht, keineswegs der eigentliche Zustand der Maschine selbst. Zu welcher Vergeudung von Mitteln der spätkapitalistische technologische Innovationsprozeß führt, ist leicht zu ahnen. Ein führender japanischer Industrieboß – Akio Morita, Mitbegründer der Sony-Corporation – gibt zu: »Der immerwährende leidenschaftliche Konkurrenzkampf in Japan hat auch unsere Produktionspolitik verändert . . . Früher konnten wir an einem bestimmten Modell anderthalb oder zwei Jahre lang festhalten, doch zur Zeit müssen wir alle sechs Monate – gelegentlich noch schneller – neue Modelle herausbringen. So große Summen, so viel raffinierte Technik und äußerst komplizierte Fertigungsverfahren in einen derart kurzen Lebenszyklus zu investieren, kommt uns manchmal wie die schiere Vergeudung vor. Doch wollten wir den Zyklus verlängern, durch Festhalten an altem Design ein Produkt über seine Zeit hinaus auf dem Markt belassen, könnte die Konkurrenz uns mit einem neuen Modell aus dem Geschäft zu drängen versuchen.«[6] Aber nicht nur im konkurrenzbesessenen Japan werden noch einsatzfähige und nicht verschlissene Produktionseinrichtungen aus den Fabrikhallen entfernt, sondern überall in der westlichen Welt, gerade und vor allem in den führenden, wirtschaftlich aggressiven Industrienationen. So gab die deutsche Wirtschaft 1990 nicht weniger als 230 Milliarden Mark für die Modernisierung ihres Maschinenparks aus. Soweit ist klar: Der Kapitalismus lebt also von der regelmäßigen und willkürlichen Zerstörung seiner eigenen produktionstechnischen Mittel und Ressourcen nach dem Motto: Je mehr Maschinen und Anlagen ausrangiert und weggeworfen werden, desto besser für die Konjunktur. Nichts belegt eindringlicher die unmoralische und destruktive Grundtendenz des Kapitalismus als dieser nie endende, sich auf einer immer höheren Stufenleiter reproduzierende Prozeß des Überlebens im Wettbewerb. Wie recht hatte Proudhon, als er vom »mörderischen Instinkt« der Konkurrenz sprach![7]

Die Erneuerung des technologischen Potentials wird grundsätzlich von den führenden Konzernen in Angriff genommen, und sie hat keinen anderen Grund, als die Profite zu maximieren und nebenbei die konkurrierenden Unternehmen an die Wand zu drücken. Aber das wichtigste Resultat dieses Innovations- und Investitionskampfes ist die Entwertung der vorhandenen, noch produktionsfähigen Anlagen. Oder was dasselbe ist: Er zwingt ganze Wirtschaftszweige, sich die neu eingeführten Technologien anzueignen und riesige Summen dafür zu verwenden. Gesamtwirtschaftlich bedeutet dieser Investitionsaufwand, daß ein großer Teil des durch den Reproduktionsprozeß erzielten Mehrwerts sofort in Form von neuen Investitionen für die Anschaffung neuer Produktionsanlagen vergeudet wird. Fest steht, daß ab einer bestimmten Entwicklungsstufe der Kapitalismus für seine eigene Aufrechterhaltung einen immer größer werdenden Anteil seiner gesamten Wirtschaftsleistung verzehrt.

Diese sich immer schneller vollziehenden Investitonszyklen erfordern von den Firmen einen Kapitalaufwand, den sie in der Regel nicht selbst aufbringen können. So sind z. B. zwei Drittel des Kapitals, das in Deutschland von den Unternehmen eingesetzt wird, geliehenes Geld. 1990 hatten die Unternehmen und Selbständigen in der alten BRD ein Schuldenvolumen von sage und schreibe 1150 Milliarden Mark. Auf jedem Arbeitsplatz in der deutschen Wirtschaft lastet ein Kredit von rund 50 000 Mark. Die Geschichte wiederholt sich: War der Feudalismus am Ende den Geldwucherern völlig ausgeliefert, ist der Spätkapitalismus zunehmend abhängig von der Gnade der Banken und sonstiger Kreditinstitute. Das System ruiniert nicht nur sich selbst, sondern erzeugt gleichzeitig sein eigenes Parasitentum.

Die Erneuerung des Produktionsapparats wird immer kostspieliger, und dieser immer größer werdende Aufwand an Investitionskapital wird im Endeffekt von den Arbeitnehmern und anderen besitzlosen Schichten bezahlt. Die am meisten und am dramatischsten Betroffenen sind jedoch die halb- und unterentwickelten Länder, die auf Dauer nicht in der Lage sind, sich der Einfuhr der neuen Technologie oder ihrer Produkte zu widersetzen.

Auf der Verbraucherebene vollzieht sich ein ähnlich verschwenderischer Ablauf. Jedes erworbene Gerät, jedes Konsumgut büßt durch die Einführung neuer Modelle automatisch seinen ursprünglichen Wert ein, wie es vor allem in der Automobilindustrie der Fall ist. Um immer auf dem Stand der Mode und der Technik zu sein, neigt der Verbraucher dazu, die von der Industrie neu lancierten Produkte zu kaufen, einerlei, ob er sie tatsächlich benötigt oder nicht. Erst durch diese reflexhafte Bereitschaft, sich mit immer neuen Artikeln auszustatten, ist der Spätkapitalismus imstande, sein sinnloses Vergeudungsspiel weiter zu betreiben.

Inwieweit dieser vom System herbeigeführte Teufelskreis fortgesetzt werden kann, ist freilich nicht voraussehbar. Es lassen sich aber einige Entwicklungsrichtungen erkennen. So wird die zunehmende Rationalisierung der Produktion immer mehr Arbeitskräfte freisetzen, auch wenn die Einführung neuer technologischer Verfahren vorübergehend zusätzliche Arbeitskraft erfordert. Die chronisch gewordene Arbeitslosigkeit und die Nichtauslastung der Produktionskapazitäten beweisen, daß neue Technologien langfristig zu einem immer drastischer werdenden Abbau von Arbeitsplätzen führen. Es beweist auch, daß das sakrosankte Postulat der Selbstheilungskraft des Marktes pures Gerede ist.

Die Vertreter der kapitalistischen Harmonielehre haben freilich immer behauptet, daß die Einführung neuer Maschinen mehr Arbeitsplätze schafft als vernichtet. Diese »Kompensationstheorie« wurde schon in der zweiten Dekade des 19. Jahrhunderts von dem französischen Nationalökonom Sismondi in seiner Auseinandersetzung mit seinem britischen Kollegen Ricardo als unhaltbar entlarvt. Daß die Arbeiter in der Entstehungsphase des industriellen Zeitalters versuchten, die Maschinen zu zerstören, belegt, daß sie spürten, welche verheerende Folge die Mechanisierung der Produktion mit sich bringen würde. Marx hat mit seiner These über die industrielle Reservearmee recht behalten: »Die kapitalistische Akkumulation produziert vielmehr, und zwar im Verhältnis zu ihrer Energie und ihrem Umfang, beständig eine relative, d. h. für die mittleren Verwertungsbedürfnisse des Kapitals überschüssige, daher überflüssige oder Zuschuß-Arbeiterbevölkerung.«[8]

Die Entnationalisierung der Wirtschaft

Wirtschaftskriege gehören seit Menschengedenken zu den geläufigsten Erscheinungen der Weltgeschichte. Die bewaffnete Auseinandersetzung zwischen dem Dritten Reich und den alliierten Mächten war das letzte klassische Beispiel dieser sich immer wiederholenden historischen Konstante, auch wenn der Ausbruch des Krieges nicht nur aus rein ökonomischen Gründen bedingt war.

Nach dem Zweiten Weltkrieg gingen die westlichen Staaten dazu über, »friedlich« miteinander zu konkurrieren, anstatt sich gegenseitig zu schlachten. Die besiegten Staaten Deutschland und Italien beugten sich widerspruchslos der von den westlichen Siegermächten diktierten neuen Ordnung. Damit kehrte man zu der Lehre des klassischen Liberalismus zurück, der zugleich die Epoche der Pax britannica war. Das einzig Neue bestand darin, daß der westliche wirtschaftspolitische »Ordo« jetzt unter der Obhut der Pax americana stand. Der frühere Nationalismus wurde nach und nach durch eine kosmopolitische Praxis ersetzt. Der allmähliche Abbau der Handelsbarrieren öffnete den Weg für die Schaffung ökonomischer Großräume wie der EWG bzw. EG, was wiederum der Expansion der dominierenden wirtschaftlichen Kräfte und Nationen Vorschub leistete.

Wohlbemerkt: Der Streit um Zölle, protektionistische Maßnahmen und die Liberalisierung des Welthandels hat keineswegs aufgehört.

Die ständigen Rangeleien innerhalb der GATT-Länder oder zwischen den USA und der EG und Japan oder auch zwischen den Industrienationen und den Ländern der Dritten Welt geben Anlaß zu der Vermutung, daß der Handelskrieg weiterhin einen festen Bestandteil der angeblich freien marktwirtschaftlichen Ordnung bildet. Aber dies ist nicht die herrschende Tendenz. Das eigentliche Novum liegt vielmehr in der Tatsache, daß die Großkonzerne, die multinationalen Gesellschaften und Banken heute in der Lage sind, ziemlich problemlos ihre Waren überall abzusetzen und ihr Kapital quer über den ganzen Globus zu investieren. Der Zusammenbruch des real existierenden Sozialismus hat die Manövrierfähigkeit des internationalen Big Business mittel- und langfristig zusätzlich erhöht, und es besteht kaum ein Zweifel, daß dieser wirtschaftliche Neuraum früher oder später unter die Herrschaft der spätkapitalistischen Kräfte fallen wird.

Die Entnationalisierung der Wirtschaftsverhältnisse und -strukturen hat tatsächlich zu einem ungeheuren, früher in solchem Ausmaß nicht gekannten Machtzuwachs der führenden Weltunternehmen geführt. Durch ihre Lobbies, ihre weltweiten Einflußsphären, ihr technologisches Potential, ihre Produktionskraft und ihre Investitionsmobilität bilden sie seit langem einen Staat im Staate, was ihnen erlaubt, ihre spezifischen und ureigensten Interessen immer leichter durchzusetzen. Deshalb werden die industriellen und finanziellen Weltriesen heute überall zugleich hofiert und gefürchtet, sowohl von den eigenen Regierungen wie von den Ländern der Dritten Welt. Und das nicht von ungefähr, denn von ihrer Machtfülle hängt oft die wirtschaftliche Entwicklung oder gar das Überleben ganzer Regionen und Länder ab.

Im Westen ist dies freilich nichts Neues. Die Geschichte des Kapitalismus ist von seiner Geburtsstunde an zugleich die Geschichte seiner zunehmenden Verflechtung und Internationalisierung, auch wenn es dabei Phasen des Rückzugs ins Nationale gab. Marx: »Die Tendenz, den Weltmarkt zu schaffen, ist unmittelbar im Begriff des Kapitals selbst gegeben.«[9] Man braucht in diesem Zusammenhang nur an die riesigen Auslandsvermögen zu erinnern, die führende Industrienationen vor dem Ersten Weltkrieg angelegt hatten; England z. B. 54

Milliarden Mark, Frankreich 32. Lenin, Hilferling, Rosa Luxemburg, Schumpeter und andere Theoretiker machten sehr früh auf diese Dimension des Kapitalismus aufmerksam, auf den ihm innewohnenden Drang nach äußerer, räumlicher Ausdehnung. Die liberale Geld- und Finanzpolitik der Nachkriegszeit hat die Expansionsmöglichkeiten der führenden Industrienationen in Form von Kapitaltransfer oder direkten Investitionen in ungeahntem Ausmaß wachsen lassen. So investierte z. B. die Bundesrepublik zwischen 1982 und 1988 400 Milliarden Mark im Ausland.

Die westliche Welt hat darüber hinaus in den letzten Dekaden eine Reihe von supranationalen Organisationen und Gremien ins Leben gerufen, die dazu dienen, die globalen Interessen des Spätkapitalismus zu koordinieren und zu sichern. Dazu gehören Institutionen wie die Weltbank, der Internationale Währungsfonds (IWF) oder die Organisation für Wirtschaftliche Zusammenarbeit und Entwicklung (OECD). Diese und viele andere Agenturen sind bloße Transmissionsriemen der führenden Konzerne und Nationen. Sie spielen dementsprechend eine deutliche imperialistische Rolle. Die OECD etwa vertritt zwar nur 24 Staaten mit lediglich 16 Prozent der Weltbevölkerung, aber die Mitgliedsstaaten beherrschen zwei Drittel der Weltproduktion. Sie übt nur eine beratende Funktion aus, aber jeder von diesem Forum erarbeitete Bericht hat einen entscheidenden Einfluß auf die Weltwirtschaft, auch und gerade auf die Länder der Dritten Welt. Ähnliches gilt für die Weltbank oder den IWF, die durch ihren monetären Einfluß und ihre »Strukturanpassungsprogramme« zu Über-Regierungen für die Entwicklungsländer geworden sind, vor allem auf dem afrikanischen Kontinent. Von Washington aus wird de facto entschieden, wie die Staatshaushalte in den Ländern der Dritten Welt gestaltet werden müssen. Und wer sich dieser neuen Form des Schreibtisch- und Experten-Imperialismus nicht beugt, wird durch Kürzung oder Streichung der Wirtschaftshilfe bestraft, die ohnehin aus zurückzuzahlenden Krediten besteht. So funktionieren eben die Gehirn-Trusts der westlichen Welt.

Die Entnationalisierung bzw. Globalisierung der Wirtschaftsverhältnisse bedeutet allerdings nicht den Tod der nationalen Staaten und des Nationalismus, wie phantasievolle Ideologen von links und rechts in bemerkenswerter Übereinstimmung oft behaupten. Man kann in der Tat solche Zukunftsvisionen nur ernst nehmen, wenn man die außerökonomischen Faktoren und Zusammenhänge nicht berücksichtigt und man die Weltgeschichte auf reine Ökonomie reduziert. Das ist der gleiche Fehler, den schon Stalin und seine Ratgeber vor dem Krieg begingen. Deshalb waren sie nicht in der Lage, die wahre, irrationale Natur des Faschismus zu durchschauen.

Auch wenn der heutige Einzelstaat nicht mehr dem von Fichte entworfenen »geschlossenen Handelsstaat« entspricht und viel durchlässiger geworden ist, behält das nationale Bewußtsein der jeweiligen Völker nichtsdestoweniger seine ursprüngliche, herkömmliche Relevanz. Wäre dem nicht so, könnte man das Phänomen des Rassismus und die allerorts grassierende Ausländerfeindlichkeit schwer erklären. Nicht nur in der Sowjetunion, in Jugoslawien und anderen Ländern Osteuropas sind wir Zeuge einer dramatischen Zuspitzung des Nationalitätenproblems. Auch in Westeuropa ist trotz EG das nationalistische Syndrom alles andere als überwunden. Die sich nur mühsam herausbildende europäische »Identität« ist mehr formell als inhaltlich, findet ihre Widerspiegelung mehr in den Institutionen als in den Herzen der Menschen. Auch wenn die »Euro-Frömmler« – wie der ehemalige französische Regierungschef Laurent Fabius den EG-Präsidenten Jacques Delors und sonstige Eurokraten nannte – unermüdlich für die Schaffung eines europäischen Bundesstaates werben – sie sind damit nicht tief genug in das Bewußtsein der europäischen Bürger eingedrungen; deshalb bleiben nationale Vorurteile, Egoismen und Eifersüchteleien weiterhin an der Tagesordnung.

Hier erleben wir einen für die gegenwärtige Weltsituation typischen Widerspruch: Während die Wirtschaftskräfte international agieren und die faktische Selbständigkeit der Staaten immer mehr aushöhlen, blüht das nationale Eigennutzprinzip unvermindert weiter. Diese Antinomie zwischen Kommerz und Geopolitik ist keineswegs neu, auch sie wurde schon von Marx festgestellt: »Die bürgerliche Gesellschaft umfaßt den gesamten materiellen Verkehr der Individuen innerhalb einer bestimmten Entwicklungsstufe der Produktionskräfte. Sie umfaßt das gesamte kommerzielle und industrielle Leben einer Stufe und geht insofern über den Staat und die Nation hinaus, obwohl sie andrerseits wieder nach außen hin als Nationalität sich geltend machen, nach innen als Staat sich gliedern muß.«[10] Oder auch Rosa Luxemburg: »Die bürgerliche Gesellschaft, der Kapitalismus, ist eine internationale Erscheinung, eine weltweite menschliche Gesellschaftsform. Es gibt nicht so viele bürgerliche Gesellschaften, so viele Kapitalismen, als es moderne Staaten und Nationen gibt, sondern nur eine internationale Gesellschaft, einen Kapitalismus, und die scheinbar isolierte selbständige Existenz einzelner Staaten innerhalb von staatlichen Barrieren ist bei einer einzigen und unteilbaren Weltwirtschaft bloß einer der Widersprüche des Kapitalismus.«[11] Das Bestehen der Nationalstaaten hat sich allerdings als zäher erwiesen, als es sich Rosa Luxemburg oder auch Marx und Engels vorgestellt hatten. Auf jeden Fall schließen die internationalen Entwicklungstendenzen des Spätkapitalismus keineswegs das Weiterbestehen klar umrissener und homogener Nationalstaaten aus. Auch wenn große Firmen im Ausland investieren oder dorthin exportieren, bleiben sie fest verwurzelt und eingefügt in einem bestimmten nationalen Rahmen. Ihre Internationalität ist nur quantitativer, keineswegs qualitativer Natur. Im Gegenteil, je wirksamer die Konzerne einer Nation in den Welthandel eindringen, desto mehr profitiert die Nation als Ganzes im ureigensten nationalen Sinn. Deshalb sind die außenwirtschaftlich erfolgreichsten Länder auch die reichsten, und nicht eines von ihnen wäre je auf die Idee gekommen, seine erzielten Profite mit anderen Ländern brüderlich zu teilen, z. B. mit den Ländern, in denen sie ihre Waren absetzen.

Das Wirtschaftspotential ist auch kein abstraktes Faktum, es hängt vielmehr eng zusammen mit einem ganzen Komplex von Faktoren und Umständen, die alles andere als »international« bedingt sind: Arbeitsethos, Bildungsniveau, politische Strukturen, kulturgeschichtliche Traditionen, etc. Deutschland und Japan z. B. als die zwei erfolgreichsten Ausfuhrnationen der Gegenwart, exportieren nicht nur ihr Kapital oder ihre industriellen Produkte, sondern auch die ideologischen und sozialen Voraussetzungen, die es ermöglicht haben, auf den Weltmärkten konkurrenzfähiger zu sein als andere Wirtschaftsriesen: Disziplin, gefügige Gewerkschaften, technische Begabung, politische Stabilität, Strebertum oder Wille zur Macht.

Kurz: Die Entnationalisierung des Wirtschaftsverkehrs ist nur ein leicht zu durchschauender strategischer Schachzug der dominierenden Industrienationen, um unter dem Mantel der supranationalen Kooperation die kleineren, schwächeren Länder als Feld für ihre Expansionsdynamik benutzen zu können. Überdies ist jeder Versuch, die Gegensätze zwischen den Völkern durch eine Überwindung der nationalen Barrieren innerhalb des Kapitalismus aufzuheben, eine »contradictio in subjecto«, eben weil er im immanenten Widerspruch zu der nicht aus der Welt zu schaffenden, expansionistischen und imperialistischen Gesetzmäßigkeit des Systems steht. Die bürgerliche Ideologie gründet auf dem Prinzip des Eigennutzes, und dieser Grundsatz gilt nicht nur für das Individuum, sondern ebenso für Wirtschaftsgruppen und für Staaten.

Da die transnationale Dimension des Kapitalismus nur eine instrumentelle Funktion ausübt und keinen anderen Zweck hat als die Profitmaximierung, ist das System auch nicht in der Lage, eine echte, solidarische und dauernde Völkerverständigung und Völkerverbrüderung herbeizuführen. Die Kapitalisten und die Politiker, die mit ihnen gemeinsame Sache machen, haben nicht bestimmte nationale Hindernisse abgeschafft, um der Mehrheit zu helfen, sondern um reibungsloser verkaufen zu können und sich mehr Macht und Einfluß zu verschaffen.

Unsere Kritik gilt mutatis mutandis ebenso für den bis zum Zusammenbruch des real existierenden Sozialismus in den Ländern Osteuropas praktizierten »proletarischen Internationalismus«. Es ist ein offenes Geheimnis, daß hinter dieser Formel in Wirklichkeit vor allem die spezifischen Interessen der Sowjetunion standen und daß die Doktrin der »sozialistischen Gemeinschaft« nur ein rhetorischer Nebel war, um die tatsächliche Vorherrschaft der Moskauer Machthaber zu kaschieren. Die COMECON-Staaten waren wirtschaftlich genauso verflochten wie die EG-Staaten, aber diese supranationale Interdependenz und Gegenseitigkeit hatte vornehmlich den Zweck, den nationalen Belangen der UdSSR zu dienen.

Die Merkantilisierung des Planeten

Der Kapitalismus hat von seiner Geburtsstunde an alles zerstört, was sich seinem Expansionsdrang in den Weg stellte, sei es durch nackte Gewalt oder durch Korruption, Bestechung, Manipulation und andere Formen der »friedlichen« Ausdehnung.

Sein uneingestandener, aber emsig verfolgter Zweck bestand immer darin, alles, was es in der Welt gibt – Menschen, Völker, Kulturen, Religionen, Natur, Sitten, Wertesysteme – zur Ware zu degradieren, die ganze Weltschöpfung und die ganze Weltgeschichte ausschließlich in einen Kauf- und Verkaufsprozeß zu verwandeln. Daher auch der tiefsitzende Haß auf alles, was sich dieser invasionsartigen Merkantilisierung der Lebens- und Gesellschaftsverhältnisse widersetzt. Die westlichen Länder schmücken sich nur allzugern mit dem Begriff »Pluralismus«. Welcher Pluralismus eigentlich? Der einzige Pluralismus, den der Spätkapitalismus kennt, ist die Einsetzung der mannigfaltigsten Methoden, um sein im Grunde monolithisches Wertesystem durchzusetzen. Unsere Zeit ist nicht pluralistisch, sondern »eindimensional«, wie Marcuse sie bezeichnet hat. Sie stellt den geschlossenen Raum dar, den Sartre in seinem Drama »Huis clos« symbolisch beschrieb. Zu Recht hat Braudillard die Konsumgesellschaft als ein »belagertes reiches Jerusalem« definiert.[12] Ähnlich Albert Camus über Amsterdam als Inbegriff bürgerlichen Geistes: »Haben Sie gemerkt, daß die konzentrischen Kanäle Amsterdams den Kreisen der Hölle ähneln?« fragt der Protagonist in »Der Fall« seinen fiktiven Gesprächspartner.[13]

Kann man ein Zivilisationsmodell als pluralistisch bezeichnen, das alles serienmäßig konzipiert, produziert, konsumiert und kalkuliert, das die alten heiligen Prinzipien der Ausnahme und des Andersseins zu öffentlichen Feinden erklärt, das keinen anderen Gedanken hat, als Geld zusammenzuraffen und Geld auszugeben, das das Scheckbuch als die einzige verbindliche Form gesellschaftlichen und zwischenmenschlichen Umgangs erkennt? Pluralistisch, eine Gesellschaft, in der jeder das gleiche tut, dasselbe denkt, dasselbe fühlt, in der kaum jemand den Mut aufbringt, sich querzustellen? Nein, das Leben ist flacher geworden, seit die Bankiers, die Industriebosse, die Börsen-

makler und die Technokraten das Sagen haben; flacher und häßlicher: die Städte, die Gebäude, die Straßen, die Landschaft, selbst die Seele der Menschen, sogar ihr Gesichtsausdruck und selbstverständlich auch ihre Illusionen, ihre Bedürfnisse, ihre Träume, die alle von dem monetären Zeitgeist geprägt sind. Was wünscht man? Edel zu sein, selbstlos, menschlich? Mitnichten, das ist unzeitgemäß geworden. Man wünscht, Waren zu besitzen, sich mit Waren vollzustopfen, Waren zu benutzen, sie voyeurhaft zu bewundern, so daß man am Ende selbst zur Ware wird. Deshalb die überall mit Händen greifbare Trostlosigkeit, die bleierne Langeweile, die durchorganisierte Sterilität. Auch wenn es niemand gesteht, ist es trotzdem so, wie der französische Essayist Cioran zugegeben hat: »Es gibt keinen Moment, in dem mir nicht bewußt ist, daß ich mich außerhalb des Paradieses befinde.«[14] Aber warum sich über das »verlorene Paradies« beklagen? Haben die Demiurgen der Neuzeit nicht das künstliche Paradies der Warenfülle hergestellt? Ist das nicht Fortschritt?
Das Zur-Ware-Machen alles Lebendigen und Unlebendigen – Menschen und Stoffe – impliziert schon den Vorsatz, jede unabhängige, außer- und antikapitalistische Lebensform unter die Herrschaft der Planenden zu stellen. Die Einführung von kapitalistischen Verhältnissen führt früher oder später zu einer Standardisierung aller Kulturen, Daseinsmodi und Verhaltensweisen und entsprechend zum Tode des Prinzips der Mannigfaltigkeit, auf das sich das System beruft. Im Laufe der letzten Jahrhunderte ist es den abendländischen Völkern gelungen, alles nach ihren bornierten und arroganten Verwertungsvorstellungen zu gestalten, sich alles zu unterwerfen. Die innere und äußere Expansion der vom Kapitalismus getragenen westlichen Zivilisation bedeutet den Triumph des gründlichsten Gleichschaltungsprozesses, der in der Geschichte stattgefunden hat. Was der Faschismus mit brachialer Gewalt erreichen wollte, ist dem Kapitalismus durch die totale, gnadenlose Merkantilisierung des Planeten gelungen.
Die allumfassende Herrschaft der Wirtschaft – das ist es, was wir dem Siegeszug des Kapitalismus verdanken. Und das heißt: Alles, was sich nicht in Zahlen bewerten läßt, zählt nicht, so daß die Verwertung alles Materiellen zu einer Entwertung alles Menschlichen führt.

Liebe, Freundschaft, Kontemplation, Metaphysik – all diese Werte interessieren den Kapitalismus nicht oder nur insoweit, als sie sich als Objekt der Werbung, als Ware, als kommerzieller Prozeß, als Geschäft verwerten lassen. Aufgrund dieser »Umwertung aller Werte« hat der Mensch seinen ursprünglichen Wert verloren, um zum Tauschwert zu werden.

In der Sprache Marx': »Jedes (Individuum) dient dem andren, um sich selbst zu dienen; jedes bedient sich des andren wechselseitig als seines Mittels«[15], so daß »in der modernen Welt die persönlichen Verhältnisse als reiner Ausfluß der Produktions- und Austauschverhältnisse heraustreten«[16]. Der Mensch, der konkrete Mensch aus Fleisch und Blut mit all seinen Leidenschaften, Sehnsüchten und Bedürfnissen wird zu einer Abstraktion gemacht und zum bloßen »homo oeconomicus« herabgesetzt. Der amerikanische Dichter Walt Whitman konnte noch stolz von sich sagen: »I am a Kosmos«. Heute würde er das standardisierte Schicksal des spätkapitalistischen Menschen teilen und sich der »time is money«-Devise der Zeit anpassen müssen.

Und so, wie die zwischenmenschlichen Verhältnisse den Charakter von Waren annehmen, so fallen die Beziehungen zwischen den Völkern unter dasselbe Gesetz. Der Wert eines Volkes hängt, wie der des Individuums, einzig und allein von seinen wirtschaftlichen Verwertungsmöglichkeiten ab. Der Begriff Völkerfreundschaft ist unter kapitalistischen Verhältnissen eine Blasphemie. Beispiel Nahost: Während Herr Bush eine halbe Million Soldaten mobilisierte und einen Krieg entfesselte, um die Rechte des reichen Ölstaates Kuwait wiederherzustellen, rührte er keinen Finger, um das Massaker gegen das kurdische Volk zu verhindern, ganz einfach, weil die Kurden außer ihrer nackten Haut nichts besitzen und als Volk nicht profitversprechend sind.

Was ist für den Kapitalismus – nicht nur für Herrn Bush – ein Genozid mehr oder weniger? Das Leben ist kein Pappenstiel, die Schwachen und Besitzlosen, die nicht in den allgemeinen Verwertungsprozeß miteinbezogen werden können, müssen eben in Kauf nehmen zu krepieren, sei es durch Napalmbomben, durch Hunger, durch Kälte oder durch Erschöpfung.

DIE KAPITALISTISCHEN HOCHBURGEN

»Nach 1945 war das wichtigste Ziel der internationalen Bourgeoisie die gesellschaftliche und politische Stabilisierung der führenden imperialistischen Länder Nordamerikas, Westeuropas und Japans.«

Ernest Mandel,
»Die Krise. Weltwirtschaft 1974–1986«

Großmacht Europa

Die weltweite Verflechtung der Wirtschaft hat zum Entstehen neuer Machtblöcke geführt, die früher so nicht existierten. Der wichtigste von ihnen ist die Westeuropäische Gemeinschaft mit ihren 340 Millionen Bürgern und einem Bruttosozialprodukt (1989) von 4830 Milliarden Dollar, das fast genausogroß ist wie das der Vereinigten Staaten von Amerika und weit größer als das von Japan (2820 Milliarden). Ab 1993 wird die EG durch die Einbeziehung der EFTA-Staaten der größte Wirtschaftsblock mit 375 Millionen Konsumenten sein. Die EG ist im Begriff, auch das größte imperialistische Zentrum der Welt zu werden, sie ist es in wesentlichen Aspekten schon geworden. So ist sie mit 40 Prozent des Welthandels der mit Abstand größte Export-Block des Globus. Durch das Lomé-Abkommen (das IV. mittlerweile) ist die EG in der Lage, sich mehr oder weniger direkt in die inneren Angelegenheiten von 69 Staaten Afrikas, der Karibik und des Pazifiks einzumischen, die einen Raum für die neokolonialistische, industrielle und landwirtschaftliche Expansion der Gemeinschaft bilden. Die Abgeordnete der Grünen, Petra Kelly, hatte völlig recht, als sie vor dem Bundestag erklärte, daß die EG nicht zuletzt ein Versuch der europäischen Länder sei, »den Verlust ihrer Kolonien durch neokoloniale Beziehungen mit der Dritten Welt auszugleichen«[1]. Und diese Entwicklung kann nicht überraschen; sie ist vielmehr die natürliche Folge der imperialistischen Grundorientierung des Europas der Zwölf.

Die Unterzeichnung der Römischen Verträge am 25. März 1957 wurde überall als ein großartiger Neubeginn der europäischen Geschichte gefeiert; in Wirklichkeit war die EWG vom ersten Moment an als eine merkantile Konstruktion konzipiert, und zwar, um den Interessen und den Geschäften der westeuropäischen Kapitalisten eine günstigere, ausgedehntere Dimension zu verschaffen. Der politische Kontext war dabei nur Begleitmusik. Die als große Europäer hochstilisierten Stifter – de Gasperi, Adenauer, Robert Schuman, Luns etc. – waren in erster Linie devote Diener des Großkapitals. Nicht zuletzt war die Gründung der EWG ein raffinierter Schachzug der ehemals faschistischen Mächte Deutschland und Italien, um sich dadurch dem Schatten der Vergangenheit zu entziehen und sich mit einem neuen politisch-moralischen Profil auszustatten.

Beim Zustandekommen der EWG spielte die vatikanische Diplomatie im Hintergrund eine Schlüsselrolle. Für den eingefleischten Kommunistenfresser und deutschenhörigen Pius XII. bot sich die Möglichkeit, ein »christlich-demokratisches« Europa aus der Taufe zu heben und es als die beste Waffe gegen Kommunismus und soziale Unruhen einzusetzen. In diesem Sinne war die Gründung der EWG ein Bestandteil des Kalten Krieges und wurde deshalb von den USA auch unterstützt. Für Frankreich bedeutete das Entstehen eines Gemeinsamen Marktes ein Pfand gegen einen neuen Alleingang Deutschlands als nationaler Staat, denn als die Römischen Verträge ausgehandelt wurden, wußte man schon sehr wohl, wer in Westeuropa die maßgebende Macht war. Jean Paul Sartre wußte es und sprach es in seinem Theaterstück »Die Eingeschlossenen von Altona« ganz deutlich aus: »Auf Grund seiner Niederlage ist (Deutschland, H. S.) die größte Macht Europas geworden ... Man verwöhnt uns; alle Märkte stehen uns offen, unsere Maschinen drehen sich ... Eine göttliche Vorsehung: Wir haben Butter und Kanonen! Und Soldaten, und morgen die Bombe!«[2] Was die anderen Gründungsmitglieder angeht – Belgien, Niederlande, Luxemburg –, sie spielten schon damals die gleiche Satelliten-Rolle, die sie auch heute noch innehaben.

Wohlbemerkt: Trotz ihrer grundsätzlichen Verlogenheit stellte die Schaffung der EWG einen Fortschritt dar, schon deshalb, weil dadurch das haßerfüllte und gewalttätige Gegeneinander der Zeit vor 1945 durch ein gewaltloses Miteinander ersetzt wurde. Aber dies rechtfertigt keineswegs die weitere Entwicklung der Gemeinschaft zu einem Großraum kapitalistischer Profitgier und politischen Größenwahns. Die Idee der Einheit Europas entspricht einer alten Sehnsucht der Völker des Kontinents, auch wenn sie immer wieder von nationalistischem Fanatismus widerlegt wurde. Das alte nationalistische Prinzip erwies sich spätestens 1939 endgültig als untauglich, um die Ordnung, das Gleichgewicht und den Frieden zu gewährleisten. Aber diese alte Sehnsucht nach Eintracht und Versöhnung wurde durch die Gründung der EWG in einer grob entarteten Form in die Tat umgesetzt. Denn was daraus entstand, war nicht viel mehr als ein Kartell der europäischen Plutokratie und der Großindustrie, ein Europa der Händler, der Buchhalter und Krämerseelen.

Die EWG wurde von oben herbeigeführt, und sie ist seitdem vom Big Business und seiner ihm dienenden politisch-technokratischen Kaste von oben verwaltet. Der Mangel an Basisdemokratie und an demokratischer Kontrolle bleibt, trotz der seit 1979 direkt gewählten Abgeordneten des Europaparlaments, eines ihrer wesentlichen, bis zur Stunde nicht aufgehobenen Defizite. Große Ideen sollten klar formuliert und jedermann verständlich sein. Die Idee Europa ist gleich zu Beginn in die Hände obskurer Technokraten und Bürokraten geraten. Der immer größer werdende Stapel von Paragraphen, Bestimmungen und Verordnungen hat die Gemeinschaft in einen undurchsichtigen Papierdschungel verwandelt, in dem sich nicht einmal die Insider zurechtfinden, wie ein guter Kenner der EG feststellt: »Die Vielfalt der Daten und die Geschwindigkeit ihres Wandels in der Europapolitik machen es selbst für Experten kaum möglich, einen umfassenden Überblick über den Stand der Integration zu erhalten.«[3] Dieses bürokratische Monstrum beschäftigt mittlerweile rund 25 000 Menschen, darunter 5000 beamtete und freiberufliche Übersetzer. Der Löwenanteil dieses Personalaufwands fällt der Brüsseler EG-Kommission zu, die sich gleich sechs Vizepräsidenten und zehn Kommissare leistet und 16 756 Personen beschäftigt (1989), alle mit überdurchschnittlich guten Gehältern auf Kosten der Steuerzahler versehen. Kein Wunder, daß der Gesamthaushalt der EG auf etwa 93,3 Milliarden Mark gestiegen ist (1989/1990).

Die Region der Welt, die sich brüstet, das fortschrittlichste und freieste geopolitische Modell der Geschichte auf die Beine gestellt zu haben, hat die Herrschaft darüber einem elitären Clan von Beamten, Angestellten und Funktionären überlassen und den einzelnen Bürgern der Gemeinschaft kaum Gelegenheit gegeben, mitzubestimmen oder auch nur ein halbwegs klares Bild vom Ganzen zu bekommen. Man hat mit vollendeten Tatsachen operiert und die Völker zu passiven Objekten und Instrumenten einer halb anonymen obrigkeitlichen Politik degradiert, als befänden wir uns nicht im ausgehenden 20. Jahrhundert, sondern im Zeitalter Colberts oder des preußischen Kommissarentums. Es erübrigt sich zu unterstreichen, daß diese Oligarchisierung der EG-Entwicklung dem Heranwachsen einer massiv imperialistischen, umweltschädlichen und undemokratischen Wirtschaftsbastion Vorschub geleistet hat. Kristen Nygaard, Vorsitzender der norwegischen Volksbewegung »Nein zur EG« begründete seine ablehnende Haltung so: »Wir wünschen dezentralisierte Demokratie – die EG steht für Zentralismus. Die EG soll eine Gesellschaft sein, die wachsende Produktion, wachsenden Konsum und größere Konkurrenz mit den USA und Japan als Grundlage hat. Doch das ist ein Gesellschaftsmodell, das unsere Erde nicht verträgt.«[4]

Der Imperialismus der EG schließt auch die Landwirtschaft ein. Gerade hier, auf diesem für die Länder der Dritten Welt neuralgischen Sektor, erweisen sich die Herren aus Brüssel als rücksichtslose Vertreter der Interessen ihrer Mitgliedstaaten. So subventioniert die EG massiv die Ausfuhr von Agrarerzeugnissen und Nahrungsmitteln, während sie die Einfuhr von Konkurrenzprodukten aus den ärmeren Regionen mit allerlei Zöllen und Abgaben blockiert. Argentinien etwa kann heute nur ein Viertel der Fleischmenge in die EG liefern wie vor dreißig Jahren. Gleichzeitig wird westeuropäisches Rindfleisch in Argentinien unter dem Weltmarktpreis angeboten.

Davon abgesehen bietet das landwirtschaftliche System der EG ein heilloses Durcheinander von Bürokratismus, Verschwendung, Ineffizienz, Sinnlosigkeit, Schmarotzertum und mitunter Korruption. Die von der Gemeinschaft gewährten Garantiepreise haben die Bauern veranlaßt, immer größere Lebensmittelüberschüsse zu produzieren, mit der Folge, daß riesige Mengen von Rindfleisch, Olivenöl, Butter oder Milch gelagert und Millionen Tonnen Obst und Gemüse jährlich vernichtet werden müssen. Kein Wunder, daß die Landwirtschaft zwei Drittel des Gesamtbudgets der EG verschlingt.
Ein weiteres Problem Westeuropas ist die noch tiefsitzende nationale Egozentrik. Die modernen Staaten entstanden als Versuch, den mittelalterlichen Partikularismus der Feudalherren und Korporationen zu überwinden, aber bald verwandelte sich die Nation selbst zum Inbegriff des partikularistischen Prinzips. Diese Entwicklung wird sich in Europa wiederholen, aus der EG wird eines Tages ein neues partikularistisches Gebilde entstehen, nur in größerem Ausmaß als die einstigen Einzelstaaten. Und nach vollzogener Einheit wird Westeuropa seine Macht gnadenlos auf Kosten anderer Regionen ausüben. Wie alle imperialistisch ausgerichteten geopolitischen Blöcke ist die EG von der gesamten Weltentwicklung hochgradig abhängig, wie der Krieg im Persischen Golf den erfolgverwöhnten Westeuropäern drastisch in Erinnerung brachte. Die westeuropäischen Staatsmänner empfanden es fast als einen Affront, als plötzlich die militärische Labilität der EG offenbar wurde. Deshalb beeilten sie sich, Pläne zu schmieden, um dieser Ohnmacht durch die Schaffung einer gesamteuropäischen Militärpolitik entgegenzutreten. Wie gehabt kam die (eigentlich nicht neue) Initiative unisono aus Bonn und Paris. Der Grundpfeiler dieser neuen sogenannten »Sicherheitspolitik« soll die Westeuropäische Union sein, der neun der zwölf EG-Staaten angehören. Der Präsident der EG-Kommission Jacques Delors sieht die WEU als einen unverzichtbaren Teil der politischen Union, der Vizepräsident Martin Bangemann erklärte im März 1991 in Wien, daß die politische Union auf längere Sicht die Bildung einer »gemeinsamen Truppe« einschließt. Damit will Europa zum alten Militarismus zurückkehren und dabei seine Rüstungsindustrie weiter ausbauen. Daß dieses sinistre Vorhaben als »Verteidigungs- und Sicherheitspo-

litik« bezeichnet wird, beweist den Zynismus der westeuropäischen Machthaber. Es gibt freilich Widerstände, vor allem von den Engländern, aber auch von Ländern wie Holland, Portugal und Irland, die die Gefahr einer Verselbständigung gegenüber der NATO sehen und eine deutsch-französische Dominanz verhindern wollen. Im Grunde streiten sich Eurozentriker und Euro-Atlantiker, und vieles spricht dafür, daß letztere die Unterlegenen sein werden. Das Ziel der Eurozentriker ist es, sich von den USA abzukoppeln und unter der Flagge Europas die alte kontinentale Machtpolitik wiederherzustellen. Schon jetzt wird die künftige Einbeziehung mittelosteuropäischer Staaten erwogen, der Tschechoslowakei zuerst, später Polens, Ungarns und Österreichs, mit dem Zweck, wieder einen potentiell gegen die alte und neue Macht Rußland und den asiatischen Teil der ehemaligen Sowjetunion gerichteten militärischen Leviathan aufzubauen.

Die Rolle Deutschlands

Deutschland ist prädestiniert, in diesem sich langsam bildenden westeuropäischen Machtkonzentrat die Führungsrolle zu übernehmen, wie ich in meinem Buch »Das Vierte Reich« zu beweisen versucht habe. Die Deutschen wehren sich freilich gegen diese Unterstellung, sie behaupten gern, nur ein Partner unter Partnern innerhalb der EG sein zu wollen. Oder wie Richard von Weizsäcker inmitten der Euphorie des Jahres 1990 sagte: »Wir sind ein Volk und eine Nation wie viele andere.« Wirklich? Die Deutschen sind keineswegs eine Nation oder ein Volk wie viele andere. Sie waren es nie und werden es in Zukunft auch nicht sein. Schon durch ihre Machtakkumulation unterscheiden sie sich von ihren Nachbarn und noch mehr durch ihren ungebrochenen Tatendrang, ihren Willen zur Macht und ihr Sendungsbewußtsein.

Ist die Leistungsobsession der (West-)Deutschen nicht ein Zeichen dafür, daß sie bewußt oder unbewußt von neuem danach trachten, andere Völker zu übertreffen und sich als führende Nation in Europa emporzuheben? Oder präziser gefragt: Ist ihr wirtschaftlicher Expansionsdrang nicht ein Ersatz für den früheren Durst nach »Lebensraum«, eine neue Form von Geltungs- und Herrschaftssucht? Keine Frage, das heutige Deutschland ist nicht das wilhelminische Deutschland und noch weniger das Dritte Reich, aber – wie ich 1990 auf einem Symposium sagte – »man kann großdeutsche Politik nicht nur mit Kanonen und Gewalt, sondern auch mit Leistung und Wirtschaftsexpansion betreiben«[5]. Machen wir uns nichts vor: Die deutschen Wirtschaftserfolge sind nicht allein mit der Tüchtigkeit ihrer Einwohner zu erklären, auch nicht durch die Effizienz des kapitalistischen Systems. Dahinter steckt das tiefsitzende Bedürfnis nach geschichtlicher Größe, nach Anerkennung durch die anderen Völker, nicht zuletzt der Wunsch, die Spuren der unheilvollen Vergangenheit zu verwischen, sich als »ehrlicher Makler« innerhalb der neuen Weltordnung zu bewähren.

Die Deutschen sehen sich natürlich anders, sind felsenfest überzeugt, daß sie sich radikal geändert haben, daß sie in ihrer Psyche kein Verdrängungssyndrom mehr mitschleppen. Sie fühlen sich als neue, unbelastete, tadellose Bürger und Menschen. Sie verweisen gern darauf, daß schon durch die Gnade der späten Geburt die Mehrheit der Bevölkerung mit der finsteren NS-Zeit nichts zu tun habe. Die anderen Völker haben sich im großen und ganzen mit dieser Selbstdarstellung abgefunden, scheinen keine Angst mehr vor dem germanischen Riesen zu haben. Denn die Nachbarn Deutschlands kaufen nicht nur seine »made in Germany«-Waren, sie importieren genauso eifrig die politischen Produkte, die in Bonn hergestellt werden. Das Wirtschaftswunder ist nur ein Teil des deutschen Wunders; ein noch wunderlicheres Wunder ist das ihrer moralischen und geschichtlichen Rehabilitierung. Nie war die sprichwörtliche Leistungsfähigkeit der Deutschen so beeindruckend wie in dieser Hinsicht. Und wenn jemand trotzdem Zweifel an der erstaunlichen Wandlung der deutschen Gesinnung anmeldet, verweisen die Betroffenen auf ihre Eingliederung in die Europäische Gemeinschaft, auf die Loyalität, mit der sie sich hier und auch sonstwo verhalten.

Deutschland suchte den Weg der westeuropäischen Integration nicht, weil es aufgehört hatte, in machtpolitischen Kategorien zu denken, sondern weil dieser übernationale Rahmen der geeignetste war, um seine neuen nationalen Interessen in die Tat umzusetzen. Trotz des viel beschworenen und immer wiederholten Bekenntnisses zu Europa: Für die Mehrheit der Deutschen ist die EG kein Selbstzweck, sondern Mittel zum Zweck. Ihre Einstellung zur Gemeinschaft ist vorwiegend instrumentell, genauso instrumentell wie ihre spätkapitalistische Ordnung, ihre ökonomische Motorik und ihr jetziges Wertesystem. Menschen, die sich in ihrem persönlichen und gesellschaftlichen Leben instrumentell begegnen und taxieren, können Europa nicht selbstlos als einen Wert an sich erkennen. Das gilt freilich auch für die anderen EG-Mitglieder, denn auch unter ihnen waltet die spätkapitalistische Ideologie des Kalküls. Nur aufgrund ihres dominierenden Status sind die Deutschen in der Lage, die Instrumentalisierung der EG für ihre eigenen Zwecke massiver zu betreiben als ihre Nachbarn.

Es gibt freilich in diesem Lande viele Deutsche, die von nationaler Größe nichts wissen wollen und aufrichtig an Europa glauben. Aber noch sind sie eine Minderheit. Die Deutschen haben zudem von Europa bis jetzt vorwiegend Vorteile gezogen. Die EG ist tatsächlich das tollste Geschäft, das sie in ihrer ganzen Geschichte gemacht haben. Unter diesen Umständen ist es freilich sehr leicht, sich zu Europa zu bekennen.

Deutschland ist die dominierende Nation in der EG, muß aber ständig Rücksicht auf die anderen Mitglieder nehmen. Sie ist »primus inter pares«, nicht Alleinherrscherin. Deutschland muß vor allem seine hegemoniale Position mit dem eifersüchtig auf sein Prestige bedachten Frankreich in Einklang bringen. Den Deutschen ist die Empfindlichkeit der Franzosen bewußt, deshalb geben sie sich die erdenklichste Mühe, sie zu überzeugen, daß sie nichts von ihrem mächtigen Nachbarn befürchten müssen. Bakunin, ein ausgezeichneter Kenner beider Völker, schrieb 1872: »Ein Deutscher glaubt sich in der Welt nicht genug eingeführt, solange sein Ruf, sein Ruhm, sein Name nicht von Frankreich akzeptiert sind. Von der öffentlichen Meinung dieser Nation und besonders der von Paris anerkannt zu sein, war immer der glühende geheime Gedanke aller berühmten Deutschen. Und Frankreich zu beherrschen und durch Frankreich die Meinung der ganzen Welt, was für ein Ruhm und vor allem, was für eine Macht!«[6] Nun, es ist endlich soweit: Nach drei Kriegen gegen den

gallischen Nachbarn ist es Deutschland gelungen, zu überzeugen, daß beiden Nationen die geschichtliche Aufgabe zukommt, Europa zu gestalten.
Aus einer Mischung von Angst, Eitelkeit und Einsicht in die Notwendigkeit bejaht Frankreich diese »Schicksalsgemeinschaft«, aber es weiß, wer den beherrschenden Part in dieser nur formal gleichberechtigten Partnerschaft spielen wird. Auch Großbritannien ist längst nicht mehr in der Lage, dem Übergewicht Deutschlands in Europa entgegenzutreten. Beide Länder sind trotz ihrer Atomarsenale absteigende Mächte. Sie haben auch nicht den Ehrgeiz, die Welt zu ändern oder Europa zu beherrschen. Sie wollen Ruhe haben, ihre Probleme im Rahmen ihrer Möglichkeiten lösen. Mehr wollen sie nicht, wohl wissend, daß sie als Einzelstaaten ihre nationale Glorie hinter sich haben. Deutschland dagegen befindet sich auf einem neuen geschichtlichen Höhepunkt. Es hat jetzt gewiß Probleme mit sich selbst, muß sich mit Staatsschulden und Steuerfragen quälen, um den Ostteil wirtschaftlich und sozial auf Vordermann zu bringen. Aber diese innenpolitische Durststrecke wird nicht von Dauer sein. Es wird dabei keine gesellschaftliche Verunsicherung größeren Ausmaßes geben, keine Destabilisierung entstehen. Die noch von Arbeitslosigkeit geplagten Ostdeutschen werden viel meckern, vehement demonstrieren und Transparente mit bissigen oder verbitterten Bemerkungen bemalen, aber sie werden sich dennoch den Anordnungen und Plänen Bonns geduldig fügen, bis dann auch sie in den Genuß des spätkapitalistischen Wohlstands kommen und mit ihren Leistungen die gesamte Nation noch mächtiger, noch selbstbewußter machen, als sie es schon jetzt ist.

USA: Weltmacht in der Krise

Durch ihren Einsatz im Persischen Golf stellten die Vereinigten Staaten von Amerika noch einmal unter Beweis, daß sie die führende militärische Macht der Welt sind. Aber die Eile und die Entschlossenheit, mit der sie sich in die bewaffnete Konfrontation mit dem Tyrannen von Bagdad stürzten, könnte genauso als Zeichen innerer Unsi-

cherheit gedeutet werden, als der Versuch, durch diesen bewußt herbeigeführten »casus belli« der Weltöffentlichkeit zu zeigen, wer die Nummer eins in der Völkergemeinschaft ist.
Tatsache ist, daß die Führungsrolle der USA in den letzten Jahren immer mehr ins Wanken geriet. Die Nation, die nach 1945 die Geschicke der Welt geprägt hatte wie keine andere, sah sich durch das Emporsteigen Westeuropas und Japans zusehends an den Rand gedrängt. Nicht mehr Washington, sondern Bonn schien die Drehscheibe des Weltgeschehens geworden zu sein. Es war Deutschland, das seit dem Sommer 1989 die Schlagzeilen der Medien beherrschte, während die mächtigen USA in die Rolle eines sprachlosen Zaungastes absanken.
Schon der zwölfjährige Vietnamkrieg belegte, daß es auch ein verletzbares Amerika gab, daher die Identitätskrise, die dieses Land bis zum Ausbruch des Golfkrieges durchlebte. Schon 1970 stellte Max Frisch nach einem langen Aufenthalt in den USA fest: ». . . man ist nicht mehr sicher, daß man die moralische Großmacht ist wie in Nürnberg . . . Nur in der Reklame und in den offiziellen Reden, die ja auch Reklame sind, findet sich jener Ton zuversichtlicher Selbstgerechtigkeit, nicht mehr im privaten Gespräch: Amerika hat Angst.«[7]
Die Watergate-Affäre und der Rücktritt Nixons 1974 schockierten das Land zutiefst und leiteten einen Verunsicherungsprozeß ein, der lähmend auf seine schöpferische Kraft wirkte. Der technologische Aufstieg Japans in den achtziger Jahren belehrte die Amerikaner schmerzlich, daß auch der sieggewohnte »American way of life« große Risse zeigte. Die Explosion des Raumschiffs »Challenger« im Januar 1986, von Millionen Fernsehzuschauern »live« am Bildschirm miterlebt, war ein weiterer harter Schlag für das Selbstbewußtsein dieses Volkes. Die Wiedervereinigung Deutschlands schließlich machte den USA klar, daß die Gloriole des Siegs im Zweiten Weltkrieg endgültig dahin war.
Der durch den Golfkrieg entstandene Selbstherrlichkeitsrausch dauerte nicht lange, wurde sehr bald vom Verbleib Saddam Husseins an der Macht überschattet, schließlich von der furchtbaren Verfolgung der irakischen Kurden und der Tragödie ihres Exodus. Die Gewaltpolitik, mit der die USA wieder einmal die Probleme der Welt hatte

lösen wollen, erwies sich als ein fataler Fehlschlag, der Sieg der amerikanischen Waffen als ein Pyrrhussieg. Und auch die zynische Überlegung, durch eine Demonstration der Stärke im Nahen Osten die eigene Misere zu Hause aus dem Blickfeld zu schaffen, wird sich als Milchmädchenrechnung entpuppen. Die Krise der USA ist die Krise eines Volkes, das, durch seine Machtfülle verblendet, jahrzehntelang falsch gedacht, falsch gelebt und falsch gehandelt hat, und eine solch tiefgreifende Fehlentwicklung ist nicht mit bewaffneten Strafexpeditionen ungeschehen zu machen.

1990 hatten die USA 3000 Milliarden Dollar Staatsschulden, die durch den Krieg am Golf noch weiter anstiegen. Schon jetzt sind die 206 Milliarden Dollar Zinsen, die dieser Schuldenberg den Staat kostet, der drittgrößte Einzelposten im US-Etat. Aber auch die Firmen sind hochverschuldet, was sie zwingt, immer mehr Kredite aufzunehmen. Vom Ersten Weltkrieg bis zum Anfang der achtziger Jahre waren die US-amerikanischen Auslandsinvestitionen im Vergleich zu den ausländischen Investitionen in den USA stets positiv, während sie Ende 1989 ein Minus von 650 Milliarden Dollar erreichten. Die nordamerikanische Automobilindustrie, früher Symbol des wirtschaftlichen und technischen Potentials des Landes, steckt seit langem in einer fast permanenten Rezession. Im letzten Quartal 1990 machte General Motors einen Verlust von 1,2 Milliarden Dollar, Ford verlor 240 Millionen und Chrysler 40 Millionen. Vierzig Prozent des amerikanischen Automarktes befinden sich in japanischen Händen; allein Toyota setzte 1990 eine Million Wagen in den USA ab.

Auch das Bank- und Kreditwesen befindet sich seit langem in einem desolaten Zustand, wie zuletzt die Pleiten der Sparkassen zeigten. Immer häufiger muß die Regierung in Washington eingreifen, um in Schwierigkeiten geratene Kreditinstitute vor der Zahlungsunfähigkeit zu retten. Das Schild »Closed today by order of the Governor« vor Bankportalen ist ein vertrauter Anblick geworden. 1990 mußten in den USA 169 Banken aufgeben. Die Federal Deposit Insurance Corporation hat mittlerweile über tausend unsichere Kreditanstalten unter Beobachtung. Mitte der sechziger Jahre gab es noch 12 700 unabhängige Banken, 1990 war die Zahl auf 10 000 zusammengeschrumpft. Da die Industrieunternehmen keine oder nur unzurei-

chende Kapitalreserven besitzen und die Banken immer mehr zögern, Kredite zu gewähren, gibt es immer weniger Bereitschaft zu langfristigen Investitionen. So sind die Investitionen seit 1980 um rund die Hälfte zurückgegangen. Während die US-Wirtschaft von 1960 bis 1973 im Durchschnitt noch zwei Prozent Zuwachs jährlich erzielte, war es von 1973 bis 1987 nur noch ein halbes Prozent.
Aber auch die Privathaushalte haben kaum Reserven. Die Sparrücklagen der US-Haushalte sind die niedrigsten aller Industrieländer. Der Lebensstandard der US-Durchschnittsbürger und -familien stagniert und ist ein weiteres Zeichen für die sinkende Kaufkraft der Haushalte. Vierzehn Prozent der Bevölkerung leben unter der Armutsgrenze, neun Prozent können weder lesen noch schreiben. Mit 23 000 Morden stellten sich die USA 1990 an die Spitze der Schwerkriminalität in der Welt. Ein Viertel der 95 Millionen US-Haushalte war im Jahr 1989 von Verbrechen betroffen. Auch und gerade die Kinder gehören zu den Opfern. Von 100 000 US-Kindern starben 1988 ca. 70 durch Unfall, Mord oder Selbstmord, zwölf Prozent mehr als 1984. 166 von 100 000 Kindern lebten 1987 im Gefängnis, 41 Prozent mehr als 1979. Jedes fünfte der 60 Millionen Kinder lebt in Armut, 1979 waren es noch 16 Prozent. In bestimmten urbanen Bezirken wie Harlem beträgt die Kindersterblichkeit 21 je 1000 Geburten, eine den Dritte-Welt-Ländern vergleichbare Quote.
Das Bildungsniveau ist schlecht bis katastrophal, wie »Newsweek« Anfang 1991 feststellte: »Aus einer Vielzahl von Gründen . . . lernen amerikanische Kinder weniger und schlechter als die Kinder vieler anderer Länder.«[8] Nicht weniger düster sieht es bei der Infrastruktur aus. Nach Schätzungen der US-Autobahnverwaltung sind 60 Prozent aller Fernstraßen reparaturbedürftig, ein Viertel der über eine halbe Million Brücken schadhaft. Die Vernachlässigung von infrastrukturellen Investitionen erklärt auch den heruntergekommenen Zustand, in dem sich viele US-Metropolen befinden, angefangen mit New York.
Man muß sich allerdings davor hüten, aus diesem äußerst bedenklichen Bild den Schluß zu ziehen, daß die USA als Weltmacht erledigt seien, wie es sich ihre vielen Feinde wünschen. Nordamerika ist

gewiß nicht mehr der unschlagbare »Superman«, der es in den Dekaden nach dem Zweiten Weltkrieg war, aber auch keine untergehende Nation. Es bleibt weiterhin mächtig, sein Wille zur Macht ist keineswegs erschöpft.

Gescheitert ist Amerika als Kulturnation. Das ist der wahre Grund seiner jetzigen Krise, auch das, was es eines Tages zugrunde richten wird. Was diesem Volk fehlt, ist die Bereitschaft, sich von seiner tiefverwurzelten Herrschafts-, Erfolgs- und Geldsucht zu befreien und endlich einzusehen, daß es den falschen Weg gegangen ist. Ohne eine tiefgreifende moralische und geistige Erneuerung werden die USA weder ihre eigenen Probleme noch die der Welt bewältigen können.

Die Amerikaner haben vielleicht selbst vergessen, daß sie einst zwar kein mächtiges, aber doch ein großes Volk waren. Es gab einmal ein Amerika, das tatsächlich Träger einer Hoffnung war, das, im Gegensatz zum alten absolutistischen Europa, eine neue Welt der Freiheit und der Selbstbestimmung verkörperte. Das Beste in diesem Land war immer der Nonkonformismus, die radikaldemokratische Tradition von Männern wie Thomas Paine, Henry David Thoreau, Emerson oder Walt Whitman. Diese Geisteshaltung, der unbedingte Wille, die persönliche Freiheit gegen staatliche Willkür zu verteidigen, entspricht auch heute noch der amerikanischen Variante des Humanismus und der Aufklärung. Aber das ursprüngliche Bekenntnis zur Freiheit wurde nach und nach durch hemmungsloses Ich-Denken ersetzt, entartete zur gierigen Jagd nach Reichtum, Erfolg und Macht. Aus der stolzen Demokratie, die einst hochrangige europäische Beobachter wie Alexis de Tocqueville oder Michel Chevalier gewürdigt hatten, wurde eine brutale Plutokratie, aus der »Herrschaft des Volkes, durch das Volk und für das Volk« wurde die Herrschaft des Dollars. Die Amerikaner, die auf ihrem Boden keinen Adel wie im Alten Kontinent tolerierten, errichteten am Ende die weit schlimmere Aristokratie des Geldes. Schon Tocqueville war aufgefallen: »Ich kenne kein anderes Land, wo die Liebe zum Geld einen so großen Raum in den Herzen der Menschen einnimmt.«[9]

Die letzte fruchtbare, weltgeschichtliche Handlung, die Amerika als Nation vollzog, war sein entscheidender Beitrag zur Niederschlagung

des Faschismus. »Ja, ja, die gutmütigen Barbaren. Ein Glück immerhin, daß es sie gibt«, schrieb zu Recht Klaus Mann am 17. Mai 1943 an seinen Vater. Was aber nach dem Tode Roosevelts kam, war eine deprimierende Mischung aus Imperialismus, CIA, Dollar-Logik und dem rücksichtslosesten Materialismus, den die Weltgeschichte je erlebt hat: Mammon-Kult, gepaart mit puritanischem Messianismus, rüdester Kapitalismus, verbrämt mit der anmaßenden Vorstellung, daß die USA als »God's own country« von der Vorsehung bestimmt seien, die beste aller Welten zu vollenden.
Allerdings sollten wir Europäer uns hüten, uns für besser als die Amerikaner zu halten, denn sie haben im Grunde nichts anderes getan, als den in Europa entstandenen bourgeois-kapitalistischen Geist weiterzuentwickeln. Und außerdem: Sind wir Europäer nicht nach dem Zweiten Weltkrieg mehr oder weniger freiwillig Amerikaner geworden? Haben wir ihre Business-Methoden und ihren platten Materialismus nicht längst übernommen, eifrig und servil imitiert? Nicht die Überwinder des »American way of life« sind wir, sondern seine eifrigsten Epigonen. Für Selbstgerechtigkeit besteht also kaum Anlaß. Europäische Kritik an Amerika ohne Selbstkritik ist unhaltbar und selbstgefälliger Narzißmus, auch wenn sie von der Linken kommt und im Namen des Pazifismus und des Antiimperialismus auftritt.

Japan: Alles für die Nation

Nach den USA und der EG ist Japan mit einer Bevölkerung von 123 Millionen Menschen die drittgrößte Wirtschaftsmacht der Erde, ein sehr erfolgreiches Exportland mit riesigen Handelsüberschüssen (1989: 64 Milliarden Dollar). 1989 stammten 27 Prozent der Weltausfuhr an Straßenfahrzeugen aus Japan. Der Hauptabsatzraum für die Ausfuhren sind die Vereinigten Staaten von Amerika, die mehr als ein Drittel der japanischen Exporte aufnehmen. Aber auch Europa wird zunehmend zum Absatzobjekt Japans. Während 1985 die Ausfuhr Japans nach Westeuropa 25,5 Milliarden Dollar betrug, erreichte sie 1989 bereits 56,6 Milliarden. Noch spektakulärer stiegen die

Direktinvestitionen, nämlich von 1,9 Milliarden Dollar 1985 auf 14,8 Milliarden 1989.

Der sprichwörtliche japanische Fleiß ist freilich nicht der einzige Grund für diese Erfolge. Eine wichtige Rolle spielen dabei die Tricks, die Tokio immer wieder erfindet, um die Einfuhr ausländischer Erzeugnisse zu erschweren, nicht nur im industriellen Bereich. Die Einfuhr von Reis – der Basisnahrung des Landes – ist z. B. absolutes Tabu. Alle amerikanischen (oder thailändischen) Versuche, zumindest einen Teil der riesigen Überschüsse in Japan abzusetzen, sind bislang gescheitert. Mit diesem Importverbot sichert sich die seit 35 Jahren regierende Liberal-Demokratische Partei die politische Unterstützung der 4,5 Millionen einheimischen Bauern, deren Produktion vom Staat zu festgesetzten Preisen gekauft wird. Auf ähnliche Hindernisse stoßen die nordamerikanischen und australischen Farmer, wenn sie in den japanischen Rindfleischmarkt eindringen wollen. Die Regierung stützt die Monopolstellung der einheimischen Produzenten durch Einfuhrsperren und -zölle. Der zunehmende Druck auf Tokio hat allerdings in letzter Zeit die Japaner gezwungen, die Einfuhr ausländischer Erzeugnisse teilweise zu liberalisieren und sich gegenüber den USA und der EG eine freiwillige Selbstbeschränkung bei den Exporten aufzuerlegen.

Ein anderes offenes Geheimnis der japanischen Wirtschaftserfolge ist die gründliche Ausbeutung der arbeitenden Bevölkerung. Billige, konkurrenzfähige Ausfuhren werden nicht zuletzt durch niedrige Löhne ermöglicht. Gespart wird allerdings nicht nur bei den einfachen Arbeitnehmern, sondern – anders als im Westen – auch beim mittleren und höheren Management, das viel bescheidenere Gehälter bezieht als in Amerika oder Europa üblich. Entscheidend für die Verbilligung der Produktion ist auch das Zuliefserersystem, das eine große Zahl von Kleinunternehmen zwingt, sich den Bedingungen der Großkonzerne zu unterwerfen.

Aber der wichtigste Faktor für die Effizienz des japanischen Wirtschaftslebens ist die Bereitschaft der Arbeitnehmer, sich mit der eigenen Firma bedingungslos zu identifizieren. Der unbedingte Einsatz des einzelnen für das Arbeitskollektiv, zu dem man gehört, gilt in Japan als selbstverständlich. Die überwiegende Mehrheit der Belegschaft bleibt lebenslang im selben Unternehmen, nur knapp zehn Prozent brechen diese Regel. Sich einen Job woanders zu suchen gilt als ein Zeichen von Unangepaßtheit und Illoyalität. Diese Verbundenheit zwischen Arbeitgebern und Arbeitnehmern entspricht der autoritär-paternalistischen Tradition des Landes. Japan hat immer auf ein Verhaltensprinzip bauen können: die Unterordnung der einzelnen unter die Gemeinschaft. Dieses aus der Feudalzeit stammende Ethos bildet weiterhin die Grundlage der gesellschaftlichen und zwischenmenschlichen Beziehungen im modernen Japan. Arbeitskonflikte sind deshalb seltener als im Westen und werden auch anders gelöst, nämlich durch Vermittlung der Gewerkschaften, die in der Industrie zu 90 Prozent Betriebsgewerkschaften sind. Ein japanischer Autor faßt zusammen: »Die Idee von der Betriebsfamilie, das Gruppenbewußtsein, das Rangsystem (Seniorenprinzip), die Harmonie, die Beschäftigung auf Lebenszeit und nicht zuletzt das System der gegenseitigen Anhänglichkeit/Abhängigkeit lassen logischerweise keine überbetrieblichen Gewerkschaften zu. Den durch die Besonderheiten der Unternehmen in Japan entstandenen engen und vertraulichen Bindungen zwischen Arbeitgeber und Arbeitnehmer entspricht in letzter Konsequenz nur die Betriebsgewerkschaft. Folglich gibt es in Japan – in der Privatwirtschaft – wenig Streit zwischen Unternehmen und Betriebsgewerkschaften. Beide kooperieren zum Wohle des Betriebes gut und eng miteinander. Die Betriebsgewerkschaft ist der wichtigste Stabilitätsfaktor im Unternehmen.«[10] Als Gegenleistung für ihre hingebungsvolle Integration und ihr unbedingtes Engagement im Arbeitsleben werden die Arbeitnehmer von den Firmen mit einer breiten Palette von Sozialleistungen »belohnt«, die von Werkswohnungen und Kindergärten bis zu Zuschüssen für Hochzeiten und Beerdigungen reichen. Auch die Sicherheit des Arbeitsplatzes gehört selbstverständlich zu dem Entgegenkommen der Firmen. Da das Streben nach Individualität bei den Japanern nicht so ausgeprägt ist wie im abendländischen Kulturkreis, haben sie keine großen Schwierigkeiten, sich in diesen von den Unternehmen gebauten goldenen Käfigen zurechtzufinden.

Trotz der unbestreitbaren wirtschaftlichen und technologischen Erfolge ist die Lage Japans alles andere als unproblematisch. Im krassen Gegensatz zu der leistungsfähigen Industrie ist die nipponsche Landwirtschaft veraltet und ertragsarm. Japan kann deswegen seine eigene Bevölkerung nur knapp zur Hälfte ernähren. 1989 importierte es Agrarerzeugnisse im Wert von 65 Milliarden Dollar, 77 Prozent mehr als fünf Jahre vorher. Der Mangel an Wohnraum ist verheerend, viele Behausungen stammen noch aus der Tokugawa-Periode (1600–1867), fast 40 Prozent der Bevölkerung muß mit Toiletten ohne fließendes Wasser auskommen. Vier Fünftel der Grundfläche Japans sind unbebaut und unbewohnt, die Bevölkerung lebt gedrängt auf dem verbleibenden Fünftel. Während die Geburtenrate seit langem sinkt, nimmt die Überalterung der Bevölkerung aufgrund der hohen Lebenserwartung (78 Jahre im Durchschnitt) immer mehr zu, mit der Folge, daß die Ausgaben für das Gesundheitswesen und die Renten steigen. Wenn diese Entwicklung anhält, werden in drei Jahrzehnten nur noch 2,5 Werktätige auf einen Rentner kommen. Diese Tendenz wirkt sich schon jetzt negativ auf den Arbeitsmarkt aus, der unter einem großen Mangel an qualifizierten Kräften leidet, vor allem an Hochschulabsolventen. Die Lage ist in einigen Branchen bereits so dramatisch, daß viele Firmen wegen Personalmangels ihre Aufträge nicht erfüllen können. 1990 gingen deshalb mehr als fünfzig große Baufirmen bankrott. Experten befürchten, daß im Jahre 2000 über sieben Millionen Arbeitskräfte fehlen werden. Angesichts dieser Probleme scheint es äußerst zweifelhaft, daß am Ende dieses Jahrhunderts Japan das größte Bruttosozialprodukt der Welt erwirtschaften könnte, wie der US-Futurologe Hermann Kahn vor einigen Jahren annahm.[11]

Japan bleibt trotzdem die leistungsfähigste und expansionsstärkste kapitalistische Nation der Welt, und alles deutet darauf hin, daß es seine wirtschaftliche und technologische Position noch weiter ausbauen wird, und zwar auf Kosten der anderen kapitalistischen Hochburgen. Zum kometenhaften Aufstieg Japans zur dritten Wirtschaftsmacht des Globus hat auch der tief verankerte Patriotismus seiner Einwohner beigetragen. Stolz auf die Leistungen der Nation ist für einen Japaner genauso selbstverständlich wie seine Treue zur Firma, in der er arbeitet. Jeder Erfolg Japans im internationalen Wettbewerb wird von jedem einzelnen als ein persönlicher Sieg empfunden. Daher auch die reflexartige Bereitschaft, sich den Anforderungen und Plänen der Obrigkeit zu fügen, alles hinzunehmen, was von oben kommt. Die Japaner leben nicht nur für das eigene Ich, sondern auch und vornehmlich für das Über-Ich der Nation, verkörpert durch den Kaiser. Und da jeder Japaner als Kind lernt, daß sein Land eine besondere Aufgabe in der Weltgeschichte zu erfüllen hat, empfindet er es als eine Ehre, mit seinem persönlichen Einsatz zum Wohle des Ganzen beitragen zu können, sei es in Kriegs- oder Friedenszeiten.

Wie leicht sich dieses nationale Syndrom in blinden Fanatismus, Ausländerhaß und rücksichtslose Gewalttätigkeit steigern kann, erwies sich im letzten Weltkrieg. Aus Einsicht in die Notwendigkeit haben sich die Japaner seit ihrer militärischen Niederlage friedlich verhalten und sich darauf beschränkt, ihr Geltungsbedürfnis auf wirtschaftlicher Ebene umzusetzen. Aber ihre zunehmende Machtfülle könnte sie eines Tages verleiten, ihr immer latent vorhandenes und nie aufgegebenes Sendungsbewußtsein auf anderem Wege zu verwirklichen. Aber auch wenn dieser Fall nicht eintritt: Ihr wirtschaftlicher Imperialismus bleibt eine Herausforderung für die Völkergemeinschaft.

Die gemeinsame Herrschaft

Mag es zwischen diesen drei Macht- und Wirtschaftskolossen unzählige Unterschiede geben: Wichtiger als das, was sie trennt, ist die Herrschaft, die sie weltweit ausüben. Gemeinsam haben sie im Laufe der letzten Dekaden die Welt häßlicher und unbewohnbarer, die Menschheit unglücklicher, das Leben trostloser, das Zeitalter unberechenbarer gemacht. Sie tragen die Hauptverantwortung für den heillosen Zustand, in dem sich der Planet befindet. Aus ihrem Wertesystem ist nichts Sinnvolles und Fruchtbares entstanden, sie haben die Weltgeschichte nicht nur mit keinem großen Ideal bereichert, sondern auch alles bekämpft, was die Welt gerechter und humaner hätte machen können.

Sie bestimmen weitgehend, was in der Welt investiert, produziert, konsumiert wird, was die Menschen essen, kaufen, wie sie arbeiten und wie sie ihre Freizeit gestalten. Sie allein entscheiden, wer hungert oder sich satt essen kann, wo Hilfe geleistet wird oder wo Menschen und Völker zu krepieren haben. Nichts ist vor ihrem Zugriff sicher, nichts kann sich ihrer totalen Erfassung entziehen. Alles fällt unter ihr erbarmungsloses Diktat: die Politik, die Produktion, die Rüstung, die Massenmedien, die Mode, die Gebräuche, die Preise, die Rohstoffe, die Kultur. Sie haben die Menschen in Roboter ihrer strukturellen Herrschaft verwandelt, lenken von ihren Machtzentren aus das Weltgeschehen, dringen in die Privatsphäre der Bürger ein, gebieten über das gesellschaftliche und öffentliche Leben. André Gorz hat es so formuliert: »Das Kapital übt seine Diktatur nicht nur über Produktion und Verteilung der Güter, sondern ebenso über die Form der Produktion aus, über das *Modell* wie auch die *Art und Weise* des Konsums, über die Art zu arbeiten, zu denken, zu leben. Es übt sie nicht nur über die Arbeiter, die Fabriken und den Staat aus, über deren Ideologie, Prioritäten und Ziele, auch über das Bild, das sich die Individuen von sich selbst, ihren Möglichkeiten, ihren Beziehungen zum Nächsten und der übrigen Welt machen, diese Diktatur ist zugleich wirtschaftlich, politisch, kulturell und psychologisch, sie ist total.«[12]

Sie ringen gegeneinander um Einflußsphären, Absatzmärkte und technologisches Know-how, aber sie sind immer einig, wenn es darum geht, die schwächeren Regionen und Nationen des Globus zu übervorteilen, auszubeuten und auszuplündern. Gemeinsam entreißen sie den Menschen das Bewußtsein der eigenen Würde und degradieren sie zu Objekten ihrer instrumentellen Vernunft, mit dem Ziel, jeden Widerstand gegen die von ihnen angestrebte Errichtung eines lückenlosen Weltkonformismus im voraus unmöglich zu machen. Das Individuum verliert dadurch sein eigenes Sein, es muß seine Autonomie preisgeben und sich dem Fremdwillen des spätkapitalistischen Leviathans beugen. Mit der Unterdrückung der freien Subjektivität tritt dann jener gleichgeschaltete Zustand ein, den Marcuse die »Stillegung der Dialektik der Negativität« genannt hat.[13]

Das ist genau das, was sich die Bosse der spätkapitalistischen Hochburgen vorgenommen haben: der Ausverkauf von allem, was sich ihrem Verwertungs- und Verdinglichungsprozeß widersetzt oder widersetzen könnte, damit die ganze Welt mit den pausenlos hergestellten Konsumfetischen vollgestopft werden kann – aufgeklärte Geschichte als »Liquidation«, wie Horkheimer und Adorno sie sich schon vorgestellt hatten.[14] Es soll keine Werte mehr geben, sondern nur Waren, und gelten soll nur das Geld.

Niemals wurde so viel und so oft von Gerechtigkeit und Freiheit gesprochen, aber niemals hat man auch so viel gelogen wie heute. Siebenundvierzig Jahre nach der Niederschlagung des Faschismus ist die Menschheit der Hegemonie einer Minderheit von privilegierten Völkern und Völkergruppen restlos ausgeliefert. Die Sklaven tragen keine Ketten mehr, aber sie sind trotzdem Sklaven geblieben. Die Herrschenden benutzen nur noch selten die Peitsche, aber dennoch haben sie nicht aufgehört, die Entrechteten und Machtlosen zu unterdrücken und auszunutzen. Der Feudalismus ist längst abgeschafft, aber dessen ungeachtet bestimmt das Herr-Knecht-Verhältnis weiterhin die Beziehungen zwischen den Menschen, den Klassen und den Völkern. Es gibt deshalb plutokratische Nationen und solche, die zu Parias der Weltgeschichte degradiert sind.

Die Parias besitzen nichts, das neue Herrentum besitzt alles: Reichtum, politische Macht, Waffenarsenale und einen riesigen Propaganda- und Public-Relations-Apparat, der es erlaubt, Hegemoniestreben als erhabene Sorge um die Weltordnung zu verkaufen. Denn für die Machtträger aus Washington, Brüssel und Tokio ist es eine Selbstverständlichkeit, sich in die inneren Angelegenheiten anderer Staaten einzumischen. Sie entwerfen immer neue Ordnungspläne und reisen um den Globus, um alles unter Kontrolle zu bekommen. Feudalismus im Weltmaßstab – das ist, was sie eigentlich betreiben, das ist die neue Gemeinsamkeit, die sie den Völkern versprechen.

Sie geben vor, den Frieden und die Einheit der Welt herbeiführen zu wollen, obwohl ihre Lenkungsansprüche schon a priori die Verneinung dieser vermeintlichen Anliegen bedeuten und die Spaltung und die Zwietracht der Menschheit noch weiter vertiefen. Ihr Gerede über eine neue Weltordnung heißt im Klartext nichts anderes, als sich die Möglichkeit zu verschaffen, ihre eigene Fehlentwicklung und ihre Entfremdung noch gründlicher, noch reibungsloser als bisher weltweit abzusetzen und damit noch mehr Geld zu verdienen. Denn die Herren der Welt exportieren nicht nur ihre materiellen Güter, ihre Maschinen und Kapitalien – sie exportieren zugleich das irrationale Wertesystem, das hinter diesen Waren steckt. Und außerdem: Was für eine Harmonie kann man von Welterlösern erwarten, die es in ihrem eigenen Machtbereich nicht geschafft haben, eine halbwegs rationale und menschliche Ordnung zustande zu bringen?

In tieferem Sinn ist ihre Obsession, die Welt zu beherrschen, nur die Bestätigung ihres Versagens als Emanzipations- und Fortschrittsträger. Wäre es nicht so, würden sie nicht das Bedürfnis empfinden, ihre Macht auszudehnen und zu mißbrauchen. Die Weltordnung, die die führenden Industrienationen salbungsvoll und in bunten Farben tagtäglich verkünden, ist nur eine Vervielfachung ihrer eigenen Unordnung. Ohne deren Abbau bleibt deshalb das ganze Geplapper über eine neue Weltordnung ein makabrer, zynischer Witz.

VÖLKER- UND KLASSENHERRSCHAFT

»Bedenken Sie, wie dumm und schändlich das alles ist: Unser herrlicher Planet, den wir mit so viel Mühe zu verschönern und zu bereichern gelernt haben – fast unser ganzer Erdball befindet sich in den gierigen Händen einer nicht würdigen Sippschaft von Menschen, die nichts außer Geld machen können.«

Maxim Gorki, Antwort auf die Frage einer US-Zeitschrift, 1925

Klassenkampf und Klassenkollaboration

In seinem Beitrag zum 25. Deutschen Soziologentag in Frankfurt sagte Ralf Dahrendorf: »Man müßte prüfen, ob es so etwas gibt wie einen internationalen Klassenkampf oder ob die Dritte Welt eher eine *underclass* ist, lebendige Anklage der Werte, die die Mächtigen kundtun ...«[1] Was der liberale Professor in hypothetischer Form formulierte, braucht nicht überprüft zu werden; es ist längst Wirklichkeit geworden.

Die Welt hat mehr souveräne Staaten als je zuvor, aber die Souveränität der Mehrheit von ihnen ist rein fiktiv, blanke Makulatur. Die Fahnen, die Verfassungen, die Armeen der verelendeten Staaten der Dritten Welt sind nichts weiter als Attrappen, ihre führenden Schichten Marionetten der Mächtigen der Erde. Der Spätkapitalismus hat international dasselbe Gesetz durchgeboxt, das er im Bereich des nationalen Klassenkampfes durchgesetzt hat: das Gesetz seines eigenen Willens, des Willens zur Macht und zur Ausbeutung. Die Kapitalisten der hochentwickelten Nationen beherrschen nicht nur die arbeitenden Klassen ihrer jeweiligen Länder; sie haben sich auch ganze Staaten und Erdteile zum Untertan gemacht. Proudhon hat

recht behalten: »Die merkantilen Einflüsse bedeuten den Tod der Nationalitäten, von denen sie nur die Skelette übriglassen.«[2]
Die These von Marx und Engels, daß die »Geschichte aller bisherigen Gesellschaften ... die Geschichte von Klassenkämpfen«[3] sei, ist heute unzureichend, um die wahren Zusammenhänge und Hintergründe der gegenwärtigen sozioökonomischen Weltverhältnisse zu erklären. Die längsten und wichtigsten Perioden der Weltgeschichte zeichnen sich in Wahrheit nicht durch Klassenkampf, sondern durch Klassenzusammenarbeit aus. Marx und Engels erkannten wohl die geschichtliche Dimension des Klassenkampfes und begriffen entsprechend die Konfrontation zwischen Bourgeoisie und Proletariat als einen weltumgreifenden Prozeß. Aber sie taten dies auf einseitige Weise, ohne dabei die Rolle ausreichend zu berücksichtigen, die die herrschenden Nationen und Nationengruppen als geschlossene, klassenübergreifende Einheiten spielen können. Beide überbewerteten die intranationalen Auseinandersetzungen zwischen Kapital und Arbeit und unterschätzten die Möglichkeit, daß sich die Kontrahenten zu dem Zweck einigen könnten, andere, schwächere Nationen oder Erdteile auszubeuten, wie es seit Jahrzehnten die westlichen Staaten in der Tat tun. Die Stifter des wissenschaftlichen Sozialismus übersahen, daß, wenn die Herrschaft einer Klasse über die andere sich in Nationen vollzieht, die mit einer großen wirtschaftlichen, technischen und militärischen Macht ausgestattet sind, diese Klassenherrschaft sich früher oder später zu einer internationalen Herrschaft weiterentwickelt. Der Klassenkampf innerhalb einer Nation ist oft nur die erste Stufe einer viel tieferen und umfassenderen Auseinandersetzung, nämlich des Kampfs zwischen den Völkern und Völkergruppen, ein Kampf wiederum, der ohne eine grundsätzliche Zusammenarbeit zwischen den Klassen nicht ausgetragen werden kann. Imperialistische Politik ist undenkbar ohne einen klassenübergreifenden Konsens über die globalen Ziele der Nation. Die Hegemonie, die bestimmte Länder heute ausüben, wäre in der Tat ohne ein grundsätzliches Einvernehmen ihrer jeweiligen Klassen und sozialen Gruppen nicht durchführbar.
Die Perioden oder Momente, in denen eine wirkliche Konfrontation zwischen den Klassen stattfindet und nicht nur ein Verteilungs-

kampf, den ich hier außer Betracht lasse, sind im allgemeinen von eher kurzer Dauer. Sie gelten nur für die Zeitspanne, die eine Klasse – die aufsteigende und stärkere – braucht, um die anderen – die schwächeren – zu besiegen. Ein Klassenkampf im eigentlichen Sinn entsteht nur, wenn die Klasse, die im Besitz der Macht ist, in eine akute Krise gerät und zur gleichen Zeit die neue Klasse, die sich qualifiziert und legitimiert fühlt, die andere zu ersetzen, ihre Entschlossenheit verkündet, die Macht an sich zu reißen, notfalls mit Gewalt. Danach tritt Friedhofsruhe ein. Ohne ein Mindestmaß an Klassenkollaboration kann kein Staat funktionieren, ohne den partiellen oder totalen Konsens zwischen den Klassen würden die Nationen handlungsunfähig bleiben. Treffend bemerkt Schumpeter in diesem Zusammenhang: »Für Jedermann, dessen Geist nicht durch die Gewohnheit, den Marxschen Rosenkranz herunterzuleiern, nur noch in einer Richtung läuft, sollte es offensichtlich sein, daß ihre Beziehung (die der Klassen, H. S.) in normalen Zeiten in erster Linie eine Beziehung der Zusammenarbeit ist.«[4]

Die Entstehung von Klassen und Klassenkämpfen ist überdies eine relativ späte Erscheinung in der Weltgeschichte. Die Verabsolutierung beider Kategorien durch Marx und Engels stellte eine starke Vereinfachung dar. Das zentrale Merkmal der Urgesellschaft war nicht der Klassenkampf, schon deshalb nicht, weil es keine Klassen im bürgerlichen Sinn gab. Bei den alten Germanen, in Rußland, Indien, bei den Nordafrikanern oder im Inkareich gab es jahrtausendelang kein Privateigentum an Grund und Boden, es herrschte Gemeindeeigentum. Man konnte Grund und Boden zwar individuell bearbeiten und nutzen, aber nicht besitzen. Dies gilt nicht nur für die Agrargemeinden, sondern auch für die Viehzucht Betreibenden. Nicht die Gier nach Eigentum und privatem Besitz hielt die Mitglieder eines Geschlechts oder einer Sippe zusammen, sondern die Blutsverwandtschaft und die Versorgung im Kollektiv. Das Hauptelement dieser Sippen- und Gentilverfassung war nicht der Kampf um Macht und Eigentum, sondern der Imperativ des Zusammenhalts, welcher ja der Gruppe erlaubte, sich geschlossen gegenüber anderen Gruppen zu behaupten. Deshalb machte Rosa Luxemburg aufmerksam auf den schematischen Charakter des Marx-Engelsschen Klassenbegriffs:

»Gerade um dieselbe Zeit, wo die Schöpfer des wissenschaftlichen Sozialismus diese Auffassungen kundgaben, begann sie auch schon von allen Seiten durch neue Entdeckungen erschüttert zu werden. Fast jedes Jahr brachte bislang unbekannte Einblicke in die älteren wirtschaftlichen Zustände der menschlichen Gesellschaft, die zu dem Schlusse führten, daß es in der vergangenen Geschichte Zeitstrecken von enormer Ausdehnung gegeben haben muß, in denen es noch keine Klassenkämpfe, weil es überhaupt keine Scheidung in verschiedene Gesellschaftsklassen und keine Unterschiede von Reich und Arm, weil es kein Privateigentum gab.«[5]

Von den immanenten Widersprüchen des Kapitalismus ausgehend, stand für Marx und Engels fest, daß eine Konfrontation zwischen Bourgeoisie und Proletariat letzten Endes unvermeidlich sei, wie schon der junge Engels schwärmerisch und apodiktisch verkündete: »Mit derselben Sicherheit, mit der wir aus gegebenen mathematischen Grundsätzen einen neuen Satz entwickeln können, mit derselben Sicherheit können wir aus den bestehenden ökonomischen Verhältnissen und den Prinzipien der Nationalökonomie auf eine bevorstehende soziale Revolution schließen.«[6] Oder Marx in einer der berühmtesten Passagen des »Kapital«: »Mit der beständig abnehmenden Zahl der Kapitalmagnaten, welche alle Vorteile dieses Umwandlungsprozesses usurpieren und monopolisieren, wächst die Masse des Elends, des Drucks, der Knechtschaft, der Entartung, der Ausbeutung, aber auch die Empörung der stets anschwellenden und durch den Mechanismus des kapitalistischen Produktionsprozesses selbst geschulten, vereinten und organisierten Arbeiterklasse. Das Kapital wird zur Fessel der Produktionsweise, die mit und unter ihm aufgeblüht ist. Die Zentralisation der Produktionsmittel und die Vergesellschaftung der Arbeit erreichen einen Punkt, wo sie unverträglich werden mit ihrer kapitalistischen Hülle. Sie wird gesprengt. Die Stunde des kapitalistischen Privateigentums schlägt. Die Expropriateurs werden expropriiert.«[7] Marx und Engels entwickelten ihre Theorie »der Negation der Negation« oder unbedingter Klassenkonfrontation in einem geschichtlichen Augenblick, in dem das Proletariat unter denkbar finsteren Daseinsbedingungen lebte. Insoweit war ihre Schlußfolgerung plausibel, daß die Entrechteten eines Tages die

Ketten brechen würden. Sie konnten nicht ahnen, daß gerade aufgrund der Entwicklung der Produktivkräfte die Bourgeoisie es schaffen würde, den revolutionären Impetus des Proletariats durch Integration im System zu lähmen.

Die Geschichte dieses Jahrhunderts hat auf jeden Fall unmißverständlich bewiesen, daß in den entwickelten Industrienationen die Arbeiterklasse weitgehend darauf verzichtet hat, die Bourgeoisie zu stürzen, und daß sie deren Führungsrolle grundsätzlich akzeptiert, weil sie davon profitiert. Das erklärt auch, warum in keiner der führenden Industrienationen des Westens eine proletarische Revolution stattgefunden hat. Was eingetreten ist, ist keineswegs die Kapitulation der Bourgeoisie, wie George Lukács nach dem Ersten Weltkrieg »klar vor Augen« zu sehen glaubte, sondern deren Sieg, und wer die »Kraft zur Führung unwiederbringlich verloren« hat, ist nicht die Bourgeoisie, wie Lukács meinte, sondern eben das Proletariat.[8]

Die proletarische Revolution konnte schon deshalb nicht stattfinden, weil es die Hauptvoraussetzung für ihre Entfesselung – die Einheit der Arbeiterklasse – in der Praxis nie gegeben hat und auch nicht geben kann. Nicht nur international gibt es keine Interessengemeinschaft zwischen den arbeitenden Klassen der einzelnen Länder; sie besteht genausowenig innerhalb der arbeitenden Klasse im nationalen Bereich. Schon um die Jahrhundertwende stellte Eduard Bernstein fest, »daß die moderne Lohnarbeiterschaft nicht die gleichgeartete, in bezug auf Eigentum, Familie von gleich ungebundener Masse (ist), wie das Kommunistische Manifest voraussieht, daß sich gerade in den vorgeschrittensten Fabrikindustrien eine ganze Hierarchie differenzierter Arbeiter findet, zwischen deren Gruppen nur ein mäßiges Solidaritätsgefühl besteht«.[9]

Die Haltung des Arbeiters oder Angestellten als »zoon politikon« wird nicht nur durch seinen beruflichen bzw. sozialen Status bestimmt. Es gibt tatsächlich keinen verbindlichen ideologischen Gemeinnenner, den man auf die ganze Arbeiterklasse anwenden kann. Es genügt in diesem Kontext, darauf hinzuweisen, daß Arbeitnehmer, die dieselbe oder eine ähnliche berufliche Funktion ausüben, oft ganz abweichende oder gar entgegengesetzte politische Vorstellungen haben. Die Arbeiterklasse hat sowohl revolutionäre wie reaktionäre Parteien und Ideologien unterstützt; so wurden die faschistischen Bewegungen der zwanziger und dreißiger Jahre auch von Proletariern mitgetragen, nicht nur vom Lumpenproletariat. Rolf Winter hat am Beispiel Deutschlands in einem autobiographischen Buch unlängst diesen ziemlich vergessenen Sachverhalt auf die überzeugendste Weise in Erinnerung gebracht.[10]

Der Mensch, der Arbeiter, Angestellte oder Bauer, ist etwas mehr als ein reiner »homo oeconomicus«. Dementsprechend wird sein Verhalten als Mitglied der Gesellschaft nicht nur von wirtschaftlichen oder sozialen Erwägungen bestimmt. Er ist darüber hinaus Mitglied einer Familie und Angehöriger einer Nation. Erst das Zusammenwirken dieser und anderer Faktoren wie Erziehung, Charakter oder Gesinnung prägen seine gesamte Haltung als Mensch und Bürger. Der Marxismus hat diese außerökonomischen Faktoren entweder ungenügend oder gar nicht berücksichtigt und sich auf die Ökonomie fixiert, wie Wilhelm Reich im Zusammenhang mit dem Entstehen des Faschismus kritisch feststellte: »Die charakterliche Struktur des handelnden Menschen, der sog. ›subjektive Faktor der Geschichte‹ im Sinne von Marx blieb unerforscht, weil Marx Soziologe und nicht Psychologe war und weil es damals keine naturwissenschaftliche Psychologie gab. Das Problem, aus welchem Grunde sich die Menschen Ausbeutung und moralische Erniedrigung, kurz die Sklaverei, seit Jahrtausenden gefallen lassen, blieb unbeantwortet; ermittelt war nur der ökonomische Prozeß der Gesellschaft und der Mechanismus der wirtschaftlichen Ausbeutung.«[11]

Nationaler Konsens und Imperialismus

Nicht die internen Antagonismen zwischen der Bourgeoisie und der Arbeiterklasse in den Hochburgen des Kapitalismus sind heute das Entscheidende, sondern die abgrundtiefen Unterschiede, die zwischen den westlichen Ländern und denen der Dritten Welt entstanden sind. Marx und Engels sahen im Entstehen des Proletariats als potentielle Überwinder der Bourgeoisie das ausschlaggebende Ereignis des 19. Jahrhunderts, ohne voraussehen zu können, daß der Kampf zwischen beiden Klassen nur die Teilerscheinung eines weltgeschichtlich viel bedeutenderen Phänomens war: des Ringens der führenden Industrienationen um die Herrschaft über den Planeten. Die Auseinandersetzungen zwischen Bourgeoisie und Arbeiterklasse innerhalb dieser Nationen spielten dagegen eine untergeordnete Rolle. Viel wichtiger bleibt das westlich-bürgerliche Zivilisationsmodell, das beide Klassen zusammen entwickelt und errichtet haben.

Die Tatsache, daß die Kolonisierung und Ausbeutung der Dritten Welt durch die führenden Industrienationen oder Nationengruppen begleitet wurden von Klassenkonfrontationen in ihrem eigenen Bereich, war für das Ergebnis völlig irrelevant. Die Lohnkämpfe oder Streiks, die in den westlichen Metropolen stattfinden, sind höchstens für die Lokalchronik von Interesse, in globaler Hinsicht zählen sie nicht.

Der Marx-Engelsschen Auffassung von einem Weltproletariat als ein solidarisches und einheitliches Ganzes ist durch die tatsächliche Entwicklung der letzten hundert Jahre widersprochen worden. Die von beiden aufgestellte Behauptung, daß die »Arbeiter kein Vaterland haben«, erwies sich spätestens 1914 als eine rein voluntaristische These. Mit wenigen Ausnahmen identifizierte sich das Proletariat der kriegführenden Länder mit den Motiven und Zielsetzungen seiner jeweiligen Regierungen und führenden Schichten. Mit Recht bemerkt Albert Camus: »Er (Marx, H. S.) glaubte, durch den Handel und den Warenaustausch, auch durch die Proletarisierung würden die Schranken fallen. Aber die nationalen Schranken brachten das proletarische Ideal zu Fall. Der Kampf der Nationalitäten erwies sich zur Geschichtserklärung als mindestens ebenso wichtig wie der Klassenkampf.«[12]

Wohl gibt es in den hochentwickelten kapitalistischen Ländern mehr oder weniger heftige Auseinandersetzungen zwischen Kapital und Arbeiterschaft, aber das hindert beide Seiten keineswegs daran, sich zu einigen, wenn es darum geht, andere Länder auszubeuten. Und dies ist kein Novum des Spätkapitalismus. So stellte Engels schon 1858 fest, daß »das englische Proletariat faktisch mehr und mehr verbürgert, so daß diese bürgerlichste aller Nationen es schließlich dahin bringen zu wollen scheint, eine bürgerliche Aristokratie und ein bürgerliches Proletariat neben der Bourgeoisie zu besitzen«[13]. Von den Privilegierten bestimmter Teile des Weltproletariats ausgehend, entwarf ja Lenin seine Theorie des Imperialismus als letztes Stadium des Kapitalismus: »Die privilegierte Schicht des Proletariats der imperialistischen Großmächte lebt zum Teil auf Kosten Hunderter von Millionen Menschen der nicht zivilisierten Völker.«[14] Bernstein in Deutschland und Jean Jaurés in Frankreich entwickelten ihre reformistischen Theorien aus derselben Erkenntnis. Die ganze Praxis der heutigen sozialdemokratischen und sozialistischen Parteien und der Gewerkschaften des Westens gehen von dem Prinzip der Klassenzusammenarbeit aus, keineswegs von dem von Marx und Engels vertretenen Prinzip des Klassenkampfes.

Die Arbeiterklasse der westlichen Hemisphäre hat sich längst zum bürgerlichen Gesetz des Eigennutzes bekannt und die Ideologie ihres einstigen Klassenfeindes übernommen. Was man in den letzten Dekaden gemeinhin Verbürgerlichung der Arbeiterklasse genannt hat, ist nur die folgerichtige Auswertung dieser prinzipiellen Versöhnung mit der Bourgeoisie. Deshalb können die Arbeitgeber zu Recht von der Ersetzung des Klassenkampfes durch die »soziale Partnerschaft« sprechen.

Diese Entwicklung steht wiederum im direkten Gegensatz zu der Auffassung von Marx, wonach die Aufhebung des Kapitalismus durch das Proletariat sich in den führenden Industrienationen Westeuropas vollziehen werde. Die hochentwickelten Länder des Westens sind heute nicht mehr potentielle Überwinder des Kapitalismus, sondern sie haben sich als ihre zuverlässigsten Garanten erwiesen. Die über ein Jahrhundert lang heraufbeschworene proletarische Revolution als Rezept für die Erlösung der verelendeten Regionen der Welt hat seit langem jede Glaubwürdigkeit eingebüßt. Auch die Chancen, durch eine Kulturrevolution in der Ersten Welt doch den Befreiungsprozeß der Dritten Welt möglich zu machen, sind äußerst gering.

Was sich durchgesetzt hat, ist die aus der Zeit der 2. Internationale stammende Auffassung, daß die einzige Möglichkeit, den unterentwickelten Regionen der Welt zu helfen, darin besteht, die schlimmsten Erscheinungen des Kapitalismus – Imperialismus, Militarismus

– zu lindern bzw. zu beseitigen. Diese Einstellung, die Kautsky »Ultraimperialismus« nannte und die von den Parteien der Sozialistischen Internationale auch praktiziert wird, verfolgt den Zweck, dem Spätkapitalismus einen »humanen« Anstrich zu verleihen, ohne seine Grundlagen in Frage zu stellen. Aus ihr entspringt die Komödie der Nord-Süd-Kommission, der Entwicklungshilfe und das Gerede über die Partnerschaft der hochentwickelten und der unterentwickelten Nationen, neuerdings auch durch die ökologische Frage untermauert.

Befreiungsmodelle und antikolonialistischer Kampf

Nicht nur die Arbeiterklasse, die Gewerkschaften und die Linksparteien des Westens haben sich als unfähig erwiesen, dem imperialistischen Prozeß des Spätkapitalismus einen Riegel vorzuschieben, auch die antikolonialistischen und revolutionären Bewegungen der Dritten Welt haben es nicht geschafft, sich gegen die Bevormundung der einstigen und neuen Herren erfolgreich zur Wehr zu setzen. Die von Paul M. Sweezy hergestellte Verbindung zwischen Unterentwicklung und Revolution hat sich bislang nicht erfüllt: »Die Bevölkerungsmehrheit in diesen abhängigen Gebieten stellt innerhalb des globalen kapitalistischen Systems einen Faktor dar, der in dem gleichen Sinn und aus den gleichen Gründen revolutionär ist wie, nach Marx, das Proletariat der Frühperiode der Industrialisierung.«[15]
Um das revolutionäre Potential der Dritten Welt zu begründen, ist der Bezug auf Marx völlig fehl am Platze. Marx war eurozentrisch eingestellt und setzte seine Hoffnungen auf das Proletariat der Industrieländer, nicht auf die verelendeten Massen in den Kolonien. Ja, er ging so weit, die Ausbeutung der Kolonialgebiete als eine unvermeidliche Entwicklungsphase des Kapitalismus darzustellen. Es lohnt sich, ihn dazu ausführlich zu zitieren: »Die direkte Sklaverei ist die Achse unseres gegenwärtigen Industrialismus, genauso wie die Maschinen, Kredite usw. Ohne Sklaverei gibt es keine Baumwolle, ohne Baumwolle keine moderne Industrie. Die Sklaverei verlieh den Kolonien Wert, die Kolonien haben den Welthandel geschaffen, der Welthan-

del ist die notwendige Bedingung der großen Maschinenindustrie ... Die Sklaverei ist also eine ökonomische Kategorie von der höchsten Bedeutung. Ohne die Sklaverei würde sich Nordamerika, das fortschrittlichste Volk, in ein patriarchalisches Land verwandeln. – Streichen Sie bloß Nordamerika aus der Karte der Völker, und sie werden die Anarchie, den völligen Verfall des Handels und der modernen Zivilisation haben.«[16]

Man kann diese Ausführungen leicht mißverstehen, wenn man sich nicht vergegenwärtigt, daß nach der Marxschen Ansicht die Überwindung des Kapitalismus nur als Folge seiner uneingeschränkten Entwicklung stattfinden könne. So schrieb er an Kugelmann: »Meyers Brief hat mich sehr gefreut. Er hat indes meine Entwicklung zum Teil mißverstanden. Sonst hätte er gesehen, daß ich die *große Industrie* nicht nur als Mutter des Antagonismus, sondern auch als Erzeugerin der materiellen und geistigen Bedingungen zur Lösung dieser Antagonismen darstellte.«[17] Es war auch diese direkt von Hegel stammende dialektische (und trügerische) Denkweise, die ihn veranlaßte, »the great civilizing influence of capital«[18] zu huldigen und alle sozialistischen und emanzipatorischen Theorien als reaktionär zu verdammen, die die geschichtlichen Etappen überspringen und eine klassenlose Gesellschaft ohne Rücksicht auf den Entwicklungsstand der Produktivkräfte errichten wollten. Diese Sichtweise galt jahrzehntelang für die Marxisten aller Schattierungen als ein sakrosanktes Dogma. Selbst Lenin glaubte bis zum Sturz des Zarentums, daß die Zukunft der Revolution in Rußland von der Entwicklung des Kapitalismus abhing, donnerte entsprechend gegen alle Bewegungen, die eben diese Entwicklung verhindern wollten.[19] Die Theorie von Marx wurde aber auch von den rechtsgerichteten Strömungen der deutschen Sozialdemokratie als Vorwand benutzt, um ihre imperialistischen Thesen zu rechtfertigen. Eduard David, Schöppel, Maurenbrecher und andere Vertreter der kolonialistischen Fraktion der SPD befürworteten tatsächlich den weltweiten Sieg des Kapitalismus als Voraussetzung für die Etablierung des Sozialismus. Selbst Bebel schwärmte gelegentlich von einer »kulturellen Mission« des Kapitalismus in den ehemaligen Kolonien. Cunow steigerte sich zu der These, daß der Imperialismus eine notwendige Entwicklungsstufe auf dem Weg des Sozialismus darstelle, wobei er freilich an den deutschen Imperialismus dachte.

Bis zum Ausbruch des Zweiten Weltkriegs hatte der Marxismus keine brauchbare Alternative für die Probleme der Kolonien. Seine Führer glaubten selbstgefällig-herablassend, daß die Befreiung der Kolonialvölker nur als eine Art Nebenprodukt der Befreiung der arbeitenden Klassen in den führenden westlichen Industrieländern erfolgen könne. Der eigentliche Vorläufer der Befreiungsbewegungen der Dritten Welt ist Bakunin, der seine revolutionären Hoffnungen immer auf die ausgebeuteten Massen der rückständigen Länder gesetzt hatte. Im Gegensatz zu den Stiftern des Marxismus und ihren Nachfolgern erkannte er auch klar, daß die Entwicklung des Kapitalismus zu einer Verbürgerlichung der Arbeiterklasse führen würde; daher auch seine Skepsis gegenüber den industrialisierten »Kulturvölkern« Westeuropas und seine Sympathien für die Slawen und die romanischen Völker. »Wir haben keinen Respekt mehr vor Eurer bourgeoisen Revolution«, schrieb er voller Verachtung an die Adresse der Deutschen.[20] Daß der instinktive Glaube Bakunins an das revolutionäre Potential der kolonisierten Völker nicht völlig aus der Luft gegriffen war, wurde durch die nach dem Zweiten Weltkrieg entstandenen antiimperialistischen Bewegungen in der Dritten Welt bestätigt. Treffend schreibt Isaiah Berlin in diesem Zusammenhang: »Der brillante und unberechenbare Bakunin hat genauer als sein großer Rivale Marx die Situationen vorausgesagt, in denen es zu großen Erhebungen der Besitzlosen kommen werde, und er hat richtig gesehen, daß sie sich wahrscheinlich nicht in den am stärksten industrialisierten Gesellschaften, unter Bedingungen ökonomischen Fortschritts, sondern in den Ländern entwickeln, in denen die Bevölkerung nahe am Existenzminimum lebte und bei einer Erhebung am wenigsten zu verlieren hätte – unter primitiven Bauern in rückständigen bäuerlichen Gebieten von äußerster Armut, wo der Kapitalismus äußerst schwach entwickelt war.«[21]

Der antikolonialistische Kampf verlief auch unter ganz anderen ideologischen und strategischen Voraussetzungen, als sich die Klassiker des Marxismus und ihre Epigonen vorgestellt hatten. Der Begriff der Nationalität, der von den Hauptströmungen des Marxismus als eine obsolete Kategorie galt, bekam im Rahmen des antiimperialistischen Kampfes eine ganz andere Bedeutung, und zwar als Inbegriff des Widerstands eines Volkes gegen die Okkupanten und ihre Marionetten. Régis Debray: »Der Klassenkampf nimmt die Form eines patriotischen Krieges an, und die Einführung des Sozialismus entspricht der Wiederherstellung der nationalen Unabhängigkeit.«[22] Lenin war einer der wenigen Marxisten, die diese Entwicklung sowohl vorausgesehen wie auch bejaht hatten. So kritisierte er während des Ersten Weltkrieges Rosa Luxemburg wegen ihrer abstrakten Auffassung von der imperialistischen Phase des Kapitalismus (»Junius«-Broschüre) und schrieb in diesem Zusammenhang: »Nationale Kriege der Kolonien und Halbkolonien sind in der Epoche des Imperialismus nicht nur wahrscheinlich, sondern *unvermeidlich*«, bezeichnete sie auch als »fortschrittlich und revolutionär«[23].

Aber auch der Mythos, daß eine sozialistische Revolution zuerst durch eine bürgerliche Phase gehen müsse, wurde über Bord geworfen. »In den unterentwickelten Ländern ist die bürgerliche Phase unmöglich«, bekundete Frantz Fanon[24]. Und Träger der neuen Revolution sollte auch nicht das Industrie-Proletariat, sondern das Landproletariat sein, das für den Marxisten als revolutionäre Klasse nicht in Frage kam. »Denn es ist klar, daß in den Kolonialländern nur die Bauernschaft revolutionär ist«, stellte wiederum Fanon fest[25]. Man entdeckte den von den Spaniern im letzten Jahrhundert gegen Napoleon erfolgreich angewendeten Guerillakrieg als das geeignete strategische Mittel, um die vom Imperialismus beherrschten urbanen Zentren »einzukreisen« und sie dadurch zu Fall zu bringen. Nicht das Industrieproletariat sollte die ländlichen Massen befreien, sondern umgekehrt.

Dieses revolutionäre neue Modell wurde zuerst in China durch Mao Tse-tung in die Tat umgesetzt, dann in Lateinamerika durch Fidel Castro und Che Guevara. Es ist nicht uninteressant, festzustellen, daß keiner dieser revolutionären Führer dem gängigen Prototyp eines geschulten Marxisten entsprach. Castro und Che fanden erst Zugang zum Marxismus, als sie schon in Sierra Maestra gesiegt hatten. Das politische Vorbild Castros war der kubanische Nationalheld José Martí. Die kubanische Revolution setzte mit dem bewaffneten Sturm auf die Moncada-Kaserne ein und hatte mehr mit der Tradition des antikolonialistischen Kampfes gegen Spanien zu tun als mit der Lehre des Marxismus. Auch der fetischistische Gewaltkult Ernesto Che Guevaras hatte herzlich wenig mit der Dialektik des Marxismus gemein: »Guevara glaubt an die therapeutische Wirkung der Gewalt«, bezeugt ein Freund. »Er meinte, wer Gewalt übe bis zum Selbstopfer, entdecke in sich die allmähliche Geburt eines neuen Menschen.«[26]

Bevor Mao unter dem Eindruck der russischen Revolution zum Marxismus übertrat, wurde er von Bakunin tief beeinflußt, ja, er spielte sogar eine Zeitlang mit der Idee, in China eine anarchistische Bewegung zu gründen. Mao war immer überzeugt gewesen, daß die wahren Träger der chinesischen Kultur die Bauern waren; seine Meinung über die städtische Bevölkerung war dagegen negativ. Wegen seiner unorthodoxen Vorstellungen galt er innerhalb der Komintern als ein Hasardeur und Abweichler; er wurde deshalb von Stalin jahrelang bewußt übergangen. Mao war aber kein Abenteurer, er war einfach der Stifter einer neuen Theorie der Revolution. Im Gegensatz zur »urbanen« Konzeption des klassischen Marxismus erkannte er sehr bald, daß die chinesische Revolution nur von der Bauernklasse durchgeführt werden konnte: »Die Bauern bilden achtzig Prozent der chinesischen Bevölkerung; das weiß sogar ein Kind in der Grundschule. Die Bauernfrage ist deshalb die fundamentale Frage der chinesischen Revolution geworden, und die Kraft, die die Bauern verkörpern, ist auch die revolutionäre Hauptkraft. Nach den Bauern kommen die Arbeiter, die den zweiten Platz der chinesischen Bevölkerung ausmachen.«[27]

Auch die zentrale Rolle, die die Befreiungsbewegungen der Dritten Welt der Gewalt zusprachen, paßte kaum zu der im Grunde evolutionären Auffassung des Marxismus, auch wenn Marx geschrieben hatte, daß der Übergang zu einer klassenlosen Gesellschaft sich nicht »auf gemütlichem Wege« vollziehen werde. Die theoretische Grundlage des Marxismus war immer der von Hegel übernommene Begriff der »Einsicht in die Notwendigkeit«, was in marxistischem Kontext nichts anderes bedeutete als die Entwicklung der Produtivkräfte als unabdingbare Voraussetzung für die Errichtung des Sozialismus. Die revolutionären Führer und Strategen der Dritten Welt schoben ausnahmslos diese theoretischen Überlegungen beiseite und griffen zu direkter, bewaffneter Gewalt. »Die Entkolonialisierung ist immer ein gewalttätiges Phänomen«, schreibt Frantz Fanon gleich eingangs seines Traktats »Les damnés de la terre«. Oder Ho Chi Minh in seinem 1934 veröffentlichten ersten Aktionsprogramm: »Der einzige Weg der Revolution ist der bewaffnete Kampf der Massen.« Hier konnten sie sich auf Lenin stützen, der sich, im Gegensatz zur gewaltfeindlichen Programmatik der 2. Internationale, schon 1905 unmißverständlich zum bewaffneten Kampf des Volkes bekannte: »Revolution ist Krieg«, schrieb er schon damals[28]. Und ein paar Monate später: »Die revolutionäre Armee ist deshalb notwendig, weil die großen geschichtlichen Fragen nur durch *Gewalt* gelöst werden können, die *Organisation der Gewalt* im modernen Kampf aber ist eine militärische Organisation.«[29]

Dieses und andere Befreiungsmodelle übten einen großen Einfluß auf die Metropolen des Westens aus oder, genauer: auf ihre jugendlichen Intelligenzschichten. So war die antiautoritäre Studentenbewegung der sechziger Jahre stark von der Theorie und der Praxis der revolutionären Bewegungen der Dritten Welt geprägt. Die Idole der revolutionären Studenten waren ja auch Mao, Ho Chi Minh, Castro oder Che Guevara. Sie solidarisierten sich mit der Dritten Welt und waren von der Illusion getragen, den antikolonialistischen Kampf durch den revolutionären Kampf in den kapitalistischen Hochburgen zu unterstützen. Die Studenten fühlten sich theoretisch durch ihren Präzeptor Herbert Marcuse bestätigt, der angesichts der Verbürgerlichung der westlichen Arbeiterklasse für eine Überwindung des Spätkapitalismus durch die gemeinsame Revolte der nicht integrierten Minderheiten und der intellektuellen Avantgarde plädierte. Allerdings distanzierte er sich von der Anwendung von Gewalt. Adorno erteilte den revolutionären Studenten eine klare, zornerfüllte Absage.

Alle diese revolutionären Hilfsdienste währten nicht lange, sie entarteten bald in blinden Terrorismus. Die Befreiungsmodelle scheiterten nicht nur in den Metropolen des Westens. Auch in der Dritten Welt gerieten die antikolonialistischen Bewegungen unter den Druck schwerwiegender Probleme und Widersprüche, sowohl innen- wie außenpolitischer, objektiver wie subjektiver Natur. Selbst in den Ländern, in denen die Revolution sich konsolidierte – vor allem in China und Cuba –, wurde sie bald nicht mehr den Idealen gerecht, die ihrer Entstehungs- und Durchsetzungsphase entsprochen hatten. Auch der Versuch, die Revolution in andere Länder zu »exportieren«, mißlang, wie Che Guevara Mitte der sechziger Jahre in Bolivien erleben mußte, weil entgegen seinen Hoffnungen die Bauern ihm und seinen Guerilla-Gefährten die Unterstützung versagten.

Auch der von der Sowjetunion den Ländern der Dritten Welt geleistete militärische und finanzielle Beistand erwies sich als völlig unzureichend, um diese Länder vom Joch des Imperialismus zu befreien, zumal Moskau seine Hilfe oft mit opportunistischen und machtpolitischen Zielen verband, wie Rudi Dutschke am Beispiel Lateinamerikas feststellte: »Die sowjetische Politik bezüglich der Dritten Welt zeichnet sich zur Zeit gerade dadurch aus, daß sie keine Rücksicht nimmt auf die verschiedenen nationalen Befreiungsbewegungen in Lateinamerika zum Beispiel. Sie führt ihren Handel mit den verschiedenen Kompradorenbourgeoisien in den verschiedenen lateinamerikanischen Ländern völlig getrennt von der Existenz der verschiedenen nationalen Befreiungsbewegungen durch.«[30] Grundsätzlich hat die Sowjetunion nur diejenigen Dritte-Welt-Bewegungen oder Regimes unterstützt, die sie kontrollieren konnte und die für ihre eigene Machtpolitik nützlich waren. Aus diesem Grund sah sich Mao Tse-tung gezwungen, mit Nikita Chruschtschow zu brechen.

Tatsache ist, daß die Lage der Länder der Dritten Welt heute verzweifelter ist als je zuvor. Che Guevara hat recht behalten: »Jedesmal, wenn sich ein Land befreit, findet eine Niederlage des weltimperialistischen Systems statt. Aber wir müssen erkennen, daß eine Unabhängigkeitserklärung oder ein bewaffneter Sieg allein die Befreiung nicht bedeuten. Diese wird sich erst vollziehen, wenn die ökonomische Herrschaft des Imperialismus sein Ende nimmt.«[31] Und hier bestätigt sich nachträglich Marx' Grundsatz, daß eine Revolution bestimmte ökonomische, gesellschaftliche und kulturelle Voraussetzungen erfüllen muß, wenn sie nicht in voluntaristische Kraftmeierei, Rhetorik oder gar Terror entarten will.

Trotz dieses düsteren Panoramas wäre es verfehlt, daraus zu schließen, daß die Unterwerfung der unterentwickelten Länder besiegelt ist und daß der Kapitalismus für alle Ewigkeit den Sieg in der Tasche hat. Auch wenn die Völker der Dritten Welt nicht mehr kämpfen wollten, der Ausbeutungsprozeß des spätkapitalistischen Systems wird sie immer wieder zwingen, von neuem Widerstand zu leisten.

WELTELEND UND WELTÜBERFLUSS

»Die Zentralisation des Besitzes ist ein dem Privateigentum ebenso immanentes Gesetz wie alle andern . . . ; bis die Welt in Millionäre und Paupers, in große Grundbesitzer und arme Tagelöhner geteilt ist.«

Friedrich Engels, »Umrisse zu einer Kritik der Nationalökonomie«

Der Hunger der Dritten Welt

Schon zu Beginn der industriellen Revolution wurde die Frage lebhaft diskutiert, ob die Menschheit in der Lage sei, die Vermehrung der Weltbevölkerung mit der Ertragsfähigkeit der Natur in Einklang zu bringen. Und schon damals gab es zwei grundsätzliche Positionen. Der reaktionär eingestellte Volkswirt und Populärwissenschaftler Thomas Robert Malthus (1766–1834) vertrat die These, daß die Ressourcen der Natur nicht ausreichten, um die ständig wachsende Weltbevölkerung zu ernähren. Die fortschrittlich orientierten Denker und Wissenschaftler behaupteten dagegen, daß es durch einen sinnvollen Einsatz der Produktionsmittel und der landwirtschaftlichen Reserven durchaus möglich sein werde, alle Menschen mit Lebensmitteln zu versorgen.

Man kennt die Grundkonzeption von Malthus: »Die Bevölkerung wächst, wenn keine Hemmnisse auftreten, in geometrischer Reihe an. Die Unterhaltsmittel nehmen nur in arithmetischer Reihe zu.«[1]
Malthus ging von der Prämisse aus, daß die Menschheit die inhärente Tendenz habe, sich über die verfügbaren Subsistenzmittel hinaus zu vermehren, und daß dieses Mißverhältnis die Ursache des Elends sei. Den überzähligen Armen mit Almosen zu helfen, sah er als ein

Verbrechen an, weil dadurch das Elend langfristig nur zunähme. Sein Fazit: »Der Mensch kann nicht inmitten von Überfluß leben. Alle können nicht den gleichen Anteil an den Gaben der Natur haben.«[2] Oder: »Die Not der unteren Klassen der Gesellschaft zu beseitigen, ist zweifelsohne eine mühselige Aufgabe. Es ist nun einmal so, daß die Last des Elends auf diesem Teil der Gesellschaft ein so tief verwurzeltes Übel ist, daß keine menschliche Erfindungskraft es beheben kann.«[3]

Malthus stellte seine Thesen im Namen der Wissenschaft und der Moral auf, in Wahrheit verfolgte er den ideologischen Zweck, das Privateigentum als unantastbar und sogar als ein Zeichen von Vornehmheit zu erklären: »Wir verdanken der festgefügten Ordnung des Eigentums und dem scheinbar engherzigen Prinzip der Eigenliebe die vornehmsten Bestrebungen des menschlichen Genius, alle feineren und zarteren Empfindungen der Seele, überhaupt all das, was den Zivilisierten vom Wilden unterscheidet.«[4] Malthus verfaßte seine 1798 erschienene Streitschrift, um den humanitären Ideen von William Godwin und Condorcet entgegenzutreten; aber seine Abhandlung richtete sich zugleich gegen die Armengesetze seines Landes und war ein Plädoyer gegen Gleichheit, Emanzipation und soziale Gerechtigkeit. Während die emanzipatorisch denkenden Theoretiker Hunger und Elend als Ergebnis einer ungerechten Politik anprangerten, behauptete Malthus, daß sie naturgegebene, unabänderliche Phänomene seien.

Auf das »eherne« Gesetz Malthus' antwortete Engels mit dem schlichten Hinweis, daß »jeder erwachsene Mensch mehr produzieren kann, als er selbst gebraucht, eine Tatsache, ohne die die Menschheit sich nicht vermehren, ja nicht einmal bestehen könnte«[5]. Ähnlich Emerson: »Als Malthus den Satz aufstellte, daß die essenden Münder sich in geometrischem Fortschritt vermehrten und die Nahrung nur in arithmetischem, da vergaß er zu sagen, daß auch der menschliche Geist ein Faktor der Volkswirtschaft ist und daß die vermehrten Bedürfnisse der Gesellschaft einer vermehrten Macht der Erfindungsgabe begegnen würden.«[6] Die Entwicklung hat Engels und Emerson recht gegeben, auch wenn aufgrund der ungerechten Verteilung der Subsistenzmittel und mangelnder Agrarinvestitionen heute Hunderte von Millionen Menschen hungern müssen. Jeder Landwirt in den USA produziert Nahrung für 100 Menschen. Bei einer landwirtschaftlich aktiven Bevölkerung von 28 Prozent produzierte Frankreich 1950 13,8 Millionen Tonnen Getreide, während 1985 der auf 7,6 Prozent geschrumpfte landwirtschaftliche Sektor der Bevölkerung 56,7 Millionen Tonnen erwirtschaftete. Ein Landwirt in der BRD ernährte 1950 acht Verbraucher, 1989 waren es 59.

Trotz des spektakulären Zuwachses der Agrarerträge in den hochentwickelten Ländern reicht die landwirtschaftliche Produktion nicht aus, um die Weltbevölkerung zu ernähren. Insgesamt ist die Weltproduktion von Getreide seit 1984 tatsächlich um 14 Prozent zurückgegangen. Die Leidtragenden sind die unterentwickelten Länder, auch jene, die genügend Nahrungsmittel produzieren, und zwar deshalb, weil sie gezwungen sind, einen Teil der Produktion der eigenen Bevölkerung zu entziehen und sie an die reichen Länder zu verkaufen. Brasilien stellt das markanteste Beispiel für diesen skandalösen Zustand dar. Zwei von drei Brasilianern hungern oder leiden an Unterernährung, aber Brasilien ist dessenungeachtet der viertgrößte Nahrungsmittellieferant der Welt. Äthiopien leidet an chronischem Nahrungsmittelmangel, aber trotzdem exportiert es Fleisch nach England. Viele ehemalige Kolonialländer begleichen ihre Schulden durch die Ausfuhr von schlechtbezahlten Lebensmitteln, der Hauptabnehmer ist die EG.

Die Kapitalisten berufen sich heute nicht mehr auf Malthus, aber sie haben nichtsdestoweniger seit langem in Kauf genommen, daß ein immer größer werdender Teil der Menschheit an Nahrungsmangel leidet. In der Sprache der Statistik ausgedrückt: 40 Millionen Erdbewohner sterben jährlich an Hunger, 1,1 Milliarden sind chronisch unterernährt, 500 Millionen hungern täglich. Allein in Afrika waren es Ende 1990 142 Millionen. Besonders betroffen sind in diesem Erdteil Äthiopien, Somalia, Sudan, Mosambik und Angola. Afrika ist heute überhaupt die Problemregion Nummer eins geworden. Bei einem Weltbevölkerungsanteil von 12,1 Prozent fiel sein Anteil an der Weltwirtschaftsleistung von 3,7 Prozent in 1980 auf 2,1 Prozent in 1989. Das Pro-Kopf-Einkommen liegt dort mit wenigen Ausnahmen unter 500 Dollar pro Jahr, die durchschnittliche Lebenserwar-

tung bei unter 50 Jahren und die Analphabetenquote über 60 Prozent. Durch den Preisverfall auf den Rohstoffmärkten hatte der Schwarze Kontinent im letzten Jahrzehnt einen Einnahmeausfall von insgesamt 150 Milliarden Dollar. Entsprechend stieg die Auslandsverschuldung auf 160 Milliarden Dollar.
Oder nehmen wir Indien: Mehr als die Hälfte seiner Bevölkerung lebt unterhalb der offiziellen Armutsgrenze. Und die Perspektiven sehen eher düster aus: Während das Sozialprodukt in den Jahren 1989/90 von 267 auf 262 Milliarden Dollar fiel, stieg die Auslandsverschuldung von 57,2 auf 62,5 Milliarden Dollar an. Die Tilgung der Verbindlichkeiten beansprucht schon jetzt einen nennenswerten Teil des Bruttosozialprodukts, so daß das Land bald alle Exporterlöse brauchen wird, um die Tilgungsraten zu bezahlen.
Während eine Minderheit der Weltbevölkerung im Überfluß schwimmt, muß sich der weit größere Teil mit einem unzureichenden bis mittelmäßigen Lebensstandard zufriedengeben. Von den 5300 Millionen Erdbewohnern leben 75 Prozent in den Entwicklungsländern, aber ihr Anteil am Welteinkommen beträgt nur 15 Prozent. Die westlichen Industrienationen aber, mit nur 17 Prozent der Erdbewohner, erwirtschaften 66 Prozent des Gesamteinkommens der Menschheit. Zwischen diesen beiden Extremen liegt Osteuropa einschließlich der Sowjetunion, das mit acht Prozent der Weltbevölkerung über 19 Prozent des Welteinkommens verfügt.
Durch seinen exzessiven Fleischkonsum verbraucht der privilegierte Teil der Weltbevölkerung indirekt 50 Prozent der weltweiten Getreidevorräte, die als Futter für das Schlachtvieh benötigt werden. Jede dritte Familie in den ländlichen Gebieten der Entwicklungsländer hat kein sauberes Trinkwasser, jede zweite keinen Zugang zu hygienischen und sanitären Einrichtungen. Auf der Welt gibt es 900 Millionen Analphabeten, zwei Drittel davon sind Frauen. In den Ländern der Dritten Welt stirbt jedes zwölfte Baby im ersten Jahr an Unterernährung. Tuberkulose, Anämie, Wohnraummangel, Kinderarbeit, Drogenmißbrauch, Gewalt und Prostitution sind an der Tagesordnung, wachsen im direkten Verhältnis zur materiellen Verelendung. Weltweit werden mehr als 100 Millionen Minderjährige durch Erwachsene ausgebeutet und geschunden. In Brasilien leben zwölf

Millionen Kinder ständig auf der Straße, weil ihre Eltern nicht in der Lage sind, sie zu versorgen. Mehr als 30 Millionen Kinder müssen in den Straßen der Großstädte für ihren eigenen Unterhalt sorgen. 97 Prozent aller Todesfälle von Kleinkindern werden in den ärmeren Regionen des Globus registriert, wo die Kindersterblichkeit zehnmal höher ist als in Europa oder Nordamerika. Im Kontrast zu dieser himmelschreienden Situation steht der Zynismus der Weltmachthaber: Der Ende September 1990 in New York abgehaltene erste UNICEF-Kindergipfel gegen Hunger und Bildungsnotstand begann mit einem Galadiner für die rund 70 anwesenden Staats- und Regierungschefs, die mit folgendem Menü bewirtet wurden: Seezungenfilet, Spargelspitzen, Flußkrebse garniert, Kalbsfilet, feine Pilze, Röstkartoffeln, glacierte Karotten, gedünstete Endivien, Vanilleeis mit Schokoladensauce, Mokka, trockener Weißwein Poully-Fume und roter Bordeaux Schloßabzug gediegener Provenienz. Das nennt man Solidarität mit den Armen und christliche Nächstenliebe!
Die Produktionsmöglichkeiten sind heute unvergleichbar größer als in irgendeinem früheren Geschichtsabschnitt. Tatsächlich würden die verfügbaren oder leicht zu beschaffenden technischen, industriellen und agrarischen Mittel binnen kurzer Zeit erlauben, jede Spur von Armut und Elend in der Welt zu beseitigen. Aber die vorhandenen Produktionseinrichtungen werden nur benutzt, um den Ausbeutungsprozeß weiterhin zu betreiben. Zu diesem Ausbeutungsprozeß gehören die Waffen, die die Industrienationen an die Entwicklungsländer verkaufen. Allein 1989 wurden Rüstungsgüter im Wert von 29 Milliarden Dollar in die Dritte Welt exportiert. Und die Geschäfte steigen. So ist der Dritte-Welt-Anteil an den Rüstungsausgaben zwischen 1960 und 1987 von sieben auf 19 Prozent gestiegen. Welche Folgen dieses Geschäft mit dem Tode hat, zeigte zuletzt der Golfkrieg mit aller Brutalität.
Das Weltelend steht in empörendem Gegensatz zur Luxus- und Wegwerfgesellschaft des Westens. Die vor allem von Franzosen, Italienern und Nordamerikanern beherrschten Luxusindustrien blühen wie eh und je. 1988 wurden z. B. in den USA 120, ein Jahr danach 160 neue Parfumsorten lanciert, und die weltweite Einführung dieser neuen Produkte erforderte einen Werbeaufwand von 50 Millionen

Dollar. Und was Luxus bedeutet, wußte schon ein eher konservativer Aufklärer wie Montesquieu: »Luxus steht immer in direktem Verhältnis zur Ungleichheit des Einkommens. Wenn in einem Staat der Reichtum gleichmäßig verteilt ist, wird es keinen Luxus geben, denn er gründet sich auf die Annehmlichkeiten, die man sich durch die Arbeit der anderen verschafft.«[7]

Der gegenwärtige Kapitalismus produziert alle möglichen Sorten von überflüssigen Gütern und von Kitsch, während er andererseits versäumt, die Waren herzustellen, deren die Menschheit als Ganzes bedarf. Die Wachstumsraten des Nachkriegskapitalismus sind gewiß beeindruckend, aber nur in rechnerischer, keineswegs in qualitativer, emanzipatorischer Hinsicht. Die dramatische Versorgungslage in der Welt zeigt, daß sich dynamisches Wachstum allein nicht unbedingt als fruchtbar für die Menschheit erweist. Die finstere Rolle des Kapitalismus als permanenter Erzeuger von Elend steht jedenfalls in krassem Gegensatz zu den optimistischen Prognosen seiner theoretischen Begründer. Was z. B. David Ricardo verkündete, klingt heute wie Hohn: »Unter einem System von perfektem Freihandel setzt jedes Land sein Kapital und seine Arbeit auf die Weise ein, die für beide am vorteilhaftesten ist. Diese auf das individuelle Wohl gerichtete Zielsetzung ist dann mit dem universalen Wohl des Ganzen wunderbar verbunden.«[8] Das blieben fromme Wünsche. Der Einfluß der kapitalistischen Hochburgen auf die Weltwirtschaft hat ein solches Ausmaß erreicht, daß die meisten Länder (nicht nur in der Dritten Welt) heute nicht mehr in der Lage sind, ihren eigenen ökonomischen Weg zu bestimmen. Die bis zum Überdruß gepriesene Selbstbestimmung des Wirtschaftsliberalismus hat sich für den größten Teil der Erdbewohner als Fremdbestimmung entpuppt.

Der Neokapitalismus spricht gern über seine Erfolge, vergißt aber zu erwähnen und zuzugeben, daß der relative Wohlstand, dessen sich eine kleine Anzahl privilegierter Länder erfreut, mit der ständigen Vermehrung von Elend in den benachteiligten Regionen des Planeten einhergeht. Selbst ein bürgerlicher Liberaler wie Walter Lippman mußte einräumen: »Die Statistiken des Fortschritts sind nicht beeindruckend genug, um die Statistiken der Vergeudung wettzumachen oder um die Schreie der Opfer zu ersticken.«[9]

Die Industrienationen beruhigen ihr Gewissen mit dem Hinweis auf die »Entwicklungshilfe«, die sie seit Jahrzehnten an die unterentwikkelten Länder leisten. Aber wie der indische Dritte-Welt-Experte Asit Datta bemerkt: »Beim Stichwort Entwicklungshilfe muß man immer wieder fragen, wer wem hilft.«[10] Die »Geber«-Länder protzen dabei mit allerlei Zahlen, verschweigen aber, daß ihre angebliche Hilfe zumeist aus zurückzuzahlenden Krediten besteht oder in Form von Aufträgen wieder in die eigenen Taschen zurückfließt. Wie lächerlich überdies die Entwicklungshilfe in Wirklichkeit ist, zeigt sich am Beispiel der BRD. Die 7,7 Milliarden Mark, die Deutschland 1990 an Entwicklungshilfe leistete (als dritte Wirtschaftsmacht des Globus), sind nicht viel mehr als die 5,1 Milliarden Mark Gewinn, den allein die Deutsche Bank im selben Jahr erzielte. Bei einer Gesamtverschuldung der Dritten Welt in Höhe von 1341 Milliarden Dollar muß man sich fragen, ob diese elenden sieben Milliarden Mark im Ernst als Hilfe bezeichnet werden können. Mehr als ein Almosen sind sie nicht.

Völkermord mit anderen Mitteln

Was heute die reichen Länder mit den ärmeren treiben, ist glatter Völkermord mit anderen Mitteln, Holocaust im Weltmaßstab, begangen aus Zynismus, Geldgier und Menschenverachtung. Nur mit dem Unterschied, daß die Opfer diesmal nicht in den Gaskammern umkommen, sondern in den Elendsvierteln und in den Dürregebieten der Dritten Welt. Oder, um mit Fidel Castro zu sprechen: »Die ferngesteuerten Raketen der Zinssätze und Terms of Trade töten bislang Millionen von Menschen in der ausgeplünderten Welt. Sie bringen sie um durch Hunger, Krankheit, Arbeitslosigkeit und Kriminalität.«[11]

Das ist die wahre Leistung des vielbewunderten »homo technicus« des Abendlandes, das Fazit einer Zivilisation, die das höchste Gut mit materieller Akkumulation verwechselt hat, die kein anderes Gesetz kennt als das Gesetz der Profitmaximierung um jeden Preis. Wir sind eine Zivilisation von Mördern geworden, auch wenn die Mehrheit von uns keine Gewalt im herkömmlichen Sinn anwendet und keine Waffen trägt. Aber als direkt Verantwortliche, Komplizen oder stumme Zuschauer haben wir alle schmutzige Hände, nicht nur der Protagonist in Sartres Theaterstück. Jetzt bestätigt sich weltweit, was Proudhon für das Europa des 19. Jahrhunderts schon registrierte: »Dies ist also die notwendige, fatale Schlußfolgerung der politischen Ökonomie: Tod dem, der nichts besitzt.«[12]

Es leben sowieso zu viele Menschen auf der Erdkugel, wie die Statistiken immer wieder berichten, um nebenbei die öffentliche Meinung mit der Vorstellung vertraut zu machen, daß ein Teil der Erdbewohner verschwinden muß, damit die hochentwickelten Völker noch mehr Platz und noch weniger Anlaß zum Teilen haben. Sagte es nicht Nietzsche schon? »Viel zu viele leben, und viel zu lange hängen sie an ihren Ästen.«[13] Dem herrschenden Sozialdarwinismus geht es tatsächlich seit langem darum, die »überflüssig« gewordenen Menschen aus der Dritten Welt kaltblütig zugrunde gehen zu lassen nach dem Motto: Je weniger wir sind, desto höher unser Anteil an der Beute. Eine eigentlich dem professionellen Gangstertum ähnliche Logik, die aber die auf ihr Image bedachten Weltherrscher mit den Theorien Spencers, William Graham Sumners, Milton Friedmans und anderen ehrwürdigen Vertretern des angelsächsischen Sozialdarwinismus verbrämen und salonfähig machen. Die Kategorie des Seins, die die klassische Ontologie jedem Menschen zuspricht, gilt in den ärmeren Regionen nicht mehr; um diesen Anspruch zu erfüllen, muß man Geld haben. Wer mangels »cash« nicht in der Lage ist, die kapitalistischen Waren zu konsumieren, ist eben eine ontische Fiktion, ein Nichtexistierender, ein toter Hund.

Überleben können nur die, die stark, reich und rücksichtslos genug sind, um den »struggle for life« zu bestehen, während die Entrechteten und »damnés de la terre« gnadenlos ins Gras beißen müssen. Für diese armen Teufel darf es kein Pardon geben, denn sie vermehren sich zu schnell und gefährden damit den »Lebensraum« der privilegierten Völker, die ungestört ihren Hedonismus genießen wollen. Welch makabre Ironie! Die Klasse, die sich in der Geschichte mit dem Vorsatz meldete, durch eine ständige Vermehrung der Produktivkräfte und des Warenangebots den materiellen Wohlstand zu universalisieren, kann sich am Ende nur behaupten, indem sie Millionen Menschen zu Hunger, Elend und Tod verurteilt. Was ist das für eine Welt, in der gerade diejenigen, die die direkte oder indirekte Verantwortung für das Elend von Millionen tragen, die Dreistigkeit besitzen, sich als Erlöser der Menschheit aufzuspielen?

Was sich vor unseren Augen abspielt, ist eine finstere Kombination aus bourgeoisem Mammonkult und neofaschistischem Biologismus, aus Sozialdarwinismus und Euthanasie, wobei der Völkermord sich diesmal gegen ganze Erdteile richtet. Die in der Präambel der UNO-Charta und in der »Universal Declaration of Human Rights« von 1948 verbrieften Menschenrechte sind ein Privileg für einen Kreis von Menschen in bestimmten Nationen geblieben, der diese Rechte allen anderen tagtäglich verweigert. Armut gilt für die Epigonen von Mandeville und Malthus als ein Zeichen von Minderwertigkeit, die zum Untergang prädestiniert. Die faschistische Ideologie des Faustrechts und der Erbarmungslosigkeit erlebt ihre Wiedergeburt im bürgerlich-spätkapitalistischen Rahmen. Mit einem Achselzucken wird in Kauf genommen, daß in der Dritten Welt Kinder, Frauen und Männer sterben, weil sie das Verbrechen begangen haben, Parias zu sein und nichts als ihre nackte Haut zu besitzen. Die theologisch begründete Behauptung Calderons, daß die größte Sünde des Menschen darin bestehe, überhaupt geboren zu sein, findet in unserer aufgeklärten Zeit eine unerwartete Bestätigung. Der Kapitalismus hat sich als eine Exekutionsmaschine entpuppt. Sein Reich ist längst das Reich des Todes geworden.

Flucht und Vertreibung: Mensch ohne Raum

Die verzweifelte Lage der Dritte-Welt-Länder hat in den letzten Jahren zu einer immer größer werdenden Wanderungsbewegung von Süden nach Norden geführt, nach dem Zusammenbruch des real existierenden Sozialismus auch von Ost- nach Westeuropa. Nachdem die reichen Regionen des Nordens jahrhundertelang die südlichen ausgeplündert und ihre Lebensgrundlagen auf die verschiedenste Weise zerstört haben, werden sie jetzt mit einer Masseneinwanderung aus den verelendeten Zonen der Erdhalbkugel konfrontiert. Dieser Exodus von besitz- und beschäftigungslosen Proletariern erinnert an die durch die Auflösung der Feudalgesellschaft verursachte Vertreibung einer riesigen Zahl von mittel- und landlos gewordenen Bauern. Die Immigranten und Asylsuchenden aus der Dritten Welt entsprechen den Parias und Vagabunden von damals, nur mit dem Unterschied, daß heute die Auswanderung weltumgreifende Dimensionen erreicht hat. Während sich in der Phase des Frühkapitalismus ein gewaltiger Strom von überschüssiger Arbeitskraft aus den europäischen Ländern in die Kolonien wälzte, fließt jetzt umgekehrt dem alten Kontinent eine große Migrationswelle aus den ehemaligen Kolonialgebieten zu, eine Entwicklung, die auch durch das Gesetz der Kapitalakkumulation bedingt ist. Britta Jünemann vom Bielefelder Flüchtlingsrat: »Menschen in Afrika und Asien beginnen zu begreifen, daß ihre Armut die Grundlage des Reichtums der Industrienationen Europas darstellt... Es ist nur zu legitim, daß sich die Opfer unserer Wohlstandsentwicklung nunmehr selbst ein Stück vom Kuchen sichern wollen, indem sie hierher kommen.«[14] Die Lebensraumtheorie bekommt eine unerwartete Aktualität: Die begehrten neuen Lebensräume befinden sich jetzt in Westeuropa, nicht mehr im Osten oder in Übersee.

Es findet also kein offener, revolutionärer Kampf zwischen Reichen und Armen statt, sondern eine panikartige Flucht aus dem Elend zu den wohlhabenden Metropolen des Westens. Da der große Aufstand des Südens gegen den Norden bislang ausgeblieben ist, verlassen Millionen Menschen ihre Wohnstätten, um sich dorthin zu begeben, wo sie Arbeit und Brot zu finden hoffen. Nach Angaben der Internationalen Organisation für Auswanderung (IOM) betrug 1990 die Zahl illegaler Wanderarbeiter 30 Millionen Menschen. Dazu kommen über 15 Millionen Menschen, die sich 1990 auf der Flucht befanden. Daneben wächst der Exodus aus ökologischen Gründen – Tschernobyl als mahnendes Beispiel für diese sich abzeichnende Entwicklung. Experten schätzen, daß bis Ende des Jahrhunderts die Zahl der Umweltflüchtlinge und Umweltvertriebenen auf etliche Millionen steigen wird.

Die Auswanderung geht nicht nur von Süd nach Nord und von Ost-

nach Westeuropa, sondern findet auch innerhalb der Dritten Welt statt. Die Gründe sind immer dieselben: Naturkatastrophen, Bodenerosion, Wüstenbildung, soziales Elend, Kriege und Bürgerkriege, die wiederum meist gesellschaftspolitische Ursachen haben und nicht von den verheerenden Folgen des Kolonialismus und Neokolonialismus zu trennen sind. Allein in Khartum, der Hauptstadt des von Trockenheit und Hunger heimgesuchten Sudans, haben sich zwei Millionen Flüchtlinge angesammelt. Der Krieg am Persischen Golf und die kurz danach einsetzende Verfolgung der irakischen Kurden und Schiiten durch die Todesschwadronen von Saddam Hussein entfesselten eine neue Fluchtwelle nach der Türkei und dem Iran. Fast zwei Millionen Menschen mußten über Nacht ihre angestammten Wohngebiete verlassen und sich dem Hunger, der Kälte, der Erschöpfung und dem Tod aussetzen. Im Frühjahr 1991 befanden sich im Iran über eine Million irakische Kurden und Schiiten, 2,5 Millionen afghanische Flüchtlinge, eine Million innerstaatliche Vertriebene und mehrere Hunderttausende irakische Flüchtlinge als Folge der Zerstörung im irakisch-iranischen Krieg.

Niemand will die Flüchtlinge aufnehmen, vor allem wollen es die reichen Länder des Westens nicht. Sie wehren sich gegen deren Anwesenheit, die sie als Gefahr für ihre Stabilität und ihren sozialen Frieden sehen. So ist in den Massenmedien und an den Stammtischen wie in der »seriösen« politischen Argumentation vom »Sturm auf Europa« die Rede, von einer neuen Völkerwanderung, von Überfremdung und ähnlichen angsterzeugenden Parolen.

Man sieht in den Asyl- und Arbeitssuchenden lästige Eindringlinge, die nur Geld kosten. Für die Ankömmlinge bedeutet ihre aus bitterer Not erfolgte Flucht, als Fremde und Entfremdete in eine fremde Welt zu ziehen, in der auf sie Entwurzelung, Diskriminierung, Demütigung und Heimweh warten.

Es gibt für diese Ausgestoßenen und »displaced persons« kein Welthaus mehr, keine gesicherte Bleibe, nur Obdachlosigkeit und »Draußen vor der Tür«. Die Problematik der Heimatlosigkeit und der Entfremdung, vom modernen Denken – von Pascal über die Romantiker bis hin zur Existentialphilosophie – noch als metaphysisches Vakuum empfunden und dargestellt, ist für die Parias und Armen der

Welt eine Frage des nackten Überlebens. Wir sind längst im Zeitalter des Menschen ohne Raum angekommen, die Flüchtlinge aus der Dritten Welt und die Obdachlosen der westlichen Gesellschaft sind die ersten Vorboten dieser nicht mehr aufzuhaltenden Entwicklung. Die von der westlich-kapitalistischen Zivilisation errichtete Welt ist eine sich zunehmend kontrahierende Fläche geworden; deshalb ist das Gefühl der Enge eine der fundamentalsten Erfahrungen des heutigen Menschen. Auf dem Planeten Erde geht der für das satte Leben verfügbare Raum unaufhörlich zu Ende.

Das »Unzuhause«, das Heidegger als eine existential-ontologische, ursprüngliche Kategorie begreift[15], gilt, wenn überhaupt, nur für die saturierten und privilegierten Bevölkerungsschichten, die Geld genug haben, um sich das »Existential« einer Wohnstatt zu leisten, keineswegs aber für die Armen, die nicht in der Lage sind, sich der Erbarmungslosigkeit der kapitalistischen Ordnung zu entziehen. Für sie bleibt das »Zuhause« oder »Unzuhause« eine physische, materielle, ökonomische Lebensfrage, keine theoretische Spekulation. Die Unsicherheit, die im Wesen des Kapitalismus wie ein verborgener, alles tötender Virus steckt, ist nicht mehr allein durch die Gefahr des Verlusts des Arbeitsplatzes bedingt, sondern auch durch den Verlust der Behausung, die ja die eigentliche »Grundbedingung« für die Möglichkeit der Existenz bildet. Die Unheimlichkeit der Kafkaschen Welt mit der Selbstverlorenheit des Menschen darin ist heute kein undurchdringliches Mysterium mehr; sie ist vielmehr das sonnenklare Ergebnis der kapitalistischen Ausbeutung und der dadurch verursachten Verelendung der Zukurzgekommenen. Die »Erniedrigung des Menschen«, die Gabriel Marcel in seiner larmoyanten Manier ausschließlich auf die Länder des Ostblocks bezog, wird in der angeblich so freien und humanen westlichen Hemisphäre genauso exerziert, wo Wohnraum nicht als ein unerläßliches Bedürfnis und als ein unverzichtbares Recht jedes Sterblichen gilt, sondern als eine Ware, die man beliebig anbieten, verteuern, manipulieren, entziehen oder verweigern kann. Und auf diesem Hintergrund muß man sich die Worte Walter Benjamins vergegenwärtigen: »Die Tradition der Unterdrückten belehrt uns darüber, daß der ›Ausnahmezustand‹, in dem wir leben, die Regel ist.«[16]

Die Wohlstandsgesellschaft

Der Begriff Überfluß- oder Wohlstandsgesellschaft basiert auf einer Verallgemeinerung. Zwar trifft er im Kern auf die Gesamtlage der hochentwickelten Länder des Westens zu, aber wenn wir die Ebene der Globalstatistiken verlassen und genauer hinschauen, stellen wir unschwer fest, daß Armut, soziale Benachteiligung, Elend und andere Formen der Entfremdung (materielle wie immaterielle) auch zur Realität der westlichen Welt gehören. Diese Erscheinungen sind alles andere als zufällig oder nur vorübergehend, wie die kapitalistischen Herrschaftsträger immer wieder beschwichtigend behaupten, sondern die unvermeidliche Folge eines Systems, das konstitutiv und per se unfähig ist, allen Mitgliedern der Gesellschaft eine gesicherte Existenz zu gewährleisten.

Das Nationalvermögen liegt vorwiegend in den Händen einer privilegierten Minorität von Großkapitalisten, Grundbesitzern und Vertretern des Managements. Sie bilden die eigentliche, führende Wirtschaftskaste, sie sind entsprechend auch die größten Nutznießer des Systems. Es folgt dann eine immer größer werdende Mittelklasse, die die verwaltungstechnischen Funktionen innehat und auch vom System ausgiebig profitiert. Auf der dritten Stufe befindet sich die breite Masse von Arbeitern, Angestellten, verarmten Bauern, Rentnern, chronisch Kranken und Dauerarbeitslosen, die nicht nur kaum etwas besitzen, sondern oft auf Pump leben müssen, weil ihre Einkommen nicht reichen, um ihre Grundbedürfnisse zu befriedigen. Schließlich gibt es noch eine Schicht von Unglücklichen – Deklassierte aller Art –, für die »affluent society« (Galbraith) oder »Wohlstand für alle« (Erhard) nur Entbehrung, Verelendung und Demütigung bedeutet. Allein in der früheren Bundesrepublik – dem angeblichen Schlaraffenland Europas – gibt es sechs Millionen Menschen, die in Armut leben, das Elend in Ostdeutschland nicht mitgezählt. Diese sozial am härtesten bestraften Menschen bilden das, was Marx das Invalidenhaus der aktiven Arbeiterarmee nannte.

Entgegen allen spätkapitalistischen Schlagworten von der offenen Gesellschaft, von Chancengleichheit und sozialer Partnerschaft, basiert das westliche System weiterhin auf der Herrschaft bestimmter Schichten über die Gesamtbevölkerung. Der Demokratisierungs- und Angleichungsprozeß gilt nur für einige Konsumbereiche, gerade jene, die der Kapitalismus fördern muß, um die Dynamik seines Produktions- und Reproduktionskreislaufs in Bewegung zu halten. Aber diese relative Sozialisation des Konsums hat die grundsätzlichen Klassenstrukturen des Systems nicht angetastet. Die westliche Zivilisation hat weiterhin das Hegelsche Verhältnis von Herr und Knecht zur Grundlage.

Es ist unbestreitbar, daß das Nationaleinkommen heute besser verteilt ist als in früheren Phasen des Kapitalismus, aber diese Verbesserung der Eigentumsverhältnisse hat das ureigenste Wesen des Kapitalismus keineswegs modifiziert. Was den Spätkapitalismus auszeichnet, ist gerade das Junktim zwischen relativer Streuung von Eigentum und vermehrter Kapitalakkumulation. Der Spätkapitalismus ist in der Lage, das Vermögen aller Klassen durch die Vermittlung des Finanz- und Bankensystems für seine Zwecke zu mobilisieren und es zu verwerten, wie Hilferding schon zu Anfang des Jahrhunderts feststellen konnte: »Die heutige Industrie wird ... mit einem Kapital betrieben, das weitaus größer ist als das Gesamtkapital im Eigentum der industriellen Kapitalisten ... Ein immer wachsender Teil des Kapitals der Industrie gehört nicht den Industriellen, die es anwenden. Sie erhalten die Verfügung über das Kapital nur durch die Bank, die ihnen gegenüber den Eigentümer vertritt.«[17] Marx hatte mit dieser Entwicklung nicht gerechnet; er konnte sie schon deshalb nicht voraussehen, weil er den Begriff des Kapitalismus kausal mit der absoluten Verelendung des Proletariats verband und es in seiner Theorie keinen Platz für eine Teilhabe der Arbeiterklasse am Nationalvermögen gab.

Aber es geht nicht nur um Geld an sich, auch nicht um die ungerechte Verteilung der materiellen Güter. Denn Reichtum bedeutet nicht nur, ein besseres, privilegiertes oder luxuriöses Leben führen zu können; er bedeutet auch Macht, persönliche und gesellschaftliche Macht. Die Reichen leben nicht nur besser als die Habenichtse, sie bestimmen auch weitgehend die Gestaltung der Gesellschaft, sind Besitzer nicht nur von Aktienpaketen oder Immobilien, sondern von Machtbefugnissen. Und das ist das eigentlich Skandalöse und Empö-

rende, daß sie mit ihrem Vermögen in der Lage sind, über andere zu bestimmen, sie zu kommandieren und zu demütigen.
Es ist ein Hohn zu behaupten, daß der Staat die Widersprüche der gesellschaftlichen Dynamik durch seine sozialen und sonstigen Leistungen aufhebt bzw. »humanisiert«. Theoretisch gilt der Staat in den westlichen Demokratien tatsächlich als eine neutrale Instanz, die wie ein olympischer Gott himmelhoch über den Klassenquerelen steht und die Rechte und Interessen jedes einzelnen Bürgers gleichermaßen sichert. Aber dies ist natürlich eine Legende. Der kapitalistische Staat ist selbstverständlich ein Klassenstaat, der zuerst den Belangen der herrschenden Schichten dient, und zwar in solchem Ausmaß, daß die lohnabhängige Bevölkerung einem doppelten Ausbeutungs- und Enteignungsprozeß ausgesetzt ist: dem direkten seitens der Kapitalistenklasse und dem indirekten seitens des Staates. Die unteren Klassen werden sowohl als Produzenten wie als Steuerzahler und Konsumenten zur Kasse gebeten. Daß der Staat einen Teil seiner Einnahmen für soziale Zwecke verwendet, ändert nichts an seiner ausbeuterischen, schmarotzerhaften Natur, wie Norman Mailer in den fünfziger Jahren schrieb: »Die alte Ausbeutung war vertikal: der Arme ertrug den Reichen. Zu dieser vertikalen Ausbeutung kommt heute die horizontale Ausbeutung der Massen durch den Staat und das Monopol hinzu, eine sekundäre Ausbeutung, die in der modernen kapitalistischen Wirtschaft wichtiger wird als die direkte Ausbeutung des Proletariats.«[18]
Die Gewerkschaften haben es im Laufe der Klassenauseinandersetzungen mehr oder weniger gelernt, sich gegen die Arbeitgeber zur Wehr zu setzen, aber sie haben es bisher nicht geschafft, sich gegen die Zumutungen des Staates zu erheben. Sie entfesseln spektakuläre Kampagnen, um ein paar Pfennige mehr Lohn zu ergattern, oder streiten sich jahrelang um ein paar Stunden Arbeitszeitverkürzung, aber sie lassen sich stoisch gefallen, daß der Staat sie mit Steuern (direkten und indirekten) plagt oder Mietgesetze verabschiedet, die den Grundbesitz schamlos begünstigen.

DIE ISLAMISCHE ZEITBOMBE

»The Arabs have no future.«

Aldous Huxley, »Collected Essays«

Glanz und Elend der arabischen Völker

Mit rund einer Milliarde Gläubigen ist der Islam nach dem Christentum (etwa 1,4 Milliarden) die zweitgrößte Weltreligion. Bei ihrer hohen Geburtenrate wird sich die islamische Bevölkerung in den nächsten Jahrzehnten gewaltig vermehren. Wissenschaftliche Schätzungen gehen von einer Verdoppelung innerhalb der nächsten dreißig Jahre aus. Aber schon jetzt ist der Islam die sich am schnellsten verbreitende Religion der Welt.

Während Hegel noch behaupten konnte, daß »der Islam schon längst von dem Boden der Weltgeschichte verschwunden sei«[1], stehen heute die Völker, die sich zu diesem Glauben bekennen, im Mittel- und Brennpunkt des Weltgeschehens. Die Vision Nassers gilt heute mehr denn je: »Wenn meine Gedanken zu den achtzig Millionen Moslems in Indonesien, den fünfzig Millionen in China und den Millionen in Malaysia, Siam und Burma wandern, zu den fast hundert Millionen im Vorderen Orient, zu den vierzig Millionen in fernen Teilen der Welt, wenn ich daran denke, wie diese Hunderte von Millionen durch einen einzigen Glauben verbunden sind, dann werde ich mir sehr lebhaft der gewaltigen Möglichkeiten bewußt, die eine Zusammenarbeit mit all diesen Moslems eröffnen kann.«[2] Aber nicht wegen seiner zunehmenden Verbreitung stellt der Islam eine geschichtliche Zeitbombe dar, sondern weil seine Träger in Ländern und Regionen leben, die unzufrieden mit ihrem Los sind, sich ungerecht behandelt fühlen und ungeduldig auf die Stunde ihrer Rehabilitierung und Revanche warten.

Der Islam ist eine auf die Beherrschung der Welt zielende Religion. Schon in der ersten Sure des Korans wird Allah als »der Herr der Menschen in aller Welt« bezeichnet. Die Bekehrung der Nichtgläubigen soll, wenn möglich, auf friedlichem Weg erfolgen, aber wenn nötig, mit Gewalt. Die Gläubigen werden immer wieder aufgefordert, die Ungläubigen notfalls zu töten: »Und tötet sie, wo (immer) ihr sie zu fassen bekommt, und vertreibt sie, von wo sie euch vertrieben haben ... Derart ist der Lohn der Ungläubigen« (Sure 2). Wer im Kampf für den Islam (Hingabe an Gott) fällt, ist des Paradieses sicher, die Ungläubigen dagegen »haben eine gewaltige Strafe zu erwarten« (Sure 2). Nicht von ungefähr hat Montesquieu auf den »destruktiven Geist« hingewiesen, der dem Islam zugrunde liegt.[3] Seine weltliche Ordnung ist theokratischer Natur, beruht auf einer umfassenden Einheit des religiösen, gesellschaftlichen und politischen Lebens. Die Trennung von Staat und Glaube gilt als Häresie. Als theologische Doktrin ist die Lehre Mohammeds (570–632) alles andere als originell; die im Koran enthaltenen Glaubenssätze bestehen aus einer Synthese von jüdisch-christlichen und früharabischen Überlieferungen. Entscheidend in der islamischen Religion ist das militante und leidenschaftliche Pathos, mit dem Mohammed versucht, die Massen von der Richtigkeit seiner Botschaft zu überzeugen, auch von der Bestimmtheit und Unkompliziertheit der Grundprinzipien.
Die arabischen Völker waren einmal äußerst mächtig. Das von Mohammed und seinen Nachfolgern in atemberaubendem Tempo gegründete Großreich drang im Jahre 732 bis Tours vor, setzte sich auf der iberischen Halbinsel und auf dem Balkan fest, unterwarf Persien und dehnte sich in Fernost bis zum Indischen Ozean aus. Aus diesem Weltreich, das sich mit Waffengewalt durchsetzte und alles der Religion unterstellte, wurde danach eine große, fruchtbare Zivilisation. Gerade in der Zeit, in der Europa in tiefsten Obskurantismus und in Barbarei versank, blühten unter den großen Kalifaten die Wissenschaften und die Künste, der Handel und die Kultur, wie Ernst Bloch unterstreicht: »Die arabische Gesellschaft hatte ihre Venedigs und Mailands fünfhundert Jahre früher ... So ganz anders als das europäische Frühmittelalter ist mithin das arabische basiert, auf weltfahrende Kaufleute, auf blühende Warenerzeugung, reichen Waren-

umlauf, statt auf Halbwildnis und Burgen, geringe Städte und Klöster.«[4] Die kulturelle Renaissance setzte vor allem nach dem Untergang des Omajjadenhauses (747) und dem Aufstieg der Abbasiden ein. Die Weltkultur, die in den vom Islam beherrschten Ländern entstand, war allerdings keineswegs ein Produkt des Mohammedanismus. Die orthodoxen Anhänger des Islam waren für die Herausbildung dieser Kultur eher ein Hindernis. Nicht die Theologie, sondern die Philosophie und die Naturwissenschaften waren das beherrschende Element der arabischen Glanzzeit.

Es ist dieser geschichtliche Zenit, aus dem das arabisch-islamische Sendungsbewußtsein entstammt. Es war tief genug, um den Verfall des Großreichs zu überdauern. Der bis heute nicht überwundene Untergang war freilich niederschmetternd: Jene, die die Welt unterwerfen wollten, wurden tributpflichtige Untertanen anderer mächtiger Völker und Zivilisationen. Sie wurden entmachtet und besetzt, zuerst durch das Osmanische Reich, später durch die europäischen Mächte. Rußland annektierte die muslimischen Regionen Zentralasiens, Frankreich und Spanien wurden Herren des Maghreb, England zerschlug das Moghul-Reich in Indien und besetzte Ägypten. Aber verheerender als der territoriale Auflösungsprozeß der arabisch-islamischen Welt war das Ausbleiben einer Renaissance im modernen, abendländischen Sinn. Die Völker islamischen Glaubens blieben der Vergangenheit verhaftet, schafften es nicht, eine kulturelle Erneuerung zustande zu bringen. Ihre Hochkultur erlebte keine Weiterentwicklung, und das gerade in der Zeit, als in Europa der Übergang vom Mittelalter zur Moderne vollzogen wurde. Die täglich erlebte Ohnmacht mischte sich mit narzißtischer Nabelschau, mit Minderwertigkeitskomplexen und Resignation.

Diese Fehlentwicklung hat tiefe Spuren hinterlassen, nicht nur Armut und Rückstand, auch angestauten Haß, das Bedürfnis, sich wieder emporzuheben und der Welt zu zeigen, daß man nicht ewig bereit ist, sich demütigen zu lassen. Dieser immer latente Durst nach Vergeltung richtet sich einerseits gegen den arroganten, opulenten Westen, andererseits gegen den Zionismus und den Staat Israel, der ja für die Araber als ein Produkt des abendländischen Imperialismus gilt. Seit Jahrhunderten sind die arabischen Nationen auf Negation ausgerichtet, eine Haltung, die sowohl aus dem Absolutheitsanspruch ihres Glaubens wie aus ihren tiefverwurzelten Ressentiments gegenüber der nichtarabischen Welt herrührt. Daher auch ihre reflexhafte Neigung, Sündenböcke zu finden und Feindbilder herzustellen nach dem Motto: Die Schuld für die eigene Misere liegt nicht bei uns, sondern bei den anderen.

Auf einmal war Öl da, und mit dieser neuen, unerwarteten Einnahmequelle ergab sich auch die Möglichkeit, Waffen zu kaufen und dem Kolonialismus Paroli zu bieten. Junge, nationalistisch gesinnte Offiziere wie Nasser gingen dazu über, mit den korrupten und feudalen Monarchien abzurechnen und populistische Systeme an deren Stelle zu setzen. Der nach dem Zweiten Weltkrieg eingeleitete Befreiungsprozeß hatte vom ersten Moment an zwei Dimensionen: auf der einen Seite der Kampf gegen die westlichen Okkupanten, auf der anderen der Widerstand gegen die Herrschaft der alten Dynastien. Und als zusätzliche, immer wichtiger werdende Komponente zuletzt die Auseinandersetzung zwischen Fundamentalismus und Modernität, zwischen Rechtgläubigkeit und Rationalismus.

Es sind im übrigen uralte Probleme, die unter den verschiedensten Bezeichnungen und historischen Bedingungen immer wieder auftauchen und sich fortsetzen. Trotz der eindringlichen Mahnungen des Korans waren die Araber untereinander selten einig; die Einheit des Glaubens konnte genausowenig wie in Europa das Entstehen von fanatischen nationalistischen Bewegungen und Strömungen verhindern, und ähnlich wie in Europa wurde die nationalistische Eigendynamik ab dem 19. Jahrhundert ein entscheidender Faktor für die arabische Entwicklung. Auch der gegenwärtige Fundamentalismus ist keineswegs neu. Schon in den blühendsten Perioden der islamisch-arabischen Zivilisation kamen Wellen von religiöser Intoleranz auf, die zu einer Verfolgung und Unterdrückung von Wissenschaft und Kultur führten.

Trotz ihrer Rückkehr in die Weltgeschichte haben sich die arabischen Völker von ihrem historischen Niedergang nicht erholt, auch wenn das Erdöl es ihnen ermöglicht hat, riesige Vermögen zu akkumulieren und sich Waffen und Industrieanlagen zu verschaffen. Insgesamt herrschen in diesem Teil der Welt weiterhin Rückständigkeit und

Pauperismus. Der Industrialisierungsprozeß hat nur in Ansätzen stattgefunden, die Erneuerungen sind weit hinter den Erwartungen zurück. Die in den verarmten Dörfern und in den Elendsquartieren der Großstädte vegetierenden Massen müssen sich weiterhin mit der bunten Rhetorik und den meist leeren Versprechungen ihrer Führer zufriedengeben und auf die Erlösung durch Allah warten.

Die Politik der Großmächte

Durch die von den Päpsten im Mittelalter im Namen des Christentums ins Leben gerufenen und von den damaligen Fürsten – voran Franzosen, Deutsche und Engländer – getragenen Kreuzzüge machten die arabischen Länder zum erstenmal ausgiebig Bekanntschaft mit dem christlich-abendländischen Imperialismus. Als »Heilige Kriege« gegen die Ungläubigen ideologisch verbrämt, waren sie in Wirklichkeit Straf- und Plünderungsexpeditionen übelster Sorte. Trotz der Mobilisierung riesiger Armeen endeten sie in einem Fiasko. Als das Osmanische Reich zu wackeln begann, stürzten sich die europäischen Mächte wie Geier auf den vorderasiatischen Raum. Im Frühjahr 1798 landete Napoleon in Ägypten mit einem Expeditionskorps von 350 Schiffen und 30000 Mann, diesmal nicht im Namen des christlichen Glaubens, sondern der französischen »Gloire«. Nach seinem Sieg über die Mamelucken-Truppen benahm er sich wie ein grausamer Eroberer und schlug mit erbarmungsloser Härte eine Erhebung in Kairo nieder. 1801 zogen sich die Franzosen aus dem Land der Pharaonen zurück, das nach und nach unter den Einfluß Englands geriet, vor allem seit der Vollendung des Suez-Kanals im Jahre 1869, der ein Eckpfeiler des britischen Imperialismus wurde. 1882 besetzten englische Truppen das Land, in dem sie 70 Jahre blieben. Großbritannien machte Ägypten zu einem Instrument seiner eigenen Wirtschaftsinteressen, genauso wie es dies mit Indien und anderen Kolonien gemacht hatte.

Das Modell war immer dasselbe und bestand – so der US-Historiker Shepard Clough – darin, »die Kolonien daran zu hindern, Waren zu erzeugen, die das Mutterland liefern konnte, und umgekehrt in den

Kolonien die Erzeugung solcher Güter – besonders Rohstoffe und Edelmetalle – zu fördern, nach denen in Europa eine große Nachfrage herrschte«.[5] Ägypten wurde zum Baumwollproduzenten degradiert, mit der verheerenden Folge, daß fünfzig Jahre nach der Besetzung der Anteil der Baumwolle am Gesamtexport über neunzig Prozent betrug. Die Kolonialpolitik der Engländer im Mittleren Osten und in anderen Regionen entsprang aber nicht rein materieller Gier. Im Grunde war sie immer eine Mischung aus eiskaltem Business und arrogantem Sendungsbewußtsein. Hinter dem britischen Imperialismus steckte die selbstgefällige, anmaßende Vorstellung von »the colonial genius of the Anglo-Saxon race and the limitless possibilities of world expansion«, wie der englische Historiker Christopher Dawson bemerkt hat.[6] Eine mächtige Rolle spielte dabei die Idee – vor allem von Livingstone verkörpert –, daß die Ausdehnung des Empire auch eine Verbreitung des Christentums mit sich bringen würde. Es war die britische Variante jenes Modells, das die Spanier vorher schon in Amerika angewendet hatten: Christianisierung und Ausbeutung, Evangelium und Plünderung, Rosenkranz und Peitsche.

Als nach dem Ersten Weltkrieg das Osmanische Reich seine Positionen im Nahen und Mittleren Osten endgültig räumen mußte, wurde Großbritannien die einflußreichste Kolonialmacht in der Region. Neben Ägypten kontrollierte England unter anderem Palästina, Jordanien und den Irak. Frankreich bekam als Beute Syrien und den Libanon. England behielt sein Kolonialreich auch nach dem Zweiten Weltkrieg, konnte es sogar durch die Einverleibung der früheren italienischen Libyen-Kolonie vergrößern. Da aber der Protektoratsstatus nicht mehr zeitgemäß war, versuchte London seine Hegemonialstellung durch eine Kooperationspolitik auf bilateraler Basis aufrechtzuerhalten. Zu diesem Zweck gab England seinen Segen zu der 1945 erfolgten Gründung der Arabischen Liga, die allerdings bald seiner Kontrolle entglitt und ein Forum der arabischen Eigeninteressen wurde. Arabische Herrscher, die sich gegenüber London zu nachgiebig verhielten, sahen sich nun dem Zorn der Massen ausgesetzt, wie es Sidki in Ägypten 1946 und Salih Yabr im Irak 1948 erging.

Aber die Engländer waren inzwischen wirtschaftlich zu schwach, um sich die Kosten für eine militärische Dauerpräsenz leisten zu können.

Sie mußten sich nach und nach aus der Region zurückziehen, ohne sie allerdings ganz aufzugeben. Ähnlich erging es Frankreich, das im Nahen Osten keine Rolle mehr spielte. Selbst seine Herrschaft in den Ländern des Maghrebs wurde unhaltbar. Libyen war schon 1951 unabhängig, Tunesien und Marokko folgten 1956, Algerien 1962. De Gaulle beschloß, den Verlust der Kolonialherrschaft durch Waffengeschäfte auszugleichen. Während 1967 der Anteil des Nahen Ostens an den französischen Rüstungsexporten knapp zwölf Prozent betrug, kletterte er in den achtziger Jahren bis auf 75 Prozent. Mit den Gewinnen finanzierte Frankreich die Öllieferungen aus der Region. Mitterrand setzte diese Politik fort, brach damit das 1981 abgegebene Versprechen, die Waffenexportpolitik der konservativen Regierungen zu ändern. Diktatoren und Feudalherrscher bekamen weiterhin ihre Waffen aus französischen Arsenalen.

Das durch den kolonialen Abstieg Englands und Frankreichs entstandene Vakuum wurde schließlich durch die USA gefüllt. Die nordamerikanische Erdölindustrie hatte lange vor dem Zweiten Weltkrieg im arabischen Raum Fuß gefaßt, aber die geopolitischen und strategischen Interessen Washingtons in Nah- und Mittelost waren eher gering. Erst als die USA feststellten, daß England mit seiner Politik in ernste Schwierigkeiten geriet (vor allem in Ägypten), beschlossen sie, Flagge zu zeigen. Der erste große Auftritt der USA in der Region fand im Iran statt, und er diente dem Zweck, die vom iranischen Ministerpräsidenten Mohammed Mossadegh gegen den Willen des Schahs angestrebte Nationalisierung der Erdölvorkommen zu Fall zu bringen. Peter Scholl-Latour: »Im Sommer 1953, als Mossadegh den westlichen Öl-Imperialismus im dritten Jahr herausforderte..., hatte der CIA, der den Intelligence Service der Briten längst abgelöst hatte, zum Tiefschlag ausgeholt. Mit Hilfe einer entfesselten Masse von Schlägern und Tagedieben – aber auch dank der aktiven Unterstützung eines Teils der Kaiserlichen Armee – war Mossadegh gewaltsam gestürzt worden. Der Schah, der bereits nach Rom geflüchtet war, konnte als Triumphator von Washingtons Gnaden nach Teheran zurückkehren.«[7] Durch den Staatsstreich wurde die Verstaatlichung des Erdöls ad acta gelegt und ein neues Abkommen mit ausländischen Firmen unterschrieben. Als Belohnung für die

Absetzung Mossadeghs wurden die amerikanischen Ölkonzerne mit 40 Prozent am neugebildeten Konsortium beteiligt.
Die direkte Einmischung der USA im Nahen Osten begann mit der Wahl Eisenhowers zum Präsidenten im November 1952 und einer Reise von Außenminister John Foster Dulles durch die Region im darauffolgenden Jahr. 1953 war aber auch das Jahr, in dem der Koreakrieg beendet wurde und Stalin starb. Sowohl Eisenhower wie Dulles waren eingefleischte Antikommunisten und hatten nur eine Idee: den Kalten Krieg mit den Russen durch eine aggressive Politik zu verschärfen. Die Republikaner hatten 1952 die Wahlen nicht zuletzt mit dem Argument gewonnen, daß die Politik Roosevelts und Trumans »defätistisch« gewesen sei, und kündigten eine »dynamischere« Politik an, die Dulles in der Formel »Wir sollten Ideen und Waffen gebrauchen« zusammenfaßte.[8] Mit seiner neuen Politik wollte das State Department drei grundsätzliche Ziele erreichen: die Geschäfte der Ölkonzerne sichern, dem Eindringen der Sowjetunion in den arabischen Raum Einhalt gebieten und die Rolle der USA als Weltpolizist festigen. Als Modus operandi wurde die Schaffung eines von den arabischen Staaten selbst getragenen kollektiven Sicherheitssystems beschlossen. Die Waffen sollten vom Westen geliefert werden. Unter der Ägide Washingtons wurde 1955 ein aus Großbritannien, der Türkei, dem Iran, dem Irak und Pakistan bestehendes Militärbündnis gegründet (Bagdad-Pakt). Dieser Schritt war das vorderasiatische Pendant zu dem ein Jahr zuvor in Manila auf Initiative der USA ins Leben gerufenen SEATO-Abkommen zur Eindämmung des Kommunismus in Fernost.
Die Verdrängung der Engländer durch die Amerikaner auf politischer, diplomatischer und militärischer Ebene fand ihre Entsprechung in wirtschaftlicher Hinsicht. Während 1946 die US-Ölkonzerne 35 Prozent der Erdölförderung in Nahost beherrschten und die Briten 50 Prozent, war 1955 der US-Anteil auf 58 Prozent gestiegen, der englische dagegen auf 33 Prozent gesunken.
Der größte Herausforderer der westlichen Mächte wurde der ägyptische Staatschef Gamal Abd el Nasser, ein charismatischer Berufsoffizier, der nach dem Sturz von König Faruk 1952 und der Ablösung von General Ali Mohammed Nagib Ende 1954 einen scharfen nationali-

stischen und antiwestlichen Kurs einschlug, zumindest verbal. Die Grundthese, die er in seinem Buch »Philosophie der Revolution« formuliert hatte, war genauso klar wie lapidar: Der Feind ist immer der westliche Imperialismus, einerlei, ob er als bewaffnete Macht, als Werkzeug des Zionismus oder als arabischer Kollaborateur mit dem Westen auftritt. Als die USA, England und die Weltbank ihre ursprünglichen Zusagen zur Finanzierung des geplanten Assuan-Staudammes zurückzogen, verstaatlichte Nasser am 26. Juli 1956 den Suezkanal. Damit wurde er zum Helden der arabischen Massen, obwohl der israelische und englisch-französische Angriff auf Ägypten drei Monate danach seine militärische Schwäche zutage brachte. Der britisch-französische Waffengang erfolgte ohne Zustimmung Washingtons, er war der Schwanengesang des Kolonialismus alter Prägung.

Nach dem kurzen Suezkrieg beschlossen die USA, die Garantie für den Bestand und die Unabhängigkeit jedes Staates in der Region zu übernehmen. Die neue außenpolitische Linie wurde am 8. Januar 1957 als Eisenhower-Doktrin verkündet. Der Kern des neuen Modells lautete: unbedingte Unterstützung der antikommunistisch ausgerichteten Staaten und Bekämpfung aller nationalrevolutionärer Regimes, die mit Moskau gemeinsame Sache machten und sowjetische Hilfe bekamen. Als Gegenleistung sollten die US-Streitkräfte Stützpunkte in den befreundeten Staaten erhalten. Der sechsten US-Flotte im Mittelmeer wurde die Aufgabe zuteil, die neue Doktrin militärisch durchzusetzen. Es war die Fortsetzung der alten Kanonenbootpolitik, wie sich bald mit der militärischen Intervention der USA in Jordanien und im Libanon herausstellte. Aber die neue Strategie erwies sich als ein Bumerang und führte am Ende zu einem Verlust des nordamerikanischen Ansehens in der arabischen Welt: »Der Versuch, die Eisenhower-Doktrin in eine wirksame Mittelost-Politik zu verwandeln«, schreibt ein US-Historiker, »wurde von einer Reihe von Rückschlägen für das amerikanische Prestige und die amerikanischen Interessen begleitet. Es war eine ernüchternde Erfahrung. Das Bemühen, die Unabhängigkeit der prowestlich orientierten Staaten zu festigen, brachte am Anfang scheinbare Erfolge. Danach aber wurde die US-Politik von den meisten der betroffenen

Staaten selbst in Frage gestellt und schließlich abgelehnt.«[9] Die Vereinigten Staaten hatten also auf Sand gebaut, die Dollar- und Panzer-Logik des State Departments, des Pentagons und des CIA entpuppten sich als völlig ungeeignet, um die äußerst verwickelte Problematik der arabischen Welt in den Griff zu bekommen.

Aber auch die Sowjetunion machte es nicht viel besser. Nach einem kurzlebigen Honeymoon mit dem Staat Israel unterstützte Moskau die nationalistischen Bewegungen der arabischen Staaten mit Waffen, Propaganda und Technik, mit dem Ziel, den Einfluß der westlichen Mächte zu verdrängen und sich selbst an ihre Stelle zu setzen. Im Zuge dieser Neuorientierung brach die UdSSR am 10. Juni 1967 im Zusammenhang mit dem arabisch-israelischen Sechstagekrieg die diplomatischen Beziehungen zu Israel ab. Auch die UNO machte sich zum Anwalt der arabischen Sache. Die Sowjetunion und ihre Vasallenstaaten in Osteuropa bekundeten zusätzlich ihre Solidarität mit den arabisch-islamischen Völkern, indem sie jede antikommunistische und oppositionelle Aktion innerhalb ihres eigenen Machtbereichs stereotyp als das Resultat zionistisch-jüdisch-imperialistischer Machenschaften brandmarkten.

Juden und Araber – der Palästina-Konflikt

Das Problem der Juden hat – ähnlich wie das arabische – religiöse Wurzeln, an erster Stelle das Bewußtsein, ein auserwähltes Volk zu sein. Der Unterschied liegt darin, daß das hebräische Nationalgefühl sich seit der Vertreibung im Jahre 70 n. Chr. auf kein eigenes Territorium stützen konnte und deshalb immer wieder mit Angst und Verunsicherung gemischt war. Schon aus diesen Gründen wurde die Rückkehr zur eigenen Heimstätte ein naheliegendes Bedürfnis der Diasporajuden. Aber die Sehnsucht nach der verlorenen Heimat war auch durch religiöse und kulturgeschichtliche Faktoren bedingt. So wird schon in der ältesten biblischen Literatur die Erde außerhalb Palästinas als »unrein« bezeichnet. Entsprechend waren die Länder, in denen die Juden lebten, für sie Feindesland, eine Vorstellung, die sich angesichts der von ihnen erlittenen Pogrome und Verfolgungen als völlig gerechtfertigt erwies. Der durch die Aufklärung ermöglichte Assimilationsprozeß verdrängte zwar in beträchtlichem Maße diese ursprüngliche, tiefsitzende »unio mystica« mit Palästina, aber sie blieb ein grundlegender Bestandteil des jüdischen Exils, bis sie schließlich durch die Gründung des Zionismus einen spezifischen Rahmen erhielt.

Für die Gründer und Anhänger der zionistischen Bewegung war das Recht auf den Wiedereinzug ins Heilige Land eine Selbstverständlichkeit. Von dieser Überzeugung tief durchdrungen, verdrängten oder relativierten sie alle Umstände und Hindernisse, die ihnen bei der Verwirklichung ihres Traumes im Wege standen. So nahmen sie kaum zur Kenntnis, daß das 1920 unter englischem Mandat stehende Palästina von Arabern besiedelt war, wenn auch spärlich. Das von Israel Zangwill geprägte und von vielen Zionisten unterstützte Motto »Das Land ohne Volk für das Volk ohne Land« zeigt, wie wenig die Anhänger des Zionismus geneigt waren, die Existenz der arabischen Bevölkerung in Palästina zu berücksichtigen. Und wenn sie über diese Tatsache nachdachten, trösteten sie sich mit der Überlegung, daß die zivilisatorischen Leistungen der jüdischen Einwanderer schließlich auch den Arabern und anderen Völkern zugute kommen würden. So schwärmte Theodor Herzl: »Wenn Seine Majestät der Sultan uns Palästina gäbe, könnten wir uns dafür anheischig machen, die Finanzen der Türkei gänzlich zu regeln. Für Europa würden wir dort ein Stück des Walles gegen Asien bilden, wir würden den Vorpostendienst der Kultur gegen die Barbarei besorgen.«[10] Diese selbstgefälligen und weltfremden Vorstellungen versprachen nichts Gutes, sie enthielten schon den Keim der künftigen Streitigkeiten mit der autochthonen Bevölkerung Palästinas, wie einsichtige Juden wie Martin Buber – selbst Zionist – bald erkannten: ». . . die politische (zionistische, H. S.) Führung stand im Bann der traditionellen Kolonialpolitik, die in Palästina so wenig am Platze war wie vielleicht an keinem anderen Punkt der Erde.«[11]

Es wäre dennoch falsch, daß die Heimkehr ins Heilige Land ausschließlich das Resultat einer freiwilligen Entscheidung der Juden war. Die Entwicklung wurde in erster Linie durch den zweitausendjährigen Unterdrückungs- und Diskriminierungsprozeß bedingt, dem die Diasporajuden überall ausgesetzt worden waren. Die unter christlichen und arabischen Antisemiten weitverbreitete Meinung, daß der Exodus nach Palästina ein rein »subjektiver« und willkürlicher Entschluß von Herzl und der Jewish Agency gewesen sei, entstammt einer simplen Geschichtsauffassung und geht an der eigentlichen Problematik des Weltjudentums vorbei. Der Staat Israel ist in tieferem Sinn keine Schöpfung der Juden, sondern die ihrer Verfolger, wie Max Horkheimer einmal treffend bemerkte: »Herzls Buch ›Der Judenstaat‹, das den Beginn der zionistischen Bewegung bezeichnet, verkörpert den Zweifel an der Fähigkeit der europäischen Staaten, mit der Idee des Pluralismus auf die Dauer ernst zu machen ... Die zionistische Bewegung, die der Chance des Pluralismus, der Kultur des autonomen Einzelnen in Europa nicht mehr traut, bildet die zugleich radikale und resignierte Reaktion des Judentums auf die im letzten Jahrhundert eröffneten Möglichkeiten. Es ist der trübste Aspekt der Geschichte, die seither sich abspielte, der trübste sowohl für das Judentum wie für Europa, daß der Zionismus Recht behielt.«[12]

Neben den Zionisten und den Befürwortern der Assimilation innerhalb des bürgerlichen Kosmopolitismus gab es eine dritte Richtung, die die Auffassung vertrat, daß die Lösung des jüdischen Problems nur durch einen Sieg des Sozialismus möglich werde. Nicht zuletzt deswegen war der jüdische Beitrag zu den revolutionären Bewegungen des 19. und 20. Jahrhunderts sehr groß, vor allem in Deutschland, Österreich und Osteuropa. So waren viele führende Persönlichkeiten des Marxismus jüdischer Abstammung: Moses Hess, Marx, Bernstein, Axelrod, Martow, Rosa Luxemburg, Leo Jogisches, Trotzki, Bucharin, Sinoview, Kamenew, Max Adler, Hilferding und unzählige mehr. Aber sowenig, wie die Integration in den bürgerlichen Staat die assimilierten Juden davor bewahrte, in den faschistischen Ländern Opfer eines furchtbaren Gemetzels zu werden, genausowenig brachte der Sozialismus ihre Emanzipation. Mit Ausnahme von Rußland setzte sich die Revolution in keinem anderen Land durch, und gerade in dem Land des Sozialismus nutzte Stalin die Säuberungen der dreißiger Jahre, um einen beträchtlichen Teil der jüdischen Intelligenz zu liquidieren.

Weder die Engländer noch der Rest der Welt waren am Anfang sehr begeistert von den zionistischen Plänen. Die englische Regierung hatte zwar 1917 durch die Balfour-Deklaration der zionistischen Bewegung bei der Schaffung einer nationalen Heimstätte in Palästina Unterstützung versprochen. Dessenungeachtet versuchte die britische Verwaltung die jüdische Einwanderung und den Bodenankauf immer wieder zu bremsen, sei es aus Antisemitismus oder um die Araber nicht zu brüskieren und damit ihre eigenen Ölinteressen nicht zu gefährden. Das von London am 17. März 1939 veröffentlichte Weißbuch über das palästinensische Problem bedeutete eine glatte Abkehr von der Balfour-Deklaration und stellte unmißverständlich fest, daß die Regierung Großbritanniens keine Absicht hatte, aus Palästina einen jüdischen Staat zu machen. Das Dokument kündigte auch eine drastische Reduzierung der Judeneinwanderung und des Kaufs von Land an. Churchill nannte das Weißbuch im Parlament einen »niederträchtigen Verrat« und einen »Akt der Verwerflichkeit«. Der Ausbruch des Zweiten Weltkrieges verhinderte eine Überprüfung der Rechtsgültigkeit des Weißbuches durch den Völkerbund, was England erlaubte, seine Vorstellungen Punkt für Punkt in die Tat umzusetzen. Was dann folgte, hat Arthur Koestler so beschrieben:
»... der Landverkauf an Juden wurde in 94,8 Prozent ihres Heimatlandes verboten, der Zutritt zu diesem wurde den Überlebenden des großen Gemetzels verweigert, und Schiffsladungen von ihnen ertranken 1941 und 1942 in den Gewässern des Mittelmeeres und des Schwarzen Meeres. Jene, denen es gelang, die Küste zu erreichen, wurden ins Gefängnis geworfen oder nach Erythräa, dem Sudan oder der Insel Mauritius verschickt ...«[13]

cf. Seligmann

Was die Zionisten unter normalen Umständen nur schwer hätten erreichen können – einen eigenen Staat –, bekamen sie als Folge des von den Nazis begangenen Holocaust an den europäischen Juden. Selbst die Sowjetunion unterstützte vor der UNO im Mai 1947 das Recht der Juden auf einen eigenen Staat, und deren Außenminister Andrej Gromyko begründete dieses Recht durch das von den Juden in der Diaspora erlittene Leid. Nicht nur mit Worten wurden die Zionisten damals von der UdSSR unterstützt, sondern auch mit Waffen, mit denen sie sich nicht zuletzt ihren Staat erkämpften. Die von der

UNO beschlossene Teilung Palästinas wurde von den arabischen Palästinensern und von der arabischen Welt insgesamt als ein Affront und eine Vergewaltigung ihrer Selbstbestimmung und ihrer angestammten Rechte empfunden. Wenige Stunden, nachdem Ben Gurion am 15. Mai 1948 die Gründung des Staates Israel verkündet hatte, bombardierten ägyptische Flugzeuge Tel Aviv. Der neu entstandene Staat wurde dann von den Armeen fünf arabischer Staaten und von irregulären palästinensischen Einheiten angegriffen. Militärisch wurde der Krieg von den Israelis klar gewonnen, politisch aber war es ein Pyrrhussieg. Nach der Niederlage verließ ein großer Teil der Palästinenser seine Heimat, ließ sich im Gaza-Streifen, in Jordanien, in Syrien und im Libanon nieder und schwor Rache für die erlittene Schmach. Seitdem herrscht in der Region Kriegs- oder Ausnahmezustand, einerlei, ob geschossen wird oder nicht.
Die arabischen Staaten antworteten auf den Sieg Israels mit einer wirtschaftlichen Blockade, widersetzten sich der Aufnahme des jüdischen Staates in die UNO und weigerten sich, ihn anzuerkennen. Der von der UNO 1949 vermittelte Waffenstillstand wurde nie eingehalten. Beide Seiten haben sich seitdem ununterbrochen mit Anschlägen und Gegenanschlägen, mit terroristischen Akten und Strafexpeditionen bekämpft. Israel hat bis heute einerseits in permanentem Belagerungszustand gelebt, andererseits seine militärische Überlegenheit genutzt, um sich arabische Gebiete und Enklaven anzueignen.
Die Grundproblematik ist geblieben, die Fronten sind so verhärtet, wie sie am Anfang waren, auch wenn Ägypten sich seit einigen Jahren mit Israel versöhnt hat. Nur eines hat sich geändert: Die Weltöffentlichkeit hat längst eingesehen, daß keine Ruhe in der Region sein wird, solange Israel sich weigert, die besetzten Gebiete zu räumen und mit den Arabern zu verhandeln. Die Zeit läuft gegen Israel, das den Irrtum begangen hat, zu glauben, seine militärische Stärke werde ein ewiger Schutzwall gegen den arabischen Nationalismus sein. Spätestens seit den Raketenangriffen Saddam Husseins auf israelisches Territorium erwies sich dieses Dogma als äußerst brüchig, wie Ben Gurion selbst Ende der sechziger Jahre prophezeit hatte: »Aber diese Armee wird nicht immer ein ausreichender Schild sein. Die zahlenmäßige Überlegenheit der Araber ist erdrückend. Sie

sind genauso fähig wie wir, Fortschritte zu machen und eines Tages die modernen Techniken sich anzueignen. Wir können ihnen nicht unendlich lange standhalten ...«[14]

Aber genauso unhaltbar ist langfristig die israelische Politik in den besetzten Gebieten, die mit einem Wort zusammengefaßt werden kann: Unnachgiebigkeit. Sie ist auch zunehmend repressiv, greift zu Methoden, die mit dem demokratischen Status des israelischen Staates und der Gesellschaft unvereinbar sind, die mehr der Praxis eines Polizeistaates entsprechen. Bezeichnend in diesem Zusammenhang ist die Einführung der »Administrativhaft« gegen unbequeme palästinensische Aktivisten. Viele von ihnen werden einfach in die Gefängnisse gesperrt, ohne einem Richter vorgeführt worden zu sein. Auch Folter ist keine Seltenheit, wie selbst israelische oppositionelle Organisationen festgestellt haben.

Aber es wäre töricht und sehr einseitig, nur den Israelis den Schwarzen Peter zuzuschieben. Auch wenn die Vertreibung der Palästinenser eine Ungerechtigkeit war und die systematische Judaisierung der besetzten Gebiete eine Zumutung für die Araber ist – man kann nicht ein begangenes Unrecht mit einem noch größeren Unrecht wiedergutmachen, und dieses Unrecht wäre in seiner letzten, radikalsten Konsequenz, Israel auszuradieren.

Von den terroristischen Anschlägen abgesehen, haben die Araber 1948, 1967, 1973 und 1991 Kriege provoziert und immer wieder mit der Vernichtung des Staates Israel gedroht. Mit dieser Sprache und diesen Vorstellungen kann kein vernünftiger, für alle Beteiligten annehmbarer Modus vivendi herbeigeführt werden.

Wenig deutet darauf hin, daß die Lage in der Region in absehbarer Zukunft besser sein wird, als sie bisher gewesen ist. Dafür sind die jeweiligen Positionen von Juden und Arabern zu festgefahren. Der Nahe Osten bleibt ein Pulverfaß, das die Weltpolitik immer wieder beanspruchen und ins Wanken bringen wird.

Die Schwierigkeiten beginnen schon bei dem Verhältnis zwischen den westlichen Großmächten und den arabischen Staaten. Auch die ausgeklügeltste Reißbrett-Strategie und die gewaltigsten Armeen werden nicht verhindern können, daß die arabischen Massen die Dominanz der westlichen Staaten in der Region als eine unzumutbare

Demütigung empfinden. Die Taktik, sich die arabischen Staaten mit Waffenlieferungen und Scheckbuch-Diplomatie gefügig zu machen, hat sich immer wieder als kurzsichtig erwiesen. Noch törichter ist, sich einzubilden, daß die Politik der brachialen Gewalt – wie im Golf praktiziert – das Selbstbewußtsein der Araber brechen werde. Was der algerische Außenminister Sid Ahmed Ghonzali Anfang März 1991 in einem Interview sagte, gilt auch für die Zukunft: »Irak und Saddam verkörpern von jetzt an und in einer unverwüstlichen Form den Geist des Widerstandes und die Ablehnung des Schicksals, daß man auf der Erde niederknien muß, weil man Araber ist.«[15] Verwerflich und pharisäerhaft zugleich ist der Versuch der Großmächte, ihre politischen Machenschaften und bewaffneten Interventionen in der Region im Namen der Menschenrechte zu rechtfertigen. Weder die USA noch die EG-Staaten haben die geringste Legitimation, sich als Moralapostel aufzuspielen, schon deshalb nicht, weil sie allesamt nie gezögert haben, aus realpolitischen Gründen engste Beziehungen mit Diktaturen zu unterhalten. Die Verletzung der Menschen- und Völkerrechte wurde von ihnen nur dann zur Kenntnis genommen, wenn sie eine Gefährdung ihrer eigenen Machtansprüche und Geschäfte bedeutete.

Die Zukunft der Region wird letzten Endes nicht von der Politik der Großmächte und der großen Wirtschaftsblöcke entschieden, sondern von den direkt betroffenen Staaten selbst. Solange Araber und Juden nicht bereit sind, ihre starren Positionen zu revidieren, wird die Vermittlerrolle der westlichen Länder und der Sowjetunion steril bleiben.

2. Teil
DAS ENDE DER GEMÜTLICHKEIT

»Auf der Suche des Unmöglichen hat der Mensch immer das Mögliche verwirklicht und erkannt, und die, die sich weise auf das beschränkt, was ihnen möglich schien, sind nie um einen einzigen Schritt vorwärts gekommen.«

Bakunin, »Philosophische Betrachtungen über das Gottesphantom, über die wirkliche Welt und über den Menschen«

DER POSTMODERNE MENSCH

»Eine sichere und alte Politik der Regierungen ist es, das Volk durch Feste, Schauspiele, Luxus, Prunk, Vergnügungen, Befriedigung der Eitelkeit und Weichlichkeit in Schlummer zu wiegen; es mit eiteln Dingen sich unterhalten und an Tändeleien Geschmack finden zu lassen.«

La Bruyère, »Les Caractères«

Transzendenz und Banalität

Wenn ich den Menschen der Gegenwart mit einem einzigen Begriff definieren müßte, würde ich sagen, daß er ein Wesen ohne jeglichen Sinn für Transzendenz ist. Der von der Bourgeoisie vollzogene Verdinglichungsprozeß hat zu einem weitgehenden Abbau der metaphysisch-utopischen Wurzeln des Menschen geführt. Der Mensch der postindustriellen Gesellschaft verliert immer mehr das Bedürfnis nach Lebenshöhe und sinnerfüllter Vollendung, nach Poesie und Schönheit, nach spiritueller Steigerung und geistiger Tiefe. Die Individuen gleichen einander immer mehr, als wären sie nach einem einheitlichen Muster am Fließband hergestellt worden. Die Folge dieser Standardisierung ist der Tod des inneren Lebens und die Vermassung der menschlichen Persönlichkeit, wie es schon der Visionär Nietzsche angekündigt hatte: »Denn die *Dressierbarkeit* des Menschen ist in diesem demokratischen Europa sehr groß geworden; Menschen, welche leicht lernen, leicht sich fügen, sind die Regel: das Herdentier, sogar höchst intelligent, ist präpariert.«[1]

Es gab Zeiten, in denen der Mensch sich mit dem Ewigen und Absoluten stark verbunden fühlte; heute lebt er grundsätzlich nur für das Unmittelbare und Flüchtige. Die Metaphysik und Ontologie sind entsprechend seit langem aus der öffentlichen Diskussion verbannt worden, das Geheimnis der großen Seinsprobleme scheint kaum jemanden mehr zu interessieren, obwohl sie die eigentlichen Voraussetzungen für die Beantwortung der Frage nach dem menschlichen Schicksal bilden. Man betrügt sich mit den Gedanken, man sei informiert und wisse schon Bescheid.

Der postmoderne Mensch fühlt sich kaum noch veranlaßt, den Blick jenseits seiner festumrissenen Unmittelbarkeit zu richten. Er gibt vor, sich seiner Sache sicher zu sein. Sein Ideal ist die Vollendung der Leere, sein Wertesystem die Ästhetik des Gesundseins, deshalb betreibt er Sport und pflegt sorgfältig seinen Körper. Die Frage, die sich Pascal stellte – »Qu'est-ce qu'un homme dans l'infini?« – »Was ist der Mensch in der Unendlichkeit?« –, ist heute durch die Frage ersetzt worden: Wie kann ich viel Geld verdienen, das Leben genießen, gesellschaftliche Macht erreichen? Anstelle des sokratischen Prinzips des »Erkenne dich selbst« gilt heute das bourgeoise »Bereichere dich«.

Der gegenwärtige Mensch hat weder Lust noch Zeit, sich mit hintergründigen Fragen zu beschäftigen, seine Metaphysik besteht darin, über die Autobahnen zu rasen und die entferntesten Ziele in möglichst kurzer Zeit zu erreichen. Wenn das Wort Metaphysik fällt, spürt man sofort die Herablassung all jener, die meinen, sie wäre etwas Überflüssiges und Anachronistisches, ohne zu ahnen, daß jedes Denken unbedingt metaphysisch ist und sein muß. Nicht von ungefähr unterstreicht Kant, daß jede »Vernunfterkenntnis aus bloßen Begriffen, man mag sie benennen wie man will, eigentlich nichts als Metaphysik ist«[3]. Auch der Atheist Sartre hat gegen alle möglichen Formen des Positivismus klargestellt, daß »die Metaphysik keine sterile Diskussion über abstrakte, aus der Erfahrung abgeleitete Begriffe ist, sondern ein lebhafter Versuch, die Totalität der menschlichen Befindlichkeit (condition humaine) von innen her zu begreifen«[4].

Die Suche nach einer Erklärung der Welt taucht schon in den frühesten Phasen der Geschichte auf, findet ihren Niederschlag in der Entstehung der ersten Mythen und religiösen Vorstellungen. Diese aus Aberglaube, Magie, Fabel und Dichtung bestehende Auslegung

von Transzendenz erhält durch das griechische Denken eine philosophische und wissenschaftliche Grundlage. Eine rationale Deutung des Kosmos ist schon klar erkennbar in der Naturphilosophie der Vor-Sokratiker, die den Begriff an die Stelle des Mythos setzten. Daher auch der geringe Einfluß, den der Priesterstand in Griechenland ausübte. Der Mittelpunkt des Lebens war nicht der Tempel, sondern die Agora, das Gymnasium, das Theater, und tonangebend war nicht die priesterliche Kaste wie in Indien oder Ägypten, sondern der Grammatiker, der Rhetoriker, der Pädagoge, der Staatsmann und das städtische Patriziat. Selbst der Olymp war nicht viel mehr als eine Idealisierung der Polis, keineswegs ein geheimnisvoller, unzugänglicher, furchterregender Ort. Die Griechen übernahmen auch die Mehrheit ihrer Götter von fremden Kulturen, paßten sie dann ihrem anthropozentrischen Weltblick an. Nietzsche sagt dazu: »Es spricht für die höhere Kultur der Griechen – selbst in ziemlich frühen Zeiten –, daß mehrere Male die Versuche, neue griechische Religionen zu gründen, gescheitert sind; es spricht dafür, daß es schon früh eine Menge verschiedenartiger Individuen in Griechenland gegeben haben muß, deren verschiedenartige Not nicht mit einem einzigen Rezept des Glaubens und Hoffens abzutun war.«[5]
Der griechische Sinn für Transzendenz war also »heidnisch« und immanent ausgerichtet, er zielte mehr auf die Vervollkommnung der menschlichen Praxis hier und jetzt als auf die Verherrlichung eines abwesenden Gottes. Schon aus diesem Grund sind die Griechen unsere Vorläufer und Lehrmeister. Treffend bemerkt Condorcet: »In den Republiken der Neuzeit und selbst in den von Philosophen ersonnenen Staatsentwürfen wird man kaum eine Einrichtung finden, für welche die griechischen Republiken nicht das Modell vorgezeichnet oder das Beispiel gegeben hätten.«[6]
Das ändert sich auch nicht mit dem Entstehen der Moderne, die das griechische Trias des Guten, Wahren und Schönen wieder aufgreift und Transzendenz als »Humanitas« von neuem zur Geltung bringt. Mit der Heraufkunft der Renaissance und der Herausbildung der bürgerlichen Subjektivierung wird Transzendenz tatsächlich zu einem vorwiegend diesseitigen, innerweltlichen, gesellschaftlichen Anliegen. Der Mensch will seinen Transzendenz-Trieb hier und jetzt

verwirklicht und objektiviert sehen, der Planet bekommt plötzlich die Dimension eines potentiellen Gartens Eden. Der Sinn des Lebens besteht jetzt darin, ein Gesellschaftssystem zu errichten, das es dem Menschen ermöglichen soll, sein Streben nach Glück so umfassend und reibungslos wie möglich in die Tat umzusetzen.

Dem Beispiel Platos folgend, entwerfen Thomas Morus und Tommaso Campanella die ersten systematischen Gesellschaftsutopien der Moderne. Nicht das Reich Gottes ist nun das Ziel, sondern das des Menschen, und es geht nicht mehr um die Rettung der Seele, sondern um »civiltà«, um Politik und Gesellschaft, um den Aufbau einer rationalen »civitas terrena«. Die neue Transzendenz heißt sozialer, geistiger, kultureller, technischer und wissenschaftlicher Fortschritt, und an die Stelle der düsteren Auffassung von der Erbsünde und der Furcht vor göttlicher Strafe tritt das Streben nach Erfüllung und Selbstverwirklichung hienieden. Die neuen Werte lauten: Liberté, Fraternité, Egalité, und das Fernziel ist die Vervollkommnung des Menschen und der gesellschaftlichen Verhältnisse, ein Ideal, das seinen höchsten Ausdruck in den revolutionären Ideen und Bewegungen des 19. und 20. Jahrhunderts bekommt.

Der Glaube an eine Transzendenz, die der Gesellschaft als Ganzes und dem Menschen als einzelnem einen finalen Sinn gibt, wird jäh unterbrochen von der Krise des bürgerlichen Humanismus und ihrer direkten oder indirekten Folgen: Ausbruch des Ersten Weltkriegs, Entstehen des Faschismus und des Stalinismus, Zweiter Weltkrieg. Aber auch nach der Überwindung dieser weltgeschichtlichen Tiefpunkte setzt sich der Prozeß der Entfremdung fort, sowohl in den kapitalistischen wie in den anderen Teilen der Welt.

Für uns Heutige offenbart sich Transzendenz vornehmlich als Vakuum, als Verneinung all dessen, was wir nicht erreicht haben und was uns fehlt, als täglich erlebte Sinnlosigkeit. Die materialistische Gier als Verkörperung der Anti-Transzendenz schlechthin hat sich überall wie eine Pest verbreitet und mit ihr die Konsumsucht, die Verhärtung und Reglementierung des Lebens, die Enthumanisierung der zwischenmenschlichen Beziehungen, die Rücksichtslosigkeit als gängige Verhaltensweise und die unbedingte Durchsetzung des eigenen Ichs als der oberste Wert.

Der häufigste Gestus ist die unkritische Identifikation mit dem überall grassierenden Kitsch. Zu unseren Füßen liegen die besten und raffiniertesten technischen Einrichtungen und Produktionsinstrumente, aber wir erweisen uns zunehmend als unfähig, mit ihnen ein Lebens- und Gesellschaftssystem auf die Beine zu stellen, das uns von der geistigen Öde befreit, die uns umgibt. Die Transzendenz wurde in den letzten zwei Jahrhunderten vornehmlich dazu benutzt, um Maschinen und künstliche Gegenstände aller Art herzustellen, nicht, um unserem Leben einen tieferen Sinn zu geben. Camus: »Das 19. und 20. Jahrhundert sind in ihrem tiefsten Drang Jahrhunderte, die versucht haben, ohne Transzendenz zu leben.«[7]
Das Verlangen des Menschen nach Kreativität und Schönheit scheint erschöpft zu sein, die Herrschaft der Ingenieure, Bankiers, Krämerseelen und Computerexperten hat zu einer Apotheose der Banalität und zu einer immer schwerer zu ertragenden Unterdrückung aller immateriellen Werte geführt. Diese von Carlyle, William Morris und anderen hellsichtigen Denkern des 19. Jahrhunderts geahnte Fehlentwicklung hat in der heutigen, spätkapitalistischen Konsumgesellschaft ihren Höhepunkt erreicht. Der postmoderne Mensch weiß nicht mehr, was Transzendenz bedeutet, er verliert immer mehr die Fähigkeit, sich zu freuen, zu träumen, sich gegen das Bestehende aufzulehnen, in die Ferne zu schauen, sich großen Aufgaben zu stellen. Sein Weltbild besteht aus Kitsch, sein Alltag ist ein sich im Kreise bewegendes Repetitorium banalster Handlungen. Die Individuen handeln und reagieren, als wäre alles endgültig fertig. Das Heute ist eine Verlängerung des Gestern, das Morgen wird wie heute sein.
Das gegenwärtige Zivilisationsstadium unterscheidet sich von anderen Geschichtsabschnitten nicht zuletzt durch die Gleichgültigkeit gegenüber den immateriellen Werten. Während die Produktion von materiellen Gütern auf hohen Touren weiterläuft, stirbt zusehends das geistige und kulturelle Leben. Wir haben gelernt, Maschinen und technische Einrichtungen aller Art herzustellen und zu bedienen, aber auf Kosten der Kultivierung unserer Seele und unserer Gesinnung. Überall, wo man hinschaut, findet man die Spuren von Nietzsches Herdentier. Nicht nur Nietzsche, auch Carlyle sah diese Ent-

wicklung voraus, erkannte, daß die Mechanisierung der Lebens- und Produktionsverhältnisse zwangsläufig auch eine Mechanisierung des inneren Raums des Menschen mit sich bringen würde: »Not the external and physical alone is now managed by machinery, but the internal and spiritual also.«[8]

Was überwiegt, sind anpassungssüchtige Individuen, die reflexhaft das tun, was der Zufall, die Macht oder die Mode ihnen diktieren oder suggerieren. Menschen, die im Namen eines Ideals gegen die waltende Häßlichkeit und Inhumanität Widerstand leisten, sind rarer geworden. Die Regel sind Individuen, die sich von den herrschenden Eliten befehlen und manipulieren lassen. Was man vom Menschen erwartet oder verlangt, ist keineswegs, daß er tugendhaft, selbstlos oder ehrlich sei; man legt ihm vielmehr nahe, sich wie ein gefügiger Roboter oder ein dressierter Affe zu verhalten. Er muß vor allem bereit sein, zu produzieren und zu konsumieren, nichts weiter. Alles darf er tun, nur eines nicht: Fragen stellen, die die etablierten Werte in Zweifel ziehen. Die Spielregeln der Konsumgesellschaft zu brechen und sich abseits ihrer Automatik zu stellen gilt für die Machthaber als ein Akt der Subversivität; deshalb sind sie eifrig bemüht, ihre Brot-und-Spiele-Ideologie als die einzig zulässige zu verherrlichen.

Der postmoderne Mensch ist der alles überlagernden Welt der Banalität hörig geworden. Wenn der Sinn des Lebens darin besteht, ein hohes Wertesystem als Richtschnur unseres Handelns zu wählen und uns dem Niedrigen entgegenzusetzen, dann ist das Leben des heutigen Durchschnittsmenschen ein sinnentleertes, hohles und vergeudetes Leben geworden.

Der Preis, den wir für unseren Verrat an der spirituellen Dimension der menschlichen Natur bezahlen, ist allerdings sehr hoch. Der Zerstörungsprozeß, der über den Globus gekommen ist wie ein biblischer Fluch, beweist, daß jede Weltanschauung, die ausschließlich auf rein utilitaristische und hedonistische Zielsetzungen fixiert ist, den Keim der Auflösung in sich trägt. Man kann ohne Transzendenz nicht leben und nicht überleben.

Die einsamen Monaden

Mein Landsmann Ortega y Gasset errang Weltruhm mit seinem in der Zwischenkriegszeit geschriebenen Buch »Der Aufstand der Massen«, den er, ein aristokratisierender, konservativer Liberaler, als einen Aufstand gegen die gesellschaftlichen Führungsschichten begriff. Nun, die Massen revoltieren nicht mehr, verehrter Don José, sie haben aufgehört, sich politisch und ideologisch zu artikulieren, sie sind im System weitgehend integriert, haben ihre Rolle als gesellschaftliche Kraft aufgegeben und treten als solche nur noch im trivialen Bereich auf – als Kulisse bei Sport- und Wahlveranstaltungen. Die Masse, die Sie so fürchteten, Señor Ortega, ist stumm und einsam geworden, ist mehr denn je die von David Riesman beschriebene »lonely crowd«.

Der Spätkapitalismus hat die Massen gezähmt und das Individuum in die anonyme und ichbezogene Enge seiner nackten, blanken Subjektivität verwiesen. Nicht durch Zufall ist das geschehen, sondern als Teil der Entmachtung des einzelnen als gesellschaftliches Wesen, als handelndes Mitglied des Kollektivs. Das heißt: die Vereinsamung des Menschen als Voraussetzung seiner Manipulation als Bürger, als Wähler, als Konsument, als soziale Kategorie. Man ist allein, man lebt allein, man versucht, allein mit den eigenen Problemen und Sorgen fertig zu werden. »Wissen Sie, daß in den großen Städten die einsame Kreatur umherirrt?« fragte Albert Camus.[9] Wir wissen es, und nicht erst seit heute. Schon Engels wußte es, und es lohnt sich, seine Stimme zu hören: »Die brutale Gleichgültigkeit, die gefühllose Isolierung jedes einzelnen auf seine Privatinteressen tritt um so widerwärtiger und verletzender hervor, je mehr diese einzelnen auf den kleinen Raum zusammengedrängt sind, und wenn wir auch wissen, daß diese Isolierung des einzelnen, diese bornierte Selbstsucht überall das Grundprinzip unserer heutigen Gesellschaft ist, so tritt sie doch nirgends so schamlos unverhüllt, so selbstbewußt auf als gerade hier in dem Gewühl der großen Stadt. Die Auflösung der Menschheit in Monaden, deren jede ein apartes Lebensprinzip und einen aparten Lebenszweck hat, die Welt der Atome ist hier auf ihre höchste Spitze getrieben.«[10]

Diese Monaden sprechen immer weniger miteinander, die »vox humana« ist kaum vernehmbar, eine Entwicklung, die zu einer immer tiefer werdenden Absolutierung der Einsamkeit führen mußte, wie schon von Thomas Mann mahnend angekündigt: »Das Wort, selbst das widersprechendste, ist so verbindend... Aber die Wortlosigkeit vereinsamt.«[11] Und wenn die Menschen in Verbindung treten, ist ihre Sprache zunehmend von den durch die Werbung, die politischen Parteien und die Massenmedien unentwegt verbreiteten Schlagworten und Gemeinplätzen geprägt. Die einzelnen begegnen sich nicht mehr als Personen, sondern nur als Konsumenten und Produzenten, als Träger äußerer und unpersönlicher Symbole und Funktionen.

Dabei ist der Mensch keineswegs verdammt, allein zu sein, er ist vielmehr von Natur aus ein geselliges und gesellschaftliches Wesen. Warum es so ist, sagt uns Kant: »Der Mensch hat eine Neigung, sich zu vergesellschaften; weil er in einem solchen Zustand sich mehr als Mensch, d. i. die Entwicklung seiner Naturanlagen, fühlt.«[12] Die Einsamkeit des heutigen Menschen ist das Produkt unserer Zivilisation, eine sozialgeschichtlich bedingte Erscheinung, genauso wie die Zerstörung der Natur, die Ausbeutung der Dritten Welt oder die Mechanisierung des Lebens. Die Weltlenker versuchen mit allen Mitteln, die Menschen voneinander zu trennen; sie handeln so, weil sie wissen, daß diese gegenseitige Entfremdung die Voraussetzung für die Fortsetzung ihrer Herrschaft bildet. Die Beziehungslosigkeit der Monaden liefert die beste Gewähr gegen Emanzipation und Aufruhr. Dort, wo es keine zwischenmenschlichen Bindungen mehr gibt, kann es auch keine Revolte geben, keine gemeinsame Aktion gegen die organisierte Macht. Denn ohne Kommunikation ist auch keine »communitas« oder »communio« möglich.

Die herrschende Lehre beschreibt diesen Zustand mit solch pompösen und verlogenen Begriffen wie Freiheit, Selbstbestimmung oder »privacy«. Aber die bürgerlichen Leitwerte – Individualismus, Konkurrenzkampf, Pluralismus –, die als Nonplusultra des Fortschritts und der Zivilisation gefeiert werden, erweisen sich bei genauerem Hinsehen als Abfallprodukte eines Zeitalters, das – unfähig, eine auf Kooperation und gegenseitiger Hilfe beruhende Ordnung zu stiften –

das Gesetz des Dschungels zur Richtschnur des Zusammenlebens bestimmt hat.
Um den anderen auszubeuten, muß der postmoderne Mensch sich selbst ausbeuten, seine edelsten Anlagen tilgen, Raubtier werden, sich selbst erniedrigen. Er kann sich in der kapitalistischen Wildnis nur behaupten, indem er seine niedrigsten Triebe trainiert und einsetzt und seine höheren unterdrückt. Aber nicht nur der einzelne, die spätkapitalistische Gesellschaft als Ganzes kann nur in dieser allgemeinen Verwilderung bestehen und sich reproduzieren, denn das Ende des Hobbesschen Kriegs aller gegen alle würde das Ende des Systems bedeuten. Deshalb die Notwendigkeit, die unsolidarischen Triebe zu pflegen und die Aggressionsbereitschaft immer wieder zu mobilisieren.

Die Verinnerlichung des Protests

Der häufigste Seelenzustand des heutigen Menschen ist das Empfinden von Unglück. Manchmal artikuliert sich diese innere Unzufriedenheit als Wille zum Widerstand, als aktiver Protestentwurf, aber in der Regel bleibt sie im Innern des Individuums als Frustration und stille Wut begraben. Bezeichnend für die Konsumgesellschaft ist die krasse Diskrepanz zwischen dem sehr verbreiteten Mißmut des einzelnen und seiner geringen Bereitschaft, diesen Gemütszustand in militante Aktion zu verwandeln. Auch hier bestätigt sich die von der bürgerlichen Ideologie eingeleitete Subjektivierung des Lebens- und Gesellschaftsprozesses.
Das bürgerliche System privatisiert die Kritikfähigkeit des Menschen und trennt sie vom gesamtgesellschaftlichen Umfeld. Und das ist es ja gerade, was die Herrschenden anstreben: die potentielle Revolte zum inneren Erlebnis umzufunktionieren. Denn diese Form der introvertierten Negation wird keine ernsthaften Folgen für sie haben. Es darf beklagt, beschimpft oder gejammert werden, je nach Laune und Temperament – nur nicht sich versammeln und die Bastille stürmen. Deshalb führen heute fast alle Empörungszustände entweder zum Psychiater oder zu einer Auslandsreise: Anti-Streß-Therapie als

Ersatz für revolutionäre Praxis. All dies mündet in eine Ästhetik der sozialen Unverbindlichkeit. Jeder fühlt sich nur für sich selbst verantwortlich, nicht für das Gemeinsame. Was mich nicht direkt betrifft, existiert nicht – das ist der gängige Diskurs des entsozialisierten Menschen der Postmoderne.

Die Verinnerlichung der realen oder potentiellen Unzufriedenheit mit dem Bestehenden stellt eine Form der Selbstverleugnung und der Selbstentfremdung dar und beweist, daß der einzelne sich nicht als freies Subjekt begreift und bereit ist, als Sklave des Über-Ichs zu leben: Selbstbestrafung anstatt Selbstbefreiung. Zu Recht bemerken Horkheimer und Adorno: »Die Geschichte der Zivilisation ist die Geschichte der Introversion des Opfers. Mit anderen Worten: die Geschichte der Entsagung.«[13] Deshalb versuchen die herrschenden Klassen, die objektiven Widersprüche des Systems in den Bereich des Individuellen zu verlagern, wohl wissend, daß die Vereinsamung des einzelnen eine zentrale Voraussetzung für die Reproduktion des Status quo ist.

Die ganze Strategie der Machtverwalter läuft indes darauf hinaus, den Menschen dazu zu verleiten, ein Surrogat für das ausbleibende kollektive Handeln zu suchen. In einer restlos entfremdeten Welt wie der unseren ist jedoch jeder Versuch, sich eine Idylle für den eigenen Gebrauch aufzubauen, undurchführbar und von vornherein zum Scheitern verurteilt. Man muß schon naiv sein, um den »persönlichen Komfort« und das »persönliche Wohlsein« als Alternative zu dem waltenden Weltelend vorzuschlagen, wie es etwa Roland Barthes allen Ernstes tut.[14] Dieses altepikureische Anliegen ist in der gegenwärtigen Stadt- und Massenzivilisation schon aus Raumgründen unrealisierbar oder nur einer privilegierten Minderheit vorbehalten, die sich den Luxus leisten kann, dem Gedränge, dem Lärm, der Enge und der verpesteten Luft der Ballungszentren den Rücken zu kehren und sich in eine noch intakte Gegend zurückzuziehen. Denn das System ist mittlerweile so inhuman und absurd geworden, daß es dem Menschen nicht einmal erlaubt, seine Egozentrik ungestraft und in Ruhe zu genießen. Es verfolgt ihn bis in das tiefste Versteck.

Wie dem auch sei: Ohne die Umwälzung der objektiven und allgemeinen Lebens- und Gesellschaftsverhältnisse kann keine Emanzipation auf individueller, subjektiver Ebene stattfinden. Die Befreiung ist nur im Rahmen einer gemeinsamen Praxis möglich oder, um es mit Ernest Mandel auszudrücken: »Nicht auf die Befreiung *Einzelner* kommt es an, sondern auf die Befreiung *aller. Die Emanzipation des gesellschaftlichen Individuums kann halt nur die Emanzipation sämtlicher gesellschaftlicher Beziehungen sein,* nicht der Rückzug aus der Gesellschaft.«[15] Diese Option wird heute freilich von dem allwissenden und smarten postmodernen Menschen als eine Reliquie längst vergangener Zeiten mit Spott und Verachtung zurückgewiesen. Wir wissen aber, daß diese vermeintliche Besserwisserei nichts anderes ist als ein Akt der Kapitulation gegenüber der Macht. Niemand gesteht sich gerne ein, daß er im Zustand der Unterwerfung lebt, deshalb das Bedürfnis, jene herabzusetzen, die nicht auf ihre Würde und auf ihre Selbstbestimmung verzichten wollen.

In Anlehnung an Nietzsches Theorie der Sklaven-Moral vertrat Max Scheler die These, daß im Zeitalter des »Ausgleichs«, in dem jeder sich mit jedem vergleicht, der gängige Gemütszustand des Menschen das Ressentiment ist.[16] Aus dieser Erkenntnis zog er den Schluß, daß der angestaute Unmut der Zurückgesetzten und Zukurzgekommenen unvermeidlich zum Ausbruch gewaltiger sozialer Konflikte führen müsse. Die zweifellos existierenden Ressentiments haben jedoch zu keiner Revolution oder nennenswerten gesellschaftlichen Umwälzung geführt, die Sklaven haben nicht versucht, die Ketten zu sprengen, sich von ihrem Neid, ihrer Wut und ihren Minderwertigkeitsgefühlen zu befreien und den frontalen Kampf mit den Herrschenden aufzunehmen. Das Ressentiment hat dagegen mehr eine Form von Strebertum hervorgebracht. Das ressentimentbeladene Individuum, dem wir in der Konsumgesellschaft auf Schritt und Tritt begegnen, hat nicht die Selbstbefreiung und die Befreiung seiner Zeitgenossen gewählt, sondern die Anpassung an die von den herrschenden Klassen vertretenen Werte. Es hat das Prinzip der Selbstbestimmung preisgegeben und sich für die Fremdbestimmung entschieden. Seine gesellschaftliche Aktion wird dadurch zur bloßen Reproduktion der geltenden Werte. Wir sehen also, daß die Verinnerlichung der Unzufriedenheit einerseits zur Stabilisierung des Systems führt, andererseits zur Selbstentmachtung des Subjekts als mitbestimmendes und

mitgestaltendes Glied des gesellschaftlichen Ganzen. Es nimmt zwar teil an der gesellschaftlichen Dynamik, aber seine Leistung resultiert nicht aus einem Akt der freien Wahl, sondern ist von vornherein Subordination und entfremdete Praxis. Die Leistung, die es vollbringt, belegt sein Arriviertsein innerhalb des Systems, aber zugleich den Verzicht auf die schöpferischen Möglichkeiten des eigenen Seins. Damit freilich vollzieht das Individuum seine Selbstliquidierung als freies Subjekt, tauscht die Option seiner Selbstverwirklichung gegen das Linsengericht des gesellschaftlichen Scheins. Damit vernichtet es sich selbst, wählt, was Freud die »Introjektion ins Über-Ich« nannte, die Vergewaltigung der eigenen Triebbedürfnisse.
Die menschliche Natur läßt sich indes schwer täuschen. Durch die Verinnerlichung der Unzufriedenheit und die Anpassung an die waltende Irrationalität wird der einzelne auch ein Teil dieser Irrationalität. Deshalb kann es in einer Welt wie der unseren keine wahre Erfüllung, keine wahre Selbstverwirklichung geben. Wenn das Stadium der Selbstentfremdung nicht soweit fortgeschritten wäre, hätte der postmoderne Mensch längst erkannt, daß sein Bekenntnis zum System in tieferem Sinn eine Form des Nihilismus und des Todestriebs ist, wie Erich Fromm schon vor Jahren feststellte: »Die Welt des Lebens ist zu einer Welt des ›Nichtlebendigen‹ geworden, Menschen sind zu ›Nichtmenschen‹ geworden.«[17] Wahrheit läßt sich nicht ungestraft durch Lüge ersetzen, und solange der Mensch sie mit Füßen tritt, wird er mit dem Gefühl leben müssen, daß er seine wahre Bestimmung verraten hat.

DAS LEBEN ALS STRAFE

»Bis jetzt war die ganze Geschichte der Menschheit nur ein beständiges und blutiges Opfern von Millionen armer menschlicher Wesen für irgendeine unerbittliche Abstraktion.«

Bakunin, »Historische Sophismen der doktrinären Schule der deutschen Kommunisten«

Wir müssen fröhlich sein

Ein Zeitalter, das, wie das unsere, ausschließlich auf Hedonismus programmiert ist, wird prinzipiell dazu neigen, das Leben in bunten Farben zu malen und alles, was dieser Selbstherrlichkeit widerspricht, zu verdrängen oder zu verschweigen, vor allem, wenn es sich um das Leid handelt, das es selbst erzeugt hat. Und wenn die unbedingt gewollte und beschworene Freude nicht von selbst kommt, stellt man eben eine künstliche her. Deshalb ist Schwarz als Zeichen der Trauer verbannt worden, deshalb werden alte und kranke Menschen als Störung empfunden, deshalb bestehen die von den Fernsehanstalten angebotenen Programme zum größten Teil aus Komödien und Sendungen, die den Zuschauer zum Lachen bringen müssen. Es ist die moderne Art der mittelalterlichen Vertreibung böser Geister, nur, daß das Szenario nicht mehr die Gotteshäuser, sondern profane Anstalten sind. Da auch der politische Zirkus zu langweilig geworden ist, um den Menschen bei guter Laune zu halten, verwandelt man eben Sportveranstaltungen mit den Methoden des Showgeschäfts in Volksfeste und Massenattraktionen. Hauptsache man amüsiert sich, egal wie. Spaß muß sein!

Und warum nicht? Man hat doch allerlei Gründe, um zufrieden zu sein, oder? Man lebt besser und länger als je zuvor, man verdient

genug Geld, man kann sich doch alles leisten, Autos, Reisen, Sex, Waren und Dienstleistungen aller Art, sogar eine Lebensversicherung oder ein paar Ersparnisse für die späteren Jahre. Laßt uns also fröhlich sein, das westliche, postmoderne Lebensmodell in vollen Zügen genießen. Das Leben ist kurz, vergeuden wir es nicht durch unnötiges und zu nichts führendes Grübeln, laßt uns die Laune durch keine finsteren Gedanken verderben. Und wer Depressionen hat, unter Schlaflosigkeit leidet oder gar an Selbstmord denkt, nimmt eben eines der unzähligen Präparate, die die Pharmaindustrie bereithält, um jede Unlust aus der Welt zu schaffen. Oder man erholt sich irgendwo in einem fremden Land, weit weg vom Streß und Leistungsdruck. Keine Bange, unsere perfekt organisierte Konsumgesellschaft hat für alles gesorgt, seelische und sonstige Pannen miteinbegriffen.
In den Ländern des Realsozialismus waren nur »positive Helden« gefragt, jede Problematisierung des Lebens durch Literatur, Kunst und Film galt als ein Zeichen von unsozialistischem Verhalten und bürgerlicher Dekadenz, sogenannte Dissidenten können ein Lied davon singen. Im Westen tut man im Grunde dasselbe, nur nicht staatlich verordnet, sondern durch Vermittlung der Werbung und der von ihr abhängigen Massenmedien. Traurigkeit paßt nicht zum postmodernen Programm. Die Überflußgesellschaft muß als ein immerwährender Freudentaumel erlebt werden, als ein Konsum- und Genußparadies.
Aber trotz der großen Anstrengungen der Machtverwalter und der enormen Steuerungs- und Manipulationsmöglichkeiten, die sie zur Verfügung haben – das Programm will nicht ganz klappen. Die Geschäfte sind mit Waren jeglicher Art gerappelt voll, gewiß, aber es ist nicht so leicht, die menschlichen, moralischen und geistigen Güter ausfindig zu machen, die man braucht, um nicht unter der institutionalisierten Sterilität zu ersticken. Der abendländische Mensch erfreut sich heute mehr als je zuvor des materiellen Wohlstands, aber auf der anderen Seite ist er dazu verdammt, ohne Schönheit zu leben, ohne Freundschaft, ohne Kommunikation. Er kann sich zu jeder Zeit und überall alles besorgen, was er braucht, um seine materiellen Bedürfnisse zu befriedigen, aber er weiß oft nicht, wohin er sich

wenden muß, um ein bißchen menschliche Wärme, Sympathie, Mitgefühl zu erhalten. Unsere Gesellschaft ist zweifelsohne eine »affluent society«, aber nur materiell; in immaterieller Hinsicht ist sie eine ausgesprochene Mangelgesellschaft. Man spricht zu Recht – wir haben es auch getan und werden es weiter tun – über die in der Welt herrschende materielle Not, aber es gibt auch einen spirituellen Pauperismus, der langfristig die Menschen genauso zugrunde richtet. Denn man kann aus Hunger und Elend sterben, aber auch aus Einsamkeit und an seelischem Kummer. Die Medizin hat im übrigen längst entdeckt, daß viele der von der modernen Zivilisation verursachten Krankheiten psychischen Ursprungs sind.
Verordnete Freude hin oder her – der Durchschnittsmensch empfindet sein Dasein vorwiegend als Last, als Schmerz, Strafe und Alptraum, nicht als Segen und Erfüllung. Cioran hat insoweit mit seiner Behauptung recht, daß der Fortschritt »das moderne Äquivalent des Sündenfalls, die profane Version der Verdammnis« ist.[1] Das Leben der meisten besteht seit langem darin, die Kraft aufzubringen, um diesen desolaten Zustand irgendwie doch zu meistern, in der Regel durch Verdrängung und Selbstverleugnung. All dies, gemischt mit Augenblicken flüchtigen Glücks und natürlich mit regulärer Arbeit, Leistung, Betriebsamkeit, Pflichterfüllung und sonstigen Alltagsvorgängen. Kafka hat in seinen Romanen und Erzählungen wie kaum ein anderer dieses Nebeneinander von alltäglicher Normalität und innerer Zerrissenheit dargestellt, so etwa im »Prozeß«, als einer der Bewacher dem Josef K. sagt: »Sie sind verhaftet, gewiß, aber das soll Sie nicht hindern, Ihren Beruf zu erfüllen.« Und was er damals schrieb, gilt um so mehr für die gegenwärtigen Verhältnisse, in denen der Mensch trotz seiner vordergründigen Freiheit wie ein gefesselter und tief unglücklicher Prometheus dahinvegetiert.
Aber schon Pythagoras und seine Schüler begriffen die Erde als Kerker und das Leben als Strafe und die christlichen Religionen als Sündenfall und Vertreibung aus dem Paradies, als »paradise lost«, wie John Milton in seinem grandiosen Versepos schrieb. Im übrigen besitzen auch Gefängnisse, Kasernen, Irrenanstalten und Altersheime ihre Spiel- und Amüsierzeiten, auch Häftlinge, Soldaten und Asylinsassen können ab und zu feiern. Ja, gerade dort, wo bestraft

wird, legt man besonderen Wert auf die Zufriedenheit der Opfer, erwartet man von ihnen, daß sie sich wohlfühlen. Selbst in den NS-Konzentrations- und Ausrottungslagern fehlte nicht das Häftlingsorchester, sogar mit Bordellen wurden die Gepeinigten versorgt. Besonders in den heutigen Mustergefängnissen kümmert man sich um das Wohlergehen der Häftlinge, man läßt sie durch Psychiater, Pädagogen, Juristen, Priester, Psychologen und Sozialarbeiter betreuen, aber all diese Fürsorge ändert nichts an dem grundsätzlichen Bestrafungsprozeß.

Die Überflußgesellschaft ist natürlich kein Gefängnis, aber auch in ihr wird bestraft, freilich nicht mit Freiheitsentzug, sondern durch Diskriminierung, Unterdrückung, Ausbeutung, Benachteiligung und Demütigungen aller Art. Das Prinzip ist das gleiche, und es heißt Sadismus, Genuß am Martern und Foltern, und sei es nur seelisch. Die systematische Erniedrigung der Opfer in de Sades Sex-Ritualen entsprang nicht bloß der Phantasie eines perversen Zuchthäuslers, sondern war das Zeichen einer Epoche, die trotz ihrer gegenteiligen Beteuerungen und ihres Bekenntnisses zum Humanismus insgeheim Lust an Gewalt empfindet. Wir sollten uns keine Illusionen über unser angeblich aufgeklärtes Zeitalter machen, seine wahre Grundlage ist die Finsternis.

Der tägliche Betrieb läuft indes weiter. Jeder hat gelernt – lernen müssen –, gute Miene zum bösen Spiel zu machen, einerlei, ob ihm danach zumute ist oder nicht. Diese alltägliche Selbstvergewaltigung führt automatisch zu einer Spaltung zwischen innerem und äußerem Leben und von da zu einer Desintegration des Menschen. Daher auch seine schwankenden Stimmungen, seine Anfälligkeit für Neurosen, Aggressionen und Angstsyndrome. Die großen Werte der Neuzeit – Freiheit, Selbstverwirklichung – sind dahin, sterben täglich inmitten des allgemeinen, immer umfassenderen Prozesses der Kretinisierung und Entfremdung. Herr seiner selbst wollte der moderne Mensch sein, sich von dem Joch befreien – was er aber heute erlebt, sind neue, von der westlichen Zivilisation erzeugte Formen der Sklaverei und der Zerstörung. Deshalb gehört das Gefühl des Verlorenseins zu den Grunderfahrungen des heutigen Individuums, und dies unabhängig von seinem gesellschaftlichen Status. Es gibt keine intakten, »norma-

len«, unbelasteten Menschen mehr, nur verunsicherte, am Rande der Verzweiflung, der Empörung oder der tiefsten Entmutigung lebende Geschöpfe.
Natürlich geben wir dies nicht zu, natürlich verinnerlichen wir diese seelischen Erscheinungen und geben uns nach außen hin stark und selbstbewußt. Aber wir verraten uns ständig durch unsere Gereiztheit und unsere Aggressionen, nicht zuletzt auch durch unsere Kälte und Gefühllosigkeit. Denn die erste Folge der inneren Zerrissenheit ist die Einengung unserer Gefühlswelt, die Blockierung all jener Empfindungen, die uns nicht unmittelbar betreffen. Wir werden brutal und herzlos, weil wir gefühlsarm geworden sind, als wären unsere sensitiven Organe amputiert.
Ich möchte es unmißverständlich und mit aller Emphase sagen: Das ganze Programm – denn mehr ist das westliche Lebens- und Gesellschaftsmodell nicht – beruht auf einem bodenlosen, gemeinen Schwindel. Es ist ein widerwärtiger Schwindel, den Menschen mit aller Gewalt einhämmern zu wollen, daß das Leben unbedingt aus eitler Freude bestehen muß und daß jede andere Einstellung ein Zeichen von Unangepaßtheit ist. Damit verfälscht man auf die gröbste Weise die Grundstruktur des menschlichen Daseins, zu der konstitutiv auch Trauer, Entsagung und Schmerz gehören. Kierkegaard sprach deshalb von der Universalität der Verzweiflung, stellte fest, daß es keinen Menschen gibt, der einen solchen Gemütszustand nicht kennt, und schrieb, daß das »wirklich Seltsamste ist, nicht verzweifelt zu sein«[2]. Und er hatte recht, der große Däne, recht gegen die damaligen und heutigen Banausen, die aus dem Menschen einen selbstzufriedenen Konsumenten von Kitsch und Genuß machen wollen, ohne auf den Gedanken zu kommen, daß dies eine unverschämte Herabsetzung der »conditio humana« darstellt. Recht hatte ebenso mein großer Landsmann Miguel de Unamuno, als er das »tragische Gefühl« des Menschen leidenschaftlich bejahte, auf seinen unstillbaren Durst nach Unsterblichkeit und Ewigkeit hinwies und das Fortschrittscredo der Berufsoptimisten als einen kleinbürgerlichen Selbstbetrug entlarvte.[3]
Die Bourgeoisie bagatellisiert das menschliche Schicksal nicht von ungefähr; dahinter steckt der Vorsatz, dadurch die Widersprüche des

Systems zu kaschieren. Auch in dieser Hinsicht ist sich der Kapitalismus seiner niederträchtigen Gesinnung treu. Aber das System versucht nicht nur, den Menschen das Bewußtsein des Tragischen auszureden und es als ein Zeichen von unzeitgemäßem Pessimismus abzutun; es verzerrt auch das Bedürfnis nach Glück und Selbstverwirklichung und versucht, es mit allen möglichen Ersatzoptionen zu befriedigen, tötet alles Ursprüngliche und setzt an seine Stelle nur Surrogate. Das Ergebnis dieser Täuschung ist das Gefühl, daß man in einer Falle sitzt.

Der normierte Mensch

Die moderne Zeit beginnt nicht zufällig mit dem »Discours de la méthode« von Descartes. Und was sich seitdem durchgesetzt hat, ist der Haß auf alles, was sich der Normierung und Reglementierung widersetzt. In einem gewissen Sinn ist die Geschichte der Neuzeit nichts anderes als die Entwicklung immer perfekterer Kontroll- und Lenkungsmechanismen. Was D. H. Lawrence einmal über Nordamerika sagte, ist längst zu einem gemeinsamen Nenner für alle Industrienationen geworden: »They can't trust life until they can control it.«[4] Der Triumph der methodischen Normierung alles Lebendigen hat zu einer Inthronisierung der Mittelmäßigkeit, der Vermassung und der Enthumanisierung geführt.

Die Unterdrückung und Einengung der Spontaneität bedeutet unvermeidlich die Hegemonie von Ordnung, Planung und unbedingter Rationalisierung aller denkbaren Bereiche des individuellen und gesellschaftlichen Lebens, also die permanente Fremdbestimmung und Instrumentalisierung des Menschen durch Verwaltungsinstanzen und Machtapparate. Das, was die Psychoanalyse den Thanatos-Trieb nennt, ist heute der Drang, die Seele des Menschen in eine erbärmliche, kalte und herzlose Rechenmaschine zu verwandeln, jede spontane Gefühlsregung zu ersticken und alles Menschliche zum Robotertum zu degradieren.

Die bewußte Abtötung des Schöpferischen schließt die Erdrosselung des spielerischen Prinzips ein, das Schiller und Fourier als den eigent-

lichen Motor der menschlichen Selbstverwirklichung und als Ende der Entfremdung auffaßten. Der kreative »homo ludens« ist aus unserer Computer-Zivilisation verbannt worden; man hat ihn überall und in zunehmendem Maße durch das dressierte und domestizierte Individuum der Konsumgesellschaft ersetzt. Das Schillersche/ Fouriersche Ideal des Spiels als Grundlage eines erfüllten, vom Reich der Notwendigkeit befreiten Daseins wird immer undurchführbarer, weil das Reich der Notwendigkeit immer umfassender und gründlicher vom Menschen Besitz ergreift. Unsere angeblich fröhliche und permissive Gesellschaft ist in Wirklichkeit eine bestrafende, repressive Gesellschaft. Das bürgerliche System hat dem Menschen zuerst Gott oder die religiöse Illusion entrissen, dann die humanistischen Werte, schließlich die Möglichkeit der transzendentalen Einbildungskraft und hat aus ihm ein Ding unter Dingen gemacht.
Sich gegen diese Entwicklung wehrend, versucht der Mensch, seine kreativen, libidinösen Bedürfnisse außerhalb seiner Alltagswelt zu befriedigen, also im privaten Bereich. Diese Zuflucht ins Innere, diese Kontraktion der eigenen Bedürfnisse und Sehnsüchte geht aber einher mit einer tiefen Ablehnung des Ganzen oder Draußen, das als Störung des eigenen Ichs empfunden wird. Dadurch sinkt das gesellschaftliche Leben auf die Ebene einer feindseligen Mechanik ab.
Die Herrschaftsträger wissen natürlich, daß der Mensch ohne Illusionen nicht leben kann; entsprechend haben sie nach Mitteln und Wegen gesucht, um diesen angeborenen Trieb auf ihre Weise zu befriedigen. Was das System dem Menschen anbietet, sind allerdings eine Pseudoschönheit und eine Pseudoerfüllung, die auf einer Täuschung beruhen und deshalb verurteilt sind, mit einer Enttäuschung zu enden. Selbst die raffinierteste Manipulationsstrategie vermag nicht, die ursprünglichen Bedürfnisse der menschlichen Natur in die Irre zu führen. Auch der entfremdetste Mensch entdeckt irgendwann den Betrug. Das System hat unser äußeres Dasein weitgehend diszipliniert, aber im Innern des spätkapitalistischen Menschen haben sich Spannungen und irrationale Kräfte angestaut, die eines Tages wie eine Zeitbombe explodieren werden. Die Normierungs- und Domestizierungslogik der Industriegesellschaft wird sich am Ende als eine Brutstätte für Raubtiere erweisen, der goldene Käfig der Überflußge-

sellschaft als ein Inkubator von finsteren Rache- und Zerstörungsgelüsten. Schon jetzt ist die nervöse Atmosphäre wahrzunehmen, die alle großen Weltkatastrophen ankündigt. Die Weltgeschichte verwandelt sich zunehmend in eine Skandalchronik, der Alltag ähnelt immer mehr den Phantasien von Edgar Allan Poe; de Sade und Lautreamont sind von der Wirklichkeit längst überholt worden. Und die »Reise ans Ende der Nacht« ist noch nicht zu Ende. Nur die Lenker und Verwalter des Ganzen scheinen diese sich anbahnende Walpurgisnacht nicht zu bemerken.

Die Unterdrückung der spontanen Triebe wirft die Frage auf, inwieweit der Mensch heute noch frei ist, und sie ist leicht zu beantworten: Er genießt genau die Freiheiten, die das System ihm gewähren muß, um sich selbst fortpflanzen zu können, aber frei im existentiellen, umfassenden Sinn ist er nicht. Er hat sich vielmehr in einen Gefangenen des von ihm selbst errichteten artifiziellen Kosmos verwandelt. Wohlbemerkt: Der Mensch ist in einem absoluten Sinn nie frei gewesen, schon deshalb nicht, weil er immer abhängig ist von den Bedingungen, die das Leben bestimmen, von Krankheit, Alter, Schmerz und Tod. Aber heute ist der Mensch unfrei in doppelter Hinsicht: erstens als Geschöpf der Natur, zweitens als Objekt der waltenden Planungsinstanzen. Alle modernen Ideologien stellen in mehr oder weniger großem Ausmaß den Versuch dar, das menschliche Dasein in einen zu jeder Zeit und unter allen Umständen regulierbaren Prozeß zu verwandeln. Der postmoderne Mensch ist einer nie endenden Reihe von bürokratischen Mechanismen ausgesetzt, die nicht weniger erdrückend sind als politische Unfreiheit. Die Kontroll- und Normierungsobsession hat sich längst zum Selbstzweck entwikkelt, deshalb vermehren sich die Fragebogen, Listen, Karteien, Datensammlungen, Archive, Verordnungen, Paragraphen und Gesetze bis ins uferlose. Diese von Orwell und Huxley vorausgesehene Entwicklung zerstört immer mehr die schöpferische Kraft des Menschen, schränkt zunehmend seinen Sinn für Transzendenz, Spiel, Schönheit und Kreativität ein, hat zu der Vermassung, der Sterilität und Eintönigkeit der heutigen urbanen Gesellschaft geführt. Das Leben ist entsprechend zu einem endlosen Zeremoniell von standardisierten Handlungen und Gesten geworden.

Kapitalistische Freiheit bedeutet vor allem Vervollkommnung der Herrschaftsmethoden, nicht die Aufhebung des Herrschaftsprozesses als solchem. Ein grundsätzlicher Widerspruch des Manchester-Kapitalismus lag in der Unfähigkeit, ein Gleichgewicht zwischen dem Produktionsapparat und dem gesellschaftlichen Konsum herzustellen. Um den verheerenden Folgen dieser Fehlentwicklung entgegenzutreten, ging der Kapitalismus nach dem Zweiten Weltkrieg dazu über, den spontanen Prozeß von Nachfrage und Angebot durch eine umfassende Wirtschafts- und Gesellschaftssteuerung zu ersetzen, was wiederum die lückenlose Miteinbeziehung des Menschen als Beobachtungsobjekt mit sich brachte. Der total erfaßte Mensch der Konsumgesellschaft war damit aus der Taufe gehoben, Statistik und Demoskopie wurden zum Mittelpunkt gesellschaftswissenschaftlicher Theorie.
Dieses Erfaßtsein ist nicht nur eine Klassen-, sondern eine Zeiterscheinung, die das ganze System durchdringt. Weil die Menschen von den Herrschenden überall beobachtet werden, beobachten auch sie ihre Mitmenschen. Wir messen, taxieren und fixieren uns in zunehmender Weise, was zum Entstehen einer allseitigen Schnüffelei, Bespitzelung und zu Denunziantentum führt, letztlich zu Argwohn, Mißtrauen und Furcht. Es ist eingetreten, was der Prager Mathematiker Bolzano, Wegbereiter der Phänomenologie, sich als Sittenideal vorgestellt hatte: »Vornehmlich wird gefragt, womit sich Jeder beschäftigt habe, wie fleißig er gewesen, ob er stets mäßig gelebt und dergl.«[5] Wir haben es also in unserer Gesellschaft nicht nur mit dem Großen Bruder von Orwell, sondern auch mit unseren Nachbarn, Arbeitskollegen und Bekannten zu tun, so daß die Freiheit unserer Welt vornehmlich zu einem Instrument der gegenseitigen Kontrolle geworden ist.
Gerade das System, das vorgibt und sich brüstet, wie kein anderes zuvor die »privacy« des Menschen zu respektieren, hat nichts anderes getan, als den letzten Winkel des gesellschaftlichen und persönlichen Lebens zu vereinnahmen. Deshalb gibt es heute in tieferem Sinn keine unabhängigen Menschen mehr, nur eine gläserne Gesellschaft, in der jeder jeden kontrolliert und ausspioniert.

Die Angst des Menschen

Daß der spätkapitalistische Mensch alles andere als frei ist, beweist allein die Tatsache, daß sein Leben eng mit dem Gefühl der Angst verbunden bleibt, einer Angst, die längst ein immanenter Bestandteil des bürgerlich-kapitalistischen Zeitalters geworden ist. Die Erfahrung der Angst ist freilich kein spezifisches Merkmal der bürgerlichen Gesellschaft. Sie gehört zu den grundlegenden Erscheinungen des menschlichen Daseins und ist so alt wie die Schöpfung selbst, sie bildet eines der Grundphänomene der biopsychischen Struktur des Menschen. Allerdings sind die Erscheinungsformen der Angst nicht statisch, sondern von den jeweiligen Gesellschaftsverhältnissen jeder Epoche oder Zivilisation geprägt. Es gibt nicht nur eine Dialektik der Geschichte im Sinne Hegels oder eine Dialektik des Klassenkampfes, wie Marx sie konzipierte, sondern ebenso eine Dialektik der Angst. Und man kann durch sie den Zustand eines Zeitalters genauso erklären wie durch andere Erkenntnissysteme.

Der vorgeschichtliche Mensch hatte vor allem Angst vor den unberechenbaren Kräften der Natur, während der religiöse Mensch des Mittelalters an erster Stelle Angst vor der Hölle und der ewigen Verdammnis empfand. Diese beiden Formen der Angst sind durch den Säkularisierungsprozeß der Moderne, wenn nicht verschwunden, so doch weitgehend abgebaut. Dafür ist aber die Angst gegenüber den Mitmenschen gewachsen. Das gegenwärtige Individuum fürchtet sich vornehmlich vor seinem Nächsten, eine Erfahrung, die Celine so zusammengefaßt hat: »Es ist vor den Menschen und nur vor ihnen, vor denen man Angst haben muß, immer.«[6] Das Angstgefühl ist heute nicht vorwiegend kosmisch oder metaphysisch, vielmehr innerweltlich und zwischenmenschlich, deshalb auch so eindringlich in seiner Präsenz. Das Unheimliche ist heute die unmittelbare Wirklichkeit, die gesellschaftliche Faktizität, nicht unser metaphysischer Ursprung. Nicht vor dem, was hinter den Dingen steckt, haben wir Angst, sondern vor den Dingen selbst. Die furchterregende Unterwelt der Antike oder das Fegefeuer der christlichen Hölle ist sichtbar geworden.

Der Traum, durch technischen und wissenschaftlichen Fortschritt das

Leben immer sicherer und übersichtlicher zu machen, hat sich nicht erfüllt. Auch innerhalb der Industriegesellschaft reproduzieren sich die Angstprozesse, die schon die Naturvölker kannten. Was Kafka an Milena schrieb, entspricht mehr oder weniger der Erfahrung jedes zeitgenössischen Individuums: »... und außerdem ist ja mein Wesen: Angst.«[7]
Die Angst der heutigen Menschen ist weitgehend von einem Weltzustand erzeugt, der kein zusammenhängendes Ganzes mehr bietet, der grundsätzlich aus Entfremdung, Irrationalität, Zerstörung und Unmenschlichkeit besteht. In weniger zerstörerischen Gesellschaftssystemen als dem gegenwärtigen waren die Menschen weniger anfällig für die Angst, weil ihre Existenz sich innerhalb eines festumrissenen Wertesystems abspielte, das ihnen ein Mindestmaß an Geborgenheit sicherte und sie gegen Einsamkeit, Verzweiflung und Lebenskummer relativ schützte. Diese Bindung an eine das eigene Ich übergreifende Instanz ist in der spätkapitalistischen Gesellschaft äußerst brüchig geworden. Entsprechend fühlt sich der Mensch auf sich gestellt und weiß nicht, worauf er sich in der Stunde der Not stützen kann. Er lebt mit dem Bewußtsein, daß es nichts Festes und Verläßliches gibt, daß das Leben größtenteils auf Lug und Trug aufgebaut ist, daß es kaum noch etwas gibt, auf das er sich unbedingt verlassen kann. Der Mensch hat Angst, weil die Welt ihm fremd und unheimlich geworden ist, weil er überall auf Gefühllosigkeit und Härte stößt, Angst also als Folge der Erkenntnis, daß das Gesellschafts- und Lebensgehäuse, das wir errichtet haben, auf dem Krieg aller gegen alle beruht.
Natürlich geben wir selten zu, daß wir Angst haben, versuchen vielmehr, sie zu überspielen und uns und den anderen vorzumachen, wir hätten alles im Griff und seien unserer Sache sicher. Und oft gelingt uns sogar dieses Versteckspiel, so etwa, wenn wir unsere gesellschaftlichen oder beruflichen Erfolge als Bestätigung unserer existentiellen Stärke nehmen. Wir sind immer bedacht, den Schein der Normalität aufrechtzuerhalten, deshalb bemühen wir uns auch, die Angst zu verbergen und selbstbewußt aufzutreten. Dieses ständige Sich-zur-Schau-Stellen, um der Stimme des Gewissens auszuweichen und die Fiktion unserer gespielten Selbstsicherheit weiter

aufrechterhalten zu können, gehört mittlerweile zu den selbstverständlichen Zügen der menschlichen Komödie in ihrer gegenwärtigen Gestalt.

Nicht nur sein seelisches Elend hält der Mensch geheim, sondern auch seine materielle Not: »Menschen, durch die die Risse der Wohlstandsgesellschaft selbst mitten hindurchgehen, sind geneigt, ihr Elend zunächst zu kaschieren. Damit mindern sie die Bedrohlichkeit, die sie für die wohlanständigen Menschen ausstrahlen. Sie suchen sich die gewohnte Zuwendung der anderen zu sichern und in deren Augen nicht zum Infektionsherd des Elends zu werden«, schrieb Norbert Copray.[8] Eine Gesellschaft, die nichts anderes will als genießen, ist kaum geneigt, die von ihr selbst erzeugten Widersprüche zur Kenntnis zu nehmen.

Schon Marx stellte fest, daß die Unsicherheit ein grundlegendes Element des Kapitalismus sei, und selbst ein prokapitalistisch gesonnener Theoretiker wie Galbraith gibt offen zu: »Unsicherheit gehört zu dem Bild einer auf freiem Wettbewerb basierenden Gesellschaft.«[9] Ein auf rücksichtslose Konkurrenz gegründetes System ist tatsächlich dazu verdammt, Unsicherheit hervorzubringen und zu verbreiten. Es wäre natürlich demagogisch, wollte man behaupten, daß mit der Aufhebung des Privateigentums und des Konkurrenzkampfes auch die Angst verschwinden würde. Die anthropologisch-existentiell bedingte Angst des Menschen ist gewiß nicht allein mit »social engineering« aus der Welt zu schaffen. Möglich wäre es aber, die vom System erzeugte Angst weitgehend aufzuheben. Diese Angst ist ein Produkt der Geschichte und der Gesellschaft, nicht der Natur, und deshalb aufhebbar durch die Schaffung eines neuen, auf Kooperation und gegenseitiger Hilfe beruhenden Wertesystems.

Das ganze abendländische Denken geht seit Plato von der Voraussetzung aus, daß die Welt auf eine klare Idee reduzierbar ist, daß wir mittels unserer Vernunft in der Lage sind, das »Dahinter« der Dinge zu entziffern und es mit logischen Kategorien zu erklären. Wir sind weiter im Besitz dieser denkerischen Tradition, wir haben sie sogar im Laufe von zweieinhalbtausend Jahren auf das äußerste vertieft und verfeinert, aber dennoch erscheint uns heute die Welt bedrohlicher und unheimlicher als je zuvor. Platos Idee reicht nicht mehr aus, um die geschichtliche und gesellschaftliche Entwicklung des Abendlandes zu verstehen, auch das »cogito« Descartes' oder die transzendentalen Synthesen Kants nicht, ebensowenig wie die Dialektik Hegels, die phänomenologische Reduktion Husserls, die ontologische Fundamentalanalytik Heideggers und andere Denk- und Erkenntnismodelle, die von der Philosophie entwickelt wurden, um die Welt übersichtlicher zu machen. Die Ära des Atom- und Computerzeitalters hat alle klassischen Erkenntnissysteme in Frage gestellt, ohne sie durch andere zu ersetzen. Deshalb finden wir uns nicht zurecht und tappen im dunkeln, als wäre die Welt ein neues Labyrinth des Dädalus geworden.

DER SIEG DES NIEDRIGEN

»Alles in allem weißt du, daß in meinen Augen die einzige würdige Tätigkeit für einen Menschen, der sich selbst achtet, darin besteht, ins Blaue zu schauen und dabei zu verhungern.«

Mallarmé, Brief an Henri Cazalis

Endliches – Unendliches

Der Drang zum Niedrigen hat die Geschichte der Menschheit nicht minder geprägt als das Streben nach dem Höheren und Erhabeneren; er stellt eine der zähesten Konstanten des menschlichen Verhaltens dar. Jede kulturgeschichtliche Tendenz zum Edlen und Sublimen erzeugt irgendwann den antithetischen Drang zum Gemeinen. Die Präsenz des letzteren hat ihren vollendetsten Niederschlag in der heutigen Massen- und Industriegesellschaft erreicht. Wir befinden uns heute in einer geschichtlichen Phase des »descensio«, des Abstiegs. Unser Alltag ist komfortabler als früher geworden, aber auch flacher. Wir konsumieren ausgiebiger als je zuvor, aber unser Inneres besteht aus einem abgrundtiefen Vakuum. Wir leben tatsächlich im Zeitalter der zweitrangigen Diskurse und der subalternen Motivationen, deshalb gerät unser Dasein immer mehr unter die Herrschaft des Unschöpferischen und Sterilen.

Früher, in weniger mechanisierten Abschnitten als den gegenwärtigen, war das Streben nach Selbstverwirklichung und Glück vor allem Sehnsucht nach dem Unendlichen und Absoluten. Diese Sehnsucht, die für das Hochmittelalter und die Renaissance charakteristisch ist, wurde später zu einer Chiffre für die Romantik, und zwar als Reaktion gegen den Versuch des Rationalismus, jedes Fragezeichen, jedes Mysterium vom Horizont des Menschen zu verbannen. Sogar das

Laster faßte Baudelaire als ein Bekenntnis zur Unendlichkeit auf.[1] Der Romantiker will die bedrohte Dimension des Unendlichen und Unbestimmten wieder zur Geltung bringen und sie in den Mittelpunkt des Daseins setzen. So etwa Hölderlin: »Du trägst den Keim zur Unendlichkeit in dir! Erhalt ihn in der Dürftigkeit des Lebens.«[2] Aber die Romantiker und ihre Vorläufer kämpfen auf verlorenem Posten. Ihr Traum, das Leben als »erfüllte Unendlichkeit« zu verwirklichen, scheitert an der hemmungslosen Entfaltung des Industriezeitalters, das die Suche nach dem Unendlichen verdrängt und sie durch den bürgerlichen Begriff des Erfolgs ersetzt. Schon Novalis mußte feststellen: »Wir suchen überall das Unbedingte und finden immer nur Dinge.«[3] Es war die poetisch formulierte Ankündigung der kommenden Verdinglichung aller gesellschaftlichen und menschlichen Verhältnisse. Denn trotz ihrer zum Teil rückwärtsgerichteten Weltsicht sind die Romantiker die ersten, die den Entfremdungscharakter des Maschinenzeitalters erkennen und entlarven. Ich unterstreiche dies, weil die dogmatische Linke, vorab die marxistische, die Romantik nie zur Kenntnis genommen hat, wie mein verstorbener Freund Robert Kalivoda – selbst ein Marxist – vor Jahren bemerkte: »Das Problem des Romantizismus wurde von den Marxisten bislang nur unzureichend interpretiert, nämlich ausschließlich als konservative Reaktion auf die bürgerliche Revolution, als Flucht ins Irrationale, als Resignation vor der Aufgabe der wirklichen Befreiung.«[4] Der Romantizismus bedeutet tatsächlich eine verinnerlichte Form der Negation der Negation, die das revolutionäre Denken als kollektive, politische Praxis begreifen wird. Die Traurigkeit der Romantiker, ihr Hang zum »spleen« und »tedium vitae« und ihr Bedürfnis nach Zurückgezogenheit sind Vorboten des heute weitverbreiteten Lebensüberdrusses und Frustrationsgefühls. Was ist Horkheimers »Sehnsucht nach dem ganz Anderen« anderes als die Umschreibung des von Wilhelm Schlegel geprägten Begriffs der »Sehnsucht nach dem Unendlichen«?

Die von den Romantikern schon deutlich empfundene Entsublimierung der Welt hat in der gegenwärtigen Konsumgesellschaft ihren Höhepunkt erreicht. Zugang zum Unendlichen bedeutet heute für die meisten Menschen nicht viel mehr, als in der Gesellschaft arri-

viert zu sein, mit den entsprechenden Anreizen und Belohnungen, die dazugehören: Macht, Geld, Ansehen, Luxus, Parties, Empfänge, Sex, exotische Reisen und dergleichen. Wir alle sind Gefangene des Endlichen geworden, Bewohner eines geschlossenen Raums, der keine Flucht zu einem wirklichen »Woanders« zuläßt. Es gibt keine »Fremde« mehr als gleichbedeutend für Traum und Sehnsucht nach dem ganz anderen. Die weltweite Verbreitung der Kommunikationsmedien hat zum Entstehen einer nivellierenden Pseudo-Aufklärung geführt, die mit unermüdlichem Eifer die Zerstörung alles Geheimnisvollen und Poetischen betreibt. Mallarmé sagte, daß außer der Dichtung und der Schönheit »alles Lüge ist«[5]. Nun, wenn dies stimmen sollte, dann ist unsere Zeit eine Zeit der totalen Lüge.
Dieser Zustand ist kein Zufall, sondern die unvermeidliche Konsequenz der bewußten Liquidierung der ewigen Kategorie des Unendlichen. Was wir erleben, ist ein metaphysischer Mord, ein Mord – unnötig zu sagen –, der kein anderes Motiv hat als den Haß der etablierten Mittelmäßigkeit auf alles Erhabene. Schon Rimbaud wußte: »Die Rasse der Minderwertigen hat alles besetzt.«[6] Der Durchschnittsmensch weiß sehr wohl, daß er aus Mittelmäßigkeit besteht, und dieses Bewußtsein erzeugt bei ihm einen tiefen Groll gegen alles, was sich nicht auf sein Niveau herabziehen läßt. Er ist wie der Neffe von Diderots »Rameau«: »Ja, ja, ich bin mittelmäßig und zornig.«[7] Die Menschheit scheint dem Rat gefolgt zu sein, den Saint-Marc Girardin Mitte des letzten Jahrhunderts seinen Landsleuten gab: »Soyons médiocres« – »Laßt uns mittelmäßig sein«.
Die Welt, wie sie heute aussieht, widerspiegelt tatsächlich den Triumph des Niedrigen über das Höhere. Man kann dieses Phänomen mit der Sprache der Psychoanalyse als den Sieg des Thanatos über den Eros erklären, aber auch mit anderen wissenschaftlichen, soziologischen oder ideologischen Begriffen deuten, etwa als Folge des vom Spätkapitalismus erzeugten Materialismus. Aber diese oder ähnlich begründete Schlußfolgerungen sind zu einseitig, um die ganze Tragweite des gegenwärtigen Weltzustandes zu erfassen. Der Grund liegt tiefer, geht von einer geschichtlichen Wende aus, deren Wurzeln der Haß auf alles Schöne, Ungewöhnliche und Sublime ist. Wir leben in einem Zeitalter, in dem alles danach strebt, das Gewöhn-

liche unbedingt und überall als den einzig gültigen Maßstab der Dinge durchzusetzen. Jede Ausnahme gilt als verdächtig, jede wahre Individualität wird mit Mißtrauen und Argwohn betrachtet. Die Institutionen, Parteien, Verbände und andere Massenapparate haben sich zum Ziel gesetzt, die ganze Menschheit zu zwingen, sich den herrschenden Werten anzupassen, ein Vorgang, den Cioran zu Recht als einen Akt des Selbsthasses erkannte.[8] Kierkegaard rechnete sich als Verdienst an, die Kategorie der Singularität gerettet zu haben, und zwar gegen das Unpersönliche und Anonyme. Lebte er noch unter uns, dann würde er sehen müssen, was aus seiner gegen Hegel gerichteten Lehre der Singularität geworden ist – nämlich nichts. Man spricht freilich weiterhin vom einzelnen und seinen Rechten und seiner Selbstverwirklichung, man spricht vielleicht mehr denn je darüber. Aber was die Parteien und sonstigen Interessengruppen in dieser Hinsicht verkünden, ist nur das Evangelium der allgemeinen Ellenbogenfreiheit, die ein groteskes Zerrbild des Individuellen darstellt. Die Bejahung des Persönlichen ist ja im kapitalistischen Kontext nichts anderes als ein Freibrief für die ungehemmte Entfaltung aller niedrigen Triebe. Die Kategorie des Singularen ist undenkbar ohne ein ethisches Wertesystem, das die Kategorie des Nächsten miteinbezieht, deren Fundament wiederum kein anderes sein kann als die Idee des Guten, Wahren und Gerechten oder Universal-Menschlichen, und davon kann heute keine Rede sein. Alle erhabenen Ideale der Moderne sind dahin, zuallererst der Traum von einer gerechteren und glücklicheren Gesellschaftsordnung.

Die neue Hölle: Die Erfahrung des Bösen

Die alte Vorstellung von der Hölle wird heute instinktiv gemieden, als wäre sie ein Anachronismus geworden, und dennoch bildet die Begegnung mit ihr eine der grundlegendsten und häufigsten Erfahrungen unserer Zeit. Nicht nur die anderen sind die Hölle, wie Sartre meinte; vielmehr ist das gesamte moderne Leben eine Hölle geworden, wie Ezra Pound, an Dante anknüpfend, feststellte. Und wenn wir es nicht merken, dann weil wir uns an diesen Zustand gewöhnt haben und ihn als normal registrieren. Die Verdammnis – wir erleben sie hier und jetzt nicht als eschatologische Bedrohung, als Angst vor dem jenseitigen Fegefeuer, sondern als diesseitige, alltägliche Begebenheit.

Das antike, klassische Denken faßte im allgemeinen das Böse als ein abgeleitetes Negativum ohne eigenes, ursprüngliches Sein auf, als »defectum«. So verstand Sokrates das Böse als ein Produkt der Unwissenheit, als Verkennung der Wahrheit. Er glaubte auch (wie vor ihm Demokrit), daß derjenige, der Böses tut, unglücklicher ist als sein Opfer. Diese Auffassung vom Bösen ist eng verbunden mit dem Begriff der Wahrheit als dem letztentscheidenden Wert. Deshalb wird das Böse als eine Abweichung von der Wahrheit begriffen. Auch Marc Aurel meinte, daß das Böse die Folge eines subjektiven Irrtums ist. Ähnlich ist für Plotin das Böse nur Mangel an Gutem, hat entsprechend kein grundlegendes, echtes Sein, ist Abfall und als solcher dem Nichts zugehörig. Augustinus sieht ebenfalls das Böse als »Privation« des unzureichenden Guten, nicht als originäres Prinzip.

Diese Auffassungen dringen durch Augustinus und Thomas von Aquin in das christliche Denken und behaupten sich bis in die Neuzeit. Nur vereinzelte Denker – Böhme etwa – brechen mit dieser Tradition und schreiben dem Bösen einen konstitutiven Status zu. Auch ein Teil der Romantik läßt sich vom Bösen faszinieren und stilisiert gar das Satanische als einen Wert an sich, von de Sade über Lautreamont bis zu den »poètes maudits«. Nicht zufällig wird Baudelaire von »les fleurs du mal« sprechen und das Morbide und Verbotene in den Mittelpunkt seiner Dichtung stellen. Daniel Bell: »Die Kultur – vor allem die modernistische – übernahm die alte Beziehung zum Dämonischen, doch anstatt es zu zähmen, wie die Religion dies versucht hatte, akzeptierte die westliche Kultur (in der Literatur und der Kunst) dieses Dämonische immer mehr, begann es zu erforschen, darin zu schwelgen und es als die Quelle der Schöpferkraft zu begreifen.«[9]

Schelling, von Böhme und der Romantik beeinflußt, erkennt das Böse als einen primären Bestandteil der Natur an und stuft es als Drang zur Selbstbehauptung und zur Trennung vom Ganzen ein. Seine

Behauptungen über die Macht des Bösen richten sich gegen die Aufklärung, die allzu mechanisch das Böse als ein Produkt der Unvernunft begreift und es deshalb durch die Erziehung des Menschen langfristig für überwindbar hält. So Helvetius: »L'éducation peut tout« – »Die Erziehung vermag alles«.[10] Schelling will von diesem erbaulichen Rationalismus nichts wissen: »Und wie es einen Enthusiasmus zum Guten gibt, ebenso gibt es eine Begeisterung des Bösen.«[11] Das Böse gehört zur Anlage und zur Freiheit des Menschen, ja, es ist von Gott selbst zugelassen, es verkörpert das Dunkle an ihm und ist nur durch Licht und Verklärung – also durch Liebe – aufhebbar. Die Wurzeln des Bösen entstammen den chaotischen, dunklen Kräften der Unnatur, »denn alles Böse strebt in das Chaos«[12]. Aber bei aller Beteuerung des eigenständigen Charakters des Bösen ist nicht zu übersehen, daß Schelling dem Bösen nur eine methodische Rolle zuweist, um dann um so entschiedener die Macht und Herrlichkeit des Guten oder Gottes unterstreichen zu können. Das Böse hat zwar eine ungeheure Kraft, aber über ihm steht das Gute, der Wille Gottes.
Rousseau nimmt eine Sonderstellung ein. Seine Behauptung, daß der Mensch von Natur aus gut sei, widerspricht frontal dem christlichen Begriff der Erbsünde wie der pessimistischen Anthropologie von Hobbes, Mandeville, LaMettrie und anderen bürgerlichen Denkern, die das Böse an den Ursprung versetzen. »Wir müssen von dem unwiderlegbaren Grundsatz ausgehen, daß die ersten Bewegungen der Natur immer richtig sind: es gibt im menschlichen Herzen keine ursprüngliche Verderbnis«, wird Rousseau kategorisch behaupten.[13] Damit teilt er im Grunde die Einstellung des antiken, vorchristlichen Denkens, das in der Natur den Nomos und das Ordnende sieht, das Vollkommene und Fehlerlose. Da er dem Bösen kein eigenständiges Dasein gewährt, versucht er, seine Erscheinung als ein gesellschaftliches Produkt zu erklären. Diese Haltung deckt sich letzten Endes mit der der Aufklärung und der sozialistischen Theorie insgesamt, allerdings mit dem wichtigen Unterschied, daß Rousseau den Fortschrittsglauben des bürgerlichen (und sozialistischen) Denkens verwirft und die moderne Zivilisation als Entfremdung und Abfall von dem ursprünglichen Guten des »homme naturel« begreift.

Kant, von Rousseau beeinflußt, spricht auch von »dem Laster der Kultur und der Zivilisation«, aber er übernimmt keineswegs die Rousseausche These, daß das Böse lediglich eine gesellschaftliche Ursache habe und daß der Mensch von Natur aus gut sei. Für Kant ist das Böse (wie das Gute auch) zunächst etwas schlechthin Unbegreifliches, aber schließlich kommt er zu dem Schluß, daß es ein »radikal Böses« gibt, das er als den »faulen Fleck unserer Gattung« definiert.[14] Da aber der Mensch auch eine Anlage zum Guten hat und eine Vernunft und ein ethisches Empfinden besitzt, ist er in der Lage, das Böse zu bekämpfen und in Schach zu halten. Diese Fähigkeit, moralisch zu handeln, ist ja der Ausdruck seiner Freiheit. Die Quelle des Bösen ist für Kant die Eigenliebe. Zu dieser Haltung gehört die Neigung, das eigene Dasein an dem der anderen zu messen, womit sich »Eifersucht und Nebenbuhlerei« automatisch ergeben. Denn bei einer solchen Einstellung wird der einzelne keine Überlegenheit anderer dulden, er will immer nur oben sein. Mit dieser Spezifizierung des Bösen als Geltungssucht antizipiert Kant die Hauptmotivation der bürgerlichen Gesellschaft und ihres Ich-Kults.

Der Versuch Nietzsches, den gordischen Knoten zu lösen und eine Philosophie »jenseits von Gut und Böse« zustande zu bringen, ist trotz seines Originalitätsanspruchs unseriös. Wie fast alles bei ihm bleiben seine Ausführungen über die Problematik des Bösen sprachliches und begriffliches Blendwerk, ja, im Grunde philosophischer Infantilismus. Auch Hegel hat nichts Ernsthaftes über das Böse gesagt, schon deshalb nicht, weil die Ethik in seinem System ein Fremdkörper blieb.

Für uns ist das Böse keine primäre Kategorie, wir fassen es vielmehr als die Unfähigkeit oder Unmöglichkeit auf, Zugang zu anderen, sinnvolleren Werten zu finden, also als Selbstentfremdung, als verhinderte Erfüllung, als Rache gegen das, was man nicht besitzt oder nicht ist, als Ausdruck des Selbsthasses. Es ist im Nichts begründet, seine Motivation ist entsprechend der Nihilismus. Das Böse oder »malum« ist ein Negativum, und um so mehr es sich entfaltet, desto offenkundiger erweist sich seine Negativität. Gerade in seiner Entfaltung offenbart sich seine Ohnmacht, anders sein zu können. Denn der vom Bösen beherrschte Mensch peinigt nicht nur die anderen, seine Opfer; er bestraft zu allererst sich selbst. Deshalb ist er immer unbedingt unglücklich, wie Rousseau, der Antike folgend, betont: »Das Böse, das uns die Bösen tun, läßt uns das Böse vergessen, das sie sich selbst antun.«[15]

Unsere Zeit ist weitgehend böse, weil das Individuum nur sich selbst sieht und kein Empfinden mehr für seine Mitmenschen hat. Strenggenommen führt heute der Durchschnittsmensch ein harmloses, gesetzestreues Dasein, aber trotzdem ist sein Verhalten alles andere als gut. Lange vor Christus und seinem Gebot der Nächstenliebe stellte Empedokles fest, daß die Verbrechen der Menschheit ihren Beginn nahmen, als die einzelnen aufhörten, sich als Verwandte ihrer Mitmenschen zu fühlen, als nicht mehr das Prinzip Liebe, sondern das des Kampfes galt.

Der alte Vorsokratiker hat recht behalten, der bedauernswerte Zustand unserer Zeit ist eine Bestätigung seiner Lehre. Und dieser Zustand wird sich weiter fortsetzen und wahrscheinlich verschlimmern, solange die bürgerliche Züchtung von Egoismus die natürliche Anlage des Menschen zur Solidarität erstickt und den Selbstverwirklichungstrieb in eine falsche Richtung lenkt. Wir müssen zur Antike zurückkehren und uns an ihrem moralischen Grundprinzip orientieren: Das Böse ist letzten Endes immer ein Produkt der Selbstentfremdung, und diese hängt immer kausal mit der Gesinnung des gesellschaftlichen Ganzen zusammen.

Die verfehlte Emanzipation

Das moderne Denken ist extrem doktrinär ausgerichtet und zeichnet sich durch die Tendenz aus, das Wesen des Menschen in höchst einseitiger Weise zu schematisieren und einzuengen. Diese Haltung gilt sowohl für die fortschrittlichen wie für die reaktionären Geistesströmungen, für die Anhänger wie für die Feinde der Vernunft, für die Aufklärung wie für die Gegenaufklärung. Sie alle haben die Realität mehr oder weniger deformiert, reduziert, karikiert. Deshalb haben sie so viele Schablonen und Zerrbilder produziert, deshalb ist die Ideengeschichte der Neuzeit nicht zuletzt die Geschichte einer riesigen und zum Teil plumpen Simplifikation des menschlichen Seins. Alle sind Sünder gewesen, an erster Stelle all jene Empiriker, Pragmatiker und Positivisten, die jede ideologische Parteilichkeit von sich gewiesen und den Anspruch erhoben haben (und weiter erheben), im Besitz des rein »objektiven«, »sachlichen«, »wissenschaftlichen« und »wertneutralen« Denkens zu sein.

Die Moderne setzt mit einem fruchtbaren und vielversprechenden Vorgang ein: mit der Infragestellung und Beseitigung der morsch gewordenen Glaubenssätze, Dogmen, Vorstellungen und Mythen des Mittelalters. Aber kaum war sie sich ihrer Sache sicher, begab sie sich auf den bequemen Pfad der Verflachung und begann, billige Etiketten und Abstraktionen herzustellen. So reduzierte Hobbes den Menschen auf seinen Machttrieb, LaMettrie zur Maschine, Cabanis zu einem Bündel von Nerven. Mandeville und sein Schüler Helvetius faßten ihn als Egozentriker auf, D'Holbach als plumpen Hedonisten, Bentham und sonstige Utilitaristen als berechnenden Egomanen. Die Marschroute wurde von Benjamin Franklin lakonisch zusammengefaßt: »Be always employed in something useful« – »Beschäftige dich immer mit etwas Nützlichem«.[16] Aus der berechtigten Offensive gegen den christlich-mittelalterlichen Obskurantismus wurde bald ein neuer Obskurantismus, diesmal nur beleuchtet durch den aufgeklärten Geist des rationalistischen, naturwissenschaftlichen und materialistischen Credos.

Der Neuzeit gelang es weitgehend, den Menschen von der Finsternis des Mittelalters zu befreien, aber das von ihr mit Pauken und Trompeten verkündete neue Reich der Vernunft verwandelte sich nach und nach in ein Zerrbild seiner ursprünglichen Grundsätze, führte zum Entstehen eines neuen Systems von Unterdrückung, Unmenschlichkeit und Terror, oder, wie der Aufklärer Goya schon feststellen konnte: »El sueño de la razón produce monstruos« – »Der Traum der Vernunft gebiert Ungeheuer«. Und diese Entwicklung wurde sogleich sichtbar gerade im Lande des »cogito«, dort, wo Rousseau, Voltaire, Diderot und die Enyzklopädisten die Aufklärung zur höchsten Vollendung gebracht hatten. Denn die Exzesse der Französischen Revolution waren nicht nur das Ergebnis des berechtigten und spontanen Volkszorns gegen die verkommene Monarchie und den parasitären Adel. Sie wurden auch durch die Entartung der Vernunft mitverursacht. Gewiß, die Scheiterhaufen der Inquisition waren abgeschafft, aber an ihrer Stelle funktionierte jetzt die Guillotine, wiederum unter dem Jubel der Massen. Es war nicht nur seine Abscheu vor der Revolution, die Chateaubriand veranlaßte zu schreiben: »... die Wahrheit ist, daß es nie zuvor so viele Kains wie in der Zeit der Enzyklopädisten gegeben hat, daß niemals zuvor ein so eiskaltes Jahrhundert ein Volk überrollt hat.«[17] Der Terror, den Robespierre, Saint-Just und andere Jakobiner entfesselten, zeigt, wie leicht der gutgemeinte und im Prinzip fortschrittliche Rationalismus zum blinden Fanatismus und zur Erbarmungslosigkeit degenerieren kann. Oder, wie eine der Bühnengestalten von Albert Camus sagt: »Am Anfang will man die Gerechtigkeit errichten, am Ende organisiert man ein Polizeisystem.«[18]

Das Schlimmste daran war das gute Gewissen, mit dem die Moderne getötet hat. Diese Fehlentwicklung läßt erkennen, daß von Anfang an etwas Faules im Spiel war. Die Theorie und die Praxis der Moderne sind nicht nur ein großartiger Versuch, den Menschen aus seiner Unmündigkeit zu lösen und seine Würde wiederherzustellen. Sie sind leider auch das Werk von unverantwortlichen Scharlatanen, zynischen Demagogen, pedantischen Doktrinären, naiven Schwärmern, engstirnigen Sektierern und gefährlichen Psychopathen. Wie soll man sich sonst die Geschichte der letzten Jahrhunderte erklären, die im ganzen die Geschichte einer verfehlten Emanzipation ist?

Das 19. Jahrhundert entdeckt den kollektiven Menschen, reduziert ihn auf seine gesellschaftliche Dimension, sieht ihn als Produzenten (Saint-Simon), als Masse (Le Bon) oder als »Humanité« (Compte). Selbst Marx, der den Menschen als eine vielseitige Totalität auffaßte, konnte sich nicht ganz von dem Reduktionismus seiner Zeit lösen. Sein Fazit: Alles, was nicht Ökonomie und Klassenkampf ist, bleibt Fiktion, Überbau, Fetischismus, Widerspiegelung von Marktgesetzen und von Verdinglichung. Es gibt keine Individuen, nur Klassen, nur Arbeiter und Kapitalisten. Dieses Schema, das die Kulmination der emanzipatorischen Vernunft bedeutet, wird nie oder nur in höchst verzerrter Form in die Praxis umgesetzt, ist bis jetzt Utopie geblieben, was auch für andere Befreiungsmodelle der Moderne gilt.

Nicht der kollektive Mensch des Sozialismus hat sich durchgesetzt, sondern sein Todfeind, der bürgerliche Individualismus.
Die Moderne wollte die Welt nicht nur neu konzipieren, sondern auch ändern, deshalb hat der Begriff der Praxis bei ihr vom ersten Moment an eine Schlüsselrolle gespielt. Diese Einstellung, die Mandeville in der Formel »Tugend besteht in Tätigkeit« zusammenfaßte[19], wurde auch zu einem gemeinsamen Nenner des emanzipatorisch-revolutionären Denkens. An die Fichtesche »Tathandlung« anknüpfend, schwärmte schon Moses Hess für die »Philosophie der Tat«. Ähnlich wollten die Anarchisten mittels der »Propaganda durch die Tat« und später durch die »direkte Aktion« die alte Gesellschaft stürzen und eine neue an ihre Stelle setzen. Für die Marxisten wurde der Begriff Praxis geradezu ein Fetisch.
Auch Marx ließ sich von der Hegelschen Verherrlichung des Tuns anstecken und übernahm völlig unkritisch eines der zentralsten Elemente der bürgerlichen Ideologie. Adorno: »Marx hat die These vom Primat der praktischen Vernunft von Kant und dem deutschen Idealismus empfangen und geschärft zur Forderung, die Welt zu verändern, anstatt sie bloß zu interpretieren. Er hat damit das Programm absoluter Naturbeherrschung, ein Urbürgerliches, unterschrieben.«[20] Aber diese, von allen Ideologien und Parteien des 19. und 20. Jahrhunderts betriebene Verabsolutierung der Praxis endete allerorts in einem Fiasko und führte zum Entstehen von neuen Formen der Entfremdung und der Enthumanisierung. In Rußland entartete sie zu politischem Totalitarismus und Terror, in der bürgerlichen Welt zur repressiven Produktionsdynamik, in den faschistischen Ländern zu brutaler Gewalt und zerstörerischer Raserei.
Das moderne Denken produziert nicht nur die großen Systeme der Aufklärung und der sozialistischen Theorie; es bringt auch eine Reihe kulturpessimistischer Strömungen hervor, die die »Zerstörung der Vernunft« (Lukács) betreiben, die emanzipatorischen Ideale des Humanismus und der Revolution ins Lächerliche ziehen und ein pessimistisches bzw. düsteres Bild vom Menschen entwerfen. Diese antiaufklärerische, vernunftfeindliche Entwicklung blüht nicht zufällig vor allem in Deutschland, das im 19. Jahrhundert seine eigene Aufklärung verrät, die demokratische Revolution verpaßt und

sich zum europäischen Zentrum des Irrationalismus, der Konterrevolution und des Rassismus wandelt. Die Hauptstifter des deutschen Kulturpessimismus sind ein verkannter und einsamer Philosoph – Schopenhauer – und sein genauso verkannter und einsamer Schüler Nietzsche. Was danach aus dieser Richtung kommt – Spengler, Max Scheler, Heidegger –, trägt den Stempel von beiden, vor allem von letzterem.

Mit Freud schlägt die Demontage der Vernunft ganz neue Wege ein. Zwar versteht sich der Gründer der Psychoanalyse selbst als ein Aufklärer, aber seiner Theorie liegt eine tief pessimistische Auffassung vom Menschen zugrunde. Während die bürgerlichen Aufklärer und die Sozialtheoretiker des 19. Jahrhunderts den Menschen in erster Linie als ein rationales Wesen begreifen, sieht Freud ihn als ein ziemlich wehrloses Spielzeug des Unbewußten, als Träger libidinöser Triebe, Phobien und Aggressionen, die mächtiger sind als die selbstregulierende Kraft der Vernunft. Damit entmachtet er die abendländische Subjektivität und degradiert die Geschichte der Kultur und der Zivilisation zum Ödipuskomplex, zum Narzißmus und zur Herrschaftssucht. Alles, was in diesen summarischen Psychobiologismus nicht hineinpaßt, wird als Sublimierung, Aberglaube, Einbildung und Krankheit verteufelt. Der Mensch ist ein Sklave seiner irrationalen Triebe, besitzt keinen freien Willen, keine autonome Vernunft und kein ethisches Empfinden. Deshalb ist er prädestiniert, Opfer seines Zerstörungstriebs zu werden. Oder, wie Horkheimer feststellt, der »ewige Destruktionstrieb soll, wie der Teufel im Mittelalter, an allem Bösen schuld sein«[21]. Liebe, Freundschaft, Opferbereitschaft, Selbstlosigkeit, Idealismus – alles wird als Ausdruck verborgener und prosaischer Motivationen herabgewürdigt, als Egoismus, Geschlechtstrieb oder Geltungssucht abgestempelt. Religion, Kunst, Poesie und Schönheit haben keinen konstitutiven Wert, sie sind nur abgeleitete Produkte und Epiphänomene der primären Kräfte des Unbewußten, Sublimate ganz vulgärer Beweggründe. Und da nach Freud der Mensch nicht die Voraussetzungen besitzt, um aus eigener Einsicht vernunftkonform zu leben, muß er sich dem Realitätsprinzip beugen und eine äußere, über ihm waltende Autorität akzeptieren. Damit sind wir wieder beim Hobbesschen Leviathan. Entsprechend

hat Ulrich Sonnemann die Psychoanalyse als »Produktion von Vergangenheit« charakterisiert.[22]
Durch Kafka wird der Moderne ein neues Spiegelbild vorgehalten, und es ist äußerst trübe, dieses Spiegelbild. Kafka faßt den Menschen als Opfer einer undurchsichtigen Bürokratie auf, die menschliche Existenz als einen bedrohlichen und sich immer erneuernden Prozeß von Angst, Unsicherheit und Entfremdung. Diese von Kafka in seinen Werken beschriebene Grundbefindlichkeit des Menschen wird dann von Heidegger philosophisch vertieft und systematisiert: Das Dasein ist nichts weiter als Geworfenheit, die Geschichte des Abendlandes Seinsverfall, Nihilismus, Entfremdung vom Wahren und Ursprünglichen, die er als Sein-zum-Tode versteht. Dieser Aushöhlungsprozeß des Menschen als selbstbestimmende und freie Totalität wird wiederum auf dem Gebiet der Literatur von Joyce weitergeführt, der vor allem in seinem Roman »Ulysses« auf die rigoroseste Weise die Zerrissenheit des modernen Menschen zum Ausdruck bringt.
Sich auf Pascal und Kierkegaard berufend und von Heidegger tief beeinflußt, faßt der Existentialismus den Menschen als ein Produkt aus Angst und Beklemmung (angoisse) auf, das Leben als Absurdes und Fremdes (Camus) oder als »Ekel« (Sartre). Auch die Existenzphilosophie stellt im ganzen eine Reaktion gegen den optimistischen Rationalismus der Moderne dar, setzt innerhalb einer neuen geschichtlichen Konstellation die von Kierkegaard im Namen des konkreten Individuums gegen das Hegelsche Allgemeine geführte Polemik fort. Mit der Bejahung des einzelnen als einen beziehungslosen und völlig auf sich selbst gestellten Monaden wird ein weiterer Schritt in Richtung Entsozialisierung und Solipsismus getan und das Alltags- und Gesellschaftsleben als »unecht« oder als »Gerede« (Heidegger) eingestuft. Das menschliche Dasein hat keinen Sinn a priori, besteht aus nackter Faktizität und Befindlichkeit; deshalb behauptet Sartre, daß der Mensch »dazu verdammt ist, immer wieder den Menschen zu erfinden«[23].
Die nächste große Auseinandersetzung mit den Werten und Vorstellungen der emanzipatorischen Vernunft wird von den Strukturalisten ins Rollen gebracht, danach von den Dekonstruktivisten und den sogenannten »Neuen Philosophen«. Die Botschaft der Strukturali-

sten und ihrer Epigonen lautet: Es gibt kein freies, autonomes Subjekt, nur die sich immer wieder reproduzierende Macht der Sprache und die aus ihr hervorgegangenen gesellschaftlichen Entfremdungs- und Zwangsprozesse und unterdrückenden Strukturen. Was hier mit großem französischen Pathos verkündet wurde, war alles andere als originell, sondern der Versuch, durch eine neue (modische) Terminologie und einen neuen, höchst umständlichen Begriffsapparat die uralte Lehre des Determinismus wiederzubeleben und publikumswirksam zu machen. Am wenigsten war die Fetischisierung der Sprache neu. Schon der Reaktionär und Irrationalist Hamann (1730–1788) hatte sich der Philologie bedient, um gegen Kant, die Aufklärung und das moderne Denken zu Felde zu ziehen, das er eine »tödliche Lüge« nannte. Auch der Schlüsselbegriff »Struktur« war geliehen. So spielte er eine zentrale Rolle bei dem formalstrukturell begründeten Empirismus Carnaps, der den Terminus direkt von Bertrand Russell übernahm (Introduction to Mathematical Philosophy). Dilthey hatte auch den Begriff benutzt, um die Regelmäßigkeit bestimmter psychischer Phänomene zu bezeichnen, wie später auch Eduard Spranger und andere Gelehrte. Aber was ursprünglich aus der rein technisch-wissenschaftlichen Welt stammte, wurde von den französischen Strukturalisten und ihren Kindern und Enkelkindern in eine umfassende Gesellschaftstheorie umgewandelt und ideologisch gegen die emanzipatorische Tradition der Moderne gerichtet. Inhaltlich bewegten sich die französischen Strukturalisten ebenfalls auf bekanntem Terrain. Talcott Parsons etwa hatte schon Anfang der fünfziger Jahre sein soziologisches System aus der Allmacht und dem unveränderlichen Charakter der gesellschaftlichen Strukturen begründet.

Geschichte ist also nicht Neuschöpfung, sondern im Grunde immer Wiederholung und Reproduktion, eine These, die Foucault vor allem in »Les mots et les choses« mit aller Schärfe formulierte: Der Mensch als schöpferisches Subjekt existiert nicht, und wenn er sich in der Vergangenheit Illusionen über seine Befreiungsmöglichkeiten gemacht hat, dann nur, weil er nicht die Strukturen erkannte, die ihn gefangenhielten. Die Revolution ist ein unhaltbarer Mythos, eine infantile und romantische Illusion, die nie in Erfüllung gehen kann.

Der unmittelbare Adressat der strukturalistischen Enthauptung der revolutionären Idee ist natürlich Sartre mit seinem Begriff der Freiheit.
Dann sind die Neuen Philosophen an der Reihe. Von dem antiautoritären Studentenaufstand der sechziger Jahre tief enttäuscht und durch die Enthüllungen von Solschenizyn über die stalinistischen Gulags beeinflußt, entfesseln sie einen regelrechten Kreuzzug gegen die klassischen und neuzeitlichen »Meisterdenker« und machen sie für den Terror der Revolution verantwortlich, von Plato über Hegel bis Marx. Die Schmähschriften der Neuen Philosophen sind unverkennbar in Paris verfaßt, aber die ideengeschichtliche Vorlage holen sie sich aus Deutschland: der kleinbürgerliche Anarchist Max Stirner ist dabei, Nietzsche selbstverständlich, Heidegger sowieso. Ihre skandalumwitterte und von der bürgerlichen Presse hochgespielte Polemik gegen das revolutionäre Denken enthält eigentlich nichts Neues, ist im Grunde eine konfuse und unsachliche Wiederholung all dessen, was zwanzig Jahre zuvor Camus in seinem Werk »L'homme revolté« gegen die Moderne gesagt hatte. Während aber Camus ein unbestechlicher und engagierter Linksintellektueller war und vor dem Hintergrund des mediterranen humanistisch-libertären Denkens schrieb, verfolgen die Neuen Philosophen vor allem das Ziel, Aufsehen zu erregen, der Revolution zu schaden und Konfusion zu stiften. Im Klartext: Mit ihren undifferenzierten Angriffen gegen die Revolution erweisen sie der Rechten einen Dienst.
Wo alles Lüge ist und es keine Wahrheit mehr gibt, da sind alle Katzen grau. Mit den Neuen Philosophen befinden wir uns voll und ganz in der Postmoderne und in der Posthistorie. Es gibt keine kohärente Geschichte mehr, keine Vernunft, keine allgemeingültigen Werte, keine Emanzipation. Es lebe die Sinnlosigkeit, und da rette sich, wer kann. Zugegeben, die Entstehung dieser Boulevard-Philosophie ist nicht aus der Luft gegriffen, die von ihr angeprangerte Fehlentwicklung der historischen Linken ist keine Erfindung, sondern traurige Wirklichkeit. Nur werden die Verfehlungen und Irrtümer der etablierten Revolution hier als Vorwand benutzt, um die Idee der Emanzipation und des Sozialismus in Bausch und Bogen zu diskreditieren.

Dieselbe Operation wiederholte sich nach dem Zusammenbruch des real existierenden Sozialismus: Gescheitert war nicht nur ein falsches Modell, sondern der Sozialismus als Prinzip. Deshalb sei die Stunde gekommen, die Idee der Revolution zu Grabe zu tragen und sich den Vorzügen der Wohlstandsgesellschaft endlich ganz hinzugeben.
Die Bourgeoisie applaudiert – und bezahlt.

NATUR UND MENSCH

> »200 Jahre Wirtschaftsliberalismus haben dazu geführt, daß dem Menschen die Natur, die äußere wie seine eigene, so gleichgültig geworden ist, daß er sie als reine Sache des Verzehrens zu betrachten gelernt hat.«
>
> *Hans-Martin Lohmann, »Glückliche Zeiten, da es noch Krieg gab«, »Frankfurter Rundschau« vom 9. März 1991*

Renaissance, Rationalismus, Protestantismus

Das Fortschrittscredo der Moderne liegt implizit dem anmaßenden Prinzip des »Alles ist erlaubt« zugrunde, einer Einstellung, die sowohl für den antiken wie den mittelalterlichen Menschen weitgehend untypisch war. Der erstere fühlte sich an die Gesetze des Kosmos und der Natur gebunden, der zweite an die Gebote des Christentums. Maß ist die Richtschnur des klassischen Altertums, Furcht vor Gott die des mittelalterlichen Gläubigen.

Das gilt nicht nur im geistigen, moralischen und religiösen Sinn, sondern auch in materieller Hinsicht, auf dem Gebiet der Ökonomie, der Arbeit und der Technik. Auch hier herrschen Maß, Proportion, Selbstbegrenzung. Die griechisch-römische Zivilisation war anthropozentrisch, nicht technozentrisch ausgerichtet. Leistung ist ein notwendiges Übel und nichts weiter, und geschätzt wird die geistige, nicht die materielle, nutzbringende Arbeit. Ähnlich verhält es sich im theozentrisch orientierten Mittelalter. Dort, wo der mittelalterliche Mensch tätig ist, als »homo faber« und »homo laborans«, zeigt er sich maßvoll. Die wirtschaftliche Ordnung der Städte gründet sich auf dem Prinzip der Selbstbeschränkung, wie es die Zünfte und die Gilden verkörpern. Nicht soviel wie möglich zu produzieren ist die

Devise, sondern nur das unbedingt Notwendige. Deshalb wird mehr gefeiert als geschuftet, mehr Wert auf Qualität als auf Quantität gelegt. Das schreckliche Motto der Moderne – time is money – ist für den mittelalterlichen Menschen eine unbekannte Größe.

Die bürgerliche Ideologie räumt mit dem Selbstbeschränkungsprinzip des antiken und mittelalterlichen Menschen auf und ist davon überzeugt, dem Menschen alles erlauben zu können, unter anderem die Natur zu vergewaltigen und sie zum Ausbeutungs- und Verwertungsobjekt seiner materiellen Gier und seines hemmungslosen Expansionsdrangs herabzusetzen. Moderne Wissenschaft und Technik, Maschinen, Produktion – all diese Wunder sind das Ergebnis einer Weltanschauung, die sich berechtigt fühlt, alles zu wagen und mit allem zu experimentieren, vor allem, wenn es rentabel ist. Der neue Grundsatz lautet: Es gibt nichts Heiliges und Verehrungswürdiges mehr, es darf alles umgekrempelt werden.

Das wäre für die Humanisten, Künstler und Gelehrten der Renaissance eine unvorstellbare Schande gewesen, auch für Gestalten aus dem spätmittelalterlichen 13. Jahrhundert wie Dante, Giotto und Thomas von Aquin, genauso wie für Boticelli, Benvenuto Cellini, Poverello d'Asis oder Pico della Mirandola. Für sie und ihre Zeitgenossen sind die Achtung vor der Schöpfung und die Verehrung der Natur selbstverständlich. In jeder Zeile von Pico della Mirandola etwa vibriert die Begeisterung für die Herrlichkeit sowohl des Menschen wie des Kosmos; er spricht von der »ursprünglichen Schönheit« der Schöpfung und von dem »strahlenden Glanz der mittäglichen Sonne«. Auch der Begriff Gott wird durch Heranziehung des griechischen und altorientalischen Kulturguts von den Fesseln der christlichen Dogmatik losgelöst und verweltlicht. Die Fresken Fra Angelicos offenbaren ein ganz neues Empfinden für die irdische Schönheit. Thomas von Aquin, Aristoteles folgend, bejaht die Natur und die Vernunft, bricht mit dem finsteren augustinischen Weltbild. Dante verurteilt in der »Göttlichen Komödie« auf das schärfste die »antiphysis« oder den Naturfrevel, versteht die Natur als den Inbegriff der göttlichen Ordnung und identifiziert den physischen Kosmos mit dem Prinzip der Liebe, spricht von »der Liebe, die die Sonne und die anderen Sterne bewegt«. Poverello d'Asis kümmert sich liebevoll um die Vögel, besingt die Schöpfung und gerät in Jubel angesichts der von Gott erschaffenen Welt. Morris Berman: »Die Auffassung von der Natur, die im Westen bis zum Vorabend der wissenschaftlichen Revolution vorherrschend war, war die einer verzauberten Welt. Steine, Bäume, Flüsse und Wolken wurden alle als wundersam, als lebendig angesehen, und die Menschen fühlten sich in ihrer Umgebung zu Hause. Kurz gesagt, war der Kosmos ein Ort des sich Zugehörigfühlens.«[1]

Der Mensch wird von der Renaissance zwar als Mittelpunkt des Kosmos begriffen, als »Maß aller Dinge«, aber keineswegs als ein selbstherrlicher, vom Ganzen getrennter und unabhängiger Demiurg. Er ist ein Mikrokosmos, aber im Einklang mit dem Makrokosmos, nicht von ihm abgesondert oder gegen ihn gerichtet. Sein Humanitas-Ideal bleibt eine Aufforderung zur Selbstvervollkommnung, kein Freibrief für Selbstvergottung. Zentrum seines Weltbildes ist die Natur, deshalb muß sie vom Aberglauben und Obskurantismus befreit werden. Der Mensch der Renaissance fürchtet nicht die Naturkräfte, schämt sich nicht seines eigenen Körpers und bejaht die Schönheit der Natur, deren Studium jetzt an die Stelle der mehr metaphysisch-logisch orientierten Theologie tritt.

Die Renaissance vollzieht ihr Werk, ohne die Natur herauszufordern oder sie gar zu zerstören. Es ist eine eminent schöpferische Zeit, voll gestaltender und geistiger Kraft. Der Renaissance-Mensch ist nicht mehr von Angst und Beklemmung geplagt wie noch der mittelalterliche oder später der moderne. Seine Osmose mit der Natur und mit ihrer Schönheit vermittelt ihm ein Gefühl der Lebensfülle und fördert zugleich sein Selbstvertrauen.

Das Weltgefühl des 16. Jahrhunderts ist schon ein ganz anderes. Es ist ein kaltes, weniger naives und spontanes Weltgefühl, mehr vom nüchternen Kalkül als vom Enthusiasmus bestimmt. Die Achtung vor der Schöpfung läßt nach, der künstlerische Grundimpuls der Renaissance wird durch die unpersönliche, wissenschaftliche Ratio kartesianischer Prägung ersetzt. Das Interesse gilt jetzt nicht mehr dem Menschen, sondern der mechanischen Kraft und dem utilitaristischen Denken. So empfiehlt Descartes die Zuwendung zu den praktischen Berufen, damit die Menschen in der Lage sind, »Meister und Eigentümer der Natur« zu werden.[2] Aus dem integralen, allseitig gebildeten Renaissance-Menschen geht jetzt der instrumentell denkende Rationalist der Neuzeit hervor, und das Losungswort heißt nicht mehr Schönheit, Natur und Kontemplation, sondern Zweckmäßigkeit und Herabsetzung des Kosmos zur verwertbaren Materie. Der Diskurs des Vater-Königs in Bacons »Neu-Atlantis« ist ein utilitaristischer Diskurs über die Natur als Ausbeutungspotential. Es ist der Geist der Bourgeoisie, der hier spricht, nicht mehr der der Poesie. Nicht bewundert, nicht nachgeahmt soll die Natur werden, sondern erobert und in die Dienste der Macht gestellt: »Der Zweck ... ist es, die Ursachen und Bewegungen sowie die verborgenen Kräfte in der Natur zu ergründen und die Grenzen der menschlichen Macht soweit wie möglich zu erweitern.«[3] Was Bacon verkündet, ist die Verwandlung der Natur in ein riesiges technisch-wissenschaftliches Labor und die Schaffung einer ganz neuen, artifiziellen, in der Urschöpfung nicht gegebenen Welt, in der sogar die Möglichkeit der Gen-Technik deutlich formuliert wird.

Diese geistesgeschichtliche Wende ist mit zwei parallel verlaufenden und sich gegenseitig bedingenden Erscheinungen kausal verbunden: mit der Verabsolutierung der Subjektivität und der Heraufkunft des Kapitalismus als wirtschaftlicher Niederschlag der Freiheit des einzelnen. Diese Entwicklung hängt wiederum mit der Entstehung des Protestantismus eng zusammen. Die Reformation ist getragen von einer tiefen Sehnsucht nach konfessioneller Erneuerung und einer neuen Spiritualität, aber ihr Geist ist abstrakt und streng abgekoppelt von der Lebensfülle und Lebensfreude der klassischen Antike und der Renaissance. Camus hat zu Recht gesagt: »Die Reformation wählt die Moral und verbannt die Schönheit.«[4] Und ihr erster Feind ist die Natur.

Aber gerade weil der Protestantismus die Natur verachtet, ist er in der Lage, sie als reines Ausbeutungsobjekt zu betrachten. Was sich zuerst als religiöse Askese gebärdet, verwandelt sich bald in ökonomischen Rationalismus, in Leistungsfetischismus und Arbeitsethos: Der Bruch mit dem beschaulich orientierten Weltbild der Renaissance ist perfekt. Erich Fromm: »In der Renaissance entwickelten die Menschen auch ein Gefühl für die Schönheit der Natur, das sie zuvor nicht besaßen. Dann aber erwarb der Mensch in den Ländern des Nordens seit dem 16. Jahrhundert ein zwanghaftes Streben zu arbeiten, wie es bis dahin bei freien Menschen nicht zu beobachten war.«[5]

Der Drang nach Effizienz und Leistung, der zuerst religiös motiviert ist, wird sich nach und nach verselbständigen und zum Entstehen des modernen Kapitalismus führen, wie Max Weber ausführlich dargestellt hat: »Vielmehr besteht die Tatsache, daß die Protestanten, sowohl als herrschende wie als beherrschte Minorität eine spezifische Neigung zum ökonomischen Rationalismus gezeigt haben, welcher bei den Katholiken weder in der einen noch in der anderen Lage in gleicher Weise zu beobachten war und ist.«[6] Treffend hat Bakunin den Protestantismus als »die Bourgeoisreligion par excellence« bezeichnet.[7]

Für die Mehrheit der Historiker und Geisteswissenschaftler gilt es als eine Selbstverständlichkeit, die Heraufkunft des Protestantismus und die von ihm weitgehend geprägte Moderne als die Signatur einer überlegenen, »fortschrittlicheren« Kultur der nordischen Völker zu interpretieren. Nietzsche war anderer Meinung: »Daß Luthers Reformation im Norden gelang, ist ein Zeichen dafür, daß der Norden gegen den Süden Europas zurückgeblieben war und noch ziemlich einartige und einfarbige Bedürfnisse kannte.«[8]

Ich glaube, daß die Geschichte der letzten Jahrhunderte das Werturteil Nietzsches nicht widerlegt, sondern eher bestätigt hat. Die unheilige Allianz von Protestantismus, bürgerlichem Rationalismus und Kapitalismus hat unbestreitbar die Entwicklungsmöglichkeiten der Wissenschaft, der Technik, der Produktion und den materiellen Wohlstand ungeheuerlich vermehrt; sie hat aber zugleich die Entfaltung anderer, für den Menschen viel wichtigerer Werte verhindert und das Leben ärmer, unharmonischer und unmenschlicher gemacht. Was als Rationalismus begann, hat sich immer deutlicher als ein lebens- und menschenfeindlicher Irrationalismus erwiesen. Der Protestantismus löste sich zwar nach und nach von seinem ursprünglichen asketischen Entsagungswahn und war gezwungen, die der bürgerlich-kapitalistischen Ideologie innewohnende Dimension des Hedonismus zu übernehmen. Aber trotz des dadurch entstandenen Materialismus und der Genußsucht wird das Leben der

einzelnen in den vom protestantischen Geist geprägten Ländern durch Freudlosigkeit, Entfremdung, Reglementierung und Zwang bestimmt.
Die protestantisch-kapitalistische Welt hat, wie keine Zivilisation zuvor, gelernt, zu produzieren, zu erfinden und zu leisten, aber ihr gebührt auch die traurige Ehre, das sterilste und häßlichste Lebenssystem der Weltgeschichte entwickelt zu haben. Ihre Grundlagen bleiben paradoxerweise die Phantasielosigkeit, die Engstirnigkeit und die Borniertheit, die Formen der Selbstbestrafung und des Selbsthasses sind. Wie sonst kann man sich die trostlose Langeweile der führenden Industrienationen des Nordens erklären?

Die Ausbeutung der Natur

Die moderne Zivilisation zeichnet sich nicht nur durch die Ausbeutung des Menschen durch den Menschen aus. Sie beutet gleichzeitig die Natur aus, ihr zerstörerischer Prozeß umfaßt die gesamte Schöpfung. Unter ihrer Verwertungsideologie wird alles zu Rohmaterial und zur Beute: die Tiere, die Pflanzen, der Boden, die Meere, die Flüsse, die Luft.
Der Fortschrittsfetischismus, der die Moderne charakterisiert, ist von einem zwar uneingestandenen, aber trotzdem tiefen irrationalen Bedürfnis getrieben, alles Naturgegebene zu zerstören. Hinter dem Ruf nach Neuem und Besserem verbirgt sich ein triebhafter Haß auf alles, was die Schöpfung hervorgebracht hat. Artifizielles gegen Naturgegebenes – das ist das wahre Anliegen der Neuzeit. »Das Herz der Fortschrittsgläubigen ist voll schwarzer Rachesucht gegen die Erde«, schrieb 1908 antizipatorisch Alexander Block.[9]
Die Beherrschung und Unterwerfung der organischen und anorganischen Umwelt galt bis vor nicht allzulanger Zeit als ein Zeichen des Fortschritts, als die Konkretisierung und Objektivierung der menschlichen Ratio, als ein zentraler Aspekt der emanzipatorischen Entwicklungslinie der menschlichen Spezies. Rosa Luxemburg: »Jeder neue Schritt in der Vervollkommnung der Produktionstechnik ist zugleich ein Schritt in der Unterjochung der physischen Natur durch den

menschlichen Geist und deshalb ein Schritt in der Entwicklung der allgemeinen menschlichen Natur.« [10] Hier reproduziert sich also – nur unter einem neuen Wertesystem – der alte christlich-kirchliche Haß auf die Natur, die als Feind des Menschen und der »Kultur« angeprangert wird und die es deshalb zu »unterjochen« gilt. Was die sogenannten primitiven, totemistischen Gesellschaften durch Animismus, Opfergabe und Religion anstrebten – die Naturkräfte zu beschwichtigen und zu besänftigen –, will der moderne Mensch durch die Einsetzung seines technischen Potentials erreichen. Die Technik, die zuerst den Menschen half, ihre Ohnmacht zu überwinden und ihren Aufenthalt auf der Erde sicherer und angenehmer zu gestalten, verwandelte sich mit der Zeit in ein Profit- und Zerstörungsinstrument. Dieser qualitative Umschlag tritt mit dem Aufstieg der Bourgeoisie als herrschende Klasse und mit der von ihr in Gang gesetzten industriellen Revolution ein.

Die bürgerlich-kapitalistische Expansion macht vor nichts halt, kennt keine Hemmungen und keine Rücksicht, wenn es darum geht, Profite zu erzielen. So, wie sie keine Achtung vor den Menschen hat, kennt sie keine Achtung vor den ökologischen Verhältnissen. Auch und gerade im ökologischen Bereich stoßen wir auf die nihilistischen, destruktiven Wurzeln unserer angeblich fortschrittlichen Zivilisation. Denn so, wie die ungehemmte Entfaltung der industriellen Produktivkräfte eine Welt des Elends von gigantischem, früher nie gekanntem Ausmaß erzeugt hat, hat sie die ganze Welt verschmutzt, vergiftet, vergewaltigt und der Gesundheit der Menschen unermeßlichen Schaden zugefügt.

Aber die Natur rächt sich, indem sie sich jetzt weigert, ihre lebensspendende Funktion weiter zu erfüllen. Nie war das dialektische Gesetz des qualitativen Umschlags so reell wie in diesem Fall. Schon Engels warnte davor: »Schmeicheln wir uns indes nicht zu sehr mit unsern menschlichen Siegen über die Natur. Für jeden solchen Sieg rächt sie sich an uns.«[11]

Mit der Erde als gemütlichem Aufenthaltsort ist es vorbei. Sie ist ein riesiges Gefängnis aus Stahl und Beton geworden, aus Kunststoff und Abgasen, aus atomaren Arsenalen, Industrieanlagen und Müllhalden. Und es gibt kein Entrinnen; die intakten Räume und Flächen verschwinden, das Ursprüngliche und Unversehrte hat nur noch Seltenheitswert, ist eine Reliquie aus der vorindustriellen Vergangenheit. Altvertraute Begriffe wie Heim oder Heimat, auf die Heidegger etwa seine ganze Philosophie aufbaute, verlieren zunehmend ihren Sinn. Hans Jonas: »Der Staat der Menschen . . . breitet sich über das Ganze der irdischen Natur aus und usurpiert ihren Platz. Der Unterschied zwischen dem Künstlichen und dem Natürlichen ist verschwunden, das Natürliche ist von der Sphäre des Künstlichen verschlungen worden.«[12]

Die Position Marx' zur Problematik Mensch-Natur ist zwiespältig. In seinen ökonomisch-philosophischen Manuskripten (1844) und anderen Frühschriften zeigt er sich als ein Verehrer der materialistischen Naturphilosophie der alten Griechen und Feuerbachs und entsprechend als ein entschiedener Befürworter des Naturalismus, den er mit dem Humanismus bzw. Kommunismus gleichsetzt: »Dieser Kommunismus ist als vollendeter Naturalismus=Humanismus, als vollendeter Humanismus=Naturalismus, er ist die *wahrhafte* Auflösung des Widerstreites zwischen dem Menschen mit der Natur und mit dem Menschen, die wahre Auflösung des Streits zwischen Existenz und Wesen, zwischen Vergegenständlichung und Selbstbestätigung, zwischen Freiheit und Notwendigkeit, zwischen Individuum und Gattung. Er ist das aufgelöste Rätsel der Geschichte und weiß sich als diese Lösung.«[13] Marx ist aber auch ein Sohn des bürgerlichen Zeitalters und teilt weitgehend die apologetischen Vorstellungen der aufgeklärten Bourgeoisie über die Technik und den Fortschritt, glaubt felsenfest, daß der Mensch durch seine Arbeit die Natur »humanisiert« und von dieser wiederum selbst »naturalisiert« wird. Die Marxsche Ontologisierung der Wechselwirkung von Natur und menschlicher Praxis – von seinen Schülern und Epigonen unkritisch übernommen – muß heute als eine romantische Illusion interpretiert werden, schon deshalb, weil die menschliche Praxis (Technik, Wissenschaft, Produktion) sich als eine Quelle nicht der Humanisierung, sondern eher der Enthumanisierung erwiesen hat. Graf von Krockow: »Wie niemals zuvor sind wir vom Funktionieren unserer Herrschaft über die Natur abhängig geworden, und wie niemals zuvor sind wir in die Gefahrenzone der Selbstvernichtung geraten, weil die

Beherrschung der Naturkräfte zugleich deren Entfesselung bedeutet.«[14]

Die ungehemmte Entwicklung der Industrie hat auch zu einer zunehmenden Konzentration der Weltbevölkerung in Großstädten und Ballungszentren geführt, die wiederum durch die Konzentration des Kapitals bedingt ist. Nach Schätzungen der privaten US-Organisation »Population Crisis Committee« wird im Jahre 2000 die Hälfte aller auf der Erde lebenden Menschen in Städten zu Hause sein. Um die Tragweite dieser Entwicklung zu ermessen, braucht man sich nur daran zu erinnern, daß es im Jahre 1900 lediglich zehn Prozent waren. Das Leben auf urbanen Flächen bedeutet nicht nur eine ökologische Dauerbelastung durch die Menschen (verpestete Luft, Lärmbelästigung, unreines Wasser), sondern führt automatisch zu einer schwindelerregenden Zunahme von Kriminalität, Drogenkonsum, Selbstmordraten, Einsamkeit, Streß, psychosomatischen Krankheiten, Aggressionen und Neurosen verschiedenster Art. In New York etwa, Inbegriff der spätkapitalistischen Zivilisation, wurden 1989 1905 Menschen ermordet, 1990 waren es schon 2200. »Großstädte hatten einmal einen Sinn, aber den haben sie erfüllt. Abgesehen von wenigen Ausnahmen, sind sie heute alle zu schmutzig und heruntergekommen, um sie wieder hochzubringen«, urteilte schon Henry Ford I.

Wirtschaftlich führt das Leben in Großstädten zu einer ständigen, durch nichts aufzuhaltenden Verteuerung der Befriedigung von Grund- und Sekundärbedürfnissen, vorab der Dienstleistungen. So belaufen sich die sozialen und Umweltkosten des Straßenverkehrs in Westdeutschland auf 46,1 Milliarden Mark jährlich, wie Anfang 1991 das Essener Institut »Planco Consulting« errechnete. Es bedeutet weiterhin eine Zunahme der Bürokratie und anderer nichtproduzierender Bereiche wie Polizei, Verwaltung, Gesundheitswesen, was wiederum mit einer unentwegt wachsenden Verschuldung der Gemeinden verknüpft ist. Auch die Reparatur der ökologischen Schäden verursacht einen immer höheren Kostenaufwand. Allein in Deutschland beläuft er sich auf rund 475 Milliarden Mark jährlich, wie das Heidelberger »Umwelt- und Prognose-Institut« 1990 in einer im Dezember veröffentlichten Studie bekanntgab.

Die in den letzten 200 Jahren entstandenen urbanen Ballungszentren wurden vor allem durch die wirtschaftlichen Vorteile bestimmt, die eine starke Bevölkerungsdichte für den kapitalistischen Verwertungsprozeß mit sich bringen: Arbeitsteilung, Konzentration der Produktion, der Technik, des Handels und des Konsums auf engem Raum und die damit verbundene Bodenspekulation, eine Entwicklung, die vor allem auf Kosten der einkommensschwachen Schichten geht, wie schon Marx anprangerte: »Jeder unbefangene Beobachter sieht, daß, je massenhafter die Zentralisation der Produktionsmittel, desto größer die entsprechende Anhäufung von Arbeitern auf demselben Raum, daß daher, je rascher die kapitalistische Akkumulation, desto elender der Wohnungszustand der Arbeiter. Die den Fortschritt des Reichtums begleitende ›Verbesserung‹ (Improvements) der Städte durch Niederreißen schlecht gebauter Viertel, Errichtung von Palästen für Banken, Warenhäuser usw., Streckung der Straßen für Geschäftsverkehr und Luxuskarossen, Einführung von Pferdebahnen usw. verjagt augenscheinlich die Armen in stets schlechtere und dichter gefüllte Schlupfwinkel«.[15] Und dann kommen die französischen Neuen Philosophen und ihr deutscher Bauchredner Norbert Blüm mit der Behauptung, daß Marx tot wäre, anstatt zu erkennen, daß das, was er damals schrieb, heute noch aktueller, noch zutreffender ist.

Die Folgen der Umweltverschmutzung treffen zwar alle Länder der Erde, aber die reichsten von ihnen versuchen immer mehr, ihre Abfälle in die Länder der Dritten Welt zu verlagern. Hauptleidtragender dieser Entwicklung ist der südamerikanische Kontinent, der sich zusehends zur Mülldeponie der Neuen Welt verwandelt. So wurden 1990 im südamerikanischen Raum 40 Millionen Tonnen toxischer Abfälle abgesetzt, 78 Prozent stammen von nordamerikanischen Firmen, zwölf Prozent aus Europa und der Rest aus Australien und anderen Regionen. Hauptabnehmer waren die Karibikstaaten, Brasilien und Argentinien. Der Grund für diese Übernahme des von den reicheren Ländern erzeugten Mülls ist die nackte Not, aber auch die mit ihr verbundene Korruption und Ignoranz. »Lateinamerika ist die perfekte Mülldeponie, denn es gibt enormen Raum, eine große Zahl korrupter Beamten und eine große Unwissenheit über das Problem«, erklärte sarkastisch der Leiter der brasilianischen Greenpeace-Organisation, Rubens Bosch.[16]

Trotz der 1989 in Basel unterzeichneten Weltkonvention zur Beschränkung des Müllexports blüht der internationale Handel mit giftigem Industriemüll munter weiter. Laut Greenpeace wurden von 1986 bis Ende 1990 rund 160 Millionen Tonnen Müll von den reichen Industriestaaten in ärmere Länder abgeschoben. Um gesetzliche Hindernisse zu umgehen, erfolgen die Müll-Lieferungen zunehmend unter Bezeichnungen wie »Recycling« oder »energetische Nutzung«. Alle Bemühungen der Umweltorganisationen, dem Müllexport einen Riegel vorzuschieben, scheitern immer wieder am Widerstand der Industriestaaten. Lediglich zwei Industriestaaten – Italien und Norwegen – haben den Müllexport in die Dritte Welt inzwischen verboten.

Technik und Enthumanisierung

Die moderne Technik bildet eine der Grundsäulen des Emanzipationsprozesses der Menschheit, und in diesem Sinn hat sie einen eminent fruchtbaren und unverzichtbaren Beitrag zur Humanisierung der Lebensverhältnisse geleistet, leistet ihn noch immer, trotz der repressiven Rolle, die sie als Ganzes zunehmend spielt. Am Rande sei bemerkt, daß jedes Denken, das die Technik mit ihrer Entartung gleichsetzt und sie dann prinzipiell als Teufelswerk ablehnt, sowohl weltfremd wie regressiv ist.

Aber genauso irrational, gefährlich und lächerlich ist es, die Technik als eine Segnung zu verherrlichen, wie es heute jeder Spießer tut. Besonders bedenklich ist dabei, wenn die Vervollkommnung der technischen Welt mit dem Fortschritt des Menschen und der Gesellschaft gleichgesetzt wird. Obwohl diese apologetische Deutung der Technik sich wissenschaftlich gebärdet und den Anspruch erhebt, vollkommen rational zu sein, stellt sie eine neue Variante des Aberglaubens und des Obskurantismus dar. Denn Dunkelheit kann nicht nur dort herrschen, wo alles trübe und finster ist, sondern auch dort, wo alles licht und hell aussieht, wie in unserer heutigen Welt.

Die von der Bourgeoisie eingeführte und beherrschte Technik hat bisher – nicht nur, aber überwiegend – im Dienste der Zerstörung, der Gewalt und des Profits gestanden, das Wertvolle, das sie geleistet hat, entschuldigt nicht die verheerenden Folgen, die sie für die Entwicklung der Menschheit gehabt hat. Schon Robert Owen klagte: »Seitdem tote Maschinen allgemein in die britischen Fabriken eingeführt worden sind, ist mit wenigen Ausnahmen der Mensch als nebensächliche und untergeordnete Maschine betrachtet worden, und man hat viel größere Aufmerksamkeit darauf verwandt, die rohen Materialien Holz und Metall zu vervollkommnen als Körper und Geist.«[17] In diesem Sinn ist die Entwicklung der neuzeitlichen Technik als ein Zeichen des Nihilismus zu deuten, als der Triumph eines Menschentypus, der nicht mehr fähig ist, den Wert der natürlichen Schöpfung zu erkennen, und das Surrogat der Dingwelt braucht. Wahr ist, daß die Technik zu einer Reduktion der menschlichen Persönlichkeit geführt hat, anstatt sie zu bereichern. Fest steht, daß die Technik den Sieg der Sterilität und des Artifiziellen über die Leidenschaft und das Menschliche überhaupt bedeutet. Sie ist ebenso mitverantwortlich für die Vermehrung neuartiger Formen des Banausentums und des Kitsches, die jetzt als technologischer Massensnobismus, als industrieller Herdentrieb auftreten. Gibt es etwas Lächerlicheres als die Ernsthaftigkeit und die Inbrunst, mit der die von der Autoindustrie lancierten neuen Modelle diskutiert werden? Aber Technik in ihrer jetzigen Form ist auch Streben nach Macht und Herrschsucht. Der Trieb, die Natur zu beherrschen, beinhaltet schon den Trieb, diese Herrschaft auf den Menschen auszudehnen. In der prätechnischen Welt wurden die Menschen unmittelbar durch Menschen beherrscht, in der Moderne und Postmoderne durch Vermittlung der technischen Welt. Technik ist Wille zur Macht, ist die Form von Willen zur Macht, die unsere Zivilisation gewählt hat, um diesen uralten Trieb zu befriedigen.

Aber auch, wenn die Technik sozial ausgerichtet wäre und nicht mehr im Dienste einer Klasse stünde, würde sie trotzdem ihren entfremdenden Charakter beibehalten. Auch unter den günstigsten gesellschaftlichen Bedingungen kann die Technik nie reines Spiel werden, wie Fourier dachte, sondern sie wird prinzipiell Anstrengung und

Mühsal bedeuten. Selbst eine völlige Automatisierung der Arbeits- und Produktionsvorgänge (was schon ziemlich unvorstellbar ist) könnte diese Grundsituation nicht aufheben. Man kann zwar die Arbeitsbedingungen und den Produktionsprozeß humanisieren, nicht aber die Entfremdung als solche wegzaubern. Der Traum von einer völlig paradiesischen Technologie hängt mit einem höchst naiven Begriff von menschlicher Freiheit zusammen, geht von der kindlichen Vorstellung aus, daß der Mensch sich als spontanes Naturwesen verwirklichen und von jedem gesellschaftlichen Zwang befreien kann.

Man hat in den letzten Jahren viel über die Möglichkeit und Notwendigkeit diskutiert, eine neue umwelt- und menschenschonende Technik zu entwickeln, und sogar erste, ermutigende Erfolge dabei erzielt, vornehmlich auf dem Gebiet der Energiegewinnung. Alternative Energiequellen wie Sonnenlicht, Wind, Wasser, Grünpflanzen und Erdwärme sind keine Utopie mehr, der Mensch ist technisch durchaus in der Lage, seinen Energiebedarf zu decken, ohne die Natur zu vergewaltigen. Der Mensch ist unbestreitbar fähig, sich von der herkömmlichen bourgeois-kapitalistischen Technik zu befreien und eine neue, humanere, im Dienste der menschlichen Bedürfnisse stehende Technik hervorzubringen. Aber wir sollten nicht glauben, daß er je in der Lage sein wird, ein völlig entfremdungsfreies Reich der Freiheit errichten zu können.

Man darf keine großen Wunder von einer »neuen Technik« erwarten, wie es Marcuse, sich auf Fourier, Schiller und Marx stützend, getan hat. Vor allem in seiner Schrift »Der eindimensionale Mensch« zeichnet er das Bild einer idyllischen »posttechnologischen Rationalität«, die die Materialisierung der Freiheit, die Verwandlung der Metaphysik in Physik und die freie Entwicklung der Bedürfnisse innerhalb des Reichs der Notwendigkeit ermöglichen sollen. Ziel dieser neuen Technik wäre die Herbeiführung der »Kunst des Lebens« durch eine Symbiose von Technik und Kunst, wie im alten Griechenland. Marcuse beruft sich dabei auf einige Passagen der »Grundrisse«, in denen Marx tatsächlich die Vision einer auf Wissenschaft und Automation beruhenden Technik entwirft, die die Entfremdung des Menschen im Produktionsbereich aufhebt, die »freie

Entwicklung der Individualitäten« möglich macht und den Menschen in die Lage versetzt, sich als gelassener »Wächter« und »Regulator« des Ganzen zu betätigen.[18]

Die romantische Vorstellung, daß das Reich der Notwendigkeit sich eines Tages zum Reich der Freiheit weiterentwickeln wird, taucht schon in den frühen Schriften von Marx auf, so in der »Deutschen Ideologie« und in den Pariser Manuskripten, wo er von einer Verschmelzung der Naturwissenschaft und der Wissenschaft vom Menschen träumt: »Es wird *eine* Wissenschaft sein.«[19] Marx bewegte sich hier vollends in den Fußstapfen des deutschen Idealismus, nach dem schwärmerischen, erbaulichen Motto: Es darf am Ende doch keine Negation, kein Widerspruch übrig bleiben.

Auch Marcuse setzt auf die wissenschaftliche Rationalität, meint, daß die Idee der Befreiung, die sich früher in metaphysischer Gestalt artikulierte, in Zukunft von der Wissenschaft verwirklicht werden kann. Bakunin zeigte sich hellsichtiger, als er gerade in der Allmacht der Wissenschaft die größte Gefahr für die menschliche Freiheit erblickte: »Eine Herrschaft der Wissenschaft und der Männer der Wissenschaft... kann nur ohnmächtig, lächerlich, unmenschlich, grausam, unterdrückend, ausbeutend und verheerend sein... Die Wissenschaft kann nicht aus ihren Abstraktionen heraus, sie sind ihr Reich... Die wissenschaftliche Abstraktion ist ihr Gott, die lebenden und wirklichen Individuen sind die Opfer.«[20] Das ist schon die Sprache von Aldous Huxley und Orwell.

Die Verherrlichung der Technik und der Wissenschaft durch Marx und die Mehrheit seiner Schüler ist bürgerlicher Provenienz, nur ergänzt durch die Hegelsche Apologetik der Geschichte und des Weltgeistes. Auch hier haben wir es mit der bürgerlich-protestantischen fixen Idee zu tun, daß die Natur überwunden werden muß, eine Idee, die der jüdisch-christlichen Vorstellung einer »Schöpfung aus dem Nichts« entspricht. Schon Camus fiel das gestörte Verhältnis auf, das sowohl Christen wie Marxisten zur Natur haben: »Christen und Marxisten stimmen in der Ansicht überein, daß die Natur unterworfen werden muß.«[21]

Die moderne »faustische« (Spengler) Technik ist das Produkt eines irrationalen Unendlichkeits- und Transzendenzdrangs, und insoweit bedeutet sie eine Fehlentwicklung und eine Entartung des menschlichen Strebens nach Fortschritt und Emanzipation. Die Befreiung von den Geißeln der heutigen Technik kann nur durch eine Rückkehr des Menschen zu den Wurzeln seiner Natur erfolgen. Dies setzt eine Wiederherstellung des Prinzips der Selbstbegrenzung voraus, von dem, was Camus »das Denken in Grenzen« nannte als Alternative zu der Raserei unserer Zeit.[22]

DIE GEISTIGE GLEICHSCHALTUNG

»Das beste, was man über den größten Teil der modernen kreativen Kunst sagen kann, ist, daß er gerade etwas weniger vulgär als die Wirklichkeit ist.«

Oscar Wilde, »The critic as artist«

Kultur und Kapitalismus

Auch im Bereich der Kultur wiederholt sich in der spätkapitalistischen Gesellschaft die Trennung zwischen einer Minderheit von Produzenten und einer Mehrheit von Konsumenten, auch hier vollzieht sich die ewige, nie überwundene Entfremdung zwischen Eliten und Massen.

Kultur ist weit mehr als der isolierte Schöpfungsprozeß einer dünnen Schicht von Künstlern, Literaten und Intellektuellen; sie ist eine gesellschaftliche Totalität und als solche durch die jeweiligen herrschenden sozioökonomischen und politischen Verhältnisse strukturell bedingt. Strenggenommen umfaßt sie das ganze Wertesystem und die Verhaltensweise einer Epoche oder eines Gesellschaftssystems. Michel Leiris hat sie zutreffend als »die spezifische Lebensweise einer bestimmten Masse von Menschen zu einer bestimmten Epoche« definiert[1], Raymond Williams als »a whole way of life«[2]. Ähnlich Gorki: »Es gibt keine Kultur, die nicht mit dem Alltagsleben verbunden wäre.«[3]

Das ausgehende 20. Jahrhundert ist eine epigonale, saturierte Zeit ohne große Ideale und Illusionen, von der Ideologie des Konsums, des Genusses und des kleinbürgerlichen Egoismus durchdrungen, in der selbst die Grundsätze des bürgerlichen Credos – Freiheit, Gleichheit, aufgeklärte und mündige Bürger – nur in einer grob entstellten Form weiterexistieren. Es ist eine vom Großkapital, den Großkonzernen und den »pressure groups« weitgehend geformte und geprägte Zeit, politisch von einer zynischen, parasitären und hoffnungslos korrupten Kaste von Professionellen der Macht, von Technokraten und Bürokraten verwaltet. Entsprechend muß die Kultur, die in einer solchen Zeit entsteht, unweigerlich den Stempel der waltenden gesellschaftlichen und geschichtlichen Verhältnisse tragen. Auch heute gilt die These Marx': »Die Gedanken der herrschenden Klasse sind in jeder Epoche die herrschenden Gedanken, d. h. die Klasse, welche die herrschende *materielle* Macht der Gesellschaft ist, ist zugleich ihre herrschende *geistige* Macht.«[4]

Die meisten Kulturproduzenten suchen Zuflucht im Unverbindlichen oder Spielerischen, in der unpolitischen oder nur-ästhetischen Literatur, betätigen sich als treue Diener des alten bürgerlichen Prinzips des »l'art pour l'art«. In einer epigonalen Gesellschaft wie der gegenwärtigen setzt sich am Ende das Biedermeier durch, die Pflege der eigenen Innenausstattung, der Rückzug ins Private: Kultur und Kunst als beziehungsloses Erlebnis, als ästhetische Onanie.

Dieses Distanzhalten zum gesellschaftlichen Sein – also zu konkreter Totalität und Wahrheit – erlaubt dem Künstler und Intellektuellen einerseits ungeniert für die Kulturbanausen zu produzieren, während er sich andererseits der Illusion hingeben kann, über dem Durchschnittsmenschen zu stehen und ein elitäres, privilegiertes Dasein »au delà de la mêlée« zu führen. So wird man zum Komplizen der herrschenden Werte und der eigenen Eitelkeit, spielt man Herr und Knecht in einer Person und zur selben Zeit.

Die spätkapitalistische Kultur ist, wie die spätkapitalistische Produktion überhaupt, auf Massenkonsum ausgerichtet, aber sie zeichnet sich wiederum durch die monadenhafte Grundtendenz ihres Ausgangspunkts aus. Es ist in der Tat eine Kultur, die kaum oder in nur unzureichender Weise das Moment der Verbindung mit dem anderen enthält, die deshalb die »Welt ohne Nächsten« (Paul Ricœur), in der wir leben, reproduziert und die grundsätzlich mit der Kategorie des isolierten, von den Mitmenschen entfremdeten Ichs behaftet ist. Sie folgt insoweit der ichbezogenen Motivation Kierkegaards: ». . . es gilt, eine Wahrheit zu finden, die Wahrheit *für mich* ist.«[5]

Im Gegensatz zur klassischen Kultur, die sich aus einer Synthese von Individualität und Universalität, von Subjektivität und Objektivität zusammensetzt, überschreitet die heutige Kultur selten den Bereich der persönlichen Selbstwahrnehmung bzw. Selbstdarstellung. Sie ist grundsätzlich narzißtisch-exhibitionistisch ausgerichtet, beruht auf einer dem gesellschaftlichen Prozeß abgewandten Bauchnabelliteratur. Während in den totalitären Ländern die Kultur in Agit-Prop und Tendenzkunst mündet, wird sie in den westlichen Demokratien völlig entsozialisiert und zum isolierten Erlebnis umfunktioniert, damit ja keiner auf die Idee kommt, sie als Sprungbrett für eine kritische Auseinandersetzung mit den herrschenden Werten und Mächten zu benutzen. Kultur ist heute Verinnerlichung geworden, genauso wie das Leben selbst, und wenn sie in der Öffentlichkeit auftritt, tut sie es als esoterisches Sektierertum. Es gibt keine Wechselwirkung mehr zwischen Kultur und Gesellschaft, nur ein fruchtloses Nebeneinander. Auch hier und gerade hier bestätigen sich die bürgerlichen Phänomene der Vereinsamung und der Kommunikationslosigkeit. Vor zwanzig Jahren schrieb ich: »Die bürgerliche Kultur ist die Kultur des großen Schweigens, der absoluten und totalen Wortlosigkeit.«[6]

Heute kann keine große Kultur entstehen, weil ihre Schöpfer und Träger von den etablierten Pseudowerten weitgehend angesteckt sind und sich durch und durch (ich spreche von Grundtendenzen) mit der herrschenden Irrationalität abgefunden haben. Und wenn es darunter einzelne gibt – und es gibt sie –, die die Grenzen des Bestehenden überschreiten und den Dissens wählen, dann tun sie es als Desperados, als bedrängte Einzelgänger inmitten einer konformistischen Masse, die nur konsumieren, genießen und unterhalten sein will, die jede ernste Konfrontation mit den Problemen der Menschheit als eine ärgerliche Störung ihres privaten Kleinparadieses empfindet. Da die Dimension des Kollektiven fehlt, ist die auf Aufklärung und Protest ausgerichtete Kultur dazu verdammt, isoliert und unverstanden zu bleiben. Gelesen wird »Das Parfum«.

Der Moment der Ich-Bezogenheit ist freilich ein konstitutiver Bestandteil der modernen Kultur, eine Entwicklung, die der Herausbildung der neuzeitlichen Subjektivität entspricht. So stellte schon

Rousseau das eigene Ich in den Mittelpunkt seines Œuvre. Dasselbe taten unmittelbar nach ihm die Romantiker wie vorher Montaigne in seinen »Essais«, die die Geburtsstunde der modernen Ich-Literatur bilden: »Ainsi, lecteur, je suis moi-même la matière de mon livre« – »So, Leser, bin ich selbst der Gegenstand meines Buches«. Aber trotzdem ist diese klassische Ich-Literatur keine solipsistische, von der Welt getrennte, sondern eine mit ihr tief verbundene, auch dann, wenn es die radikalste Absage an sie enthält. Gerade in ihrer Kritik bleibt sie verbunden mit dem Ganzen, wie Diderot etwa in seinem »Rêve de D'Alembert« formuliert: »Und Ihr, arme Philosophen, sprecht von Individuen! Vergeßt eure Individuen ... Es gibt nur ein einziges großes Individuum, und das ist das Ganze.«[7]

Ganz anders im gegenwärtigen Zeitalter, wo es kein Aufeinanderzugehen von Ich und Gesellschaft gibt. Der heutige Autor merkt kaum, daß sein Werk, das er als hochpersönlich und originell ansieht, als das Produkt seiner ureigensten Inspiration und Einbildungskraft, in der Regel nur eine mechanische Widerspiegelung der gesellschaftlichen Verhältnisse und der eigenen Entfremdung und Beziehungslosigkeit als Mensch und Sozialwesen ist. Werke, die wirklich die gesellschaftliche Unmittelbarkeit sprengen, werden immer rarer; Literatur und Kunst werden, trotz ihrer vordergründigen formalen und technischen Mannigfaltigkeit, genauso eindimensional wie die Gesellschaft, in der sie entstehen.

Ich will es klar ausdrücken: Kultur, Kunst und Literatur verlieren zunehmend ihre ursprüngliche emanzipatorische Grundsubstanz, und die Entstehung der Postmoderne als Absage an die aufklärerische Tradition ist nur eines unter vielen Symptomen dieser Entwicklung. Das armselige, bornierte »je ne puis comprendre la révolte« – »Ich kann die Revolte nicht begreifen« – von Rimbaud ist unter den heutigen Künstlern und Intellektuellen die gängige Haltung. Shellys »passion for reforming the world« bleibt die Ausnahme. Aber eine Kultur, die kein emanzipatorisches und befreiendes Ziel verfolgt und sich mit der Funktion des rein Literarischen, Ästhetischen oder Technischen begnügt und die verzichtet hat, die Welt umfassend wahrzunehmen, um sie dann zu verändern – eine solche Kultur begeht Verrat an ihrer ureigensten Mission.

Schon der Anspruch, das Ästhetische vom Wahren und Guten trennen zu wollen und als eine unabhängige Kategorie zu handhaben, bestätigt die abstrakte, entfremdete, atomisierende Arbeitsteilung, die auch sonst in der bürgerlichen Gesellschaft herrscht. Baudelaire war wahrhaftig kein Anhänger der erbaulichen Kunst, aber er unterstrich, daß »die Abwesenheit des Gerechten und Wahren in der Kunst die Abwesenheit von Kunst bedeutet«[8]. Indem die Kultur sich lediglich dem Nur-Ästhetischen und Privaten zuwendet, sinkt sie zum bloßen monadenhaften Fragment des gesellschaftlichen Geschehens herab.

Der Künstler war früher eine universale Erscheinung, er unterschied sich von seinen Mitmenschen durch die Fähigkeit, die Dinge tiefer zu erfassen, die Wahrheit besser zu verstehen und die Schönheit eindringlicher zu empfinden. Er war ein Wegbereiter, ein Entdecker, der in seinem Innern eine eigene, neue Welt trug, die er den anderen durch sein Werk zugänglich machte. So haben die wirklich schöpferischen Künstler, Dichter oder Denker mit ihren Werken die Welt bereichert, die menschliche Erfahrung ausgedehnt und tiefgründiger gestaltet. Damit ist es in der spätkapitalistischen Gesellschaft ziemlich vorbei. Es gibt heute einen Kulturbetrieb, eine Kulturszene, ein Kulturambiente, eine Kulturpolitik und ein Kulturpublikum, aber keine Kultur, die diesen Namen verdient.

Kultur muß nicht nur produziert, sie muß auch wahrgenommen und verstanden werden, sie kann nur dort gedeihen und sich entfalten, wo eine dialektische Entsprechung zwischen Schöpfer und Publikum entsteht. Diese kommunikative Wechselwirkung zwischen Kulturproduzenten und Kulturkonsumenten ist heute weitgehend abhanden gekommen, weil die Menschen der spätkapitalistischen Gesellschaft – also die Adressaten des kulturellen Akts – nicht viel mehr als ein serienmäßiges Abbild des herrschenden Kitsches sind. Der Sieg des Niedrigen vollzieht sich auch im künstlerischen Bereich. »In Paris gab es Theaterschlachten wegen der Musik von Strawinsky oder der Dekorationen von Picasso. Heute prügeln sich die Fußballfans auf dem Sportplatz«, schrieb mit Verachtung Ilja Ehrenburg in seinen Memoiren.[9]

Das Angebot an kulturellen, künstlerischen und literarischen Gütern zeichnet sich entsprechend durch sein immer niedriger werdendes Niveau aus, es wird zunehmend von der Fernsehwelt geprägt, die ein Medium für die Reproduktion und massenhafte Verbreitung der täglichen Trivialität geworden ist. Die Standardisierung der Daseinsformen führt automatisch zu einer Standardisierung der geistig-ästhetischen Werte, der innere Raum des Menschen wird genauso hohl wie die äußere Gestaltung des Alltags, der Verdinglichungsprozeß erfaßt die gesamte Gesellschaft und vertreibt die Kultur in die innere Emigration.

Die Kommerzialisierung der Kultur

Kultur in ihrem genuinen, ursprünglichen Sinn war immer Wille zur Aufklärung, ging von dem Grundsatz aus, Menschen zu formen und aus ihnen aufgeklärte Bürger zu machen, ohne Ansehen der Klassenzugehörigkeit und des gesellschaftlichen Status. Sie entstand und wurde konzipiert als das geeignetste Mittel zur Bekämpfung von Aberglaube und zur Herbeiführung einer humanistischen Weltauffassung, ein Leitmotiv, das der bulgarische Philosoph Goranov so ausgedrückt hat: »Alle bedeutenden Leistungen der modernen Kultur und Kunst sind humanistisch orientiert, und der Humanismus als solcher ist vor allem ein moralischer Wert.«[10]
Diese Zielsetzung ist weitgehend unerfüllt geblieben. Kultur ist seit langem vorwiegend Kulturindustrie geworden, und der Hauptzweck dieses von den Massenmedien, den großen Verlagshäusern und anderen einflußreichen Instanzen beherrschten Kulturbetriebs ist keineswegs die Förderung und Verbreitung von echten kulturellen Gütern, sondern die Erwirtschaftung von Profit. Die kulturelle Produktion ist nicht Selbstzweck, vielmehr Mittel zum Zweck. Allein wichtig ist das Geschäft, die Rentabilität. Damit wird Kultur zu einer Ware unter anderen, oder wie Jean-Luc Godard unlängst zynisch erklärte: »Kultur ist lediglich ein Produkt, in demselben Sinn, in dem wir von einer ›Fischkultur‹ sprechen.«[11]
Gedruckt und verbreitet – also kommerzialisiert – wird fast ausschließlich, was im merkantilen Sinn erfolgversprechend ist, was sich

materiell verwerten läßt, und zwar unabhängig von seiner spezifischen Qualität. Entsprechend werden die Kulturschaffenden – Schriftsteller, Theaterautoren, Intellektuelle, Künstler und Publizisten – von vornherein als Ware taxiert: Nicht das Talent zählt, noch weniger die Gesinnung des Autors, sondern sein geschätzter Tauschwert, der sich, wiederum durch Rückgriff auf die großen Marketing- und Public-Relations-Mechanismen, ziemlich genau kalkulieren läßt.

Die kulturelle Produktion wendet sich nicht mehr an die Menschen, sondern an die Konsumenten, vor allem an diejenigen mit ausreichender Kaufkraft. Hier verhält sich der Spätkapitalismus wie in allen anderen Branchen. Durch eine immer raffiniertere Werbungs- und Verkaufsstrategie werden immer neue literarisch-ästhetische Moden und Trends lanciert, genauso wie in der Haute Couture oder in der Automobilbranche, mit der Gewißheit, daß der Kunde sich im ganzen diesem Lenkungsprozeß fügen wird. Fehlkalkulationen und Betriebspannen treten freilich ab und zu auf, aber sie werden in der Regel mit neuen, erfolgreicheren Werbemethoden und Verkaufskampagnen wiedergutgemacht. Fusionen mit solideren, gesünderen Verlags- und Medienkonzernen sind ein letztes Mittel, um Finanzengpässen und Fehlkalkulationen zu begegnen.

Die schöpferische Spontaneität, die ein zentrales Merkmal der klassischen, nicht kommerzialisierten Kultur war, wird zunehmend eingeengt, der Autor gerät immer mehr unter die Vormundschaft der Verlagsmanager, Theaterintendanten und sonstiger Bonzen und Bosse des kulturellen Betriebs. Die Mandarine der Kultur sind heute nicht mehr die Autoren und Intellektuellen – wie Simone de Beauvoir sie in ihrem Roman »Les Mandarins« noch bezeichnen konnte –, sondern die Vorstandsmitglieder, Geschäftsführer und Programmgestalter der großen Verlage und Massenmedien. Nicht der Schriftsteller bestimmt von seinem Arbeitszimmer aus die Gestaltung seines Werks, sondern es ist umgekehrt die Kulturindustrie, die sein Schaffen programmiert. Damit wird er zum Gehaltsempfänger des kulturellen Establishments degradiert.

Die Träger der Kultur, »les artistes« und »hommes de lettres«, haben sich seit langem in ihrem überwiegenden Teil mit dem System, wenn nicht versöhnt, so doch arrangiert. Das heißt, die offiziellen und designierten Repräsentanten des Schönen haben gelernt, sich auch in der waltenden Häßlichkeit mehr oder weniger gemütlich einzurichten. Sie gehören längst zum System, deshalb verlieren sie kaum ein Sterbenswort über den Klassenkampf oder das Weltelend und ziehen sich zurück in den Elfenbeinturm des unpolitischen Schaffens.

Schon in seinem Alltag hat der Künstler die Lebensformen des Durchschnittsbürgers übernommen. Rein äußerlich ist er zum normalen Sterblichen geworden, er führt dasselbe unauffällige Dasein wie der Rest der Bevölkerung, haust in einer Standardwohnung und bezahlt Steuern wie jeder andere. Die Künstler-Bohème, die einst eine ständige Quelle antibürgerlichen Nonkonformismus darstellte und mit ihren literarischen Cafés zum alltäglichen Bild aller Großstädte gehörte, gibt es kaum noch. Auch sie ist Opfer des merkantilistischen Prozesses geworden.

Dasselbe gilt für die einst berühmten Salons der Bourgeoisie und der Aristokratie, wie sie noch Proust in seiner »Suche nach der verlorenen Zeit«, Musil in »Der Mann ohne Eigenschaften« oder Thomas Mann in »Doktor Faustus« beschreiben konnten. Dieses Milieu, das von der Kultur lebte, ist zur musealen Erinnerung geworden. Die Art von erratischem, vagabundierendem Leben, das Rilke in den Herrschaftshäusern und Schlössern der höheren Damen der Gesellschaft noch führen konnte, ist längst undenkbar. Die Mäzene und Sponsoren sind heute Bankdirektoren und Konzernbosse.

Der Schriftsteller hat sich nicht nur mit der Bourgeoisie als Klasse arrangiert, sondern auch mit den ihr innewohnenden Werten: Erfolg, Geld, äußere Geltung. Die Analogie zu der Verbürgerlichung der Arbeiterklasse ist auffallend. Wie diese auch, haben die Vertreter der Kultur die Ideologie des Kalküls übernommen. Sie tun dies freilich aus der nüchternen Erkenntnis, daß die Bourgeoisie ihr eigentliches Publikum ist und sie mit ihr auf Gedeih und Verderb liiert sind. »Die Bourgeoisie weiß, daß der Schriftsteller heimlich für sie Partei ergriffen hat. Er braucht sie, um seine Ästhetik des Aufbegehrens und des Ressentiments zu rechtfertigen, auch, weil er die Güter, die er verbraucht, von ihr bekommt«[12], schrieb Sartre vor vielen Jahrzehnten.

Aber ebenso braucht der Bourgeois den Künstler und Literaten. Er kann auf ihn nicht verzichten, weil er mit seinem eigenen Dasein unzufrieden ist und das Bedürfnis empfindet, sich zu erholen und Entspannung im Reich der Ästhetik zu suchen. Der Kulturproduzent ist für ihn eine Art »alter ego«, verkörpert die Welt des Schönen, die er in seiner utilitaristischen Welt nicht verwirklichen kann.
Die privilegierten Schichten wissen im übrigen, daß Autoren und Künstler harmlos geworden sind, daß deren schöpferische Tätigkeit die bestehenden Verhältnisse nicht gefährdet. Die Künstler wiederum wissen, daß in einer saturierten Gesellschaft Kultur als Narkotikum dient, daß ihre Funktion darin besteht, den Status quo ästhetisch und literarisch zu sublimieren und angenehmer zu gestalten. Kultur ist heute vorwiegend ästhetische Kompensation für die persönliche und gesellschaftliche Misere, nicht Ausgangspunkt für die Schaffung einer humaneren, sensibleren Welt. Sie entspricht dem Hegelschen »unglücklichen Bewußtsein« einer Gesellschaft, die unter sich selbst leidet, aber nicht den Mut hat, sich zu regenerieren. Deshalb besitzt die Kultur heute keine nennenswerte subversive Kraft. Das Gesellschaftliche wird von ihr mit derselben Automatik ausgeblendet, mit der man das Licht ausschaltet. Nach der Lektüre eines Romans oder dem Besuch einer Kunstgalerie begibt man sich am nächsten Tag ganz selbstverständlich ins Büro und richtet sich wieder brav in der kulturfeindlichen Welt der Leistung und der Ellbogenmoral ein. Man ist Kunst- und Kulturmensch für ein paar Stunden, um für den Rest der Woche die bewährte hartgesottene kleinbürgerliche Bestie des Alltags zu sein.
Zu der Ästhetisierung gehört selbstverständlich auch die technische Virtuosität. Da das Werk des Dichters, des Künstlers und des Romanautors sich immer mehr von der gesellschaftlichen Realität entfernt und entsprechend inhaltsloser und blutleerer wird, wird die schöpferische Unfruchtbarkeit durch technische Smartheit und durch ausgeklügelte neue Erzähl- und Konstruktionsformen ersetzt, durch formale Verfeinerung und Manierismus. Das Kunstwerk ist nicht mehr Schöpfung, sondern fast ausschließlich Planung, Kalkül, Methode, Arrangement, als hätten die Künstler und Literaten die Feststellung Camus' bestätigen wollen: »Wenn man keinen Charakter hat, muß

man sich eben eine Methode beschaffen.«[13] Auch die wachsende Bedeutung des rein Formalen entspricht der allgemeinen Entwicklung. Die ständige Erneuerung der Verpackung und der Designs gehört seit jeher zu den üblichen Kunstgriffen der Konzerne, um alte Modelle im neuen Gewand den Kunden schmackhaft zu machen.

Was nicht den Stempel des Modischen trägt, wird als veraltet abgetan. Auch im Bereich der Literatur und Kunst bestätigt sich das Prinzip der Wegwerfgesellschaft. Es gibt keine thematische und stilistische Kontinuität und Kohärenz mehr, alles zerfällt in fragmentarische Aktualität, in Anekdotisches und Ephemeres. Das wichtigste ist, »in« zu sein, mit dem gerade hier und jetzt geltenden Trend mitzusegeln. So, wie die Menschen und Lebensformen sich immer geschichtsloser gestalten, so wird die Kulturproduktion zunehmend zufälliger, zusammenhangloser, willkürlicher. Adorno/Horkheimer: »Ausgegangen wird von der Gedächtnisschwäche der Konsumenten: keinem wird zugetraut, daß er sich an etwas erinnere, auf etwas anderes konzentriere, als was ihm im Augenblick geboten wird. Er wird auf die abstrakte Gegenwart reduziert.«[14]

Diese allgemeine Zusammenhanglosigkeit führt automatisch zum Entstehen immer neuer ästhetischer Glaubensbekenntnisse und literaturwissenschaftlicher Theorien, deren einzige »raison d'être« oft nur in der schöpferischen Ohnmacht ihrer Verkünder liegt. Literatur und Kunst werden zur akademischen Dauerdiskussion, zu Dogmatik und Scholastik. Hier zeichnet sich auch die dem Kapitalismus immanente Tendenz ab, die Spontaneität zu ersticken und den kreativen Akt unter technischen Kategorien zu subsumieren, wobei die meisten der Kritiker und Feuilletonisten eifrig mitmachen, nicht nur aus Snobismus, sondern weil sie instinktiv spüren, daß die Hegemonie des Theoretisierens zugleich der Aufwertung ihrer Position dient. Durch ihre Intellektualisierung, Schematisierung und Akademisierung wird die Kunst zu einer exklusiven Domäne von Fachleuten und Eingeweihten, die dann automatisch die Rolle von Kulturmandarinen übernehmen, eine Entwicklung, die Alexander Block schon zur Zeit der Russischen Revolution wahrnahm: »Eine Armee von Spezialisten tritt auf den Plan, gegen die Uneingeweihten abgeschirmt mit der Wand ihrer Kabinett-Eingeweihtheit.«[15]

Das Ende der proletarischen Kultur

Eine der relevantesten Folgen der Verbürgerlichung der Gesellschaft ist das Verschwinden der proletarischen Kultur, die im Laufe des 19. Jahrhunderts als ein zentraler Bestandteil der Arbeiterbewegung entstand. Denn die Revolte des Proletariats gegen die bürgerlich-kapitalistische Ordnung war nicht nur der Ausdruck des Klassenkampfes in ökonomisch-sozialem Sinn, nicht nur ein Ringen um mehr Lohn, kürzere Arbeitszeit und humanere Daseinsbedingungen. Sie war gleichzeitig – und darin lag ihre wahre Bedeutung – eine ethisch-kulturelle Bewegung, die durch eine tiefgreifende Umwälzung der Gesellschaft die Werte der Aufklärung und des Sozialismus in die Tat umsetzen wollte. Die Arbeiter versuchten, diesem Ideal nahezukommen, indem sie, neben ihrer spezifischen Kampforganisation, auch Bildungsvereine, Volksbüchereien, Produktions- und Konsumgesellschaften, Kulturhäuser, Theatergruppen, Zeitungen, Zeitschriften und andere Einrichtungen ins Leben riefen, mit dem Zweck, sie als Mittel ihrer Selbsterziehung und ihrer geistigen, gesellschaftlichen und politischen Emanzipation zu benutzen.

Unsere geschichts- und gedächtnislose Zeit hat keine Ahnung mehr von der großartigen Entschlossenheit, mit der damals die Arbeiter ihre Selbstbefreiung betrieben, mit welchem Ernst sie sich mit dem bourgeoisen Wertesystem auseinandersetzten und für die Durchsetzung ihrer eigenen Anliegen eintraten. Alles nahmen sie in Kauf, um ihre Ideen zu verteidigen und zu verbreiten: Verfolgung, Kerker, Diskriminierung, Verelendung, Entbehrung, Exil, mitunter auch den Tod. Nicht von ungefähr sahen Lassalle, Engels und Heinrich Heine die Arbeiterbewegung als Erbin der deutschen Philosophie, nicht von ungefähr stellte Marx einen kausalen Zusammenhang zwischen der Verwirklichung der Philosophie und der Emanzipation des Proletariats her: »Die Philosophie kann sich nicht verwirklichen ohne die Aufhebung des Proletariats, das Proletariat kann sich nicht aufheben ohne die Verwirklichung der Philosophie.«[16] Es war die Zeit, in der Sorel ohne Übertreibung behaupten konnte, daß »das Proletariat, ohne auf die Kenntnisse der bürgerlichen Berufs-Intelligenzia zurückgreifen zu müssen, sich befreien kann.«[17]

Die Entfaltung einer genuin proletarischen Weltanschauung und Kultur findet ihren vollendetsten Ausdruck in der Zeitspanne, die zwischen der Gründung der Internationalen Arbeiterassoziation und dem Ausbruch der Russischen Revolution liegt. Ihr Untergang setzt mit dem Beginn des Ersten Weltkriegs ein und wird durch die Hegemonie des Stalinismus innerhalb der europäischen Arbeiterbewegung, die Heraufkunft des Faschismus und den Sieg des »American way of life« quer durch die Welt besiegelt. Heute ist sie nur eine schöne Erinnerung.

Das Proletariat der klassischen Periode des Klassenkampfes erfüllte alle Voraussetzungen, um nach Überwindung des Kapitalismus eine neue Kultur zu entwickeln, wie es Lunatscharski mit seiner Dreiteilung von bürgerlicher, proletarischer und sozialistischer Kultur vorschwebte. Aus diesem Geist entwarf Fernand Pelloutier Ende des 19. Jahrhunderts seine »Bourses du travail« (Arbeiterzentren), die er als Keimzelle der zukünftigen Gesellschaftsordnung auffaßte, als Bildungs- und Kampfstätte des Proletariats. Ein ähnliches Ziel strebte der spanische Lehrer und Revolutionär Francisco Ferrer Guardia mit seiner »Escuela Moderna« und seiner antiautoritären Pädagogik an, mit der er, noch lange nach seiner Ermordung durch die Reaktion (1909), mehrere Generationen Arbeiter tief beeinflußte. Auch die kurz nach der Russischen Revolution von Makarenko in der Sowjetunion eingeführte Sozialerziehung gehört zu den Versuchen, ein neues proletarisches Bildungssystem auf die Beine zu stellen. Das letzte große Zeugnis einer von proletarischer Gesinnung inspirierten und geprägten Kultur entstand mitten im Spanischen Bürgerkrieg als libertäre, sozialistische und gewerkschaftliche Vergesellschaftung. Dieses gesellschaftliche Experiment – nur der Pariser Kommune vergleichbar – wurde aber durch die Bomben der Legion Condor und die italienischen Faschisten zerstört, nicht zuletzt auch durch die Wühlarbeit der Agenten Stalins.

Am Anfang der Russischen Revolution gab es Ansätze für eine proletarische Kultur, aber sie wurde schon von Lenin und Trotzki bekämpft, dann von Stalin endgültig unterdrückt. Meyerhold fiel in Ungnade und wurde später liquidiert, Majakowski (Begründer des Proletkults) beging Selbstmord, der trotzkistische Volkskommissar

für Kultur, Lunatscharski, wurde 1929 seines Amtes enthoben. Kultur verwandelte sich in Akklamation und Huldigung der Macht, Literatur und Kunst hatten eine »positive« Funktion zu erfüllen, negative – also kritische – Helden wurden als kleinbürgerliche bzw. reaktionäre Abweichler abqualifiziert und verfolgt. Die Kultur des real existierenden Sozialismus entwickelte sich zu einer schlechten Nachahmung der bürgerlichen Kultur, auch wenn sie sich ideologisch als antikapitalistisch und antibourgeois gebärdete. Sie stand im Dienste einer neuen Herrschaftsclique, nicht im Dienste der Emanzipation der Arbeiterklasse, war genauso wie im Kapitalismus dazu bestimmt, die graue Wirklichkeit mit der servilen Rhetorik und Ästhetik der Staats- und Lenin-Preisträger zu verschönen. Wer nicht mitmachte, wurde kaltgestellt und in die innere Emigration getrieben.
Auch in den kapitalistischen Ländern ist von der einstigen Arbeiterkultur kaum eine Spur geblieben. Es kann auch keine proletarische Kultur geben, weil der Begriff Proletariat selbst eine Abstraktion geworden ist. Die proletarisch-revolutionär ausgerichtete Kultur ist verschwunden, weil die Ideale, aus denen sie hervorging, abhanden gekommen sind. Das Volk ist Masse geworden, und wenn es als solche auftritt, dann zumeist, um Sportveranstaltungen beizuwohnen, nicht um die Welt zu verändern. Man spricht freilich weiterhin von Volkskunst, aber wie Mikis Theodorakis vor ein paar Jahren in Köln sagte: »Der moderne Werktätige in den Industrienationen ist kein Mitschöpfer von Volkskunst wie einst – und kann es gar nicht sein. Er ist einfach ein Konsument.«[18] Die Zeit, die vor hundert Jahren der Arbeiter darauf verwandte, sich selbst zu bilden und mit seinen Kampfgenossen die kommende Neuordnung vorzubereiten, verbringt er jetzt als Konsument des vom Spätkapitalismus hergestellten Krimskrams.

Sinn und Aufgabe der Kultur

Hat Kultur noch eine gesellschaftliche Funktion zu erfüllen? Ja, ohne Zweifel. Die Prostituierung der Kultur und ihre Instrumentalisierung zugunsten der etablierten Macht bedeutet nicht, daß sie sinnlos geworden ist. Sie bleibt weiterhin ein unverzichtbares Mittel des Emanzipationsprozesses.

Sinn und Zweck des kulturellen Schaffens sind die Darstellung und das Sichtbarmachen des Humanen, Schönen und Gerechten als Antwort auf die Häßlichkeit des Bestehenden. Die Aufgabe des Kulturproduzenten besteht darin, sich als Interpret des Universal-Menschlichen zu betätigen oder, wie es Sartre ausgedrückt hat: »Der Schriftsteller ist Vermittler schlechthin und sein Einsatz ist die Vermittlung.«[19] Der Künstler, der Schriftsteller, der Philosoph, der Journalist haben tatsächlich eine Vermittlerrolle zwischen dem Ganzen und den Teilen zu spielen, und sie können dieser Funktion nur gerecht werden, wenn sie mit dem Geist des Ganzen tief verbunden sind, keineswegs, wenn sie selbst ein abstrakter, monadenhafter Teil des Ganzen werden, wie es heute der Fall ist.

Solange die Wirklichkeit häßlich geartet ist, muß die Kultur kritisch sein, muß danach trachten, die Entfremdung, das Irrationale zu entlarven, sie für jedermann sichtbar zu machen. Andererseits muß sie fähig sein, das Schöne, das Erfüllende, das Utopische zum Ausdruck zu bringen, muß ästhetische, literarische, künstlerische Alternativen bieten. Auf beiden Betätigungsfeldern erfüllt die Kultur dann eine eminent aufklärerische und erzieherische Aufgabe. Gerade deshalb ist Kultur von Grund auf Gegen-Ideologie; zu ihrem Metier gehört es, Partei für das Wahre zu ergreifen und jeden Versuch, das Reelle zu ideologisieren, rücksichtslos zu enthüllen. In diesem Sinn ist sie immer engagierte Kultur, auch dann, wenn sie sich nicht direkt mit politischen Themen auseinandersetzt.

Kunst ist Suche nach all dem, was das Leben den Menschen verweigert, sie bildet das Bindeglied zwischen der grauen Realität des Endlichen und dem Streben nach Harmonie und Unendlichkeit. Einerseits artikuliert sie den Schmerz des Lebens, andererseits den Durst nach vollständiger Selbstverwirklichung. In einer Welt wie der unseren, die vor allem aus Entfremdung und Entbehrung besteht, muß wahre Kunst Verneinung sein. Aber diese Negation kann nur sinnvoll sein, wenn sie von einer Vision des ganz anderen ausgeht und nicht nur kritisches Bewußtsein bleibt. Nicht Offenbarung des Göttlichen ist die Kunst, wie Joyce meinte, sondern Offenbarung des Menschlichen, zu der auch der Traum gehört, die Sehnsucht nach schöneren, humaneren Tagen, nach einer besseren Zukunft.

Wahre Kunst und Literatur können niemals elitär sein, können auf keinen Fall nur darauf bedacht sein, die ästhetischen und geistigen Bedürfnisse eines Teils der Gesellschaft zu befriedigen. Sie müssen immer eng verbunden bleiben mit der gesellschaftlichen Totalität, die Sorgen und Illusionen aller Schichten und aller Menschen berücksichtigen, denn nur so können sie ihren universalen Auftrag erfüllen. Die immer wiederholte Behauptung, daß eine volksnahe Kultur unvermeidlich ins Vulgäre ableite, ist nur ein demagogischer Vorwand, um die elitäre Kunst zu rechtfertigen. Die Kunst, hat Alexander Block geschrieben, »wird ja geboren aus der ewigen Wechselwirkung zweier Musiken – der Musik der schöpferischen Persönlichkeit und der Musik, die in der Tiefe der Volksseele, der Seele der *Masse* klingt. Große Kunst entsteht nur aus der Vereinigung dieser beiden elektrischen Ströme«[20].

Kultur erfüllt nur ihre Aufgabe, wenn sie den Menschen ein neues, edleres Bewußtsein vermittelt und sie dadurch anspornt, sich gegen das Häßliche aufzulehnen und sich nach einer sinnvolleren, humaneren, schöneren Welt zu sehnen. Wenn die Kultur es nicht vermag, dieses Bedürfnis nach Vervollkommnung und Erhabenheit zu erwekken, bleibt sie bloßes Entertainment und Zeitvertreib, ereignisloser Konsum von Ornamentik und Pseudoschönheit.

IST DER SOZIALISMUS TOT?

»Die Revolutionen sind echt als Bewegung und falsch als Regime.«

Maurice Merleau-Ponty, »Les aventures de la dialectique«

Das Ende einer Illusion

Jahrzehntelang blickten Millionen Menschen in der ganzen Welt auf den Sozialismus des Ostblocks als ein Fanal für ein antikapitalistisches System ohne Privateigentum, ohne Ausbeutung und ohne Unmenschlichkeit. Die Ausstrahlungs- und Überzeugungskraft der kommunistischen Parteien des Westens und vieler Befreiungsbewegungen der Dritten Welt zehrten weitgehend von dieser Illusion, und sie war so tief verwurzelt, daß man bewußt oder unbewußt vor den immer deutlicher werdenden Widersprüchen des Systems ein Auge zudrückte. Und wenn die Widersprüche nicht mehr zu übersehen waren, tröstete man sich mit dem Gedanken, daß sie nur von kurzer Dauer sein würden. Am Ende – belog man sich – würde sich schon der Sozialismus durchsetzen und in hellem Glanz leuchten. Treffend bemerkt Alfred Paffenholz dazu: »Vor allem auf seiten der politischen Linken gab man – international – den Glauben an die Verwirklichung des wahren Sozialismus nicht auf – den Glauben an die Idee einer humaneren und gerechteren Gesellschaft als der kapitalistischen. Wider besseres Wissen und Gewissen sahen engagierte Linke über flagrante Menschenrechtsverletzungen und über die ideologische Erstarrung im real existierenden Sozialismus hinweg, Mahner und Warner wurden nicht zur Kenntnis genommen oder – wenn sie aus den eigenen Reihen kamen – als Abweichler, Revisionisten und Renegaten verdammt.«[1]

Die Bevölkerung der sozialistischen Länder dachte freilich anders. Hinter den Fassaden breitete sich zunehmend Unzufriedenheit aus, Gruppen von Oppositionellen und Dissidenten gingen dazu über, Widerstand zu leisten und die Weltöffentlichkeit auf die wirklichen Zustände aufmerksam zu machen: Bürokratismus, Korruption, Vetternwirtschaft, soziale Ungleichheit, politische Unterdrückung. Der Ungarn-Aufstand von 1956, die wiederkehrenden Ausschreitungen in Polen und schließlich der Prager Frühling waren die markantesten Zeichen dieses rapide wachsenden Desillusionierungsprozesses. Das von Chruschtschow in die Wege geleitete und später partiell fortgesetzte »Tauwetter« (Ehrenburg) führte zu einer relativen Entkrampfung der Verhältnisse, ohne jedoch die prinzipiellen Widersprüche des Systems aufheben zu können. Die kommunistischen Parteien entfernten sich immer mehr vom Volke und umgekehrt, aus der von Marx konzipierten Diktatur des Proletariats wurde eine Partei- und Staatsoligarchie. Wie wenig die in Osteuropa entstandenen »Volksdemokratien« mit der Lehre Marx' zu tun hatten, hat Hans-Martin Lohmann mit beredter Empörung so zusammengefaßt: »Es gibt nämlich keinen wie immer gearteten Zusammenhang zwischen den Theorien von Marx und jener halbasiatischen Despotie, die Lenin in Osteuropa installierte. Wer vor 1989 Gelegenheit hatte, die osteuropäischen ›Volksdemokratien‹ zu bereisen, konnte vor Ort ohne Mühe feststellen, daß Marx so ziemlich das letzte war, was man kannte und worauf man sich berief. Das staatsoffizielle Brimborium um Marx war nichts als ein kultisches Ritual zwecks Herrschaftslegitimation.«[2] Die Entstellung des Marxismus setzte längst vor der Russischen Oktoberrevolution und dem Aufbau des bolschewistischen Apparats ein. Sowohl Kautsky wie Lenin entwickelten Anfang des Jahrhunderts die Theorie, daß die Arbeiter von selbst zu keinem richtigen Klassenbewußtsein gelangen könnten und der Belehrung von außen bedürften, eine Aufgabe, die von den mit dem Proletariat verbundenen bürgerlichen Intellektuellen und Wissenschaftlern zu erfüllen sei. Originalton Kautsky: »Wir dürfen nicht vergessen, daß das Proletariat die großen historischen Aufgaben, die ihm durch seine gesellschaftliche Stellung auferlegt werden, nicht lösen kann ohne Mitwirkung der Intellektuellen ... Nur höher Gebildete, die mit ihm

und seinen Zielen sympathisieren, können jene tiefere Einsicht erwerben und verbreiten, die notwendig ist, soll die proletarische Bewegung nicht im Finstern vorwärtstappen, sondern klar und bestimmt vorwärtsmarschieren und ihre Siege voll ausschöpfen.«[3]
Und noch schärfer Lenin: »Die Geschichte aller Länder zeugt davon, daß die Arbeiterklasse ausschließlich aus eigener Kraft nur ein tradeunionistisches Bewußtsein hervorzubringen vermag, d. h. die Überzeugung von der Notwendigkeit, sich in Verbänden zusammenzuschließen, einen Kampf gegen die Unternehmer zu führen, der Regierung diese oder jene für die Arbeiter notwendigen Gesetze abzutrotzen u. a. m. Die Lehre des Sozialismus ist hingegen aus den philosophischen, historischen und ökonomischen Theorien hervorgegangen, die von den gebildeten Vertretern der besitzenden Klassen, der Intelligenz, ausgearbeitet wurden. Auch die Begründer des modernen wissenschaftlichen Sozialismus, Marx und Engels, gehörten ihrer sozialen Stellung nach der bürgerlichen Intelligenz an.«[4]
Kolakowski dazu: »Lenin akzeptierte ohne Vorbehalt die Doktrin Kautskys, nach der das revolutionäre Bewußtsein von außen – von den Intellektuellen, die über die wissenschaftlichen Erkenntnisse verfügten – in die Arbeiterklasse hineingetragen werden müsse, da diese nicht fähig sei, sich aus eigener Kraft über das rein ökonomische Bewußtsein und den rein ökonomischen Kampf zu erheben ... Somit ist die Idee von der Partei als Träger des Klassenbewußtseins, als manipulierende Partei, trotz des grundlegenden Gegensatzes zwischen Leninisten und Orthodoxen in der Theorie der Revolution, den beiden Gruppen gemeinsam.«[5] Von ihrer tief eingefleischten Arroganz geblendet, merkten Kautsky und Lenin nicht, daß die von ihnen gezogene Trennungslinie zwischen ökonomischem und politischem Bewußtsein dem ureigensten Kern der bürgerlichen Ideologie entsprach und in krassem Widerspruch zur Theorie von Marx und Engels stand.

Der abstrakte Dualismus zwischen dem Politischen und dem Ökonomischen widerspiegelte nicht nur die elitär-autoritäre Einstellung Kautskys und Lenins, sondern war auch gegen den revolutionären Syndikalismus und den Räte-Sozialismus gerichtet, die, im Gegensatz zur deutschen und russischen Sozialdemokratie, von der Einheit der ökonomischen und politischen Aktion ausgingen, wie auch in der Pariser Kommune praktiziert. Wie unmarxistisch die Positionen Kautskys und Lenins in diesem Punkt waren, läßt sich unmißverständlich aus einem Brief von Engels an Bebel herauslesen: »Wir haben bei Gründung der Internationale den Schlachtruf formuliert: Die Befreiung der Arbeiterklasse muß das Werk der Arbeiterklasse selbst sein. Wir können also nicht zusammengehen mit Leuten, die es offen aussprechen, daß die Arbeiter zu ungebildet sind, sich selbst zu befreien, und erst von oben herab befreit werden müssen durch philantropische Groß- und Kleinbürger.«[6]

Trotz seiner unzähligen Widersprüche, Unzulänglichkeiten und Fehlleistungen erreichte das von Moskau geformte und bestimmte Sozialismusmodell seine glanzvollste Entfaltung in den ersten Dekaden nach dem Zweiten Weltkrieg, in der Zeit des Kalten Krieges zwischen den Staaten des Warschauer Paktes und den NATO-Ländern. Daß die imposante Machtfülle des sozialistischen Blocks auf wackligen Füßen stand und von vornherein den Keim der Selbstauflösung trug, sollte sich erst nach und nach offenbaren, als Terror, Gängelung und Propaganda nicht mehr ausreichten, um das morsch gewordene Ganze aufrechtzuerhalten.

Während es im eigenen sozialistischen Bereich den Machthabern immer wieder gelang, die Unzufriedenheit der Bevölkerung in Schach zu halten, entglitt ihnen nach und nach die Kontrolle über die Parteien des Westens, die vor allem nach der Niederschlagung des Prager Frühlings zunehmend selbständig wurden. Das Entstehen des Eurokommunismus war eine direkte Folge dieser Entwicklung. Aber der Eurokommunismus brachte mittel- und langfristig keineswegs den Schwung, den sich Berlinguer, Carrillo und andere westliche KP-Strategen erhofft hatten. Im Gegenteil, der gegen die Hegemonie Moskaus gerichtete rote »new look« erwies sich langfristig als ein Bumerang und leitete eigentlich den Verfallsprozeß der westlichen kommunistischen Parteien ein, die im Laufe der achtziger Jahre einen beträchtlichen Teil ihrer Mitglieder verloren und, mit Ausnahme der italienischen Partito Comunista, zu zweitrangigen politischen Kräften absanken wie in Spanien, Portugal und Frankreich. Santiago Carrillo, der während des Exils und nach dem Tode Francos eine

Schlüsselrolle in der spanischen Politik spielte, wurde nach der Machtübernahme durch die Sozialisten um Felipe González eine Rand- und schließlich Witzfigur der spanischen Linksszene. Sein Freund und Gesinnungsgenosse Marchais gilt seit Jahren als Inbegriff des Verfalls der französischen KP und der von ihr einst kontrollierten Gewerkschaft CGT. In Italien selbst durchlebt die KP eine tiefe Identitätskrise und befindet sich seit Jahren auf dem absterbenden Ast, wobei sich Achille Occhetto zugleich als Erneuerer und Totengräber der einst mächtigen Partei betätigt hat. Die Tatsache, daß die frühere PCI sich Anfang 1991 mit dem Namen »Demokratische Partei der Linken« (PDS) neu taufte, spricht für sich selbst und bedarf keines weiteren Kommentars. Vielleicht nur der Hinweis, daß die neue alte italienische linke Partei eine Nachahmung der spanischen, von den Kommunisten beherrschten »Izquierda unida« ist.
Der Traum der wendigen italienischen Kommunisten ist jetzt, in die von der deutschen Sozialdemokratie gemanagte Sozialistische Internationale aufgenommen zu werden. Falls diesem Wunsch eines Tages entsprochen werden sollte, würde die Partei wieder dort landen, wo sie in ihrer Entstehungsphase angesiedelt war: in der einstigen reformistischen Partito Socialista. Man kehrt immer zum Tatort zurück, auch der seit einiger Zeit bei der spanischen PSOE hospitierende Santiago Carrillo war ursprünglich Mitglied dieser Partei. Es sieht in der Tat so aus, daß nach siebzig Jahren eigener Geschichte die kommunistischen Parteien – nicht nur die italienische – von der senilen Sehnsucht ergriffen sind, reumütig zu ihrer sozialistisch-sozialdemokratischen Kindheit zurückzukehren. Die europäische Bourgeoisie kann in den nächsten Dekaden auf jeden Fall ruhig schlafen.
Die von Michail Gorbatschow eingeleitete Perestroika erwies sich auch bald als ein Bumerang, denn anstatt eine Erneuerung des real existierenden Sozialismus zu bewirken, mündete sie im Zusammenbruch der osteuropäischen Systeme, was erwartungsgemäß eine Welle des Jubels und der Schadenfreude in der westlichen Hemisphäre auslöste. Die westlichen Massenmedien berichteten ausführlich über die Deformationen und Versäumnisse des gescheiterten Systems, was logisch und auch wünschenswert war. Aber sie benutzten den Bankrott eines in der Tat entarteten Modells des Sozialismus

als angeblichen Beleg für die Untauglichkeit der sozialistischen Idee überhaupt, was freilich auch vorauszusehen war. Der Kapitalismus wäre nämlich nicht der Kapitalismus, wenn er nicht jede sich bietende Chance nutzen würde, um seinen Erzfeind zu Recht oder Unrecht restlos zu diskreditieren, und insoweit kann die Haltung der westlichen Medien nicht überraschen. »Auf der Müllhalde der Geschichte«, schwadronierte der CDU-Jungmatador Jürgen Todenhöfer in einer Illustrierten, »landeten alle jene Ideologien und Utopien, die... einen ›neuen Menschen‹ schaffen wollten... Gesiegt hat zu ihrer großen Überraschung nicht der ›neue Mensch‹ aus der sozialistischen Retorte, sondern der ›alte Adam‹, der sich... aufs Materielle, aufs Tüchtig- und Erfolgreichsein und auf das eigene bessere Leben konzentriert.«[7] So war ungefähr der Tenor im westlichen Blätterwald.

Die Bekämpfung der sozialistischen Idee begann freilich nicht erst mit dem Zusammenbruch des real existierenden Sozialismus, sie gehört von jeher zur permanenten Strategie aller kapitalistischen Kräfte der Welt. Es geht auch nicht darum, den real existierenden Sozialismus gegen seine Kritiker in Schutz zu nehmen, sondern ausschließlich um die Art und Weise, wie er an den Pranger gestellt wird und warum.

Wir wollen die Schlagworte der westlichen Publizistik, der westlichen Wissenschaft und der westlichen Politik für einen Augenblick beiseite lassen und versuchen zu klären, warum die 1917 am geschichtlichen Horizont entstandene knallrote sozialistische Aurora in einer kläglichen Götterdämmerung endete.

Revolution und Evolution

Marx und Engels waren sehr zurückhaltend, wenn es darum ging, detaillierte Aussagen über die konkrete Gestaltung einer zukünftigen sozialistischen bzw. kommunistischen Gesellschaft zu machen. Das trifft vor allem für Marx zu. Eines war beiden klar: Eine nachkapitalistische, klassenlose Gesellschaft könnte zuerst nur in den hochentwickelten Ländern wie England, Deutschland, Holland oder den Vereinigten Staaten von Amerika entstehen. Diese Ansicht deckte sich mit der gesamten Marxschen Theorie und der aus ihr abgeleiteten These, daß der Übergang von einem kapitalistischen zu einem sozialistischen System die volle Entwicklung der kapitalistischen Produktivkräfte als Voraussetzung habe. Beide hatten ebenso immer wieder klargestellt, daß dort, wo die technologisch-produktiven Voraussetzungen fehlten, kein Sozialismus errichtet werden könnte, schon deshalb nicht, weil für sie die Verwirklichung einer klassenlosen Gesellschaft nur aus materiellem Überfluß heraus denkbar war. Daher auch ihre wiederholten (oft überzogenen) Angriffe auf jegliche Form des revolutionären Putschismus, Voluntarismus, Subjektivismus und moralisch motivierten Sozialismus.

Die Frage, ob Sozialismus »machbar« oder ob er von bestimmten historischen Gesetzmäßigkeiten abhängig ist, wurde jahrzehntelang zu einer der meist diskutierten Streitfragen innerhalb der Arbeiter- und revolutionären Bewegungen. Es bildeten sich zwei grundsätzliche Strömungen: Die orthodoxen Marxisten identifizierten sich mit der These von Marx/Engels und verwarfen jeden revolutionären Versuch, den Sozialismus »vorzeitig« durch Kampf auf den Barrikaden herbeiführen zu wollen. Aus dieser Strömung gingen die sozialdemokratischen und sozialistischen Parteien der 2. Internationale hervor. Ihr führender Theoretiker war Karl Kautsky, der Mann, der es fertigbrachte zu sagen, daß die deutsche Sozialdemokratie eine revolutionäre Partei sei, die keine Revolutionen mache. Diese im Grunde konservative, deterministische Linie wurde bald durch den Revisionismus Eduard Bernsteins ergänzt und weiterentwickelt. Die Hauptthese Bernsteins lautete: Die von Marx vorausgesagte zunehmende Verelendung des Proletariats habe sich nicht bestätigt. Entsprechend werde es keinen kapitalistischen Zusammenbruch geben und damit auch keinen automatischen Übergang vom Kapitalismus zum Sozialismus, wie die offizielle Lehre der 2. Internationale behauptete. Der Sozialismus sei deshalb durch Reformen, nicht durch eine Revolution zu verwirklichen.

Bernstein konnte sich (ebenso wie Kautsky) nicht ganz grundlos auf den späten Engels berufen, der in seinem langen Vorwort auf das Marxsche Werk »Die Klassenkämpfe in Frankreich« sich ganz deutlich für den legalen, parlamentarischen Weg ausgesprochen hatte, ohne allerdings die Option der Revolution gänzlich auszuschließen. Was Engels in diesem Dokument schrieb, stimmte völlig mit der damaligen Strategie der 2. Internationale überein: »Was aber auch in anderen Ländern geschehen möge, die deutsche Sozialdemokratie hat eine besondere Stellung und damit wenigstens zunächst auch eine besondere Aufgabe. Die zwei Millionen Wähler, die sie an die Urnen schickt, nebst den jungen Männern und den Frauen, die als Nichtwähler hinter ihnen stehen, bilden die zahlreichste, kompakteste Masse, den entscheidenden ›Gewalthaufen‹ der internationalen proletarischen Armee ... Ihr Wachstum geht so spontan, so stetig, so unaufhaltsam und gleichzeitig so ruhig vor sich wie ein Naturprozeß ... Geht das so voran, so erobern wir bis Ende des Jahrhunderts den größten Teil der Mittelschichten der Gesellschaft, Kleinbürger wie Kleinbauern, und wachsen aus zu der entscheidenden Macht im Lande, vor der alle andern Mächte sich beugen müssen, ob sie es wollen oder nicht ... Die Ironie der Weltgeschichte stellt alles auf den Kopf. Wir, die ›Revolutionäre‹, die ›Umstürzler‹, wir gedeihen weit besser bei den gesetzlichen Mitteln als bei den ungesetzlichen und dem Umsturz.«[8]

In Frankreich trat 1899 der Sozialist Millerand (gegen den Willen von Jules Guesde und Paul Lafargue, aber unterstützt von Jaurés) als Minister in eine bürgerliche Regierung ein und trug damit kräftig dazu bei, den schon überall gärenden Reformismus zu verstärken. Kautsky, Bernstein und deren Anhänger in Europa bildeten die vorherrschende Strömung innerhalb des Marxismus. Aber es gab auch eine Minderheit von Marxisten, die für eine aktivere, weniger deterministische bzw. fatalistische Strategie plädierten. Die beredteste Vertreterin dieser Einstellung war Rosa Luxemburg. Aufgrund ihres Glaubens an die revolutionäre Spontaneität der Massen und ihrer Kritik an der sozialdemokratischen Partei wurde Rosa Luxemburg des Anarchismus bezichtigt, nicht zuletzt von Kautsky selbst. Wegen dieser Meinungsverschiedenheiten zerbrach auch ihre Freundschaft. Die Vorwürfe Kautskys waren zwar unzutreffend, aber nicht ganz aus der Luft gegriffen, denn obwohl Rosa Luxemburg bis zuletzt eine überzeugte Marxistin blieb, hatten ihr Spontaneitätskult und ihre

Kritik an der Parteibürokratie gewisse Berührungspunkte mit dem Anarchismus bzw. Anarchosyndikalismus. Im Gegensatz zu den Marxisten waren die Anarchisten immer der Meinung gewesen, daß die Revolution jederzeit potentiell machbar ist und daß die Herbeiführung einer klassenlosen und herrschaftsfreien Gesellschaft nicht primär von der Entwicklung der Produktivkräfte und ihrer Reife abhängt, sondern von der revolutionären Entschlossenheit des Proletariats. Bakunin war der bekannteste Vertreter dieser These. Die Anarchisten waren jedoch nur stark in den südeuropäisch-romanischen Ländern, vor allem in Spanien. Während in Mittel- und Nordeuropa die Arbeiterbewegung eng mit den sozialdemokratischen Parteien verbunden war, entstand in Südeuropa eine starke anarchosyndikalistische Bewegung, die die sozialistischen Parteien bekämpfte und die Emanzipation der Arbeiterklasse durch die »direkte Aktion« der Gewerkschaften erreichen wollte (Amiens-Brief, 1906, Gründung der spanischen CNT, 1910).

Auch in Rußland war die Frage der Strategie jahrelang heiß diskutiert worden, und sie führte Anfang des Jahrhunderts zu einer Spaltung der revolutionären Bewegung und zur Bildung zweier unversöhnlicher Flügel: der Bolschewiki und der Menschewiki. Die russischen Sozialdemokraten – so nannten sich zuerst die russischen Marxisten – waren weitgehend von den Vorstellungen der deutschen Sozialdemokratie geprägt, Kautsky galt für sie – auch für Lenin – als eine Art unfehlbarer Papst der marxistischen Theorie. 1924 gab Sinowjew zu: »Wir sind erzogen worden und haben die russischen Arbeiter erzogen im Gefühl tiefster Achtung für die deutsche Sozialdemokratie . . . In vielen Beziehungen war die deutsche Sozialdemokratie für uns ein Vorbild, ein unerreichbares Ideal. Wir nahmen sie uns zum Muster.«[9] Aber diese Verehrung verwandelte sich ab 1914 in offene Ablehnung, als sich die meisten deutschen Sozialdemokraten mehr oder weniger offen hinter die Kriegspolitik des Kaisers, die Armee und die Bourgeoisie stellten. Aus dem Meisterdenker Kautsky wurde ein Renegat.

Und dann kam die unerwartete seismische Erschütterung, die die Weltgeschichte fast siebzig Jahre lang tief beeinflussen sollte: die russische Februar-Revolution von 1917 und der Sturz des Zarismus.

Die Lehre der Stifter des Marxismus erwies sich bald als wenig hilfreich, um sich inmitten der neuen Lage halbwegs zurechtzufinden. Die Menschewiki und die konservativen Marxisten beharrten auf dem Standpunkt, daß Rußland nicht die objektiven Voraussetzungen für ein sozialistisches System erfülle. Lenin, der früher auch die orthodoxe Linie vertreten hatte, entschloß sich, im Einvernehmen mit seinem früheren Rivalen Trotzki, für das große Wagnis, in einem äußerst rückständigen Land wie Rußland einen proletarischen Staat zu errichten. Lenin hatte immer wieder seine Treue zu Marx betont, aber das war für ihn kein Hinderungsgrund gewesen, seine eigenen Vorstellungen auszuarbeiten und die Lehre des Meisters dort fallenzulassen, wo sie sich als zu abstrakt oder falsch erwies. So glaubte Lenin im Gegensatz zu Marx, daß die sozialistische Revolution nicht unbedingt in den hochentwickelten Ländern ausbrechen würde, sondern eher in jenen Ländern, die aufgrund ihrer wirtschaftlichen Rückständigkeit mit enormen gesellschaftlichen Widersprüchen belastet waren, also im »schwächsten Kettenglied« des Weltkapitalismus. Ähnlich dachte Trotzki: »Unter gewissen Bedingungen können zurückgebliebene Länder früher als die fortgeschrittenen zur Diktatur des Proletariats kommen«.[10] Beide sollten recht behalten.

Das bolschewistische Modell

Am Anfang waren die Bolschewiki eine kleine Minderheit innerhalb der gesamten revolutionären und proletarischen Bewegung in Rußland, aber sie erwiesen sich bald als die Entschlossensten von allen. Nach der von ihnen eingeleiteten Oktober-Revolution wurden sie die neuen Herren Rußlands.

Die von den Bolschewiki errichtete Herrschaft stützte sich auf den von Marx in seiner Kritik am Gothaer Programm der deutschen Sozialdemokratie geprägten Begriff der Diktatur des Proletariats als Übergangsphase bis zur Errichtung einer sozialistischen Gesellschaft. Die Idee einer Diktatur als revolutionäres Instrument zur Niederschlagung der Reaktion hatte Marx von den Jakobinern und Blanqui übernommen. Marat z. B. schlug vor, »den Despotismus der Freiheit zu organisieren und den Despotismus der Könige zu zermalmen«. Auch die Vorstellungen Blanquis über die Durchsetzung des Kommunismus gingen von der Errichtung einer provisorischen Diktatur der Arbeiterklasse aus. Lenin und Trotzki waren immer entschiedene Anhänger der Diktatur des Proletariats gewesen, aber was sie aus ihr machten, hatte kaum Ähnlichkeit mit den Vorstellungen ihrer revolutionären Vorgänger.

Denn die Diktatur des Proletariats wurde in Rußland nicht nur gegen die Konterrevolutionäre und reaktionären Klassen und Schichten, die noch am Zarismus hingen, gerichtet, sondern sie wurde auch bald gegen die nichtbolschewistischen proletarischen und sozialistischen Kräfte angewandt, die eine eigene Auffassung von der Revolution und dem Sozialismus hatten. Die Inhaftierung und Verfolgung Andersdenkender wurden sehr schnell zu einer Selbstverständlichkeit. Zuerst wurden die reaktionären Parteien verboten, aber diese Maßnahme wurde bald auf die Linksparteien ausgedehnt. So wurden schon im Juni 1918 die Menschewiki und die (rechten) Sozialrevolutionäre von den Sowjets ausgeschlossen. Der alte Kropotkin konnte zu Recht in einem am 20. Juni 1920 verfaßten Brief an die westlichen Arbeiter schreiben: »In Rußland lernen wir den falschen Weg, den Sozialismus zu errichten.« Er weigerte sich, mit der neuen Macht zusammenzuarbeiten. Sehr früh erkannte Rosa Luxemburg: »Gewiß, jede demokratische Institution hat ihre Schranken und Mängel ... Nur ist das Heilmittel, das Trotzki und Lenin erfunden: die Beseitigung der Demokratie überhaupt, noch schlimmer als das Übel, dem es steuern soll ... Freiheit nur für die Anhänger der Regierung, nur für Mitglieder einer Partei ... ist keine Freiheit. Freiheit ist immer nur Freiheit des anders Denkenden.«[11]

Lenin war am Anfang ehrlich bemüht, die Diktatur des Proletariats auf die Macht der Räte (Sowjets) zu stützen, die er gegen Kautsky und seinen abstrakten, klassenneutralen Begriff von Demokratie Ende 1918 verteidigte: »Die proletarische Demokratie ist tausend Mal demokratischer als jede bürgerliche Demokratie. Die Rätemacht ist tausend Mal demokratischer als die demokratischste Republik.«[12] Das wäre zutreffend gewesen, wenn sich die Sowjets frei und spontan hätten entfalten können; aber statt dessen wurden sie bald Opfer

der von Lenin und Trotzki allgemein durchgeführten Gleichschaltung des ganzen politischen Lebens. Prophetisch mahnte Rosa Luxemburg: »Aber mit dem Erdrücken des politischen Lebens im ganzen Lande muß auch das Leben in den Sowjets immer mehr erlahmen. Ohne allgemeine Wahlen, freien Meinungskampf erstirbt das Leben in jeder der öffentlichen Institutionen, wird zum Scheinleben, in dem die Bürokratie allein das tätige Element bleibt. Das öffentliche Leben schläft allmählich ein, einige Dutzend Parteiführer ... dirigieren und regieren, unter ihnen leitet in Wirklichkeit ein Dutzend hervorragender Köpfe, und eine Elite der Arbeiterschaft wird von Zeit zu Zeit zu Versammlungen aufgeboten, um den Reden der Führer Beifall zu klatschen, vorgelegten Resolutionen einstimmig zuzustimmen, im Grunde also eine Cliquenwirtschaft – eine Diktatur allerdings, aber nicht die Diktatur des Proletariats, sondern die Diktatur einer Handvoll Politiker, d. h. Diktatur im bürgerlichen Sinne ...«[13] Ähnlich Kautsky: »Wenn die Kommunisten behaupten, die Demokratie sei die Methode der bürgerlichen Herrschaft, so muß ihnen erwidert werden, daß die Alternative der Demokratie, die Diktatur, zu nichts anderem führt, als zur Methode des vorbürgerlichen Faustrechts.«[14]
In »Staat und Revolution« hatte Lenin kurz vor der Revolution das Modell einer weitgehend egalitären und von unten kontrollierten Gesellschaft ohne soziale Diskriminierung und ohne Privilegien entworfen: »Die ganze Gesellschaft wird ein Bureau und eine Fabrik mit gleicher Arbeit und gleichem Lohn«, hatte er lapidar verkündet.[15] Aber daraus wurde nichts. Die neue, schnellwachsende Bürokratie sorgte bald dafür, ihre politische Herrschaft mit materiellen Privilegien zu verbinden, wie Hermann Weber, einer der besten deutschen Kenner des Marxismus, zu Recht bemerkt: »Ursprünglich zur Niederhaltung der Gegenrevolution gedacht, wurde die Diktatur immer mehr gegen die Arbeiter selbst gerichtet. Mit ihrer Machtausweitung schuf sich die Bürokratie im hungernden Rußland auch wirtschaftliche Privilegien ... Die Bürokratie entwickelte sich zu einer besonderen sozialen Schicht mit eigenen sozialen Interessen: ihre politischen und materiellen Privilegien zu schützen. Der Apparat wurde nicht mehr von den Massen kontrolliert, wie es theoretisch vorgesehen

war, der Apparat hatte sich verselbständigt und begann, die Massen zu beherrschen.«[16]
Die Verzerrung der sozialistischen Idee begann nicht erst unter Stalin, sondern schon unter der Herrschaft Lenins und Trotzkis. Die Gründung der Tscheka, die von Trotzki durchgeführte Militarisierung der Arbeit, die Degradierung der Gewerkschaften zu Transmissionsriemen der Partei, die Entmachtung und Instrumentalisierung der Sowjets zu Parteizwecken, die rücksichtslose Niederwerfung des Kronstädter Arbeiter- und Matrosenaufstands und der Makhno-Bewegung in der Ukraine, die Unterdrückung aller nichtbolschewistischer Parteien und andere repressive Maßnahmen erfolgten nicht unter Stalins persönlichem Regiment, sondern bald nach dem Sieg der Revolution. Als Lenin 1924 starb, war die Sowjetunion schon ein Polizeistaat. Es war nicht nur Haß, was Kautsky veranlaßte, folgendes zu schreiben: »Das Wesen der Polizei haben die Bolschewiki meisterhaft begriffen, weit besser als die materialistische Geschichtsauffassung und den modernen Produktionsprozeß. Als Herren des Staates haben sie eine politische Polizei aufgerichtet, die ihresgleichen nicht in der heutigen Staatenwelt findet und auch nicht in der Geschichte. Die Tscheka ist die Neubelebung der spanischen Inquisition, aber ausgerüstet mit allen Errungenschaften der Neuzeit und entblößt aller sittlichen Erwägungen und Vorurteile. Keiner Idee, sondern nur dem bloßen Hunger nach Allmacht der herrschenden Clique dient sie.«[17]
Die Tatsache, daß ein im Grunde zweitrangiger Parteimensch wie Stalin in der Lage war, den Apparat für seine eigenen Zwecke zu mißbrauchen, ohne dabei auf große Hindernisse zu stoßen, beweist, daß die Entwicklung der Revolution sich schon lange vor ihm auf dem falschen Weg befand. Es wäre auch abwegig, diese Fehlentscheidung ausschließlich durch die despotische Gesinnung der führenden Köpfe der Bolschewiki erklären zu wollen. Sie war vielmehr das Ergebnis eines allgemeinen Klimas des Autoritarismus, des Dogmatismus, des Hasses und des Verfolgungswahns. Ignazio Silone, der zwischen 1921 und 1927 mehrere Male nach Moskau fuhr, schreibt: »Was mir an den russischen Kommunisten, auch an wirklich ungewöhnlichen, wie Lenin und Trotzki, am stärksten auffiel, war ihr völliges Unver-

mögen, fair über eine entgegengesetzte Meinung zu diskutieren. Der Gegner war, nur weil er zu widersprechen wagte, von vornherein ein Opportunist, ein Mann, der sich verkauft hatte.«[18]
Lenin und Trotzki waren sich darüber im klaren, daß sich der russische proletarische Staat nur behaupten könnte, wenn in den europäischen entwickelten Ländern auch eine Revolution stattfände. Sie dachten hierin entschieden »westlich«, genauso wie Gorbatschow siebzig Jahre später, nur mit dem feinen Unterschied, daß, während Lenin und Trotzki vom Westen den Sturz des Kapitalismus erwarteten, Gorbatschow sich von ihm sein Reformprogramm finanzieren lassen will. Es ist der qualitative Umschlag von einer klassenkämpferischen zu einer klassenkollaborationistischen Position. Lenin und Trotzki waren ungeachtet der bedenklichen Aspekte ihrer Persönlichkeit zwei große Revolutionäre, Gorbatschow ist nicht viel mehr als ein neuer Kerenski. Aber sie kam nicht, die ersehnte westeuropäische Revolution, und dort, wo sie ausbrach – in Ungarn, in Bayern, in Berlin, teilweise in Italien –, wurde sie brutal niedergeschlagen oder verlief im Sande. Auch die eilig und gegen den ausdrücklichen Rat Rosa Luxemburgs ins Leben gerufene 3. Internationale als Trojanisches Pferd einer Weltrevolution nutzte nichts: Die Hauptbastionen des Kapitalismus blieben unversehrt, die von Moskau wie unmündige Marionetten behandelten westlichen kommunistischen Parteien erwiesen sich als zu schwach, um die umstürzlerischen Illusionen Lenins und Trotzkis in die Tat umzusetzen.
Stalin erkannte bald die Undurchführbarkeit der »permanenten Revolution« auf Weltebene und verkündete im Herbst 1924 die These vom Aufbau des Sozialismus in einem Lande als den einzig realistischen Weg und als das Gebot der Stunde. Die Aufgabe der nichtrussischen Parteien war es nicht, ihre eigene nationalproletarische Revolution zustande zu bringen, sondern durch agitatorischen Druck die Bourgeoisie ihrer jeweiligen Länder in Schach zu halten bzw. zu neutralisieren. Und jene Kommunisten, die – vor allem während der Zeit des faschistischen Aufstiegs – versuchten, die Revolution voranzutreiben, wurden ausgebootet, kaltgestellt und als Abweichler und Feinde des Proletariats und der Sowjetunion gebrandmarkt. Dies geschah z. B. mit Heinz Neumann, dessen Lo-

sungswort »Schlagt die Faschisten, wo ihr sie trefft« nicht zu den finsteren taktischen Machenschaften Stalins paßte. Milovan Djilas, der Stalin gut kannte und seine Vorbehalte gegen den jugoslawischen Weg zum Sozialismus oft spüren mußte, bezeugt: »Instinktiv fühlte er, daß die Errichtung von revolutionären Zentren außerhalb Moskaus das Risiko barg, die Vorherrschaft des sowjetischen Staates innerhalb des Weltkommunismus in Frage zu stellen.«[19]
Die Politik der »friedlichen Koexistenz« mit dem Faschismus kulminierte in dem Sowjet-Nazi-Pakt vom 23. August 1923 und endete (notgedrungen) erst mit dem Überfall der Wehrmacht auf sowjetisches Territorium im Juni 1941. Am 22. Mai 1943 gab Stalin durch eine Note in der sowjetischen Presse die Auflösung der Komintern bekannt. Die Entscheidung wurde ausnahmslos von allen betroffenen kommunistischen Parteien gutgeheißen. Warum sich Stalin zu diesem Schritt entschloß, habe ich in meinem Buch über die 3. Internationale so zusammengefaßt: »Die Auflösung der Kommunistischen Internationale und die Erklärungen Stalins darüber verfolgten das Ziel, der Propaganda Goebbels entgegenzutreten, der, mit der Absicht, Zwietracht zwischen Rußland und seinen Kriegs-Verbündeten zu säen, zunehmend behauptete, daß Moskau die Komintern benutzen wolle, um seine Herrschaft auf die kapitalistischen Demokratien auszudehnen ... Aber das Hauptziel Stalins bestand darin, durch die Liquidierung der Komintern die Alliierten zu bewegen, die zweite Front in Westeuropa zu öffnen, die er seit langem verlangte.«[20]

Das Erbe

Das Erbe des real existierenden Sozialismus liegt uns seit ein paar Jahren in seinem ganzen Umfang vor, und es ist so trostlos, daß man wenige Worte braucht, um es zu inventarisieren: wirtschaftlicher Bankrott, gesellschaftliche Desintegration, Arbeitslosigkeit, soziales Elend, gigantische Auslandsschulden und technologischer Rückstand. Nicht besser die moralische Hinterlassenschaft: Demoralisierung, Frustration, Orientierungslosigkeit und Angst vor dem Kom-

menden. Und politisch: Instabilität, zögernde Reformen, Selbstzweifel und Zwietracht zwischen der alten Partei- und Staatsbürokratie und den demokratischen, reformwilligen Kräften, die wiederum keine andere Alternative parat haben als die unkritische Übernahme des Kapitalismus und seiner Zauberformel: Privateigentum, Wettbewerb, soziale Ungleichheit, Klassengesellschaft. Und wie in solchen Situationen üblich: Prinzipienreiterei, Konvertitentum, Opportunismus, Korruption und die Moral des »Rette sich, wer kann«.
Allgemeine Verrohung der zwischenmenschlichen und gesellschaftlichen Verhältnisse und Wiederkehr der alten, tausendmal erprobten und tausendmal gescheiterten ideologischen Mythen: Nationalismus, Rassismus, Antisemitismus, Ethnozentrismus, gepaart mit dem ewigen Streit zwischen dem Zentralismus der nach dem Ersten und Zweiten Weltkrieg von den Siegermächten zusammengeflickten Nationalstaaten und den Autonomie-Bestrebungen früher mehr oder weniger eigenständiger Volksstämme.
Siebzig Jahre umsonst, siebzig Jahre für die Katz, zurück zur Stunde Null. Und die Perspektive: bestenfalls halb funktionierende und halb kolonisierte Demokratien nach westlichem Muster, aber nicht auszuschließen: allgemeines Chaos und Diktaturen neuer Prägung als einziger Ausweg, Fortsetzung des altbekannten Veitstanzes zwischen beiden Optionen wie vor dem Ersten und Zweiten Weltkrieg.
Und was die kapitalistischen Mächte angeht: Der Kampf um die Beute und um Einflußzonen hat längst begonnen, Frankreich und Deutschland werden hier die erste Geige spielen und konkurrieren, sich langfristig entzweien, wie sich schon im Fall Jugoslawien im Sommer 1991 klar abzeichnete.
Im Zusammenhang mit den jugoslawischen Ereignissen spottete Ulrich Wickert in seiner ARD-Tagesthemen-Sendung Anfang Juli über diejenigen, die behaupteten, Deutschland befinde sich unterwegs zum Vierten Reich, eine deutliche Anspielung auf den Titel eines Kapitels meines Buches »Das Vierte Reich«. Nun, wenige Tage danach warf der jugoslawische stellvertretende Ministerpräsident Mitrovic Bonn vor, eine »Politik zur Bildung eines Vierten Reiches« zu betreiben. Ich bin also nicht der einzige, der Furcht vor den Machtgelüsten Deutschlands hat.

Am 4. Juli hatte schon der Belgrader Rechtsprofessor Budimir Kosutik – der als Sprachrohr von Serbiens Präsident Slobodan Milosevik gilt – in dem Massenblatt »Politika Ekspres« behauptet, Deutschland strebe eine Zerschlagung Jugoslawiens an, um ein von ihm beherrschtes Europa errichten zu können. Am Abend vorher waren im Belgrader Fernsehen ähnliche Anklagen erhoben worden. Auch die auflagenstärkste Zeitung Serbiens »Vécernje novosti« schloß sich den Thesen von Professor Kosutik an: »Österreich und Deutschland bemühen sich, so oder so zu den Häfen und Küsten der Adria zu gelangen«, meinte die Zeitung in einem Leitartikel. Ziel der Deutschen sei »eine neue Architektur Europas«, in dessen Zentrum das wiedervereinigte Deutschland steht«, hieß es in dem Beitrag Professor Kosutiks. Und weiter: »Um Deutschland werden sich dann die Länder versammeln, die auch Verbündete des faschistischen Deutschlands im Zweiten Weltkrieg gewesen sind ... Der entscheidende Schlag ist gegen das serbische Volk gerichtet.« Slowenen und Kroaten seien Deutschlands Verbündete, schloß der Belgrader Professor. Ähnlich hatte zur gleichen Zeit die Pariser Zeitung »Le Monde« Deutschland als »Schutzmacht« der Slowenen und Kroaten bezeichnet.

In den darauffolgenden Tagen wurden die Angriffe auf Deutschland von den serbischen Medien fortgesetzt und präzisiert. Deutschland wurde beschuldigt, sich in die inneren Angelegenheiten Jugoslawiens auf verschiedenste Weise einzumischen, unter anderem mit Waffenlieferungen und militärischer Hilfe. Unter der Überschrift »Der deutsche Marsch nach Süden« schrieb am 7. Juli »Politika«, daß deutsche Söldner die Panzerabwehrrakete »Armbrust« für die Slowenen bedient hätten. »Vécernje novosti« beschuldigte am 6. Juli Deutschland, die Aktivitäten der albanischen Separatisten und der kroatischen Sezessionisten koordiniert zu haben, und behauptete, daß Offiziere der Bundeswehr im Januar 1991 das Waffenarsenal der slowenischen Bürgerwehr inspiziert hatten. »Der dreckige und verbrecherische Krieg hätte ohne die Verwicklung Deutschlands nicht geführt werden können«, schrieb die Zeitung. Die jugoslawische Nachrichtenagentur Tanjug berichtete am 8. Juli, daß vor der deutschen Wiedervereinigung Waffen aus Beständen der ehemaligen Nationalen Volksarmee der DDR über Ungarn nach Kroatien und Slowenien geliefert wurden, darunter 80 000 Maschinengewehre des sowjetischen Typs AK (Kalaschnikow) und Makarow-Pistolen. »Borba« warf Genscher vor, ohne Einladung in Belgrad aufgetaucht zu sein, verglich seine Forderung, die Armee solle die Kampfhandlungen einstellen, mit dem Ultimatum Wiens an Serbien von 1914. Wie üblich in diesen Fällen, dementierte die Bundesregierung kategorisch die serbischen Beschuldigungen, wertete sie als »bösartige Erfindung ohne jede Grundlage«.

Ob begründet oder unbegründet – die serbischen Reaktionen lassen erkennen, daß die alte Angst vor dem germanischen Drang nach dem Osten noch da ist. Sie lebt weiter, diese Angst, nicht nur in Belgrad oder in Paris, sondern auch in der Tschechoslowakei und in Polen, in Ländern, die tagtäglich mit den revanchistischen Parolen der Vertriebenenverbände und der Neonazis konfrontiert werden. Und daß die Sowjetunion – die mehr ist als Herr Gorbatschow und seine deutschfrommen Anhänger – die Großmachtallüren Deutschlands in Osteuropa nicht ewig tatenlos hinnehmen wird, ist auch abzusehen.

Osteuropa war in diesem Jahrhundert schon der direkte oder indirekte Anlaß für zwei Weltkriege. Natürlich steht kein neuer gesamteuropäischer Krieg »ante portas«, aber geblieben sind die ungelöste Problematik der Region und die jeweiligen Interessenlagen der europäischen Mächte. Paris wird versuchen, den osteuropäischen Status quo aufrechtzuerhalten. Berlin wird alles daransetzen, die osteuropäische Karte neu zu gestalten, um dadurch seine führende Rolle in der Region zu festigen. Der Konflikt zwischen beiden heute noch eng befreundeten Ländern ist vorprogrammiert, nicht nur in Osteuropa, sondern langfristig auch innerhalb der EG.

Wie man sieht, hat der real existierende Sozialismus die alten territorialen, nationalen und ethnischen Probleme Osteuropas nicht gelöst, sondern nur unter den Teppich gekehrt; deshalb tauchen sie jetzt wieder mit erneuter Virulenz auf.

AUF DER SUCHE NACH EINER BESSEREN WELT

»Die Befreiung der unterdrückten Klassen schließt ... notwendigerweise die Schaffung einer neuen Gesellschaft ein.«

Karl Marx, »Das Elend der Philosophie«

Theorie und Praxis

Ich will der naheliegenden Versuchung widerstehen, an dieser Stelle den kritischen Teil meiner Untersuchung mit dem Entwurf einer »idealen« Gesellschaft »abzurunden«, unter anderem deshalb, weil vorausschauende Heilssysteme sich in der Regel als weltfremde Konstruktionen erweisen und immer wieder vom realen Gang der Geschichte überholt werden, von Platos »Staat« bis zu Bellamys »Looking Backward«. Aber ich kann und will nicht darauf verzichten, die Grundzüge eines halbwegs rationalen und emanzipatorischen Wertesystems zu skizzieren und damit ein Mindestmaß an Orientierungs- und Aufklärungsarbeit zu leisten. Wenn wir auch nicht in der Lage sind, unsere Schritte in der Welt im voraus zu kennen, müssen wir trotzdem eine Vorstellung von dem Weg haben, den wir beschreiten wollen. Und das ist eben eine Aufgabe, die ohne ein Minimum an spekulativer Arbeit nicht zu bewältigen ist. Um die Welt zu verändern, müssen wir eine Vision von dem Kommenden haben, ohne Theorie werden wir immer im dunkeln tappen und uns leicht von der herrschenden Meinung vereinnahmen und in die Irre führen lassen. Die spätkapitalistische Welt ist theoriefeindlich, und dies ist so, weil die Verbannung der Theorie dem System ermöglicht, sich ewig fortzusetzen. Und was das System als Theorie präsentiert, ist weitgehend nur Pseudotheorie, überschreitet selten den Bereich des Pragmatismus und des Positivismus. Sie ist entsprechend systemerhaltend und

beschränkt sich darauf, das Bestehende zu rechtfertigen und jede Form von alternativem, systemsprengenden Denken als naive Utopie herabzusetzen.
Wahre Theorie kann nur ein Ziel haben: die eindimensionale und hermetisch gewordene spätkapitalistische Faktizität zu überwinden und neue Perspektiven aufzuzeigen. Sie ist deshalb Transzendenz, Metaphysik, wenn man so will, also eine Denkstruktur, die danach strebt, die waltende Empirie mit einem neuen Weltbild zu befruchten. Aber Theorie allein genügt nicht, deshalb besitzt die These von Marx über Feuerbach weiterhin volle Gültigkeit: »Die Philosophen haben die Welt nur verschieden *interpretiert*, es kommt darauf an, sie zu verändern.«[1] Ideen bleiben in der Tat machtlose Innerlichkeit, wenn sie keine Umsetzung in der Realität finden.
Eine Theorie, die dieses Namens würdig ist, enthält konstitutiv den Anspruch auf eine Weltveränderung, muß den Ehrgeiz und die Naivität haben, den herrschenden Weltzustand durch eine neue Weltverfassung langfristig zu ersetzen. Alles andere ist blutarmer und subalterner Intellektualismus, auch wenn er sich mit akademischer Tiefe schmückt. Neue Ideen verlangen neue Institutionen, und diese können nur das Resultat einer weltverändernden Praxis sein. Befreiung setzt innerhalb des eigenen Bewußtseins ein, sie kann sich aber nur durch kollektive Praxis objektivieren und konkrete, gesellschaftliche Gestalt annehmen. Das Bewußtsein des einzelnen muß deshalb den solipsistischen Bereich der Subjektivität überwinden und den Weg des gemeinsamen Handelns suchen. Überwindung der bürgerlichen Beziehungslosigkeit setzt die Wiederherstellung der gesellschaftlichen Kommunikation und der gesellschaftlichen Aktion voraus. Die spätkapitalistischen Monaden müssen deshalb ihre Ghettos verlassen und den gemeinsamen Raum der Agora finden. Wir müssen aus unseren kleinbürgerlichen Löchern herauskommen und wieder lernen, gemeinsam zu denken und zu handeln. Norman Mailer hat recht: »In strengem Sinn gibt es Kommunikation nur, wenn daraus Aktion entsteht, sei es in unmittelbarem Sinn oder in bezug auf die unbekannte und ungewisse Zukunft.«[2]
Der Mensch ist von Natur aus ein soziales Wesen, eine gesellschaftliche Kategorie. Diese ihm angeborene Dimension ist durch die Atomi-

sierung der Lebensverhältnisse und der aus ihr resultierenden Kommunikationslosigkeit und Entfremdung abhanden gekommen, aber keineswegs vollständig beseitigt worden. Der Mensch hat sich im Laufe der letzten Dekaden immer mehr von seinen Mitmenschen entfernt, jetzt gilt es, ihre Nähe wieder zu suchen. Individuum und Gesellschaft stehen sich nicht konträr, antagonistisch gegenüber, sondern sie sind kompensatorische, sich ergänzende Kategorien. Durkheim erinnert uns: »In der Tatsache selbst, daß die höheren Formen des menschlichen Tuns kollektiven Ursprungs sind, liegt die Begründung dafür, daß auch ihr Ziel ein kollektives ist.«[3] Aber diese Reintegration in das Gemeinsame muß freilich aus innerem Antrieb und aus eigener Einsicht geschehen, nicht befehlsmäßig und durch äußeren Druck, wie von den totalitären Ideologien und Bewegungen praktiziert.

Befreiung bedeutet zu allererst Befreiung von der eigenen Misere, von dem eigenen Gefühl der Ohnmacht und des untätigen, rein verinnerlichten Weltschmerzes. Der heutige Mensch leidet nicht nur unter den Verhältnissen der Zivilisation, er leidet auch und in noch größerem Ausmaß an dem Bewußtsein seines eigenen Verhaltens, an der Erkenntnis, daß er nichts Nennenswertes unternimmt, um sich von dem Zustand der Demütigung, in dem er lebt, zu lösen.

Gewiß, der Kampf um eine bessere Welt ist immer mit großen Enttäuschungen und auch Risiken verbunden, aber viel schlimmer ist letzten Endes die Lage derjenigen, die aus Trägheit oder Mangel an Zivilcourage im Widerspruch mit ihrem Gewissen leben. Menschen, die sich ständig bevormunden, befehlen und demütigen lassen, können nie wirklich glücklich sein, auch keine Selbstachtung vor sich selbst haben.

Was soll man also tun? Soll man auf die Straße gehen und alles in Brand stecken oder Steine gegen die Polizei werfen? Mit solchem unreflektiertem Aktionismus kann man die öffentliche Ordnung zeitweilig stören, nicht aber die Gesellschaft verändern. Auch die ehrgeizigste Befreiungsinitiative muß sich ihrer Grenzen bewußt sein, muß sich darüber im klaren sein, daß man die Welt nicht mit großspurigen und bombastischen Umsturzplänen verändern kann, daß ein solches Anliegen, wenn überhaupt, nur durch geduldige

Kleinarbeit zu erreichen ist, was wiederum das entschlossene Handeln in bestimmten Momenten keineswegs ausschließt. Man muß zuerst in bescheidenem Rahmen tätig sein, auch wenn diese Form des Engagements nicht so spektakulär ist wie generalstabsmäßig organisierte Aktion. Jeder sinnvolle Akt, den wir vollziehen, ändert die Welt, in der wir uns befinden, auch dann, wenn es die Welt als Ganzes, als Öffentlichkeit nicht wahrnimmt. Handeln im Stillen ist auch der einzige Weg, um nicht gleich entmutigt zu werden. Jeder Partikel unseres Existenzraums ist wichtig, jeder emanzipatorische Schritt nach vorne – auch der bescheidenste – bedeutet eine Schwächung des Feindes.

Der Kampf um Wahrheit, Recht und Solidarität wird seit langem vor allem von kleinen Gruppen getragen, die Menschen und Organisationen, die etwas für die Humanisierung der Welt tun, bleiben deshalb der Öffentlichkeit verborgen. Wer weiß zum Beispiel, daß es in Deutschland etwa eineinhalb Millionen Menschen gibt, die ehrenamtlich im Bereich der Wohlfahrtspflege tätig sind? Manche linken Weltverbesserer werden einwenden, daß dieser karitative, humanitäre Einsatz nicht zur Revolution führt, sogar hilft, die Widersprüche des Systems zu neutralisieren – ein philisterhaftes Argument, das oft als Rechtfertigung für die eigene Untätigkeit dient. Denn es ist ja für nicht wenige radikale Salon- und Möchtegern-Revolutionäre typisch, das Maximale zu verlangen und andere, weniger anspruchsvolle Formen des emanzipatorischen Engagements ins Lächerliche zu ziehen. Man muß jedenfalls Abschied vom Fetisch der Massenbewegungen nehmen, von der Ansicht, daß nur das quantitativ Imposante etwas bewirken könne. Außerdem: Alles Wichtige beginnt erst im kleinen Kreis zu gären, ist am Anfang nur isolierte, machtlose Ausnahme.

Dialektik der Moral

Macht es angesichts unserer zerstörten Welt noch einen Sinn, über ethische Fragen nachzudenken, sich mit der Problematik des Guten und Bösen auseinanderzusetzen? Ist die Moral als grundsätzliche und richtungweisende Disziplin in der modernen Welt noch eine Rechtfertigung, oder ist sie endgültig ein Anachronismus geworden? Können wir heute, ähnlich wie Sokrates, Plato, Spinoza, Rousseau oder Kant das Leben des Menschen aus der Sicht seines moralischen Handelns verstehen und beurteilen? Gibt es noch die Möglichkeit eines moralischen Gewissens?

Ich glaube schon. Ich glaube sogar, daß die Moral nicht nur ihre Gültigkeit nicht eingebüßt hat, sondern daß sie nötiger und deshalb dringlicher als jemals zuvor ist. Ich bin jedenfalls der Überzeugung, daß über die Welt nachzudenken heute bedeutet, sich über ihre ethische Verfassung Gedanken zu machen. Entsprechend denke ich auch, daß Kritik am Bestehenden heute vor allem moralische Kritik sein muß, daß Theorie nicht von Ethik zu trennen ist, wie es auch Feuerbach in Anlehnung an das antike Denken sah: »Die theoretische Aufgabe der Menschheit ist identisch mit ihrer sittlichen.«[4]

Die Epigonen Hegels und Marx' werden diesen Grundsätzen nicht zustimmen, denn sie haben immer ein feindseliges, gestörtes Verhältnis zum Begriff der Moral gehabt und sich lieber an die Dialektik der Idee oder der Produktivkräfte gehalten. »Wie konnte es geschehen, daß eine revolutionäre Bewegung, deren Ziel die Verwirklichung der radikalsten humanistischen Ideale darstellt, noch immer keine ausgearbeitete Ethik besitzt?« fragte sich zu Recht der jugoslawische Marxist Stojanović. [5] Das Übel ist älteren Datums, kommt schon von den Lehrmeistern selbst. Hegel verachtete jede Form von Moral, lehnte sie rundweg ab als unvereinbar mit der dialektischen Entwicklung der Geschichte. Camus: »Die von Hegel inspirierten politischen und ideologischen Bewegungen zeichnen sich alle durch das sichtbare Verlassen der Tugend aus.«[6] Marx übernahm diese Auffassung und bekämpfte schonungslos alle emanzipatorischen Theorien, die sich an das moralische Gewissen des Menschen wandten. Moral war für ihn (wie für Engels) Pfaffenmoral, kleinbürgerliches, reaktionäres Überbleibsel einer undialektischen, unwissenschaftlichen Weltanschauung. So steht in der »Deutschen Ideologie«: »Die Kommunisten predigen keine *Moral*... Sie stellen nicht die moralische Forderung an die Menschen: Liebet Euch untereinander, seid keine Egoisten pp.«[7]

Man muß in diesem Zusammenhang daran erinnern, daß Marx sich die klassenlose Gesellschaft vor allem als eine in materiellem Überfluß lebende Gesellschaft vorstellte. Er verwarf deshalb auf das entschiedenste jedes Wertesystem, welches die Befreiung der Arbeiterklasse auf moralischem Wege erreichen wollte. Nicht die Menschen sollten sich ändern, sondern die Produktions- und Gesellschaftsverhältnisse, eine Auffassung freilich, die den Stempel des mechanischen Denkens der Neuzeit verrät. Sie ist genauso flach wie die Vorstellung, daß die Verwirklichung des Sozialismus eines Tages die Philosophie überflüssig machen wird. Hier sinkt das Denken Marx' auf das Niveau des Vulgärpositivismus des 19. Jahrhunderts. In seiner Ablehnung und Verspottung der Moral war er nicht weniger drastisch als ein Mandeville (den er schätzte) oder ein Nietzsche. Und dennoch wäre sein denkerischer und menschlicher Einsatz für die Arbeiterklasse ohne ein tiefes moralisches Empfinden nicht erklärbar, auch wenn er selbst diese Terminologie nicht akzeptiert hätte. Iring Fetscher hat recht: »Was an Marx bleibt, ist gerade das, was er gar nicht wahrhaben wollte, sein humanistisch-ethisches Anliegen.«[8] Lenin und Trotzki trieben die Ablehnung der Moral bis zum Äußersten, brandmarkten sie als bürgerliches Philistertum, im Namen der Revolution, versteht sich. Es war ja die Mythologisierung der Revolution als ein absoluter, sich selbst legitimierender Wert, der sie in die Lage versetzte, ihre revolutionären Ziele auch mit ethisch unlauteren Mitteln durchzusetzen.

Die Geschichte und die Handlungen der Menschen nur mit ökonomischen bzw. klassenbedingten Gründen und Beweggründen erklären zu wollen ist ein Unding. Zu glauben, daß idealtypische Institutionen oder Produktionsverhältnisse die Ethik überflüssig machen werden, ist erbauliche, abstrakte Ideologie, geht von einer positivistisch-deterministischen Auffassung sowohl der Geschichte wie der menschlichen Natur aus. Ich stimme Mihailo Marcovic zu: »Die kulturelle und besonders die moralische Revolution sind nicht weniger wichtig als die politische Rekonstruktion einer Gesellschaft.«[9] Auch in der denkbar rationalsten und sinnvollsten Gesellschaft werden die Widersprüche und Antagonismen nicht verschwinden, auch dann wird der einzelne sich immer für diese oder jene Haltung verantworten und entscheiden müssen, wird mit seinen Leidenschaften und egoistischen Trieben fertig werden müssen und in Konflikt mit seinem Gewissen geraten. Die Vision, die Geschichte könnte sich eines schönen Tages in ein endgültiges Eldorado verwandeln, entspricht einer parareligiösen und einer vulgärutopischen Denkweise. Die Geschichte wird nie ein abgeschlossenes Buch sein, der Mensch genausowenig.

Über Moral zu sprechen impliziert, daß man an die Fähigkeit des Menschen zum sittlichen Handeln glaubt, wie ich es unbedingt tue. Der Mensch ist mit der Anlage, ja, mit dem triebhaften Bedürfnis ausgestattet, Gutes zu tun, seinen Mitmenschen wohlwollend und friedfertig zu begegnen und sich selbstlos für die Wahrheit, die Gerechtigkeit und andere edle Werte einzusetzen. »Wenn es im Herzen des Menschen nichts Moralisches gibt, woher kommen dann seine Bewunderungsergüsse für die heroischen Handlungen, seine Liebeszuckungen für die großen Seelen?« fragte sich Rousseau zu Recht.[10] Allerdings kann sich diese Veranlagung leicht in das gerade Gegenteil verkehren und sich in Aggression, Haß oder Menschenverachtung verwandeln, wie wir es in unserer gegenwärtigen Welt tagtäglich auf die massivste Weise erleben. Die moralische Sensibilität ist deshalb keine feste, sondern eine dialektische Kategorie, die in ständiger und enger Wechselwirkung mit dem Prozeß der persönlichen und gesellschaftlichen Entwicklung steht. Deshalb bleibt ethisches Verhalten immer ein ungewisser, kein im voraus bestimmbarer Vorgang. Aber genausowenig, wie ein Mensch endgültig moralisch ist, ist er dazu verurteilt, für immer im Bösen zu verharren. So, wie er vom Guten zum Bösen abgleiten kann, kann er sich vom Bösen zum Guten emporheben. Beides ist möglich: Selbsterniedrigung und Selbsterhebung. Ohne diesen Dualismus gäbe es keine menschliche Freiheit.

Wir wissen zu genüge, wie schwach Menschen sind und wie oft sie unmoralisch handeln; aber trotz dieses immer wieder auftauchenden Verhaltens empfindet der Mensch auch instinktiv und spontan das Verlangen, anderen zu helfen, ist für Mitleid und Sympathie zugänglich. Dieses potentiell immer vorhandene Bedürfnis beweist, daß die Anlage zum Guten ein konstitutives Attribut ist, auch wenn es sich nie oder selten in reiner Form zeigt, sondern gemischt mit anderen Neigungen wie Egoismus, Zerstörungstrieb, Haß oder Neid.

Natürlich ändern sich die Moralbegriffe, und natürlich hat jede Zivilisation, jeder Stand, jede Klasse, jede Religion oder jede Weltanschauung ihre eigenen Vorstellungen von Ethik. Aber das heißt keineswegs, daß es keine universale, allgemeingültige Moral gibt, wie die Zyniker aller Couleur – seit der Zeit der alten Empiriker und Skeptiker – immer wieder behaupten. Wenn wir von Moral sprechen, meinen wir nicht irgendein abstraktes Wertesystem, sondern ein ganz spezifisches: den Einsatz für das Zustandekommen einer auf das Wohl aller Menschen basierenden Weltordnung. Moral wird von uns als Einheit von Theorie und Praxis verstanden. Dagegen ist die bürgerliche Moral bloß eine Pseudomoral, denn sie beansprucht, ein ethisches Ideal innerhalb eines grundsätzlich irrationalen Systems zu verwirklichen. Das heißt, sie will dem Egoismus der einzelnen entgegentreten, ohne die Ursachen zu überwinden, die ihn erzeugen und laufend potenzieren. Der Unterschied zwischen der bürgerlichen und der antibürgerlichen Moral besteht darin, daß jene den Bereich der abstrakten und unverbindlichen Spekulation nicht verläßt, während letztere im Bereich einer weltverändernden Praxis operiert. Es ist der Übergang von Hegel zu Marx.

Der Zweck der Ethik ist, das Gute zu verwirklichen, und dieses Postulat beinhaltet a priori seine universale Geltung. Deshalb hat Benedetto Croce gesagt, daß das moralische Individuum von dem Bewußtsein getragen wird, für das »Ganze zu arbeiten« (»lavorari per tutto«).[11] In dieser Aufforderung zur universalen Solidarität liegt die Grundlage jeder wahren ethischen Haltung, die immer Wille zu Emanzipation sein muß. Durkheim hat es so ausgedrückt: »Moralisch ist, könnte man sagen, alles, was Quelle der Solidarität ist, alles, was den Menschen zwingt, mit dem anderen zu rechnen, seine Regungen auf etwas anderes abzustimmen als die Triebe seines Egoismus.«[12]

Ethik, wie wir sie verstehen, ist Menschlichkeit im umfassendsten Sinne des Wortes. Sie ist entsprechend unvereinbar mit jeder Art von Verhältnissen, die das Unmenschliche rechtfertigen und verewigen wollen. Sie muß deshalb gegen diejenigen Menschen, Gruppen,

Institutionen und Systeme Partei ergreifen, die der Verwirklichung dieses Zieles im Wege stehen, muß gegen Unterdrückung, Ungleichheit, Ausbeutung und andere Formen des gesellschaftlich objektivierten Bösen kämpfen. Schon aus diesem Grunde kann Ethik nicht nur beabsichtigter guter Wille sein, also Innerlichkeit oder Theorie, sondern sie muß versuchen, Militanz zu werden, konkretes Engagement. Nur so kann sie ihre Authentizität unter Beweis stellen. Wenn dieser persönliche Einsatz fehlt, wird man unvermeidlich zu einem Gefangenen und zugleich Komplizen des gesellschaftlichen Geschehens. Moral kann sich also nicht damit begnügen, subjektiver Vorsatz zu bleiben, sie muß Objektivität werden oder, in der alten Terminologie Aristoteles': Sie ist nicht von Politik zu trennen.

Da die Welt immer dazu tendieren wird, ungerechte Verhältnisse und Systeme hervorzubringen, bedeutet ethisches Engagement Parteinahme für die Leidenden, Schwachen und Gedemütigten, für die Opfer des gesellschaftlichen Unrechts. Dieser tätige Einsatz für eine gerechte Sache setzt die Überwindung jeder ichbezogenen Haltung voraus. Moralisch handeln heißt nichts anderes, als sich weigern, allein zu genießen, während in unserer Nähe oder sonstwo Menschen leiden. Ethik ist freiwillige Teilnahme am Schmerz der anderen, Berücksichtigung dieses Schmerzes als Teil unserer eigenen Erfahrung und unserer eigenen existentiellen und gesellschaftlichen Wirklichkeit. In diesem Sinne ist Ethik eine Form des Mitleidens. Eine ethische Haltung, die den Schmerz der anderen unberücksichtigt läßt, ist ein Widerspruch an sich.

Diese Auffassung von Ethik läuft der heutigen bürgerlichen Moral zuwider, die auf das Wohlergehen des isolierten, beziehungslosen Individuums zugeschnitten ist. Deshalb ist heute ethisches Verhalten, wie wir es verstehen, nicht die Regel, sondern die Ausnahme. Die Menschen werden dazu erzogen, ihre Mitmenschen als Rivalen und potentielle Feinde zu betrachten. Diese Einstellung, die schon das Kind im Elternhaus und in der Schule als ein fertiges Weltbild von den Erwachsenen übernimmt, ist ein Produkt der in der kapitalistischen Gesellschaft herrschenden Entfremdung. Das Hauptmerkmal dieser Entfremdung besteht darin, das aggressiv-egozentrische Verhalten zu fördern und die Selbstlosigkeit zu hemmen.

Die Herrschaftsträger sind trotz ihrer verbalen Bekenntnisse zur Moral eifrig bemüht, das sittliche Sensorium des Menschen zu vernichten. Deshalb haben sie ein Gesellschaftsmodell gestiftet, das auf einer Moral für Sklaven und Eunuchen basiert. Wer auf Genuß fixiert ist, wird sich alles gefallen lassen und in Kauf nehmen, auch die politische Bevormundung und die geistige Manipulation. In der professoralen Sprache Habermas': »Die Ingenieure der richtigen Ordnung können von den Kategorien sittlichen Umgangs absehen und sich auf die Konstruktion der Umstände beschränken, unter denen die Menschen wie Naturobjekte zu einem kalkulierbaren Verhalten genötigt sind. Diese Loslösung der Politik von der Moral ersetzt die Anleitung zum guten und gerechten Leben durch die Ermöglichung des Wohllebens in einer richtig hergestellten Ordnung.«[13] Orwell hat in seinem Buch »1984« diesen reglementierten Hedonismus eindrucksvoll antizipiert, ohne freilich die Raffinessen der neokapitalistischen Wirklichkeit in all ihren Facetten voraussehen zu können.

Die Einsamkeit des Menschlichen

Güte wird in unserer Gesellschaft oft mit Naivität, Exzentrizität oder gar Dummheit verwechselt. Derjenige, der das Gute wählt, riskiert, dem Spott der Smarten und Besserwisser ausgesetzt zu sein. Weil sein moralischer Einsatz eine unausgesprochene, aber ganz klare Absage an die waltende Ich-Bezogenheit bedeutet, kann er kaum auf die Sympathie der anderen rechnen. Der Spott der Angepaßten und Zyniker ist allerdings nur vordergründig, denn dahinter steckt die ressentimentbeladene Erkenntnis, daß sie entlarvt sind. Wenn die Menschen dem Anderssein in Gestalt von Humanität begegnen, schauen sie meistens weg; sie tun dies instinktiv, um nicht mit dem Spiegelbild ihrer eigenen Niederträchtigkeit oder Nichtigkeit konfrontiert zu werden, ein Sachverhalt, der schon von Diderot durchschaut wurde: »Man lobt die Tugend, aber man haßt sie.«[14]

Sich für andere einzusetzen ist nicht immer leicht; es erfordert im Gegenteil eine große Kraftaufwendung und führt oft zu Niedergeschlagenheit und Entmutigung, vor allem, wenn der Erfolg ausbleibt.

Maistre wußte: »Es gibt in der Tat keine Tugend in eigentlichem Sinn ohne einen Sieg über uns selbst.«[15] Nichts anderes wollte Camus ausdrücken, als er in »Lettres à un ami allemand« schrieb: »Ich glaube nicht, daß diese Welt einen höheren Sinn hat. Aber ich weiß, daß etwas an ihr einen Sinn besitzt, und dies ist der Mensch, gerade weil er das einzige Wesen ist, das nach einem Sinn verlangt.«[16]

Selten war das Menschliche so einsam und verlassen wie heute, und selten war sein Wirkungsraum so prekär. Aber nichtsdestoweniger lebt es unbemerkt inmitten der brutalisierten Gesellschaft weiter. Das Gute befindet sich heute in einer Art innerer Emigration, hat den vom Plebs besetzten öffentlichen Plätzen den Rücken gekehrt, um sich in winzigen, bescheidenen Räumen zu verbergen. Aber ganz von der Erde verbannt ist es nicht, und ungeachtet des Drucks, der auf ihm lastet, setzt es unbeirrt seinen Weg fort. Wie könnte man sonst überleben?

Wir müssen uns von der fixen Idee befreien – die bürgerlichen Ursprungs ist –, daß das moralische Engagement nur dann sinnvoll ist, wenn es Aussicht auf Erfolg hat. In dem Roman »Die Pest« von Camus sagt Tarrou dem Arzt Rieux: »Unsere Siege werden immer provisorisch sein«, worauf der Arzt antwortet: »Immer, ich weiß. Aber dies ist kein Grund, um nicht weiter zu kämpfen.«[17] Nichts anderes meinte Reinhold Schneider: »Und so müssen wir das Bestehende einfach annehmen als den Schauplatz unsrer Bewährung; wie groß auch die Macht des Unrechts sein mag, so ist doch immer eine Möglichkeit, für das Recht zu leben.«[18] Sich für ein edles Anliegen zu verpflichten, wenn alles reibungslos läuft, ist nicht besonders verdienstvoll. Moralische Größe beweist erst, wer den Kampf unter ungünstigen Bedingungen führt.

Was mich angeht: tiefer als das Bewußtsein meiner Machtlosigkeit ist das Bedürfnis, nicht zu kapitulieren, und ich würde mich glücklich schätzen, wenn nach der Lektüre dieses Buches eine Handvoll meiner Leser von demselben Willen zum Widerstand ergriffen wäre, der eine Konstante meines Lebens als Mensch und Autor gewesen ist. Und da ich keinen Anlaß habe, meine Motive zu verbergen, ist jetzt der geeignete Moment gekommen, um meinen deutschen Lesern zu verraten – falls sie es nicht schon gemerkt haben –, daß meine ganze moralische Philosophie sich nicht auf den »wissenschaftlichen« Sozialismus stützt, sondern auf etwas so Einfaches, Spontanes, Unvermitteltes, Impulsives und so oft Verspottetes wie den Donquijotismus. Ja, ich bekenne mich uneingeschränkt zur Gesinnung des Cervantes-Helden, weil ich sie als die erhabenste Form des militanten Humanismus und der sozialen Revolte betrachte.

Nicht ein Hysteriker war Don Quijote, wie Cioran gemeint hat, sondern ein Revolutionär, der klar sah, wohin das Nützlichkeitsprinzip der Moderne uns führen würde. Als Cervantes seine berühmte – oft mißverstandene – Gestalt konzipierte, entstand gerade in Europa das bürgerliche Denken, das sich heute überall in der Welt durchgesetzt hat: Sein Werk war nur vordergründig eine Satire gegen die alten Ritterromane; in Wirklichkeit war es eine leidenschaftliche Absage an den Rationalismus des 17. Jahrhunderts, an den sich anbahnenden Triumph des utilitaristischen, pragmatischen und positivistischen Geist der Bourgeoisie.

Don Quijote war mit dem Segen des häuslichen Glücks vertraut, jahrelang hatte er das kleinbürgerliche und seßhafte Dasein eines Hidalgos geführt; aber eines Tages erkannte er, daß diese enge, selbstzufriedene Existenz dem langsamen Selbstmord gleichkam, und diese Erkenntnis bewog ihn, als fahrender Ritter durch die Welt zu ziehen und für eine menschlichere Gesellschaft zu kämpfen. Er überwand also seine Selbstentfremdung, seine Resignation, den in allen Menschen vorhandenen Hang zu Kleinmut und Trägheit. Damit fand er zu sich selbst, gab seinem Leben einen tieferen Sinn, den tiefsten Sinn, den man ihm geben kann: gegen die Willkür der Macht Partei zu ergreifen und sich für die Schwachen und Gedemütigten einzusetzen. Und er tat dies, ohne sich vorher zu fragen, ob sein Einsatz für das Gute sich für ihn als rentabel erweisen würde. Er war zu edel und selbstlos, um zu kalkulieren. Und schon gar nicht war er verrückt, denn er glaubte an das wirklich Nützliche und Sinnvolle – an die Gerechtigkeit, an die Liebe, an die Solidarität, an die Brüderlichkeit. Deshalb sprach er seinen Schildknappen mit »Bruder Sancho« an. Die Verrückten sind wir, unsere Obsession, alles zu berechnen, ist eine Form der »insanity«, auch wenn wir das Klugheit oder gesunden Menschenverstand nennen.

Wir müssen lernen, von unserer eigenen Substanz zu leben, ohne den Anspruch zu erheben, von der Welt anerkannt, ja überhaupt erkannt zu werden. Den Sinn unseres Engagements für eine humanere Welt können wir nicht in der Zustimmung oder dem Applaus der anderen suchen; er liegt vielmehr in unserem eigenen Gewissen. Die Welt besteht heute vorwiegend aus Entfremdung, und die einzige sinnvolle Möglichkeit, uns als Menschen zu verwirklichen, kann keine andere sein, als gegen diesen Zustand Partei zu ergreifen. Das moralische Verhalten überschreitet den gewöhnlichen Begriff von Glück und schafft einen neuen, in diesem nicht enthaltenen Wert. Denn Solidarität und Menschlichkeit bedeuten letzten Endes eine Vertiefung und Anreicherung des eigenen Ichs, sind die vollendetsten Formen der Transzendenz. Das moralische Verhalten stellt einen absoluten Wert dar, der sich selbst rechtfertigt und legitimiert, wie Spinoza unterstreicht: »Die Belohnung für die Tugend ist nicht das Glück, sondern die Tugend selbst.«[19] Ähnlich Montaigne: »Aber die tugendhaften Handlungen sind an für sich zu edel, um eine andere Belohnung als ihren eigenen Wert zu suchen.«[20] Oder auch Kant: »Daher ist auch die Moral nicht eigentlich die Lehre, wie wir uns glücklich machen, sondern wie wir der Glückseligkeit würdig werden sollen.«[21]

Mir ist bewußt, wie weltfremd, naiv und unzeitgemäß solche Bekenntnisse für heutige Ohren klingen müssen. Aber ich halte mich hier an den Rat Dantes: »Geh deinen Weg und laß die Leute reden.« Schreiben war für mich immer Dissens, Protest, Opposition, nicht weil ich es so gewollt hätte, sondern weil die Verfassung der Welt mir keine andere Option zuließ. Ich bin Schriftsteller geworden, um nicht Komplize zu sein. So sind die Bücher, die ich im Laufe meines Lebens geschrieben habe, ein Prozeß des Ungehorsams gewesen, und so verstehe ich auch das Buch, das der Leser jetzt in der Hand hat: als Insubordination gegen das Unmenschliche, das uns umgibt.

Es gibt indes nichts Bornierteres als den Zynismus der untergehenden Zivilisationen. Der westliche Mensch vergißt oft in seiner kleinkarierten Saturiertheit, daß in anderen Erdteilen noch für so elementare Dinge und Werte wie Brot, Arbeit oder Freiheit gekämpft wird. Die westlichen Nationen sind seit langem die provinziellsten geworden, weil sie jedes Gespür für die globalen Zusammenhänge der Geschichte verloren haben. Ich hoffe nur, daß eines Tages die hungernden und gedemütigten Massen der verelendeten Erdteile stark genug sein werden, um sich von der rücksichtslosen und egozentrischen Herrschaft der reichen Völker zu befreien und eine Weltzivilisation ohne Ausbeutung und Unmenschlichkeit zu errichten. Denn wir sind kläglich gescheitert, haben uns als unfähig erwiesen, die Grundsätze der Bergpredigt, des Humanismus und des Sozialismus in die Tat umzusetzen.

ERFÜLLUNG UND ENTFREMDUNG

»Das Ziel der Gesellschaft ist das allgemeine Glück.«

Jakobiner-Verfassung von 1793

»Die Weltgeschichte ist nicht der Boden des Glücks.«

Hegel, »Vorlesungen über die Philosophie der Geschichte«

Das Streben nach Glück

Der Mensch strebt von Natur aus nach Glück, aber dieser Trieb wird in unserem Zeitalter zunehmend unerfüllbar. In der heutigen Welt hat nur eine Minderheit von Privilegierten die Möglichkeit, ein halbwegs erfülltes Dasein zu führen. Was der junge Kierkegaard schon empfand, ist aktueller und wahrer denn je: »Was ist Erfüllung? Ein Pfeil, der sein Ziel verfehlt.«[1] Nicht die Ära des universalen Glücks erleben wir, sondern eine Zeit tiefen und weltweiten Elends. Nicht die Jakobiner und ihre Lehrmeister haben hier recht behalten, sondern das pessimistische Denken. Die Aussage Leibniz', Gott habe die beste aller möglichen Welten geschaffen, hat sich als genauso unhaltbar erwiesen wie das unverfrorene postmoderne Motto des »anything goes«.

Das Paradoxon kann nicht auffallender sein: Je mehr man dem Menschen Glück verspricht, desto weniger glücklich fühlt er sich. Die Propagandisten des waltenden Hedonismus hämmern den Menschen ständig ein, daß das westliche Lebens- und Gesellschaftsmodell jedem einzelnen das Tor zum ersehnten Glück öffnet; was er aber bisher erlebt hat, ist vor allem Desillusionierung und Entfremdung. Diese Fehlentwicklung war freilich vorauszusehen: Der Mammonkult und der Tanz ums Goldene Kalb können den Menschen vorübergehend betäuben oder gar mitreißen, nicht aber die moralische und geistige Grundlage geben, die er braucht. Man hat unsere spätkapitalistische Zeit oft mit der Belle Époque verglichen, aber noch mehr Ähnlichkeit hat sie mit dem Spätbarock und seinem schrillen Kontrast zwischen vordergründigem Prunk und tiefer Lebensangst.

Man kann die Erfüllung oder den Sinn des Lebens nicht so leicht erreichen, wie man einen Bankkredit bekommt oder wie man ein Auto in Gang setzt. Aber dies ist es gerade, was die Herrschaftsträger und ihre Public-Relations-Lakaien ständig und mit allen Mitteln versuchen: das Verlangen des Menschen nach Glück durch materiellen Wohlstand zu befriedigen und die menschliche Identität zur Konsumgier zu reduzieren. Die Rechnung geht freilich nicht auf: Man kann zu jeder Zeit gefügige und hörige Konsumenten herstellen, aber nicht erfüllte Menschen. Die von Angelus Silesius gestellte Aufforderung »Mensch, sei wesentlich« ist in einer aus Werbung und Talmi bestehenden Welt nicht realisierbar.

Im Laufe seiner geschichtlichen Entwicklung hat der Mensch alles mögliche gelernt, nur nicht, sich das Glück zu verschaffen, das er ewig sucht. Daß der mächtigste Trieb des Menschen zugleich am schwierigsten zu befriedigen ist, in diesem Widerspruch liegt die Tragik seines Wesens. Ja, es gibt Gründe genug, um anzunehmen, daß der Mensch immer weniger in der Lage ist, sein angeborenes Verlangen nach Erfüllung in die Praxis umzusetzen. Deshalb sind die Menschen – nicht nur die hungernden und in materieller Not lebenden – immer unzufriedener und unglücklicher. Je mehr die Werbung glänzt, desto finsterer sieht es im Innern des Menschen aus.

Die Selbstvollendung als Mensch ist zugleich die unmittelbarste und problematischste Aufgabe, die wir zu bewältigen haben. Sie ist so schwer in den Griff zu bekommen, daß wir oft nicht einmal wissen, wie man sie richtig stellt. Deshalb irren wir so häufig und wählen den falschen Weg. Dies erklärt auch, warum die Weltgeschichte vorwiegend eine Chronik von Irrtümern und Katastrophen ist. Und auch dies scheint eine weltgeschichtliche Konstante zu sein: das Unvermögen, aus begangenen Fehlern zu lernen, die Neigung, immer wieder reflexhaft auf denselben Stolperstein hinzusteuern.

Wir begreifen die Erfüllung als einen Zustand, in dem der Mensch mit sich selbst und mit der Welt versöhnt ist. Sie setzt entsprechend eine Übereinstimmung zwischen unseren Träumen, Bedürfnissen und Sehnsüchten mit dem tatsächlich Erreichten voraus. Da aber dieses existentielle Maximum selten erreicht wird und nie als etwas Endgültiges und Unerschütterliches betrachtet werden kann, ist Erfüllung von Grund auf untrennbar mit der Erfahrung des Mißlingens verbunden. Der Rat Pindars, »Werde, was du bist«, ist niemals in seinem ganzen Umfang und in seiner ganzen Tiefe realisierbar. Proudhon hat es so ausgedrückt: »Das Glück auf Erden ist ein Ideal, das wir anzustreben verurteilt sind, das aber wegen des unüberbrückbaren Abgrunds zwischen Natur und Geist für uns unerreichbar ist.«[2]

Der Erfüllungstrieb ist ein spontaner, unreflektierter Trieb, aber seine Verwirklichung hängt mit der Frage nach dem Sinn unseres Aufenthalts hienieden kausal zusammen, einer Frage wiederum, die unser ganzes Wesen und unseren ganzen Werdegang umfaßt, einerlei, ob wir uns dieser Grundsituation bewußt sind oder nicht. Indem wir uns tatsächlich für diese oder jene Form der Erfüllung entscheiden, legen wir Zeugnis von unserer Gesinnung ab, belegen, was wir als Menschen sind oder sein wollen. Jedes Modell der Erfüllung hat einen direkten oder indirekten Bezug auf ein bestimmtes Wertesystem. Dies bedeutet letzten Endes: Wir können uns die Frage nach unserem Erfüllungsweg nicht stellen, ohne uns zugleich mit der Frage nach Wahrheit auseinanderzusetzen. Die Tatsache, daß der Mensch bis heute keine endgültige, für alle Zeiten und Situationen gültige Antwort auf diese Frage gefunden hat, beweist, wie komplex und kontrovers sie ist.

Jeder ernsthafte Versuch, eine Antwort auf die Frage des menschlichen Schicksals zu finden, wird aus der Not geboren, und in diesem Sinne ist unser Leben eine ständige Notsituation. Nichts wird uns geschenkt, und am wenigsten der Vorsatz, uns treu zu bleiben und nicht ganz unehrenhaft die Herausforderungen unseres Schicksals zu bestehen.

Zudem kann die Frage des menschlichen Glückstrebens nur von jedem einzelnen beantwortet werden. Die immer naheliegende und wiederkehrende Versuchung, sie zu entpersonalisieren und sie einem Kollektiv zu überlassen, ist schon der erste Schritt, um sie inadäquat zu lösen. Niemand kann mich aus der eigenen Verantwortung und aus der eigenen Freiheit entlassen, und wer, aus welchem Grunde auch immer, dies tut, wird seinen Erfüllungsweg unvermeidlich verfehlen und sich in das mechanische Produkt einer Ideologie verwandeln. Das ist genau das, was die meisten Menschen heute tun: ihr Schicksal in die Hände fremder Instanzen zu legen.

Der Drang nach Erfüllung ist konstitutiv mit der Erfahrung der inneren Unruhe und der Angst vor dem Scheitern verbunden, und in dieser Hinsicht bildet er eine unzertrennliche Einheit mit der Dimension der Selbstentfremdung in ihren verschiedensten Erscheinungsformen: als Enttäuschung, Haß, Bitterkeit, innere Unsicherheit oder Selbstaggression. Das Prinzip Hoffnung von Bloch spielt im Leben des Menschen gewiß eine entscheidende Rolle, aber noch häufiger ist die Erfahrung der Hoffnungslosigkeit. Man kann Pascal schwer widersprechen, zumindest in diesem Punkt: »Der letzte Akt ist immer blutig, möge der ganze Rest der Komödie schön gewesen sein.«[3]

Sehnsucht und Mangel

Der Mensch ist Durst nach Erfüllung, weil seiner Grundbeschaffenheit etwas Mangelhaftes oder Unvollständiges anhaftet. Seiner Suche nach Selbstentfaltung liegt dementsprechend die bewußte oder unbewußte Erkenntnis seiner strukturellen Mangelhaftigkeit zugrunde. Das »tendere ad plenum«, das Streben nach Vollendung, das jedem Menschen innewohnt, geht von einer Position des Vakuums aus. Marx verstand den Menschen folgerichtig nicht nur als ein tätiges, freies und schöpferisches Wesen, sondern auch als ein »leidendes, bedingtes und beschränktes« Wesen, und diese Erkenntnis war zugleich eine Absage an jede Form des schwärmerischen Utopismus. Leben ist zuerst dies: Entbehrung, Verzicht, Defizit.

Der Begriff Erfüllung verweist auf den Begriff Sehnsucht, das heißt auf etwas Abwesendes, nur rein subjektiv oder imaginativ Existierendes. Sehnsucht ist zugleich Trieb nach Erfüllung und Feststellung unseres Mangels. Sartre: »Die menschliche Wirklichkeit ist nicht irgend ein Ding, das zuerst existiert und dem es danach an diesem oder jenem mangelt: es existiert von vornherein als Mangel und in unmittelbarer und synthetisierender Verbindung mit dem, an dem es mangelt.«[4] Wir leben immer mit einer unerfüllten Sehnsucht in unserer Brust, eine Erfahrung, die die grundsätzliche Abhängigkeit unserer Natur belegt. Die vom Menschen ersehnte Lebensfülle kann er bei sich selbst nicht finden, sie ist ein »Eschaton«, das außerhalb seines Wesens liegt. Das menschliche Dasein ist deshalb unaufhörliche Suche nach dem, was man selbst nicht besitzt, eine ewige »peregrinatio« zum erträumten Verheißungsland, und der Mensch ein in alle Richtungen stets wandernder und sich sehnender »homo viator«. So Baudelaire: »Du kennst... diese Sehnsucht nach dem Land, das man ignoriert, diese Beklemmung der Neugier...«[5] Auch Kierkegaard hat von dem »Heimweh nach etwas Fernem, Unbekannten« und von »der Tiefe, die darin liegt« gesprochen.[6] Der Mensch befindet sich immer in mehr oder weniger großem Ausmaß im Zustand des Exodus, und sein Weg ist oft ein verpaßter Weg oder eine Sackgasse, eine »Aporia« also, die zu keinem Ausgang führt, ein Treten-auf-der-Stelle, mitunter auch ein Gefängnis, ein Eingeschlossensein in einem bestimmten inneren oder äußeren Raum. Deshalb endet oft der Lebensweg in Ausweglosigkeit.

Gerade weil das Leben uns nicht als etwas unmittelbar Erfülltes gegeben wird und vor uns immer als Ungewißheit steht, ist es vom ersten Moment an Orientierungs- und Selbstfindungsprozeß, daher auch ständiger Entwurf, eine Grundbefindlichkeit, die wiederum die Erfahrung der Unentschlossenheit und des Zweifels in sich trägt. In dieser Hinsicht ist unser Dasein eine permanente, sich immer erneuernde Krise, in ihrer ursprünglichen Bedeutung von »Entscheidung«. Und da wir uns immer entscheiden müssen, leben wir unentwegt in einer Krisensituation. Erfüllungsdrang – wir haben es gesehen – entsteht aus einem spontanen Naturtrieb, er wird aber durch Begegnung mit der Welt zum bewußten Lebensplan und damit zum Lernprozeß. In diesem Sinne sind wir ewige Lehrlinge im Ringen um das, was Cesare Pavese »das Handwerk des Lebens« genannt hat.

Unsere Sehnsucht nach Erfüllung richtet sich oft auf ein konkretes Objekt, sie ist dennoch durch Ambivalenz und Unbestimmtheit gekennzeichnet. Wir wollen zugleich oder nacheinander verschiedene Dinge haben oder erreichen. Da wir aber nicht umhin können, uns für bestimmte Seinsoptionen entscheiden zu müssen, ist das Leben von vornherein Selbstbegrenzung und Verzicht. Es gibt deshalb keine vollständige Entsprechung zwischen unseren potentiellen Seinsmöglichkeiten und unserem tatsächlichen Tun oder der Wirklichkeit. Wir sind subjektiv mehr, als wir objektiv sind, wir verwirklichen mit unserer konkreten Praxis nur einen Teil unserer Sehnsüchte und Träume. Daher auch das Drama des Sich-entscheiden-Müssens für diesen oder jenen Seinsmodus. Es fehlt immer etwas, die Vollendung wird nie Wirklichkeit, unser Leben bleibt immer Fragment. In unserem Herzen tragen wir die Leichen unserer unerfüllten Illusionen, unsere Seele ist ein Friedhof von Versäumnissen und Entbehrungen.
Das Wahrste ist in der Regel das, was uns fehlt, was wir in der realen Welt nicht finden können, was sich uns entzieht oder uns versagt bleibt. Wir pflegen uns durch das zu definieren, was wir positiv sind, selten durch das, was wir nicht sind, obwohl letztere Dimension unsere vertrauteste Erfahrung ist. Das Leben, auch das denkbar gelungenste, ist nie vollkommene Fülle. »Ach, diese Lücke! Diese entsetzliche Lücke, die ich hier in meinem Busen fühle!« Diese Klage des jungen Werthers ist allen Menschen mehr oder weniger vertraut, erweist sich als eine immer wiederkehrende Erfahrung des einzelnen, nicht nur in romantischen Zeiten.
Der Mensch ist also nicht Einheit, sondern Aufspaltung, Dualismus zwischen dem, was er ist und dem, was er sein möchte, aber nicht ist. Diese innere, immer erlebte Zerrissenheit seines Wesens ist eine ständige Quelle des Schmerzes, sie ist aber wiederum die Voraussetzung für seine Daseinsentfaltung. Die negative, mangelhafte Grundstruktur unseres Seins erweist sich bei genauerer Betrachtung als die »conditio sine qua non« für unsere Selbstverwirklichung. Erfüllung ist nur möglich, weil sie uns im voraus nicht gegeben, sondern ein Zustand ist, den wir durch unsere Praxis erobern müssen. Es ist gerade diese defizitäre Grundbeschaffenheit unseres Seins, die das

motorische Prinzip der menschlichen Praxis darstellt, die Motivation, die den Menschen zur Suche nach Erfüllung treibt. Mit Hölderlins Worten ausgedrückt: »Wir sind nichts; was wir suchen ist alles.«[7] Oder auch: »Wohl dem, der das Gefühl seines Mangels versteht!«[8] Die Geschichte der Menschheit ist nichts anderes als der Versuch, der mangelhaften Grundverfassung des Seins durch Praxis entgegenzutreten, Prometheus ist ewiges Symbol dieser Haltung. Der Mensch *ist* nicht, er *wird*.

Die Geschichte des Denkens ist eine ständige, keineswegs abgeschlossene Auseinandersetzung mit dem Begriff des Seins und dem Gegenbegriff des Nichtseins. Man kann in diesem Zusammenhang vereinfachend sagen, daß die Griechen grundsätzlich vom Primat des Seienden über das Nichtseiende ausgingen oder gar das Nichtsein rundweg verneinten (wie die Eleaten), während die moderne Philosophie der Kategorie des Nichts einen breiteren Raum gewährt, von Pascal über Hegel bis hin zu Heidegger und Sartre, um nur die bekanntesten Vertreter zu nennen. Der Begriff des Nichts ist in der Tat einer der zentralen der Moderne, und nicht zufällig erinnert uns Sartre daran, daß »wir vom Nichts umgeben sind«.[9]

Dieses Überhandnehmen des Nichts erfolgt nicht von ungefähr, es ist das Ergebnis einer zweigleisigen, sich gegenseitig bedingenden konträren Entwicklung: das zunehmende Selbstbewußtwerden des Subjektes als Streben nach Glück inmitten einer gesellschaftlichen Totalität, die in zunehmendem Maße Entfremdung erzeugt. Der bürgerliche Mensch erhebt als freies Subjekt den Anspruch, alles zu erreichen, aber dieser subjektive Wunsch nach uneingeschränkter Selbstverwirklichung bleibt unerfüllt, nicht nur weil er die grundsätzlich defizitäre Struktur der menschlichen Natur verkennt, sondern weil er unvermeidlich in Widerspruch zu den Sachzwängen der Industrie- und Massengesellschaft gerät, wie schon Marx wußte: »In der Vorstellung sind daher die Individuen unter der Bourgeoisieherrschaft freier als früher, weil ihnen ihre Lebensbedingungen zufällig sind; in der Wirklichkeit sind sie natürlich unfreier, weil mehr unter sachlicher Gewalt subsumiert.«[10] Der Drang nach unendlicher Erfüllung, der der (angeblich) freien Subjektivität der Moderne eigen ist, endet immer mit der bitteren und sich immer wiederholenden Erfahrung der Entfremdung und des Nichtseins. Wenn wir von dem Begriff der Erfüllung ausgehen – und wir tun es –, dann besteht das Sein des gegenwärtigen Menschen vor allem aus Nichtsein. Norbert Copray: »Aus den Rissen der Wohlstands- und Profitgesellschaft springt die Menschen das Nichts an. Die Menschen verlieren den Boden unter den Füßen. Und bodenlos blicken sie nach vorn: und auch da ins Nichts.«[11]

Entfremdung und Widerstand

Die Frage der Erfüllungssuche ist die persönlichste Frage schlechthin, sie ist aber andererseits nicht vom gesellschaftlichen Ganzen zu trennen. Deshalb hat sich das emanzipatorische Denken vor allem mit dem kollektiven Aspekt der Frage beschäftigt. Wir unterstreichen diesen Zusammenhang, weil es in der westlichen Welt fast als selbstverständlich gilt, die Problematik des Glücks als strikte »privacy« zu betrachten und sie von ihrem sozioökonomischen Hintergrund abzukoppeln.

Das erste, was übergangen wird, ist der wirtschaftliche Kontext, obwohl jedem klar sein müßte, daß die heutige Entfremdung durch die im kapitalistischen System herrschenden Eigentums- und Machtverhältnisse weiterhin bedingt ist. Wir erinnern an diese primäre Entfremdungserscheinung, weil sie heute weitgehend tabuisiert und als nicht mehr existent dargestellt wird. Man beklagt sich ständig über die unmittelbar oder mittelbar erlebte existentielle, berufliche, zwischenmenschliche und gesellschaftliche Entfremdung, aber man verliert kaum ein Sterbenswort über die Rolle, die dabei das Privateigentum an Produktionsmitteln spielt, obwohl die Beseitigung dieses Übels eine unerläßliche Voraussetzung für die Humanisierung der gesamten Lebensbedingungen ist. Geschwiegen wird ebenso über die autoritären, hierarchischen Strukturen, die in den Produktions- und Verwaltungszentren herrschen, trotz Mitbestimmung und Betriebsräten. Denn während der Arbeitnehmer im Besitz seiner vollen Rechte als Staatsbürger ist und er die politischen Vertreter wählen und abwählen kann, muß er sich am Arbeitsplatz den vertikalen

Organisations- und Kommandostrukturen der Unternehmen beugen. Entschieden wird in den oberen Etagen, nicht in den Betriebsversammlungen.
Alle diese sozioökonomisch bedingten Formen der Entfremdung werden in der öffentlichen Diskussion ausgeklammert und ganz vornehm in den Bereich der Psychologie, der abstrakten Soziologie und des »human behavior« verlagert, damit die Feuilletonisten, die Akademiker, die Seelsorger und die Wohlfahrtsverbände auch ihr Wörtchen dazu sagen können. Schuld an der Entfremdung – versteht sich – ist der »unangepaßte« und »labile« einzelne, nicht die Gesellschaft, und was repariert werden muß, ist die Psyche der Malträtierten und vom Pech Verfolgten, nicht das System, das heilig ist und ewige Straffreiheit genießt, auch wenn es pausenlos und auf die verschiedenste Weise Millionen Menschen zugrunde richtet.
Der Begriff der Entfremdung, den Marx vor allem auf die materielle Lage und die physische Verelendung des Proletariats des 19. Jahrhunderts bezog, ist heute freilich nicht mechanisch auf die hochindustrialisierten Nationen übertragbar. Aber das heißt keineswegs, daß er obsolet geworden ist, wie die Apologeten des Systems immer wieder großspurig und siegessicher betonen. Man kann eine solche Behauptung nur aufstellen, wenn man die Welt auf die wohlhabenden Länder reduziert und man geflissentlich übersieht, daß Hunger, Armut und materielle Not weiterhin die größten Geißeln der Menschheit sind. Global betrachtet ist der Marxsche Begriff der Entfremdung nicht nur weiterhin gültig, sondern aktueller denn je.
Diese Rückbesinnung auf die primäre Ursache der Entfremdung hindert uns keineswegs einzusehen, daß neben dieser herkömmlichen oder »klassischen« Form der Entfremdung im Laufe der letzten Dekaden neue Entfremdungserscheinungen zutage getreten sind, die mit materieller Not nichts zu tun haben und vor allem auf psychische Gründe zurückzuführen sind, wie Dorothee Sölle bemerkt hat: »Zwar ist das physische Elend in den reichen Ländern im wesentlichen aufgehoben, aber durch neuartiges psychisches Elend ersetzt.«[12]
Diese neue Entfremdungsform ist nicht durch soziale Benachteiligung verursacht, die Leidtragenden sind in der Mehrheit wohlhabende oder zumindest gutgenährte Menschen, keine Parias und

Slum-Bewohner. Sie trifft deshalb alle Klassen und Schichten der Gesellschaft, ist ein gesamtgesellschaftliches Phänomen geworden. Daß wir uns aber verstehen: Dieses klassenübergreifende Wuchern der Entfremdung hat keineswegs die grundsätzliche Klassenstruktur der kapitalistischen Ordnung verändert. Während früher aber die materiell verursachte Entfremdung ausschließlich die Arbeiterklasse traf, müssen sich heute auch die oberen und mittleren Schichten mit der zunehmenden Enthumanisierung der gesellschaftlichen und zwischenmenschlichen Verhältnisse plagen.

Wir erleben also zwei grundsätzliche Entfremdungsformen: Die eine ist durch die Klassenverhältnisse bedingt, die andere durch die Sachzwänge der modernen Zivilisation. Um die erste zu überwinden, wäre eine umfassende sozialpolitische Umwälzung nötig, während die Aufhebung der anderen ein ganz neues Produktions-, Lebens- und Gesellschaftssystem erforderte. Eines steht fest: Der Fortschritt der Produktion, der Technik und der Wissenschaft hat keineswegs zu einer Überwindung der Entfremdung geführt, sondern vielmehr neue, zusätzliche Entfremdungsfelder hervorgebracht. Insoweit scheint Rousseau recht behalten zu haben, der ja den Zivilisationsprozeß mit dem Niedergang des Menschengeschlechts als Folge seiner Entfremdung gegenüber der Natur gleichsetzte. Und umgekehrt hat sich das von der sozialistischen Theorie entworfene Modell für das Zustandekommen einer entfremdungsfreien Gesellschaft insgesamt als zu schematisch und optimistisch erwiesen.

So tendiert der Marxismus dazu, Entfremdung lediglich als ein historisches Phänomen einzustufen, das deshalb auch historisch aufhebbar ist. Seine dogmatischen Vertreter zumindest sind felsenfest davon überzeugt, daß es im Sozialismus keine Entfremdung geben kann, weil diese nur innerhalb von kapitalistischen Verhältnissen möglich sei. Sie stützen sich hierbei auf Marx selbst, der in seinen »Ökonomisch-philosophischen Manuskripten« die Beseitigung des Privateigentums mit der Möglichkeit einer »positiven Aufhebung aller Entfremdung« verband. Der real existierende Sozialismus hat jahrzehntelang den Beweis geliefert, daß auch ein System, welches das Privateigentum abschafft, trotzdem Entfremdung in vielerlei Gestalt erzeugen kann.

Das Entstehen von Entfremdung ist nicht ausschließlich durch gesellschaftliche bzw. historische Verhältnisse erklärbar. Sie besitzt eine Eigendynamik, die durch die Diskrepanz zwischen dem Streben nach Glück und den objektiven und subjektiven Hindernissen, die diesem Ziel im Wege stehen, verursacht ist. Zu Recht stellte Freud fest, daß das von der Zivilisation und der Kultur entwickelte Über-Ich eine unterdrückende Funktion auf die libidinösen, spontanen Bedürfnisse des Menschen ausübt. Auch in einer weitgehend emanzipierten Gesellschaft wird sich die Realität den Triebbedürfnissen entgegenstellen. Deshalb wird nie eine vollständige, reibungslose Befriedigung des Lustprinzips oder des Erfüllungsdrangs stattfinden. Nur eine völlige Verkennung der menschlichen Natur und eine naive Vorstellung vom Erfüllungsprinzip können zu der Annahme führen, daß der Mensch in der Lage sei, sich ohne Schmerz, Entbehrung und Selbstbestrafung zu verwirklichen. Oder mit den Worten Camus': »Das Glück und das Absurde sind zwei Geschöpfe derselben Erde. Sie sind unzertrennlich.«[15] Das Ideal eines von Entfremdung, Repression und Selbstrepression völlig befreiten Lebens ist religiösen Ursprungs. Es kommt vor allem in den chiliastischen und nonkonformistischen Sekten und Bewegungen des Mittelalters zum Ausdruck, die ein Paradies auf Erden errichten wollten. Alle im Zuge der Moderne entstandenen sozialen Utopien, die die Möglichkeit einer konfliktfreien Gesellschaftsordnung in Aussicht stellen, knüpfen direkt oder indirekt an den religiösen Chiliasmus des ausgehenden Mittelalters an. Es sei hier nebenbei daran erinnert, daß viele der ersten Theoretiker des Sozialismus bzw. Kommunismus – von Saint-Simon bis Weitling – religiös eingestellt waren und ihre jeweiligen Doktrinen als die Verwirklichung des »wahren« Christentums begriffen. Der erklärte Atheismus setzt erst mit Proudhon und Marx ein.

Das moderne Denken geht von der Voraussetzung aus, daß der Mensch alles vermag, ich dagegen meine, daß er vor allem die Summe seiner nicht erfüllten Sehnsüchte ist. Die Propheten des unendlichen Fortschritts haben im Laufe der letzten Jahrhunderte immer wieder behauptet, daß wir durch unsere Selbstbestimmung, unsere Technik und sonstige uns zur Verfügung stehenden materiellen und geistigen

Mittel praktisch alles erreichen können, was wir uns vornehmen. Tatsache ist, daß wir in einer Welt leben, die die ständige Negation dieser schönen Vorstellungen darstellt.

Ich glaube weder an die Fortschrittsschwärmerei noch an den berufsmäßigen Pessimismus, lehne beide Positionen als abstrakt und undialektisch ab. Das Leben ist nicht, wie ich es erwartet habe und wie ich möchte, aber dies ist kein ausreichender Grund, um zu behaupten, daß alles sinnlos sei. Die einzige vernünftige Haltung besteht darin, die Grenzen unserer Erfüllungschancen zu erkennen, ohne in Nihilismus und systematische Schwarzmalerei zu verfallen. Wir müssen lernen, uns von unserer Unvollkommenheit nicht entmutigen zu lassen und dem Schmerz zum Trotz Ja zum Leben zu sagen, nicht zuletzt, um den Mächtigen nicht ganz das Feld zu überlassen. Widerspruch zu erheben und dadurch die Selbstherrlichkeit der Machtverwalter ins Wanken zu bringen ist wahrhaftig Grund genug, um die Flinte nicht ins Korn zu werfen. Denn es gibt nichts Schöneres und Erfüllenderes, als sich im Kriegszustand mit den Herrschaftsträgern zu befinden.

Der Mensch ist nicht nur Erfüllungstrieb, er ist auch mit der Fähigkeit ausgestattet, sich gegen Schmerz und Unglück zu wehren, und darin besteht eigentlich seine Größe. Nichts anderes meint Erich Fromm: »Wenn der Mensch nicht die Fähigkeit besessen hätte, sich mit Frustration abzufinden, hätte er sich vermutlich überhaupt nicht weiterentwickelt.«[16] Stärker als die Erfahrung des Unglücklichseins ist letzten Endes der Erhaltungs- und Überlebenstrieb. Der Mensch lernt schon als Kind, daß er sich nicht ausschließlich als Lustprinzip realisieren kann, und der Grad seiner Reife hängt nicht zuletzt von seiner Entschlossenheit ab, sich von den unvermeidlichen Schlägen des Schicksals nicht unterkriegen zu lassen. Die Lehre der Stoiker ist so großartig wie einfach: Das höchste Gebot menschlicher Lebensführung ist, die Herrschaft über sich selbst nicht zu verlieren und sich vor keinem Schlag und keinem Unglück zu beugen. Wie weit sind wir heute von dieser Moral des Stolzes und des Widerstands entfernt!

Ohne diese dem Menschen eigene Fähigkeit zum Widerstand hätte es keine Arbeiter- und keine sozialistische Bewegung gegeben, und wenn heute die Linke im tiefen Winterschlaf dahinvegetiert, dann weil sie dieses Attribut nicht mehr oder nur in unzureichender Weise besitzt. Sie hat die Mentalität eines erschöpften Frührentners entwickelt, der kaum Kontakt zur Wirklichkeit pflegt, spät aufsteht, die Zeitungen gelangweilt liest, in den Parks spazierengeht und beim Stammtisch bei einem Glas Bier über den elenden Weltzustand lamentiert. Nicht nur die Linke hat kapituliert. Wir befinden uns inmitten einer resignativen Phase der Weltgeschichte. Der Spätkapitalismus hat nach und nach das Selbstbewußtsein der Arbeiter gebrochen, ihnen das Gefühl des eigenen Werts entrissen und sie zu Spielzeug der instrumentellen Vernunft degradiert, deren korrumpierende Wirkung alles in Ware verwandelt hat, auch die Seele der einstigen oder potentiellen Revolutionäre.

DAS RINGEN UM WAHRHEIT

»Auch die Philosophen verraten schließlich immer, in wessen Dienste sie stehen«

Paul Nizan, »Die Wachhunde«

Das Elend der bürgerlichen Theorie

Wie sonst bei allen untergehenden, epigonalen und saturierten Epochen besitzt das Denken des spätkapitalistischen Zeitalters keine schöpferische Kraft mehr, um neue Perspektiven und Alternativen für die Probleme der Menschheit zu entwickeln. Das ausgehende 20. Jahrhundert zeichnet sich durch das Elend seiner Theorie aus, die in allen Bereichen des Wissens immer flacher, einfallsloser, kurzsichtiger und provinzieller wird. Sie reicht gerade aus, um den Mächtigen Schlagworte und Wahlparolen zu liefern, für mehr taugt sie nicht.
Der gegenwärtige Mensch neigt dazu, sich in der Unmittelbarkeit seiner persönlichen Erfahrung aufzuhalten; er empfindet kaum das Bedürfnis, sich über die Zusammenhänge und Hintergründe des Ganzen Rechenschaft zu geben. Wir würden unsere Zeit als eine Zeit definieren, die ihre Aufmerksamkeit fast ausschließlich auf die Bewältigung kleiner Fragen konzentriert und für die großen kein Sensorium mehr hat. Der Verfall der Philosophie als normative, richtunggebende und sinnstiftende Disziplin erklärt sich aus dieser zunehmenden Tendenz, den Sinn des Allgemeinen zu vergessen oder unbeachtet zu lassen. Dieses Phänomen hat zugleich zur Vorherrschaft der Fachwissenschaften als Ersatz für die eigentliche, synthetisierende Aufgabe des Denkens geführt. Philosophie degeneriert so zu Semantik, Mathematik, Philologie, Funktionalismus, Soziologismus und Formalismus. Was der jugoslawische Philosoph Velsko Korać über den positivistischen Geist gesagt hat, entspricht einer allgemei-

nen Tendenz der heutigen bürgerlichen Theorie: »Im Namen der Wissenschaft und der Wissenschaftlichkeit orientiert sich der positive Geist gegenüber der Philosophie in einer Weise, die in der Frage ihren Ausdruck findet: Wozu Philosophie, wozu Philosophen, wenn die Wissenschaft jedes philosophische Problem . . . zu lösen imstande ist.«[1]

Die bürgerliche Theorie ist statisch ausgerichtet. Nicht die Umwälzung der Gesellschaft im qualitativen, emanzipatorischen Sinn ist ihr Anliegen, sondern einzig und allein die Rechtfertigung des kapitalistischen Systems. Rudolf zur Lippe: »Die bürgerliche Gesellschaft . . . hat eine theoretische Intelligenz entwickelt, die der bloß formalen Organisationsfunktion der Kapitalisten entspricht.«[2] Sie ist nicht innovativ, sondern reproduktiv. Ihr Weltblick ist unhistorisch, sie faßt ihre Denkelaborate als den Ausdruck der ewigen Vernunft auf, nicht ahnend, daß diese angeblich ewige Vernunft lediglich die Interessen der herrschenden Klasse widerspiegelt. Sie will die Geschichtsentwicklung in einem bestimmten Stadium aufhalten und aus ihr eine Endzeit machen. Sie tut genau das, was die Theologie im Mittelalter mit ihren Glaubenssätzen tat. Die Marxsche Theorie ging von dem Grundsatz der rücksichtslosen Kritik alles Bestehenden aus, die heutige bürgerliche Theorie zielt auf die unbedingte Rechtfertigung des Gegebenen, einerlei, ob es sich dabei um die Freiheit des einzelnen, um den Imperialismus oder um die Ausbeutung der Dritten Welt handelt. Was immer geschehen mag: Der Status quo hat immer recht.

Schon Marx, Proudhon und andere Theoretiker des Sozialismus machten auf den rein formalen Charakter der bürgerlichen Theorie aufmerksam. Daran hat sich nichts geändert. Das Fundament der bürgerlichen Theorie ist die formale, »wertneutrale« Logik, deren Weisheit darin besteht, die verschiedenen Erscheinungen der Wirklichkeit isoliert von ihrem Zusammenhang mit der gesellschaftlichen Totalität zu betrachten. Durch die Ausblendung jeder geschichtlichen und gesamtgesellschaftlichen Signifikanz erschöpft sich die Theorie in Statistiken, Umfragen, monographischen Untersuchungen und anderen Verfahrensweisen oder in Soziometrie und Mikrosoziologie, also in rein deskriptiver und mechanischer Wahrnehmung der Fakti-

zität. Hintergründiges gilt als Überflüssiges. Der Urfeind ist Plato mit seiner dialektischen Ideenlehre.
Die bürgerlichen Meisterdenker der Gegenwart halten sich an das Bewährte, deshalb haben sie nichts wirklich Neues hervorgebracht, und was sie als solches ausgeben, ist nichts mehr als eine semantische Aktualisierung des Althergebrachten. Was sie auf dem Tisch servieren, sind gewärmte Suppen, neu gewürzt vielleicht, aber mit derselben Substanz, deshalb schmecken und riechen sie alle ranzig. Diese Entwicklung ist nur allzu logisch, denn wirklich kreativ und fruchtbar kann nur ein Denken sein, das sich die Aufgabe stellt, neue emanzipatorische Schemata zu liefern. Dort, wo dieser erneuernde Impuls fehlt, kann es nur Repetitives geben.
Die Reduzierung des Lebens und der Geschichte auf reine Unmittelbarkeit findet heute ihren theoretischen Ausdruck in dem in der westlichen Welt vorwiegend herrschenden positivistischen und neopositivistischen Geist, ein Begriff, den ich hier als zusammenfassend für den Utilitarismus, den Neokantianismus, den Empiriokritizismus, den Pragmatismus, den Behaviorismus, den kritischen Rationalismus, den neoklassischen Empirismus, den Strukturalismus, den Konstruktivismus, den Formalismus und andere Varianten und Nebenzweige der bürgerlichen Theorie benutze. All diese neuzeitlichen und neueren Denkschulen und -strömungen sind verspätete Ausleger des uralten Empirismus, der, wie der Name schon sagt (empeiria), bereits dem griechischen Denken vertraut war, vor allem seit Aristoteles. Das Wissen (sapientia) gründet sich ausschließlich auf Erfahrung (experientia), nicht auf Spekulation wie im Platonschen Idealismus. Durch Baco von Verulam, Locke, Hume und andere englische Denker erlebt der Empirismus eine Renaissance und wird zur philosophischen Grundlage der Bourgeoisie.
Das Hauptanliegen des empirisch-positivistischen Denkens besteht darin, die Herrschaft der Daten im Namen der »strikten« Wissenschaft und der »voraussetzungslosen« Logik theoretisch zu verbrämen und gegen alle Denkrichtungen zu Felde zu ziehen, die den Status quo nicht als einen endgültigen Zustand hinnehmen. Seine Funktion ist also ideologisch, bezweckt, die zusammenhanglose Empirie der bourgeois-kapitalistischen Welt als letzte Wahrheit zu

legitimieren. Ihr Fazit lautet: Es gibt keine allgemeingültige, unumstößliche, unbezweifelbare und absolut sichere Wahrheit, nur die relative des jeweiligen Subjekts, eine Einstellung, die der Neukantianer Ortega y Gasset »perspectivismo« nannte. Schon Compte stellte fest, daß »der Positivismus den Begriff des Absoluten durch den des Relativen ersetzt«[3]. Bei der Herabsetzung des Denkens zur bloßen deskriptiven Klassifizierung des Datenmaterials hat der Neokantianismus eine prinzipielle Rolle gespielt. Ausgehend von der Kantschen Grundthese, daß das Ding an sich unergründlich ist – ein Erbe des englischen Empirismus –, gilt für die alten und neuen Kantianer aller Schattierungen nur das Reich des Phänomenalen. Wahrheit wird damit zur pluralistischen Ware und zum Manipulationsobjekt, wie schon bei den Sophisten. Sie wird wie jedes andere x-beliebige kapitalistische Produkt von den großen Machtapparaten und Interessengruppen hergestellt und den Konsumenten zum Kauf angeboten. Über ihren Grad an Gültigkeit entscheidet letztlich die Effizienz der Werbung.
Der positivistische Geist ist ein unverwechselbares Produkt des 19. Jahrhunderts und seiner szientistischen Grundausrichtung. Schon Hegel klagte über die spekulative und metaphysische Gleichgültigkeit seiner Zeit, Dickens karikierte in »Hard Times«: »Nun, was ich will, sind Fakten ... Nur Fakten sind im Leben gefragt. Plane nichts anderes und vergiß alles andere.« Das war im Grunde auch das, was Auguste Compte verkündet hatte und vor ihm die verschiedenen Strömungen des Empirismus. Aber die große Stunde des Positivismus setzt vor allem mit dem Entstehen des Wiener Kreises (Carnap, Mach, Avenarius) und des von ihm beeinflußten amerikanischen Pragmatismus ein, der durch den weltweiten Einfluß der USA zur beherrschenden Ideologie der Nachkriegszeit wird. Auch in England erhielt der Positivismus wichtige Denkanstöße durch Bertrand Russell, Wittgenstein und Karl Popper. Während in Frankreich sich neben dem traditionellen Positivismus (Compte, Durkheim, Gurvitch, Raymond Aron) der mit ihm verwandte Strukturalismus entwickelte, tritt er in Deutschland als Widersacher der Kritischen Theorie Adornos, Horkheimers und Marcuses in Erscheinung, also als Replik auf die Hegelsche/Marxsche Dialektik.

Wie sonst bei allen anderen Richtungen des Empirismus, stellt der Positivismus bzw. Neopositivismus eine erkenntnistheoretische Verherrlichung des bürgerlich-liberalen kapitalistischen Systems dar, liefert damit die theoretische Grundlage für die moderne westliche Zivilisation und den aus ihr hervorgegangenen Imperialismus. Mit dieser kritischen Gesamtbewertung wollen wir den Positivismus keineswegs in toto an den Pranger stellen. Es sei daran erinnert, daß er in seinen Anfängen durchaus eine emanzipatorische Rolle spielte, und zwar als Gegenbewegung zum mittelalterlich-christlichen Obskurantismus und als Verteidiger der Freiheit der Forschung gegen klerikalen Dogmatismus. Selbst Marcuse, ergebener Hegelianer und Verfechter der »negativen« Philosophie, muß zugeben: »Die positivistische Methode zerstörte viele theologische und metaphysische Illusionen und forderte den Vormarsch des freien Denkens, vor allem in den Naturwissenschaften.«[4] Der positivistische Geist bildet tatsächlich einen Zweig der Aufklärung und dringt auch als solcher in das sozialistische Denken ein. Was etwa Marx und Engels über die idealistische Philosophie Hegels schrieben, unterscheidet sich kaum von dem, was vorher Compte gegen die Metaphysik im allgemeinen gesagt hatte, nur, daß sie ihre Attacken gegen das Hegelsche »Geistesreich« nicht im Namen des Positivismus, sondern des Feuerbachschen Materialismus führten. Während aber der Positivismus in seiner Pionierzeit eine kritisch-entmythologisierende Funktion als Widersacher des Ancien régime ausübte, hat er seit langem diese Rolle aufgegeben und sich mit den Werten und der faktischen Herrschaft der Bourgeoisie identifiziert. In diesem Sinne teilt er das Schicksal des Liberalismus, der als Opposition gegen den Absolutismus begann, um sich später selbst als Macht zu etablieren. Der Positivismus ist heute nur noch als Korrektiv gegen jede Form von rechter und linker Dogmatik fruchtbar.
Der Positivismus ist mittlerweile eine Geisteshaltung, die längst in der ganzen westlichen Gesellschaft Fuß gefaßt hat, auch wenn sie nicht immer unter dieser Bezeichnung auftritt. Durch und durch positivistisch ist in der Tat die Identifikation des Menschen mit den herrschenden Verhältnissen und seine Unlust, sie zu überwinden. Der heutige, überall waltende Konformismus entspringt dem positi-

vistischen Unvermögen, das Reich der Empirie zu überschreiten und sich andere, humanere, sinnvollere, schönere Lebens- und Gesellschaftsbedingungen vorzustellen. Der Einfluß des Positivismus hat die schöpferische Phantasie des Menschen weitgehend abgestumpft und sie selbst in Gefangene des Bestehenden verwandelt.

Das gegenwärtige bürgerliche Denken ist insgesamt unfähig, sich von der existierenden Dingwelt zu lösen, ist selbst ein Produkt der vom System erzeugten Entfremdung geworden. Damit hat es aufgehört, Theorie in schöpferischem Sinn zu sein.

Keine Ideologie – auch die verwerflichste nicht – wird je zugeben, daß ihre Beweggründe niedriger, häßlicher Natur sind. Auch die smarten bürgerlichen Ideologen sind auf die Idee gekommen, ihre durch materielle Gier und nackten Willen zur Macht motivierten Theorien mit hochtrabenden, »spirituellen« und »geistigen« Begriffen wie Vernunft, Freiheit, Menschenrechte, Gemeinwohl, Rationalität etc. zu idealisieren und schmackhafter zu machen, ein uraltes Spiel übrigens, das schon den Sarkasmus Engels' mobilisierte: »Die Ausbeutung der unterdrückten Klasse werde betrieben von der ausbeutenden Klasse einzig und allein im Interesse der ausgebeuteten Klasse selbst.«[5] Jede herrschende Klasse braucht eine Rechtfertigungstheorie, und sie findet immer die nötigen Lakaien, die bereitwillig dieses Bedürfnis erfüllen. Die Bourgeoisie hat sich die Dienste eines riesigen Heeres von bezahlten Intellektuellen und Publizisten gesichert, die ihre Geschäfte propagandistisch vertreten und publikumswirksam gestalten.

Von der bürgerlichen Theorie ist keine Humanisierung der Weltverhältnisse zu erwarten. Sie hat vielmehr die Funktion übernommen, diese Verhältnisse als die einzig wünschenswerten zu verteidigen, einerlei, ob sie sich dabei auf die christdemokratische, liberale oder sozialdemokratische Variante beruft. Die Unterschiede zwischen diesen und anderen ideologischen Richtungen des Westens sind gradueller, nicht essentieller Natur; in den Grundfragen bekennen sie sich alle zu den von der bürgerlichen Theorie bejahten Werten.

Die Entartung des Marxismus

Der Positivismus ist nicht nur in der bürgerlichen Philosophie zu Hause, sondern eine Erscheinung, die auch bald in das marxistische Denken eindrang und es weitgehend prägte, wie Miladin Zitović feststellt: »Charakteristisch für die Entwicklung des Marxismus nach Marx ist der Versuch, aus dem Marxismus eine *positive Wissenschaft* zu machen.«[6]

Der Entartungsprozeß war schon erkennbar in der Entstehungsphase der Sozialdemokratie und noch mehr in den darauffolgenden Glanzzeiten der 2. Internationale, die aus dem Marxismus eine objektivistische, deterministische und undialektische Doktrin machte, sei es im Namen der Orthodoxie (Kautsky), des Revisionismus (Bernstein) oder des Austromarxismus. Noch zu Lebzeiten von Marx und Engels wurde ihr dialektisch-kritisch-revolutionäres Ideensystem in eine statische, dogmatische, unfehlbare und alles erklärende Ideologie verwandelt, die nur auf den angeblich vorgezeichneten Tod des Kapitalismus zu warten hatte, um sich von selbst zu verwirklichen. Dies gilt in erster Linie für den deutschen Marxismus. Karl Korsch: »Es ist hinlänglich bekannt, mit welcher Bitterkeit und Schärfe sich Marx und Engels darüber geäußert haben, daß die deutsche Sozialdemokratie, die führende marxistische Partei Europas, in ihren Programmen von Gotha (1875) und von Erfurt (1891) auf politischem wie auf kulturellem und ideologischem Gebiet fast nur *reformistische* Forderungen aufstellte, in denen von dem wirklichen, materialistisch-revolutionären Prinzip des Marxismus kein Hauch mehr zu spüren war.«[7] Die Marxsche Dialektik wurde ontologisiert und in ein von der konkreten Praxis getrenntes dogmatisches System von fixen, ewig geltenden Kategorien umstrukturiert. Sich der Sache der sozialen Revolution zu widmen, bedeutete nicht mehr, aktives Subjekt der Geschichte zu sein, sondern Gläubige eines selbstherrlichen und messianischen Credos, also bloßes Subjekt der Erkenntnis und des Bewußtwerdens in Hegelschem, nicht in Marxschem Sinn.

Der Ausgangspunkt dieses Vulgärmarxismus war der Opportunismus, sein Ziel die Versöhnung mit der Bourgeoisie. Die Theorie und die Praxis der heutigen Parteien der Sozialistischen Internationale sind ein verspätetes Produkt dieser Entwicklung, nur mit dem Unterschied, daß die Parteien der 2. Internationale sich noch auf Marx und Engels beriefen, die jetzigen sozialistischen und sozialdemokratischen Parteien es dagegen für angebracht halten, die Namen der Ahnherren gar nicht mehr zu erwähnen, erstens, um ihre konservativ gewordene Wahlklientel nicht zu alarmieren, und zweitens, um der Bourgeoisie zu beweisen, daß man brav, ganz brav geworden ist und daß man weiß, daß man zur selben spätkapitalistischen Crew gehört.

Die Verfälschung und Verflachung des Marxismus erlebte eine neue Sternstunde mit dem Aufkommen des Stalinismus und dem aus ihm hervorgegangenen real existierenden Sozialismus. Das konkrete Individuum als wahrer Träger der gesellschaftlichen und historischen Dynamik wurde wegradiert und zu einem verdinglichten Abbild der von der Partei bürokratisch-zentralistisch verwalteten Gesellschaft herabgesetzt. Anstatt den von Marx und Engels vorgesehenen und angestrebten Abbau des Staates in die Wege zu leiten, hob man den Staat zur Schlüsselinstanz der gesellschaftlichen Entwicklung empor. Auch hier wurde der Hegelschen Konzeption, nicht der Marxschen, der Vorrang gegeben. Und so, wie bei Hegel die Widersprüche zwischen dem Besonderen und dem Allgemeinen letztendlich durch die Vermittlung des Staates aufgehoben sind, erhob der real existierende sozialistische Staat den Anspruch, alle Gegensätze zwischen dem Ganzen und den Teilen überwunden zu haben. Andererseits war die »Negativität« der Hegelschen Dialektik dem System ein Dorn im Auge, und während es in der Praxis den reinsten Hegelianismus betrieb, wurde Hegel mit unverhüllter Geringschätzung behandelt oder totgeschwiegen. Genauso ablehnend verfuhr man mit den von Hegel und Feuerbach beeinflußten Frühschriften von Marx, während man vor allem die Bedeutung des ökonomischen, nichtphilosophischen Teils seines Werkes hervorhob, wohl vergessend, daß hinter dem vordergründigen Empirismus des »Kapitals« die Kategorien der Hegelschen »Logik« geisterten.

Die Fehlleistungen und Unzulänglichkeiten des Systems wurden nicht offen zugegeben. Man zog vielmehr vor, ihnen durch propagandistische, patriotische Parolen und Appelle zu begegnen, womit das System sich selbst den Weg versperrte, um neue, wirklichkeitsnähere Methoden zu suchen. Dialektik wurde zu Strategie und Agit-Prop instrumentalisiert, zu ungehemmter Apologie des Status quo. Da die Partei den Heiligenschein einer unfehlbaren Körperschaft in Anspruch nahm, galten ihre Richtlinien implizit als die Objektivierung der einzig möglichen Wahrheit, ihre Negation oder ihr Infragestellen als ein Zeichen antisozialistischer, unmarxistischer Haltung. Der Marxismus hörte damit auf, Träger einer Befreiungstheorie zu sein, um eine Herrschaftsideologie zu werden. Die Theorie, die bestimmt war, das bürgerliche Denken aufzuheben, wurde von diesem so stark affiziert und durchdrungen, daß sie ihre ursprüngliche Sprengkraft weitgehend einbüßte und selbst zu einer positivistischen Ideologie herabsank. Die Subversivität, Motor der Revolution, war nicht mehr gefragt, mußte sich gefallen lassen, als konterrevolutionäre Abweichung und Renegatentum abgestempelt zu werden. Der Andersdenkende war kein Gesprächspartner, sondern nur ein Verräter. Oder wie Sartre 1947 sagte: »Dem Gegner antwortet man nie: er arbeitet für die Polizei, für den Intelligence Service, ist ein Faschist.«[8] Ohne offene und freie Diskussion degenerierte die Dialektik in Formalismus und byzantinischen Popanz, in eine Staatsreligion ohne Gott, aber mit einem strengen Kult und einer engmaschigen Dogmatik samt ihren Heiligen, ihren Häretikern, ihren Konzilien, ihren Exkommunizierungen, ihren Beichten und Mea culpas – Selbstkritik genannt –, ihren Bußen, ihren Inquisitionstribunalen und -Kerkern und ihren Autodafés. Man war entweder ein ergebener Gläubiger – linientreu – oder ein Abtrünniger.

Der Marxismus hat ausgespielt. Er war im Ganzen ein deutsches Produkt, und er ist genauso gescheitert, wie die deutsche Nation selbst zwischen 1870 und 1945. Bei aller unbestreitbaren denkerischen Größe war er vom ersten Moment an genauso weltfremd wie die deutsche klassische Philosophie, auf die er sich berief. Er war auch zu messianisch, um je Wirklichkeit werden zu können. Das Ausmaß seiner Entartung beweist auch das Ausmaß seiner Undurchführbarkeit. Sein begrifflicher Perfektionismus ist seine Achillesferse gewesen, die Geschichte läßt sich nicht in solchem Grad planen, organisie-

ren und bestimmen, wie sich der Marxismus einbildete. Und so, wie er kein Gefühl für das Spontane hatte, war er zu rationalistisch ausgerichtet, um dem Element der Unberechenbarkeit in seinem ganzen Umfang Rechnung tragen zu können. Er war kurzum zu doktrinär, intellektuell und letzten Endes zu kompliziert, um richtig verstanden zu werden. Deshalb erlebten ihn die Massen als Mythos, und sie ließen ihn fallen, sobald sie merkten, daß der Mythos unhaltbar war.
Hier ist der Ort zu sagen, daß der von den Marxisten aller Couleur immer wieder erhobene Anspruch, Marx und Engels seien die Begründer des »wahren«, »wissenschaftlichen« Sozialismus, genauso anmaßend ist wie die willkürliche Trennung zwischen dem utopischen und dem dialektischen Sozialismus bzw. Kommunismus. Man kann Robert Kalivoda nur zustimmen: »Die sehr verbreitete Vorstellung von Marx als einem genialen revolutionären Synthetiker, der die unwissenschaftlichen, vormarxistischen Spekulationen in ein wissenschaftliches System umgesetzt habe, wird jedoch den Tatsachen nicht gerecht.«[9] Auch Stojanović trifft den Nagel auf den Kopf: »Man muß sich von der Illusion freimachen, Marx sei der Theoretiker des *rein wissenschaftlichen Kommunismus,* im Gegensatz zum utopischen Kommunismus. Der Unterschied zwischen beiden Typen des Kommunismus ist viel relativer, als es den Klassikern des Marxismus, ihnen voran Engels in der Schrift ›Die Entstehung des Sozialismus von der Utopie zur Wissenschaft‹, schien.«[10] Die marxistische Konzeption blieb genauso utopisch wie alle anderen Varianten der sozialistischen Theorie, mochte sie sich auch auf einen Begriffsapparat und auf eine Terminologie von hohem geistigen Niveau stützen.

Das sozialistische Ideal – der Kampf geht weiter

Bedeuten das Scheitern des real existierenden Sozialismus und die Entartung des Marxismus das endgültige Abschiednehmen vom sozialistischen Ideal? Natürlich nicht. Sie bedeuten lediglich den Niedergang eines entstellten Modells des Sozialismus, nicht des

Sozialismus als solcher, der ein ewiger Traum der Menschheit, ein Synonym für eine Gesellschaft ohne Ausbeutung und ohne Entfremdung bleibt. Man hat jahrzehntelang den Marxismus mit dem Sozialismus gleichgestellt, als wären sie ein siamesisches Paar, und so getan, als gäbe es sonst keine andere sozialistische Alternative. Das ist selbstverständlich falsch, genauso falsch wie die Annahme, daß der Zusammenbruch des real existierenden Sozialismus dem definitiven Tod des Sozialismus gleichkommt. Der Marxismus war fast ein Jahrhundert lang die mächtigste Kraft innerhalb der revolutionären Bewegung, keineswegs die einzige. Sein historischer Abstieg bedeutet entsprechend auch nicht, daß die Verwirklichung anderer Auffassungen des Sozialismus unmöglich geworden sind. Das sozialistische Ideal ist viel älter als der Marxismus, und es wird ihn auch überleben. Man muß sich andererseits darüber im klaren sein, daß seine Verwirklichung keineswegs vorbestimmt ist, wie gerade die Marxisten immer wieder behauptet haben. Nichts ist im Leben und in der Geschichte vorbestimmt, und am allerwenigsten das Zustandekommen eines in jeder Beziehung so anspruchsvollen Ideals wie des Sozialismus. In dieser Hinsicht haben sich die Erwartungen der Klassiker des Marxismus als reinster unkritischer Messianismus offenbart. Sie faßten tatsächlich die Heraufkunft des Sozialismus einstimmig als eine »historische Notwendigkeit« auf, die sie aus den immanenten Widersprüchen des Kapitalismus ableiteten. So Rosa Luxemburg: »Als gemeinsames politisches Aktionsprogramm des internationalen Proletariats ist der Sozialismus eine *historische Notwendigkeit*, weil eine Frucht der ökonomischen Entwicklungstendenzen des Kapitalismus.«[11] Und Marx selbst: »Das Kapitalmonopol wird zur Fessel der Produktionsweise, die mit und unter ihm aufgeblüht ist. Die Zentralisation der Produktionsmittel und die Vergesellschaftung der Arbeit erreichen einen Punkt, wo sie unerträglich werden mit ihrer kapitalistischen Hülle. Sie wird gesprengt. Die Stunde des kapitalistischen Privateigentums schlägt. Die Expropriateure werden expropriiert.«[12] Diese Aussage hat sich nicht bestätigt, genausowenig wie die apodiktische Behauptung, daß die kapitalistische Produktion »mit der Notwendigkeit eines Naturprozesses ihre eigne Negation erzeugt«[13]. Es ist unschwer zu erkennen, daß hinter diesen klar deterministischen Erwartungen die apologetische Dialektik Hegels steckt, die die Geschichte als Erfüllungsinstanz, als Vollziehung der absoluten Idee oder des Weltgeistes begreift.

Wir sind heute nicht mehr in der Lage, uns solchen Illusionen hinzugeben, die Nüchternheit zwingt uns, uns mit der Tatsache abzufinden, daß die Verwirklichung des Sozialismus heute und in absehbarer Zeit keine Chance hat. Deshalb müssen wir in unseren Erwartungen äußerst zurückhaltend sein, nicht aus Resignation, sondern weil wir seit langem inmitten eines Stillstandes der Utopie und der emanzipatorischen Transzendenz stehen. Deshalb trauert die Linke, deshalb läuft sie mit gesenktem Kopf und gebrochenem Herzen herum. Aber nicht nur die Linke ist mit ihrem Latein am Ende. Die ganze Menschheit steht ratlos da, ohne zu wissen, welchen Weg sie beschreiten muß, um die Orientierung nicht ganz zu verlieren. Wir befinden uns in einer Zeit von allergrößter Unsicherheit. Die Menschen sind theoriefeindlich geworden, sind dem Zynismus oder der Gleichgültigkeit verfallen und empfinden kaum das Bedürfnis, sich für etwas Neues zu engagieren. Daher die überall mit Händen greifbare Apathie.

Nicht die revolutionäre Utopie hat sich durchgesetzt, sondern die kapitalistische Empirie. Der Kapitalismus hat trotz aller schwerwiegenden Krisen überlebt und sich als zäher erwiesen, als die emanzipatorische Theorie angenommen hat. Er hat nicht nur gelernt, seinen Produktionsapparat ständig zu erneuern, sondern sich auch den jeweiligen Bedingungen und Herausforderungen seiner Entwicklungsdynamik anzupassen. Die von seinen Feinden und Widersachern immer wieder ausgestellten Totenscheine waren ausnahmslos zu voreilig. Er hat nicht nur seine ökonomisch-politische Herrschaft behauptet, sondern sich sogar enorm ausgedehnt. Und was noch wichtiger ist: Ihm ist es gelungen, sich den Konsens der Massen weitgehend zu sichern. Denn der Kapitalismus produziert nicht nur Waren, er produziert auch Menschen, die in der Regel die Gesinnung des Systems übernehmen, wie der junge Marx in seiner Auseinandersetzung mit Proudhon schon unterstrich: »Noch weniger hat Herr Proudhon begriffen, daß die Menschen, die die sozialen Beziehungen, ihrer materiellen Produktion gemäß, produzieren, auch die *Ideen*, die *Kategorien*, d. h., die ideellen abstrakten Ausdrücke dieser selben sozialen Beziehungen hervorbringen.«[14] Die Arbeiterklasse zeigte sich gerade kampfbereit in den frühen Entwicklungsstadien des Kapitalismus, als sie noch nicht oder nur peripher vom kapitalistischen Geist infiziert war. Und umgekehrt wächst die Bereitschaft zu Kapitulation in dem Maße, in dem der Kapitalismus sich weiter entwikkelt. Wenn wir das Verhalten des spätkapitalistischen Menschen beobachten, stellen wir mühelos fest, daß er im allgemeinen keine große Sehnsucht nach einer antikapitalistischen Ordnung empfindet. Er ist tatsächlich derart von den kapitalistischen Werten vereinnahmt, daß er bereit ist, die tollsten Widersprüche und Zumutungen des Systems widerstandslos über sich ergehen zu lassen.

Die jetzige Machtfülle des Kapitalismus bedeutet freilich nicht, daß er eine ewige historische Erscheinung ist, wie die Nutznießer des Systems nicht müde werden zu wiederholen. Das bürgerlich-kapitalistische System besteht seit etwa vier Jahrhunderten, und alles deutet darauf hin, daß es sich noch eine lange Zeit behaupten wird. Aber das heißt keineswegs, daß der Kapitalismus unsterblich ist. Tatsächlich ist er eine vergängliche Gesellschaftsform wie jede andere. In dieser Hinsicht unterscheidet er sich nicht von der antiken Sklaverei oder der mittelalterlichen Leibeigenschaft oder dem Zunftwesen. Nur verbohrte Geister ohne jedes geschichtliche Sensorium können davon ausgehen, daß die bürgerlich-kapitalistische Ära mit dem Privileg geboren ist, nie untergehen zu müssen. Irgendwann wird auch sie von der weltgeschichtlichen Bühne verschwinden.

Aber die Gewißheit, daß auch für den Kapitalismus eines Tages die Todesstunde schlagen wird, kann für uns kein Trost sein, kann uns von dem gegenwärtigen Druck seiner Vorherrschaft nicht entlasten. Sie darf uns am allerwenigsten veranlassen, tatenlos auf sein Ableben zu warten, zumal nicht auszuschließen ist, daß sein Untergang auch mit dem Untergang der Menschheit einhergeht.

Wir haben keine Aussicht auf einen Sieg über den uns weit überlegenen Feind, aber unsere momentane Schwäche soll uns nicht daran hindern, das Bestehende zu verneinen und gegen den Verdinglichungs- und Entfremdungsprozeß, der sich der Konsumgesellschaft bemächtigt hat, bedingungslos Widerstand zu leisten. Dies ist allerdings nicht die Stunde der großen Schlachten, wir sind nicht in der

Lage, uns dem Feind auf offenem Feld frontal zu stellen. Dies ist die Stunde des Guerillakampfes und der kleinen Gefechte. Wir müssen alle lernen, Guerilleros zu sein, und uns bescheidene Ziele setzen. Aber es wäre nicht das erste Mal, daß die Schwachen den Sieg davontragen und die Starken unterliegen. David und Goliath sind mehr als ein biblischer Mythos.

DAS REICH DES HUMANEN

»Die Tendenzen der Zeit begünstigen die Idee der Selbstverwaltung«

Ralph Waldo Emerson, »Essays, Representative Men etc. and Poems«

Das Ganze und die Teile

Der Geschichte ist es bisher selten gelungen, ein fruchtbares Gleichgewicht zwischen dem Gemeinschaftlichen und dem Partikulären herzustellen; sie hat grundsätzlich dazu tendiert, einem der beiden Prinzipien auf Kosten des anderen den Vorrang zu geben. Das Primat des Allgemeinen hat zum Entstehen mehr oder weniger totalitärer Gesellschaftsmodelle geführt, während die Vorherrschaft des Besonderen früher oder später in sozialer Desintegration und Zusammenhanglosigkeit endet. Der real existierende Sozialismus und die spätkapitalistische Ordnung sind die letzten Beispiele dieser uralten, sich immer wiederholenden historischen Entwicklung. Es muß aber ein System geben können, das beide Grundprinzipien gleichermaßen berücksichtigt und aus ihnen eine kohärente Einheit macht.

Der Mensch ist nicht nur in eine gesellschaftliche Totalität eingebettet, er ist selbst eine Totalität, ein Mikrokosmos im Makrokosmos. Das gesellschaftliche Ganze wird erst sinnvoll, wenn der einzelne sich darin als freies Individuum entfalten kann. Es ist die konkrete Stellung der Teile, was dem Ganzen seinen Sinn verleiht, nicht umgekehrt. Man muß allerdings gleich hinzufügen, daß dies nur innerhalb eines sinnvollen Ganzen möglich ist. Nicht Hegel hat mit seiner Behauptung recht, daß das Ganze das Wahre ist, aber auch nicht Adorno mit seiner Entgegnung, daß das Ganze das Unwahre sei. Das Reich des Humanen kann nur auf einer Synthese zwischen dem

Ganzen und den Teilen begründet sein, alles andere ist abstrakter und einseitiger Doktrinarismus, wie uns schon Kant lehrt: »Vernunft ist das Vermögen, die Verknüpfung des Allgemeinen mit dem Besonderen einzusehen.«[1]

Eine Totalität, die identisch mit sich selbst wäre und sich dem Prinzip der Partikularität entledigen wollte, wäre etwas Totes und Statisches, ein rein abstrakter Begriff. Deshalb hat Marx das Konkrete als die »Einheit des Mannigfaltigen« und die konkrete Gesellschaft als »eine reiche Totalität von vielen Bestimmungen und Beziehungen« definiert.[2] Die Aufgabe des Denkens wäre sehr bequem, wenn man bei der Suche nach einer idealen Ordnung eines der beiden konstitutiven Momente der Wahrheit streichen würde, sei es das Singulare oder das Plurale. Das dialektische Denken kann sich solch theoretische Amputationen nicht leisten, ohne sich selbst zu verleugnen.

Das dringlichste Gebot der Stunde besteht darin, Abschied von der Absolutheit des eigenen Ichs zu nehmen, die die Erbsünde der bürgerlichen Weltanschauung ist. Der bürgerlichen, heute überall verbreiteten Bejahung des Ichs als supremster Wert liegt eine verzerrte Auffassung vom Subjekt und von seinem Verhältnis zum Objekt zugrunde. Die ganze Philosophie der Moderne über die Freiheit des Menschen beruht überhaupt auf einem unkritischen und romantischen Individualismus, der in seiner schwärmerischen Euphorie blind für die Schranken und Gefahren der Egozentrik ist. Der Wille zur absoluten Selbstherrlichkeit des einzelnen wird vom modernen Denken als Freiheit begriffen, und das trifft auch in dem Maße zu, in dem sich dieser Wille als Widerstand gegen Willkür und Bevormundung artikuliert. Aber die Selbstbestimmung des einzelnen tritt heute vorwiegend nicht als Wille zum Widerstand in Erscheinung, sondern als ungehemmter Wille zur Macht, verfolgt das Ziel, sich durch eine maximale Potenzierung des eigenen Ichs die anderen untertan zu machen. Was am Anfang ein Fortschritt war – die bürgerliche Subjektivität im Kampf gegen den feudalen Absolutismus –, hat sich in eine regressive, fortschrittshemmende Kategorie verwandelt.

Von der solipsistischen Lehre des Liberalismus geblendet, bildet sich der spätkapitalistische Mensch ein, daß er in der Lage ist, ohne Rücksicht auf seine Mitmenschen sich ganz toll im Leben einzurichten. Er merkt in seiner Überheblichkeit nicht, daß seine Verachtung für das Ganze ihn nicht davor bewahrt, ein Gefangener des Systems zu bleiben. Er bleibt ein Gefangener des Systems, weil dieses keine kohärente Totalität bildet und nur als die Summe des Daseinskampfes der verschiedenen einzelnen existiert. Der Mitmensch, den man gerade eliminieren will und den man als Partner nicht anerkennt, meldet sich immer wieder als Konkurrent, Rivale und Feind, ein Phänomen, das die irrationale Grundausrichtung der bürgerlichen Ich-Ideologie immer wieder belegt. Es gibt in der Tat nichts Absurderes als die Vorstellung, daß der Mensch ein absolut freies Wesen sein kann. Das Gegenteil ist wahr. Auch der freieste und unabhängigste Mensch bleibt zeitlebens und unabänderlich auf seine Mitmenschen angewiesen. Das Gemeinwesen ist nur die institutionalisierte Objektivierung der gegenseitigen Abhängigkeit der einzelnen. Die Menschen suchen sich und bleiben zusammen, weil sie wissen, daß sie sich gegenseitig brauchen – wie Rousseau klar sah: »Es ist die Schwäche des Menschen, die ihn gesellig macht. Es sind unsere gemeinsamen Unzulänglichkeiten, die uns dazu bewegen, das Herz der Menschheit zu suchen... Jede Zuneigung ist ein Zeichen der Abhängigkeit: Wenn jeder von uns die anderen gar nicht brauchen würde, würde er kaum ihre Nähe suchen.«[3] Ähnlich Thomas Paine: »Ohne die Hilfe der Gesellschaft ist kein Mensch in der Lage, seine eigenen Bedürfnisse zu befriedigen.«[4]

Der Mensch kann tatsächlich nur überleben und sich verwirklichen im Schoße der Gemeinschaft, wie Marx unterstreicht: »Erst in der Gemeinschaft mit Andern hat jedes Individuum die Mittel, seine Anlagen nach allen Seiten hin auszubilden. Erst in der Gemeinschaft wird also die persönliche Freiheit möglich.«[5] Diese primäre Bindung an eine überpersonale Instanz beinhaltet, daß die bürgerliche Auffassung vom Individuum blanke Makulatur ist. Das Ich als eine autarke Kategorie zu begreifen, wie es die solipsistische Philosophie seit Demokrit getan hat, ist eine »contradictio in subjecto«. Feuerbach, die Du-Ich-Philosophie Martin Bubers vorwegnehmend, sagt zu Recht: »Was wahr ist, ist weder mein noch dein ausschließlich, sondern *allgemein.*«[6]

Dieses Angewiesensein auf die anderen ist nicht nur gesellschaftspolitischer Natur; es gilt schon im unmittelbaren Bereich der zwischenmenschlichen Beziehungen, in der einfachen Sphäre der Intersubjektivität. So kann der Mensch seinen tiefsten Trieb – die Liebe – ohne seine Mitmenschen nicht befriedigen. Gerade in dieser Hinsicht erweist sich der Mensch als eine äußerst bedürftige, abhängige Kreatur, manchmal als ein armseliger, einsamer Bettler, der um ein bißchen Zuneigung ringen muß. Obwohl dieses grundsätzliche Angewiesensein auf die anderen ein unumkehrbares Prinzip des menschlichen Daseins darstellt, neigt der einzelne in seinem Eigendünkel dazu, sich vorzumachen, daß er sein absolut eigener Herr ist und auf den Beistand seiner Mitmenschen verzichten kann. Deshalb versucht er instinktiv, sich emporzuheben und mächtiger als seine Mitmenschen zu werden. Von seinem Drang nach schrankenloser Selbstherrlichkeit getrieben, fängt er an, zu kommandieren und sich über die anderen zu stellen, sie als Ding zu behandeln. Und da diese Herabsetzung des Mitmenschen zum bloßen Objekt das eigene Machtstreben allgemein ist, führt sie unvermeidlich zu einer Verdinglichung aller interpersonalen und gesellschaftlichen Beziehungen. Damit wird das Ganze nicht mehr vom Menschlichen, sondern vom Dinglichen bestimmt.

Die persönliche Freiheit oder Individualität, die das große Fanal des bürgerlichen Wertesystems darstellt, ist heute zu einer Fiktion geworden, ist gerade von dem irrationalen Ganzen kaputtgemacht, das die Bourgeoisie selbst errichtet hat. Denn die häufigste Erfahrung des Menschen innerhalb der westlichen Demokratien ist eben der Druck, den das Ganze auf ihn ausübt. Seine formale Selbstbestimmung wird in tausenderlei Hinsicht von der fremdbestimmenden Macht des Ganzen ad absurdum geführt. Und je mehr das Ganze durchorganisiert ist, desto stärker der Druck des Äußeren auf das Innere. Freiheit verkümmert unter diesen Umständen zur selbstrepressiven Innerlichkeit. Das Ganze wird nicht vom Willen des einzelnen bestimmt, sondern umgekehrt. Das absolute Ich von Fichte ist zur absoluten Null geworden, und so ist es mit allen Ich-Philosophien geschehen, die sich einbildeten, aus dem bürgerlichen Ego einen allmächtigen Gott machen zu können. Die Bourgeoisie ist nicht nur der Schöpfer des modernen Freiheitsbegriffs, sie ist auch sein Totengräber.

Der in der bürgerlichen Gesellschaft tiefverankerte Wille zur Macht führt früher oder später zum Entstehen eines kohärenzlosen, irrationalen und chaotischen Gesellschaftszustands, mündet im Hobbesschen Krieg aller gegen alle. Diese durch die Herrschaft einer einseitigen und unreflektierten Subjektivität oder Ich-Philosophie verursachte Zusammenhanglosigkeit begünstigt andererseits die Herausbildung von Theorien und Gesellschaftsmodellen, die durch die Überbetonung des Ganzen (Staat, Diktatur, Bürokratismus, Militarismus) versuchen, der herrschenden Desintegration mittels der altbewährten Praxis des »law and order« entgegenzutreten, eine Tradition, die sich von der griechischen Tyrannis über die absoluten Monarchien bis hin zum Faschismus und Stalinismus erstreckt. Daß der Totalitarismus, gleich welcher Art, auf Dauer auch Opfer seiner eigenen Irrationalität wird, haben wir zuletzt beim real existierenden Sozialismus feststellen können.
Der Kapitalismus hat den Begriff der Subjektivität völlig verzerrt, aber das heißt nicht, daß die Alternative in einer subjektfeindlichen Ordnung liegen muß, wie alle autoritär ausgerichteten Systeme immer wieder befürwortet haben. Ohne eine freie, sich selbst bestimmende Subjektivität kann es kein Reich des Humanen geben, schon deshalb nicht, weil der Drang zum Selbstwerden ein Grundbedürfnis der menschlichen Natur ist. Die Entwicklung des Ichs als »ens individuatum« entspricht in der Tat dem Streben, sich als selbstbewußte Individualität zu konstituieren. Und dieser Prozeß vollzieht sich als ein ständiges Sich-Absondern und Sich-Differenzieren von den anderen. Selbstsein ist zugleich Anderssein. Der qualitative Umschlag vom abstrakt-unbestimmten zum konkret-bestimmten Ich findet durch eine »diakrisis« statt, wie Anaxagoras als erster erkannte. Aber dieser Selbstdifferenzierungsprozeß ist wiederum ohne das Vorhandensein einer Gemeinschaft undenkbar, wie Marx in seinen Thesen über Feuerbach bemerkt: »Aber das menschliche Wesen ist kein dem einzelnen Individuum inwohnendes Abstraktum. In seiner Wirklichkeit ist es das Ensemble der gesellschaftlichen Verhältnisse.«[7] Ich kann die Würde und den Wert meines Nächsten erst anerkennen, wenn ich darauf verzichte, mein Selbst als absoluten Zweck zu setzen, und nicht versuche, die anderen als Material oder Feld für meinen

subjektiven Willen zur Macht zu instrumentalisieren. Dies ist wiederum nur möglich, wenn wir akzeptieren, daß das Recht auf Selbstverwirklichung ein unveräußerliches Recht eines jeden ist. Das Reich des Humanen besteht entsprechend darin, keinen Menschen von diesem Recht auszuschließen. Deshalb sprach schon Descartes von dem Gesetz, »das uns zwingt ... das allgemeine Wohl aller Menschen anzustreben«[8].

Die selbstverwaltete Gesellschaft

Das klägliche Scheitern des real existierenden Sozialismus und die Krise der westlichen Linksparteien und der Gewerkschaften bedeuten keineswegs, daß die Möglichkeit für die Schaffung einer humanen und gerechten Gesellschaftsordnung für immer vertan worden ist. Sie bedeuten lediglich, daß die herkömmlichen Befreiungsentwürfe nicht funktioniert haben und revisionsbedürftig sind. Wir stehen am Ende eines Zeitalters, nicht jedoch am Ende der Weltgeschichte, und solange das Leben auf dem Planeten nicht ausgelöscht ist, wird die aufklärerische Vernunft nicht umhin können, Alternativlösungen für die Probleme der Menschheit zu suchen.

Wir können uns hierbei auf einen fruchtbaren emanzipatorischen Hintergrund stützen. Wenn wir auf die Geschichte der Arbeiter- und sozialistischen Bewegung zurückblicken, werden wir ohne Mühe auf eine große Reihe von wertvollen Erfahrungen stoßen – theoretischer wie praktischer Art –, die uns äußerst nützlich für die Gestaltung des Reichs des Humanen sein können.

In erster Linie steht uns das Selbstverwaltungsprinzip zur Verfügung, das immer eine Grundtendenz aller echten Befreiungsbewegungen war. Wir wissen, daß sich die revolutionären Bewegungen immer auf das Prinzip der direkten Demokratie berufen haben. Das zeichnete sich schon während der Französischen Revolution ab, als die den Sansculotten nahestehenden »Sociétés populaires« das Prinzip der Repräsentation als Verfälschung des allgemeinen Willens ablehnten und die Einführung der direkten Demokratie verlangten. Auch die Pariser Kommune organisierte sich auf der Basis der Selbstverwaltung, und obwohl sie bald von der Reaktion zerschlagen wurde, ist sie in die Geschichte der Revolution als der Inbegriff eines selbstverwalteten Gemeinwesens eingegangen. Auch die während der Russischen Revolution gebildeten Sowjets (Räte) gingen vom Prinzip der Selbstverwaltung aus. Dasselbe gilt für die im Zuge der November-Revolution in Deutschland entstandenen Arbeiter- und Soldaten-Räte und insbesondere für die bayerische Räterepublik und die Räterepublik Ungarns. Die Idee der Selbstverwaltung erlebte einen neuen Schwung während des Spanischen Bürgerkriegs, als die Anarchosyndikalisten und die Linkssozialisten die Wirtschaft kollektivierten und sie unter die direkte Kontrolle der Gewerkschaften und der Arbeiter und Bauern stellten. Der Beschluß Titos, die Arbeiter-Selbstverwaltung in Jugoslawien einzuführen, war weitgehend vom Beispiel der spanischen »Colectividades« beeinflußt. Auch die israelischen Kibbuzim berufen sich auf das Prinzip der Selbstverwaltung. Es war ebenso das Losungswort des Prager Frühlings und der antiautoritären Studentenbewegung der sechziger Jahre im Westen.

Das einzig Neue an der Idee der Selbstverwaltung (Autogestion, self-government) ist im Grunde der Name, denn ihre Wurzeln sind bereits erkennbar in allen großen sozialen Theorien des 18. und 19. Jahrhunderts, um von früheren Tendenzen nicht zu sprechen. Ich betrachte als Vorläufer der Selbstverwaltung alle Ideensysteme und historischen Bewegungen, die die Freiheit des Menschen und die soziale Gerechtigkeit als unverzichtbare Elemente einer humanen Gesellschaft gesehen haben. Wenn ich einige Namen nennen sollte, dann vor allem Godwin, Fourier, Owen, Proudhon, Bakunin, Kropotkin und den antiautoritären Räte-Sozialismus. Marx und Engels befürworteten auch eine selbstverwaltete Gesellschaft, aber was sie darüber sagten, war eher spärlich.

Aber genauso, wie sich in revolutionären Zeiten die Arbeiter für Basisdemokratie und Selbstverwaltung eingesetzt haben, sind sie immer nicht nur auf den Haß der Klassenfeinde, sondern auch auf die Ablehnung der autoritär und zentralistisch gesinnten Strömungen innerhalb des Sozialismus gestoßen. So hat entweder die Konterrevolution oder die Pseudorevolution es immer fertiggebracht, die Schaffung einer selbstverwalteten Gesellschaft zu vereiteln. Die von

Voline geprägte Formel der »verratenen Revolution« gilt nicht nur für die russische, sondern für alle anderen. Die Politisierung der Arbeiterbewegung, die Unterordnung des Klassenkampfes unter den Parlamentarismus und den daraus hervorgegangenen Reformismus schwächten die Idee der Selbstverwaltung, die mit dem Sieg des Faschismus und des Stalinismus aus dem Bewußtsein der Arbeiter ausgelöscht wurde.

Was bedeutet eigentlich Selbstverwaltung? Sie ist der Versuch, das Leben des Menschen auf die Grundlage der Selbstbestimmung, der Freiheit und der freiwilligen Teilnahme jedes Bürgers an der »res publica« zu stellen. Sie verkörpert die entschiedene Ablehnung des Autoritätsprinzips, das in mehr oder weniger großem Ausmaß in allen bisherigen Gesellschaften geherrscht hat. Für die Herbeiführung einer selbstverwalteten Ordnung zu kämpfen, bedeutet, gegen jede Form von Despotismus, Repression und Bevormundung Partei zu ergreifen. Die Selbstverwaltung ist ein integrales Befreiungsideal, das an die großen emanzipatorischen Träume der Menschheit anknüpft. Und wie alle universalen Ideen ist sie ein Anliegen, das der Seele des Volkes entspringt, das sich auf das Volk stützt und das nur durch das Volk verwirklicht werden kann. In der Terminologie Markovićs: »Selbstverwaltung heißt, daß die Verwaltungsfunktionen durch keinerlei Gewalt außerhalb der Gesellschaft ausgeübt werden, sondern durch die Produzenten selbst, die das gesellschaftliche Leben in allen seinen Formen schaffen. Selbstverwaltung bedeutet die Überwindung der dauernden und fixierten Teilung der Gesellschaft in historische Subjekte und Objekte, in Lenkende und Ausführende.«[9]

Selbstverwaltung bedeutet im wesentlichen die Entbürokratisierung des gesellschaftlichen Organismus, die Deprofessionalisierung der politischen Funktionen, die Dezentralisierung der Verwaltung, die Vergesellschaftung der Produktion und die Abschaffung jeder Möglichkeit von Machtmißbrauch, Despotie und Ausbeutung. Ihr Ziel wäre demnach das, was Lucien Goldmann »die Demokratisierung der Verantwortung«, »la démocratisation des responsabilités« genannt hat[10], ein Gedanke im übrigen, der schon von Erich Mühsam formuliert wurde: »Selbstverwaltung ist nichts anderes als Selbstverantwortung Gleicher auf Gegenseitigkeit.«[11] Sie ist also als die direkte Negation dessen zu verstehen, was heute alle Staaten der Erde ausnahmslos praktizieren. Sie ist, kurz, ein anderes Wort für den Abbau des Staates und seiner gewaltigen Machtkonzentration. Stojanović: »Das Absterben des Staates wäre vollkommen unbegreiflich, würde es nicht Errichtung echter Demokratie und damit Selbstverwaltung der Gesellschaft bedeuten.«[12] Erst unter diesen Voraussetzungen wird Selbstverwaltung das, was der Begriff auch semantisch ausdrückt: eine Gesellschaft, die ihre Angelegenheiten ohne Zwang und auf der Grundlage der gegenseitigen Hilfe regelt, in der, wie es Marx formulierte, »die freie Entwicklung eines jeden die Bedingung für die freie Entwicklung aller ist«[13]. Oder auch Adam Schaff: »Es geht darum, allseitig die Selbstverwaltung der Produzenten zu entwikkeln . . . Das Postulat der Selbstverwaltung sollte in enger Verknüpfung mit dem Problem der Demokratie gesehen werden: es ist nämlich eine spezifische, höhere Form der Demokratie im Vergleich zur parlamentarischen Demokratie, weil sie auf besondere Art und Weise Funktionen der Volksvertretung und der Vollzugsgewalt in sich vereinigt.«[14]

Das Endziel einer selbstverwalteten Gesellschaft ist, die Herrschaft über die Menschen abzuschaffen und an ihre Stelle die Verwaltung der Dinge zu setzen, wie es Saint-Simon vorschwebte: »Was die Nation bei dem heutigen Zustand braucht, ist nicht regiert, sondern verwaltet zu sein.«[15] Nur unter diesen Bedingungen kann der Dualismus zwischen Herrschern und Beherrschten aufgehoben und ein Sozialismus mit »menschlichem Antlitz« eingeführt werden. Dazu gehört freilich auch die Beseitigung materieller Privilegien aller Art, die immer die Folge politischer, gesellschaftlicher, beruflicher oder sonstiger Vorrechte sind. Also keine neuen Klassen, keine neuen Eliten, keine Nomenklatura, keine neuen Herren und damit auch keine neuen Knechte. Jede berufliche Tätigkeit erfüllt eine für die Gesellschaft sinnvolle Aufgabe, deshalb ist die Hierarchisierung der verschiedenen Arbeitsfunktionen unvereinbar mit einer selbstverwalteten Gesellschaft, die diesen Namen verdient und sich das Ziel setzt, jede künstliche (also machtpolitisch bedingte) Form von Ungleichheit und Benachteiligung zu überwinden. Die selbst unter

Sozialisten weitverbreitete Vorstellung, daß bestimmte »höhere« Tätigkeiten mit besonderen materiellen Vorteilen belohnt werden müssen, entspricht einer kleinbürgerlichen und pseudosozialistischen Auffassung von einer emanzipierten und gerechten Gesellschaft. Diese fundamentale materielle Gleichstellung ist nicht nur kein Hindernis, sondern vielmehr die »conditio sine qua non« für die Verwirklichung einer wahren selbstverwalteten Gesellschaft, deren oberstes Gebot darin besteht, den Rechten, Bedürfnissen und Entfaltungsmöglichkeiten jedes einzelnen soviel Freiraum wie nur möglich zu gewähren. Diese von uns postulierte Gleichstellung aller Mitglieder des Gemeinwesens ist nicht mit der engstirnigen Gleichmacherei zu verwechseln, die die Feinde des Sozialismus immer wieder an die Wand malen, um die Menschen zu schrecken. Gleichmacherei herrscht vielmehr dort, wo die Menschen – oder die meisten von ihnen – von Geburt an Gefangene der Wirtschaftsverhältnisse sind, also dort, wo die Gesellschaft eine Klassengesellschaft ist wie die bürgerliche. Die vielgerühmte Chancengleichheit, die angeblich im Kapitalismus herrscht, ist pures, unverschämtes Gerede. Echte, unverfälschte Gleichberechtigung setzt die Abschaffung jeder sozioökonomischen Ungleichheit und die Einführung einer egalitären Gesellschaftsordnung voraus. Alles andere ist Selbstbetrug und Augenwischerei.

Die Idee der Selbstverwaltung wird Wirklichkeit, wenn niemand in der Lage ist, andere zu kommandieren, und niemand gezwungen ist zu gehorchen und trotzdem das Gemeinwesen wirksam und ohne große Erschütterungen funktioniert. Wenn diese Stunde kommt, wird sich der Gedanke Montesquieus vollziehen: »In einem freien Staat muß jeder Mensch, der eine freie Seele hat, sich selbst regieren.«[16]

Die freiheitliche Tradition

Die Idee der Selbstverwaltung ist von Grund auf eine freiheitliche, undogmatische Idee, die einen breiten Raum für die verschiedensten Denkströmungen bietet. Sie ist unvereinbar mit jeglichem Sektierertum oder jeder hermetischen Doktrin, die immer ein Zeichen von Engstirnigkeit und uneingestandener Unsicherheit ist. Große Ideen müssen großzügig sein, sonst werden sie unvermeidlich zur Ersatzreligion entarten. Ich möchte in diesem Zusammenhang den Brief in Erinnerung bringen, den Proudhon an Marx schrieb: »Geben wir uns nicht als Apostel einer neuen Religion, auch dann nicht, wenn es die Religion der Logik und der Vernunft wäre. Empfangen und ermuntern wir jeden Protest; geißeln wir jede Ausschließlichkeit, jeden Mystizismus. Betrachten wir niemals eine Frage für erschöpft, und wenn wir unseren letzten Beweisgrund verbraucht haben, laßt uns, wenn es nötig ist, mit Beredsamkeit und Ironie von neuem beginnen. Unter dieser Bedingung werde ich mich Ihrer Vereinigung mit Vergnügen anschließen. Wenn nicht, nicht.«[17]

In diesem Sinne kann der freiheitliche, antiautoritäre Fundus der Menschheit von eminenter Bedeutung sein. Diese niemals ganz abhanden gekommene Tradition ist vornehmlich bei den angelsächsischen und lateinischen Völkern zu finden, viel weniger bei den germanischen und slawischen. England ist die Wiege des Liberalismus, die Vereinigten Staaten die der Demokratie. Es ist sicher kein Zufall, daß sich beide Völker bisher vom Virus des Totalitarismus freigehalten und Europa zweimal gegen den germanischen Imperialismus, Militarismus und Faschismus gerettet haben, wobei der Grundimpuls für die Verteidigung der Freiheit vor allem aus England kam. Voltaire wußte nicht, wie prophetisch seine Worte über England waren: »Dieses Volk hängt nicht nur an seiner Freiheit, sondern an der Freiheit der anderen.«[18] Das Mißtrauen gegenüber dem Staat, der zivile Ungehorsam als Kampfmethode gegen staatliche Willkür und der Sinn für »self-government« haben die kulturgeschichtliche Entwicklung beider Länder tief geprägt, auch wenn der verheerende Geist des Kapitalismus – wie sonst überall in der westlichen Welt – die Durchsetzung dieser freiheitlichen Eigenschaften immer wieder blockiert hat. Aber Namen wie John Locke, William Godwin, Thomas Paine, William Morris, Shelly, Lord Byron, Walt Whitman, David Henry Thoreau, Ralph Waldo Emerson, Bernard Shaw, Bertrand Russell, Huxley oder Orwell bleiben als Beispiele eines unbestechlichen Freiheits- und Demokratieverständnisses.

Der angelsächsische Antiautoritarismus ist tief verwandt mit der libertären Tradition der romanischen Völker, die in ihrer radikalsten und konsequentesten Form ihren Niederschlag im revolutionären Syndikalismus findet. Albert Camus sah in dieser libertären Tradition den Gegenpol zur autoritären Tradition Deutschlands und die Grundlage eines freiheitlichen Sozialismus: »Die Geschichte der Ersten Internationale, in der der deutsche Sozialismus unaufhörlich gegen das freiheitliche Denken der Franzosen, Spanier und Italiener ankämpft, ist die Geschichte des Kampfes zwischen der deutschen Ideologie und dem mediterranen Geist.«[19] Diese libertäre Gesinnung, die in Frankreich und Italien nach dem Ersten Weltkrieg zusehends schwächer wurde, zeigte zum letzten Mal ihre Größe und ihre Kraft während des Spanischen Bürgerkrieges im Kampf gegen die spanischen Kapitalisten, gegen Francos Armee und gegen den deutsch-italienischen Faschismus. Ilja Ehrenburg: »Als die großen, führenden, gut organisierten Völker sich eines nach dem anderen anschickten, vor dem Faschismus zu kapitulieren, da nahm das spanische Volk den ungleichen Kampf auf. Don Quijote hielt sich selbst und der Menschenwürde die Treue.«[20]

Die deutsche antiautoritäre Tradition ist viel ärmer als die der meisten europäischen Nationen, und noch heute gilt, was Edgar Quinet vor sehr langer Zeit schrieb: »Wenn der deutsche Geist sich nicht in den Wolken befindet, kriecht er.«[21] Auch Kant wußte über seine Landsleute Bescheid: »Der Deutsche fügt sich, unter allen zivilisierten Völkern am leichtesten und dauerhaftesten, der Regierung, unter der er ist, und ist am meisten von Neuerungssucht und Widersetzlichkeit gegen die eingeführte Ordnung entfernt.«[22] Bakunin dachte genauso, bezeichnete die Deutschen als »das resignierteste und gehorsamste Volk der Erde«[23].

Aber auch in Deutschland hat nie eine freiheitliche Tradition gefehlt, nicht nur in der Zeit Thomas Münzers und der Bauernrevolution. Kant, Hölderlin, Goethe, Schiller, Lessing, Herder, der frühe Fichte und andere deutsche Aufklärer waren freiheitlich eingestellt wie ihre europäischen Zeitgenossen. Der Staatsfetischismus von Hegel blieb unter den deutschen Klassikern die Ausnahme, war nicht das dominierende Element. Selbst der konservative Schelling hatte nichts übrig für den Staat: »Wir müssen also auch über den Staat hinaus! – Denn jeder Staat muß freie Menschen als mechanisches Räderwerk behandeln; und das soll er nicht; also soll er aufhören.«[24] Und ein paar Zeilen weiter spricht er von »dem ganzen elenden Menschenwerk von Staat, Verfassung, Regierung, Gesetzgebung«[25].

Hier ist schon der ganze Anti-Etatismus vorweggenommen, der eine der Grundpositionen des freiheitlichen Sozialismus bildet. Und dasselbe gilt für Nietzsche, der nicht zufällig um die Jahrhundertwende von vielen Anarchisten gelesen wurde: »Dort, wo der Staat aufhört, da beginnt erst der Mensch.«[26] Aber wie ich in meinen Büchern über Deutschland versucht habe darzulegen, konnte sich der deutsche antiautoritäre Geist nur in Ansätzen entfalten. Gestalten wie Marx oder Engels, Heinrich Heine, Rosa Luxemburg, Karl Liebknecht, Erich Mühsam, Tucholsky, Heinrich Mann, Carl von Ossietzky oder Hugo Ball waren immer unterlegen, mußten ins Exil gehen oder wurden ermordet wie viele andere freigesinnte Publizisten, Revolutionäre und Sozialkämpfer.

Aber nicht nur Deutschland hat in dieser Hinsicht Enormes nachzuholen, denn der freiheitliche Geist ist fast überall auf der Welt auf dem Rückzug. Wir sind tatsächlich seit langem Zeugen einer allgemeinen Rückkehr zu allen möglichen Formen der Intoleranz, des Fundamentalismus, des Klerikalismus, des Bürokratismus und des Etatismus. Selbst die staatsbürgerlichen Freiheiten und Rechte, auf die die Bourgeoisie einst so stolz war, werden durch die zunehmende Einmischung des Staates in die Belange des Bürgers und durch den Einfluß der Interessenverbände und Institutionen auf das öffentliche Leben immer mehr eingeengt. Nicht der Liberalismus hat sich durchgesetzt, sondern sein Todfeind, der Bürokratismus. Zu Recht erkannte Marcuse die Notwendigkeit einer neuen bürgerlichen Revolution: »Ich meine, überspitzt formuliert, was notwendig erscheint, ist eine zweite bürgerliche Revolution, weil die Bourgeoisie unter dem Regiment des Großkapitals ihre eigenen Errungenschaften angetastet oder preiszugeben begonnen hat und weil die Arbeiterklasse in zunehmendem Maße bürgerlich geworden ist.«[27]

Es gibt nichts Menschliches ohne Freiheit, die der höchste und zugleich gefährdetste Wert des Lebens ist. Deshalb die Notwendigkeit, sie immer wieder gegen jede Form des Zwangs und der Fremdbestimmung zu schützen. Die Natur hat uns frei gemacht, aber die Gesellschaft tendiert immer dazu, uns zu versklaven, auch in einem angeblich so freien Zeitalter wie dem unseren. Die Menschen sind tatsächlich immer unfreier eingestellt, lassen sich zunehmend vom Staat und anderen Machtinstanzen gängeln und bevormunden. Camus bemerkte zu Recht, daß die wahre Berufung des Jahrhunderts die Unterwerfung gewesen ist. Deshalb war der Faschismus möglich, deshalb konnten die stalinistischen Gulags entstehen, deshalb die weltweite Ausdehnung des Autoritarismus als Grundlage der »res publica«. Was ist geschehen? Geschehen ist, was Erich Mühsam 1932 feststellte: »Es ist ohne weiteres klar, daß Macht nicht ertragen würde, wäre der menschliche Geist nicht zuvor der Einwirkung der Autorität zugänglich gemacht worden. Wo Autorität Eingang hat, kann sich Macht festsetzen, wo Macht waltet, schafft sie der Autorität immer neue Zugänge.«[28]

Das ist auch heute der Fall. Die gegenwärtige Weltordnung basiert wie eh und je auf der Herrschaft einer Minderheit von privilegierten Klassen und Nationen, und solange dieser Zustand nicht aufgehoben ist, wird es auf der Erde keine Freiheit in umfassendem, unverfälschtem Sinn geben. Die Kapitalisten und ihre Helfershelfer preisen ihr System als das freieste der Weltgeschichte an, aber die Freiheit, die sie meinen, erschöpft sich darin, die Schwachen auszubeuten und ihnen das Blut auszusaugen. Eine Welt als frei zu bezeichnen, in der tagtäglich unzählige Menschen in Elend und an Hunger sterben, ist nicht nur ein Akt des Zynismus, sondern eine beispiellose Provokation, die sich das emanzipatorische Lager nicht länger gefallen lassen darf, es sei denn, es hätte beschlossen, ehrlos und für immer das Schlachtfeld zu räumen und seine Pensionierung zu beantragen.

EINE NEUE WELTORDNUNG?

»Unsere Aufgabe besteht darin, den vielen Unterdrückten Hoffnung zu geben und die wenigen Unterdrücker das Fürchten zu lehren.«

William Morris, »How we live and how we might live«

Ein unerfüllter Traum

Die Idee einer in Frieden, Gerechtigkeit und Eintracht lebenden Völkergemeinschaft ist ein uralter Traum, schon klar erkennbar in den Kosmogonien, Mythologien und Staatstheorien der altorientalischen Hochkulturen. Auch das griechische Denken ist von der Vorstellung eines harmonischen Kosmos durchdrungen, wobei hier diese Utopie schon viel rationaler formuliert wird. Die Suche nach einer idealen Polis setzt bereits bei den Vorsokratikern ein, findet seinen klassischen Niederschlag bei Plato und erreicht seinen Höhepunkt im Hellenismus. Auch das Imperium Romanum begreift sich als Träger eines weltumfassenden neuen »ordo«, bis dieses Sendungsbewußtsein durch die jüdisch-christliche Vorstellung einer universalen, alle Menschen des Globus einschließenden monotheistischen Religion ersetzt wird.

Auf der Grundlage des neuen Glaubens entwickeln die Kanonistik und die Scholastik die Vision einer gewaltlosen, friedfertigen Weltordnung, die streng hierarchisch konzipiert wird wie die Gliederung der Kirche selbst. Die irdische Macht (potestas terrena) wird aus der »potestas divina« abgeleitet und durch sie legitimiert. Als Regierungsform wird die Monarchie bevorzugt, die Dante, an die Idee des römischen Reichs anknüpfend, zu einer Weltmonarchie unter Führung eines einzigen Kaisers ausdehnen will. ». . . so muß es zum

Wohle der Menschheit auf der Welt einen Monarchen geben und darum auch zum Heile der Welt eine Monarchie.«[1] Als Grundsäulen der neuen Weltverfassung gelten der Kaiser und der Papst. Dieser Machtdualismus wird bald zu einer Quelle der permanenten Zwietracht. Die These von der Vorrangigkeit der geistlichen vor der weltlichen »potestas« stammt vor allem von Augustinus ab, sie wird jedoch nach und nach von der Lehre des Primats der kaiserlichen Macht verdrängt, schon ganz klar von Marsilius von Padua (1290–1342) vertreten. Die theozentrische Position Augustinus' ist eine Folge seiner emotionsbeladenen Verwerfung der anthropozentrischen Grundausrichtung der griechisch-römischen Welt. Für ihn besitzt das Leben hienieden keinen Wert an sich, das einzige, worauf es ankommt, ist die »civitas divina«. Damit wird die Verwirklichung des einzelnen in das Jenseits verlagert und in ein auf Erden unerreichbares Eschaton verwandelt. Diese Einstellung, die von einem finsteren Haß auf die Natur bestimmt ist und das Leben des Menschen auf Glauben und Gehorsam reduzieren will, verliert wegen ihrer irrationalen Weltfremdheit immer mehr an Gewicht und wird nach und nach von anderen, ausgeglicheneren Konzeptionen ersetzt, ein Prozeß, der nicht zuletzt durch die Wiederentdeckung der griechischen Philosophie ermöglicht wird. Die zentrale Gestalt dieser Wende ist Thomas von Aquin.

Aber das Ideal einer »concordantia catholica« (Nikolaus von Cues) erfüllt sich nie und bleibt reine Theorie. Die Kirche, die den Anspruch erhebt, eine zwischen den Fürsten vermittelnde und friedenstiftende Instanz zu sein, entwickelt sich bald selbst zu einer despotischen Macht und wird damit zu einem zusätzlichen Faktor der Unterdrükkung und des Unfriedens. Der ersehnte Gottesstaat verwandelt sich in ein Pandämonium übelsten Obskurantismus und Herrschaftssucht, wer nicht pariert, dem wird der Prozeß gemacht, der wird exkommuniziert, zum Häretiker erklärt und in den Kerker geworfen oder verbrannt. Diese Entartung findet ihr vorläufiges Ende mit der konfessionellen Spaltung zwischen Rom und den protestantischen Ländern und den aus ihr hervorgegangenen Religionskriegen im Spätmittelalter und zu Beginn der Neuzeit. Der abendländische »Corpus Christianum« stirbt nicht, er kann sich sogar nach der

Umschiffung der Weltmeere und der Entdeckung Amerikas ausweiten, aber mit der christlichen Ordnung als solcher ist es vorbei. Jetzt sind andere Mächte, andere Ideen und andere Interessen an der Reihe.

Institutionelle Träger der neuen Ordnung sind die aus den Trümmern des Feudalismus und aus der Auflösung der konfessionellen Einheit des Mittelalters entstandenen Nationalstaaten, eine Entwicklung, die sich parallel zum Aufstieg des Dritten Standes (Bourgeoisie) und dem Abstieg des Adels als führende Klasse vollzieht. Die neuen Staaten gründen sich auf dem vor allem von Bodin ausgearbeiteten Begriff der absoluten Souveränität (maiestas) und sind am Anfang von den pessimistischen und autoritären Theorien Machiavellis und Hobbes geprägt, die die Staatsräson über die Gesellschaft stellen. Die Weiterentwicklung des bürgerlichen Staates führt jedoch nach und nach zu einem Abbau der absolutistischen Macht und zu einer Demokratisierung der »res publica«, die nicht mehr allein vom Hof bestimmt wird, sondern vom Parlament. Aus Untertanen werden Bürger, Citizens, Citoyens, Ciudadanos. Mit seiner Lehre von der Gewaltenteilung legen Locke, Montesquieu und die Väter der amerikanischen Verfassung (John Adams, Madison, Hamilton) die Fundamente der modernen bürgerlichen Demokratie. Dieser innenpolitische Liberalisierungsprozeß findet außenpolitisch seine Ergänzung in dem von Francisco de Vitoria, Grotius und Pufendorf entwickelten neuen Völkerrecht, das, ausgehend von der unantastbaren Souveränität der Einzelstaaten, die Praxis des Krieges durch das Prinzip der friedlichen Koexistenz und der gegenseitigen zwischenstaatlichen Achtung ersetzen will.

Aber das bürgerliche Zeitalter bringt nicht die ersehnte Eintracht, leitet vielmehr eine neue Ära der Gewalt ein. Die religiösen Kriege machen den Handelskriegen Platz, an die Stelle des religiösen Fanatismus tritt der nicht minder fanatische Nationalismus. Dem neuen Völkerrecht zum Trotz werden die internationalen Beziehungen weiterhin durch das Faustrecht bestimmt, und während die europäischen Großmächte und Handelsnationen von Freiheit, Fortschritt, Humanität und abendländischer Zivilisation reden, überfallen, unterdrükken und beuten sie die wehrlosen Überseeländer aus. Angesichts dieser Fehlentwicklung mehren sich die Stimmen, die vollkommenere, gerechtere, wirksamere Formen des internationalen Zusammenlebens verlangen. Kant schlägt die Gründung einer Staatenföderation als Garantie für den ewigen Frieden vor, Compte träumt von einer »association universelle«, William Morris ruft »all civilized nations« zur Schaffung einer »one great community« auf, die Anarchisten predigen die Abschaffung aller Staaten und die Bildung einer Weltrepublik der freien Völker, Marx will das klassenlose Reich der Freiheit auf der Grundlage des proletarischen Internationalismus herbeiführen.

Diese und andere Vorstellungen über eine ideale Weltordnung enden abrupt mit dem Ausbruch des Ersten Weltkriegs. Weder der amerikanische Präsident Wilson noch der Völkerbund bringen es fertig, einen dauerhaften Frieden zu gewährleisten, zwanzig Jahre danach bricht der Zweite Weltkrieg aus. Die nach dem Zusammenbruch des Dritten Reiches von den Siegermächten ins Leben gerufenen Vereinten Nationen als institutioneller Mittelpunkt einer neuen Weltordnung werden bald durch das Entstehen des Kalten Krieges gelähmt und können nur äußerst notdürftig ihre friedenstiftende Funktion erfüllen. Die alte Idee einer Weltregierung als Heilmittel gegen die Gefahr eines dritten Weltkrieges taucht wieder auf. Einstein, der prominenteste Verfechter dieser Idee, schreibt 1947: »Die Vereinten Nationen müssen . . . mit äußerster Beschleunigung die Fundamente einer wahren Weltregierung errichten und dadurch die für die internationale Sicherheit notwendigen Bedingungen schaffen.«[2]

Alle Versuche, eine gerechte, sinnvolle und für alle Völker der Welt annehmbare internationale Ordnung zu schaffen, sind bisher gescheitert oder konnten sich bestenfalls nur teilweise und in sehr verzerrter Form durchsetzen. Deshalb ist der Weltzustand als Ganzes, trotz punktueller Fortschritte, nicht weniger desolat als in anderen Epochen. Alle Neuordnungen mußten scheitern, weil sie den wahren Interessen der Menschen und der Völker nicht entsprachen, sondern den Machtgelüsten und der Herrschaftssucht der jeweiligen führenden Klassen, Institutionen, Ideologien und Staaten dienten.

Nach der Niederschlagung der faschistischen Bestie bot sich der Völkergemeinschaft die einmalige Gelegenheit, endlich und unter den günstigsten Voraussetzungen eine wirklich rationale und tragfähige Weltordnung herbeizuführen. Aber das einzige, was aus dieser geschichtlichen Sternstunde entstand, waren ein über vierzig Jahre währender Kalter Krieg, die spätkapitalistische Konsumgesellschaft und ein östlicher Staatskapitalismus, der selbstgefällig und selbstbetrügerisch als Sozialismus gelten wollte, also bloße Reproduktion von Vergangenheit war. Machtpolitik blieb das Hauptanliegen der Großmächte und ihrer Vasallenstaaten. Es wäre müßig, feststellen zu wollen, wer falsch gehandelt hat und wer die Hauptverantwortung für diese Fehlentwicklung trägt. Alle zusammen haben versagt und zusammen die Menschheit in eine der schlimmsten Krisen ihrer bisherigen Geschichte gestürzt. Daher auch das Gerede von der Notwendigkeit einer neuen Weltordnung. Wir wollen sie uns näher betrachten, diese angebliche neue Weltordnung, die Herr Bush und sonstige Weltherren im Begriff sind uns zu schenken.

Die Institutionalisierung der Weltherrschaft

Die neue Weltordnung, die in Washington und in den anderen westlichen Kanzleien fieberhaft vorbereitet wird, hat kein anderes Ziel und keinen anderen Zweck, als die de facto schon ausgeübte Weltherrschaft der mächtigsten Nationen de jure zu institutionalisieren. Dies soll teilweise auf dem klassischen Weg des Neokolonialismus vor sich gehen, aber vor allem durch die Instrumentalisierung der Vereinten Nationen und anderer supranationaler Organisationen. Jetzt gilt es, Lenkungs- und Manipulationsmechanismen zu schaffen, die den Herrschaftsprozeß mit dem moralisch-juristischen Segen übernationaler Institutionen legitimieren. Die Devise heißt also, Großräume bereitzustellen, die es den starken Staaten ermöglichen sollen, die schwachen endgültig und für immer an die Kette zu legen. Die EG kann als Vorläuferin und Muster dieser neuen Logik des Weltimperialismus gelten. Deshalb sind die USA dabei, einen gemeinsamen Markt mit Mexiko auf die Beine zu stellen, als erste Stufe zu einer Anwendung der Monroe-Doktrin auf wirtschaftlichem Gebiet.

Der Nationalismus blüht wie eh und je, aber keiner der führenden Staaten ist bis heute mächtig genug, um die Welt allein zu beherrschen. Wie Dieter Ruloff sagt: »Kein Staat erreicht heute noch irgend etwas auf eigene Faust in irgendeinem grenzüberschreitenden Problembereich.«[3] Deshalb haben die Weltherren beschlossen, sich als Weltkartell zu konstituieren, nicht freilich, um auf ihre eigene Macht zu verzichten, sondern um sie gemeinsam auszudehnen und effektiver zu gestalten. Wie oft bei solchen supranationalen Zweckbündnissen handelt es sich nicht um einen Abbau der Herrschaft, sondern um deren Perfektionierung. Georg Schwarzenberger hat es so formuliert: »Die Methoden der Hegemonie, d. h. der Leitung von formal Gleichberechtigten durch eine führende Macht... sind innerhalb von Staatenbünden wie dem Völkerbund und den Vereinten Nationen verfeinert. Sie sind aber kaum weniger real als in Systemen offener Machtpolitik. Einflußsphären der Weltmächte ersetzen direkte koloniale Kontrolle.«[4] Auch innerhalb der jetzigen Phase des Globalismus und der internationalen Interdependenz bleibt die von den führenden Nationen betriebene Politik in erster Linie »struggle for power«, um die klassisch gewordene Formel von Hans Morgenthau zu benutzen.[5]

Die Weltherrschaftsträger beabsichtigen keineswegs, eine neue Weltordnung zu errichten, sondern vielmehr, die alte sturmfest zu machen. Was sie verändern wollen, sind die brüchig gewordenen Herrschaftsinstrumente, nicht das waltende kapitalistische System. Um jeden potentiellen Krisenherd im voraus neutralisieren zu können, wollen sie die Aktionsfähigkeit der instabilen Regionen des Globus auf ein Minimum reduzieren und zugleich ihre eigene Interventionsmöglichkeit maximal ausbauen. Herausforderungen und Pannen wie bei Ayatollah Khomeini oder Saddam Hussein sollen sich nicht wiederholen. Deshalb werden trotz Abbau des Kalten Krieges neue Waffensysteme entwickelt, deshalb ist nur der Warschauer Pakt, aber nicht die NATO aufgelöst, deshalb bereiten Frankreich und Deutschland die Bildung einer multilateralen Streitmacht vor, deshalb betätigt die EG sich zunehmend als imperialistischer Block in Europa, bestraft die Länder, die sich querstellen – wie die Serben –, und belohnt jene, die auf die Knie gehen. Dieselbe anmaßende Einmischungspolitik wird von den westlichen Mächten gegenüber der Sowjetunion betrieben: Hilfe bekommen die Russen, wenn sie parieren und sich dem Diktat des Weltkapitalismus beugen, ansonsten können sie zum Teufel gehen.

Zwar haben die führenden Länder des Westens (wie auch die Sowjetunion) ihre militärischen Budgets geringfügig gesenkt, keineswegs aber ihre Waffenproduktion, die weiterhin auf hohen Touren läuft und zunehmend für den Export arbeitet. So lieferten die Vereinigten Staaten 1990 Militärgüter im Wert von 18,5 Milliarden Dollar an die Dritte Welt und vergrößerten damit ihre Rüstungsausfuhr gegenüber 1989 um mehr als das Doppelte. Durch diesen gewaltigen Zuwachs sind die USA zum Waffenexporteur Nummer eins geworden, gefolgt von der Sowjetunion und Deutschland, Frankreich, England und Italien.

Um eine neue Weltordnung zu errichten, genügt es auf jeden Fall nicht, das Bestehende formal neu zu strukturieren, etwa durch eine Ausweitung der Funktionen und Machtbefugnisse der UNO und anderer internationaler Körperschaften. Durch institutionelle Reformen dieser Art kann man bestenfalls punktuelle Probleme besser in den Griff bekommen, keineswegs aber die Krise der Welt als solche überwinden. Deshalb müssen die Studien und Vorschläge zur Erweiterung der UNO-Kompetenzen, die tagtäglich in den Medien erscheinen, als Augenwischerei und als ein Versuch gewertet werden, die Weltöffentlichkeit von der viel tiefer liegenden Problematik abzulenken. Nicht durch Umstrukturierung sind die Weltprobleme zu bewältigen, sondern einzig und allein durch eine tiefgreifende, radikale Umwälzung der bestehenden Wirtschafts- und Gesellschaftsverhältnisse. Aber dies ist es gerade, was die dominierenden Nationen nicht wollen, schon deshalb nicht, weil die Beseitigung der Weltprobleme – Armut, Verschuldung, Vergeudung von Ressourcen, parasitäre Produktion, Umweltzerstörung etc. – die freiwillige oder unfreiwillige Demontage ihres Machtmonopols voraussetzt. Sie werden deshalb nie etwas Ernsthaftes unternehmen, um die ganze Irrationalität des heutigen Weltzustandes zu überwinden; sie werden vielmehr alles daransetzen, um ihre Weltherrschaft beizubehalten und damit das Elend der unterentwickelten Völker zu verewigen.

Der Kapitalismus bedeutet das Reich des Eigennutzes, nicht das Reich der Großzügigkeit, der Solidarität und der gegenseitigen Hilfe. Das ist sein Gravitations- und genetisches Gesetz, und gerade deshalb ist es naiv, anzunehmen, daß aus seiner Herrschaft eine gerechte, humane und friedliche Weltordnung hervorgehen kann. Er wird immer nach außen das gleiche Unheil stiften, das er im nationalen Bereich erzeugt. Denn wie Bernard Shaw sagt, macht der Kapitalismus »alle Menschen zu allen Zeiten ohne Unterschied von Rasse, Hautfarbe und Glaubensbekenntnis zu Feinden«.[6]

Imperialismus, Rassismus, Universalismus

Der westliche Imperialismus beruht nicht nur auf seiner wirtschaftlichen und technologischen Macht; er wurzelt auch in der Überzeugung, daß die abendländische Zivilisation allen anderen überlegen und deshalb berechtigt ist, sich als Weltzivilisation zu entfalten und durchzusetzen. Es ist klar, daß, solange diese sowohl provinzielle wie rassistische Einstellung wirksam bleibt, der Dialog und die Zusammenarbeit mit den anderen Kulturen und Religionen der Welt nicht gedeihen kann. Nicht nur unsere materielle Protzerei nehmen uns die unterentwickelten Länder übel, sondern auch unsere immer wieder zur Schau gestellte Arroganz.

Universalismus heißt nicht die Herbeiführung eines einzigen Modells des Denkens, des Fühlens, des Glaubens und des Handelns, sondern ist ein Zustand, der die gegenseitige Durchdringung und Befruchtung aller in der Welt vorhandenen Kulturen, Weltanschauungen und Religionen möglich macht. Die Geschichte ist, wie die Natur, pluralistisch gestaltet, und der Westen wird gut beraten sein, dieser Mannigfaltigkeit endlich Rechnung zu tragen.

In der westlichen Welt ist häufig die Rede von Multikulturalität und Supranationalismus, aber solche Bekenntnisse sind zumeist nur plakativ. Abgrenzung und Abschottung gegenüber andersgearteten Völkern und ethnischen Minderheiten ist eine uralte Erscheinung, die weit zurück in die Geschichte reicht. Aber wie so viele andere irrationale Phänomene auch ist dieses Übel ein Produkt der historischen Entwicklung, kein ewiger Fluch, deshalb durchaus aufhebbar. Rassismus – gleich welcher Art – ist immer ein Zeichen von Unwissenheit und Selbstentfremdung, kein naturgegebener Trieb. Der Weg, um sich von diesem atavistischen Ballast zu lösen, heißt: die anderen achten, ihre Nähe suchen, von ihnen lernen. Es wird Zeit, daß wir die Kategorie des Fremden als eine Bereicherung und nicht als eine Drohung begreifen. Nur unter dieser Voraussetzung werden wir in der Lage sein, eine Welt ohne Haß und ohne Grenzen aufzubauen.

Im klassischen Griechenland waren die staatsbürgerlichen Rechte ein Monopol der einheimischen Polites oder Stammbürger, während die Sklaven und Metäken (ortsansässige Handwerker) als Barbaren und Menschen zweiter Klasse eingestuft und diskriminiert wurden, eine Haltung, die sogar Aristoteles guthieß. Aber schon damals entstanden kulturgeschichtliche Strömungen, die solche Praxis ablehnten und sich für die Abschaffung jedweder ethnischen Benachteiligung einsetzten. Dies gilt namentlich für die Kyniker und die Stoiker, die sich als Kosmopoliten (Weltbürger) begriffen und für die Einführung einer multiethnischen bzw. multikulturellen Ordnung plädierten. Diese Einstellung wurde, durch die Vermittlung des Hellenismus, zu einer Grundlage des frühen Christentums, das nicht nur auf religiöser Ebene die grundsätzliche Gleichheit des Menschen bejahte und gegen jegliche Rassendiskriminierung war.

In Spanien lebten mehrere Jahrhunderte lang Juden, Araber und Christen nicht immer in Eintracht, aber trotz ihrer kriegerischen und konfessionellen Auseinandersetzungen lernten sie ständig voneinander und schufen gemeinsam eine fruchtbare Kultur. Erst der religiöse Fundamentalismus der katholischen Könige Isabella und Ferdinand und ihrer Nachfolger unterbrach diese multikulturelle Tradition und leitete eine lange Periode des Rassismus und der Intoleranz ein.

Die Humanisten des Spätmittelalters und der Renaissance fühlten sich an erster Stelle nicht als Italiener, Deutsche, Franzosen oder Spanier, sondern als Universalmenschen, als Mitglieder einer großen übernationalen Geistesgemeinde. »Der helle Deutsche und der dunkle Äthiopier sind gleicherweise Menschen«, sagte Nikolaus von Cues in einer seiner Predigten. Die Kultur war genauso grenzüberschreitend wie deren Sprache Latein. Erst das Entstehen der modernen Nationalstaaten und die Herausbildung der nationalen Sprachen setzten diesem Universalismus ein Ende.

Auch die Aufklärer waren kosmopolitisch und universalistisch eingestellt. »Ich halte den Himmel für das Vaterland und alle wohlgesinnten Menschen für dessen Mitbürger«, schrieb Leibniz an den Zaren Peter den Großen. Von der Universalität der menschlichen Natur und der menschlichen Vernunft ausgehend, setzten sie sich für die Menschenrechte jedes Erdenbewohners und für die Emanzipation der als rückständig geltenden außereuropäischen Völker ein. Als kennzeichnend für diese Geisteshaltung sei nur der »Brief an die Neger« von Condillac erwähnt, der mit den Worten beginnt: »Obwohl ich nicht dieselbe Farbe habe wie ihr, habe ich euch stets als meine Brüder betrachtet. Die Natur hat euch so gebildet, daß ihr den gleichen Geist, die gleiche Vernunft und die gleichen Tugenden besitzt wie die Weißen ...« Kant, Goethe, Schiller, Herder, Hölderlin und die meisten deutschen Aufklärer fühlten sich als Weltmenschen, nicht als teutonische Patrioten. Kant namentlich unterstrich, daß die einzige würdige Haltung eines Volkes gegenüber Fremden die »Hospitalität« sei.[7] Erst Fichte und Hegel setzten sich von dieser weltoffenen Einstellung ab und proklamierten die Überlegenheit des Germanentums über die anderen Kulturen und Völker.

Die im 19. Jahrhundert entstandene Arbeiterbewegung übernimmt die antirassistische Tradition des humanistischen Denkens und organisiert sich auf der Grundlage des proletarischen Internationalismus. Die 1864 gegründete Internationale Arbeiterassoziation war eine multiethnische Organisation, ebenso wie die 2., die 3. Internationale und die jetzige Sozialistische Internationale. Aber diese und andere Ansätze zu einem solidarischen Miteinander von Völkern und ethnischen Minderheiten sind immer wieder durch Nationalismus, Rassismus und Imperialismus zunichte gemacht worden. Auch heute stellen diese Erscheinungen eine der größten Herausforderungen unserer Zeit dar.

Nicht nur in den Ländern Osteuropas oder in Nahost wütet der nationalistische und ethnische Haß, nicht nur dort schlachten sich die Menschen gegenseitig im Namen ihrer Nationalität, ihrer ethnischen Identität oder ihrer Religion ab. Auch in Westeuropa und in Nordamerika werden Minoritäten diskriminiert und verfolgt. Faschisten und Rechtsradikale haben wieder Hochkonjunktur, werden immer selbstbewußter und gefährlicher. Es gibt heute in der westlichen Welt keinen Staat, der nicht Rassendiskriminierung betreibt, und zwar einen doppelten Rassismus: nach außen in Form von wirtschaftlichem Imperialismus, nach innen durch die offene Benachteiligung von Einwanderern und Asylsuchenden. Die akute soziale Krise, die die Welt als Ganzes durchlebt, wird diese bedrohliche Entwicklung noch weiter verschärfen, und so, wie die Weltherren es nicht geschafft haben, das materielle Elend der Entwicklungsländer zu beseitigen, werden sie auch mit dem Problem des Rassismus nicht fertig. Sie werden es nicht bewältigen, weil sich ihr ganzes System auf einen bewußten oder unbewußten Rassismus stützt. Denn Rassismus bedeutet nicht nur, Nordafrikaner, Asiaten oder Türken zu überfallen oder Asylantenheime in Brand zu stecken, er bedeutet auch, ganze Völker kaltblütig in Hunger und Not verkümmern zu lassen.

Das Ende der Gemütlichkeit

Nicht der schönen, neuen Weltordnung, die uns die Mächtigen in bunten Farben ausmalen, gehen wir entgegen; was uns vielmehr erwartet, ist ein riesiges, in solchem Ausmaß nie dagewesenes Weltchaos. Nicht der Morgenröte eines weltgeschichtlichen Neubeginns wohnen wir derzeit bei, sondern den letzten Atemzügen eines untergehenden Zeitalters. Und die Weltherren sind nicht Schutzengel, die die Menschheit retten sollen, sondern apokalyptische Reiter, Boten der Finsternis und des Verfalls, Bankrotteure eines sich im Konkurszustand befindenden Planeten. Mehr denn je könnten wir mit Nietzsche sagen: »... diese Welt, in der wir leben, ist ein Irrtum.«[8]

Die westliche Zivilisation hat sich trotz ihrer imponierenden Produktions- und Konsumziffern als ein kolossales, nicht wieder gutzumachendes Fiasko erwiesen. Man kann eine Zeitlang Bilanzen frisieren und falsche Buchführung betreiben, aber langfristig wird der Betrug selbst dem naivsten Wirtschaftsprüfer auffallen. Nicht Freiheit, nicht Gerechtigkeit, nicht Menschlichkeit und sonstige von der Moderne verkündete Ideale haben sich durchgesetzt, sondern ihr genaues Gegenteil. Schöner und menschenwürdiger sollte die Welt werden, häßlicher und erbarmungsloser ist sie geworden. Die Kriege, die Gewalt, das Elend sollten für immer verschwinden, wurde nach dem Zweiten Weltkrieg von den Siegermächten versichert. Längst wissen wir, daß sich dies alles nur vermehrt hat.

Untergehende Zivilisationen und Systeme pflegen sich von der weltgeschichtlichen Bühne mit Mord und Totschlag zu verabschieden. Die nationalen und regionalen Kriege, die im Herzen Europas und in anderen Erdteilen ausbrechen, die Massaker an wehrlosen Minderheiten und die Jagd auf arme Flüchtlinge sind nur die Vorboten eines sich anbahnenden Weltbrands. Die Supermoderne wird zusehends zur Superkatastrophe, der Weltgeist Hegels stirbt tagtäglich inmitten eines makabren Finales von Drogensucht, Kriminalität, Gewalt, Korruption, Zynismus, Verelendung, Entfremdung, Rassismus, Seuchen, ökologischem Kollaps und allgemeiner Zerstörung – Barbarei in Gestalt von Saturiertheit und Dekadenz.

Das System scheint nicht mehr in der Lage, sich zu regenerieren, es kann nur zugrunde gehen. Wir alle sind Schiffbrüchige einer Zivilisation, die im Begriff ist, das Schicksal der Titanic in kosmischem Ausmaß zu erleben, auch wenn die Steuermänner von der Kommandobrücke aus den Passagieren einreden wollen, sie hätten alles im Griff. Insgeheim herrscht schon die Moral des »Rette sich, wer kann«. Deshalb das Unbehagen, das sich überall breitmacht, die Angst, die die Menschen zunehmend ergreift.

Die Menschheit befreite sich von der Tyrannei totalitärer Ideologien, um unter die Tyrannei einer mißbrauchten und falschen Freiheit zu geraten. Es waltet wieder das Gesetz der Willkür und der Unterdrükkung, und was sich als Geist der Freiheit gebärdet, ist im Grunde der Vormarsch der Konterrevolution in Richtung auf einen neuen Faschismus. Und wie schon einmal in den zwanziger und dreißiger Jahren überall dieselbe Feigheit, dasselbe »appeasement«, dieselbe Bereitschaft, sich der Macht zu beugen und ihr zu dienen.

Nie wurde soviel verdrängt, soviel geschwiegen, gelogen und betrogen. »Was ist Ungerechtigkeit?« fragte Carlyle. Seine lapidare Antwort: »Ein anderer Name für Unordnung«.[9] Die Aussage gilt weiter-

hin, und deshalb ist jedes Wort der Mächtigen über eine neue Weltordnung eine Lüge. Wie können Politiker, die es nicht geschafft haben, ihre hauseigenen Probleme in Ordnung zu bringen, die Unverfrorenheit besitzen, sich als Weltlenker aufzuspielen?
Es gibt nur eine Logik, und die Logik der Ungerechtigkeit besteht darin, Zwietracht, Mißstände, Konflikte und Kriege zu erzeugen. Die »brave new world«, die man uns vorgaukeln will, kann nur in einer Götterdämmerung enden, denn das, was aus dem Bösen geboren wurde, muß auch einen bösen Ausgang nehmen. Und auch die Kumpanen von heute, die sich zu einer Art Syndikat zusammengetan haben, um die Welt unter sich aufzuteilen und auszubeuten, werden eines Tages wieder zu Feinden werden und die Pistolen, die sie jetzt noch versteckt tragen, von neuem ziehen. Deshalb rüsten sie alle weiter, trotz Freundschaftsbeteuerungen.
Man kann unter diesen Voraussetzungen Geschäfte machen und die Menschen korrumpieren, aber nicht eine tragfähige und sinnvolle Weltordnung herbeiführen. Die Welt ist mehr als ein Warenlager, die Kunst des Staatswesens mehr als die Führung eines Konzerns. Und gerade weil die heutigen Politiker nichts anderes als Befehlsempfänger der großen Interessenverbände und des Big Business sind, werden sie es nicht schaffen, die Probleme der Menschheit zu bewältigen. Die Antike brachte große Staatsmänner und Philosophen hervor, das Mittelalter fromme Mystiker und Theologen, die Renaissance Universalmenschen, unser Zeitalter vor allem Krämerseelen, wie schon Rousseau erkannte: »Die antiken Politiker sprachen unentwegt von Sitten und von Tugend, die unseren sprechen nur von Geld und Kommerz.«[10]
Was sich jetzt vor unseren Augen abspielt, ist der Bankrott der aus dem bürgerlichen Wertesystem hervorgegangenen instrumentellen Vernunft. Der Versuch, das menschliche Dasein auf Kommerz, Kalkül und Konsum zu reduzieren, ist weitgehend geglückt, und die Menschheit ist hoffnungslos gescheitert, auch wenn die Höflinge und Söldner des Systems weiterhin von gewonnenen Schlachten berichten. Hobbes, der erste Theoretiker des bürgerlichen Staates, hatte sich eingebildet, man könne ein Gemeinwesen auf der Grundlage des Egoismus und des Genusses gründen und ewig aufrechterhalten.

Jetzt wissen wir, daß die friedliche und segensreiche Ordnung, die er mit seinem Leviathan zu sichern trachtete, den Krieg aller gegen alle entfesselt hat, den er überwinden wollte. Nicht die Wilden haben sich als Feinde der Menschheit erwiesen, wie Hobbes meinte, sondern die Zivilisierten, die Träger und Gestalter des bürgerlichen Zeitalters.

Der institutionalisierte Herrschaftsprozeß, der das System organisiert hat, kann keine Weltordnung zustande bringen, weil die Fundamente, auf die sich diese Ordnung stützen soll, selbst der Inbegriff der Unordnung sind. Die Sieger von heute, die hochmütig und schadenfroh den Untergang des real existierenden Sozialismus und die Auflösung der Sowjetunion bejubeln, ahnen kaum, daß auf sie ein ähnliches Schicksal wartet. Auch sie werden sich eines Tages für ihre Untaten verantworten müssen. Man kann nicht ewig die Menschen schinden, belügen, demütigen und ihre Würde mit Füßen treten. Irgendwann bestätigt sich immer, was Babeuf schrieb: »Die Gerechtigkeit des Volkes vollzieht sich nur langsam und oft zu spät, aber wenn sie sich in Bewegung setzt, ist sie groß und überwältigend wie es selbst, handelt rasch und erbarmungslos.«[11]

Die Stunde der Wahrheit nähert sich, das Ende des zweiten Millenniums wird auch das Ende der Gemütlichkeit sein.

Quellennachweise

Die Weltkrise: Ein Millennium geht zu Ende

1 Albert Camus, »L'homme révolté«, Paris 1951, S. 288
2 Hans-Martin Lohmann, »Geisterfahrer. Blanqui, Marx, Adorno und Co. 22 Portraits der europäischen Linken«, Hamburg 1989, S. 7
3 Ernest Mandel, »Der Spätkapitalismus«, Frankfurt 1972, S. 453
4 Adam Schaff, »Marxismus und das menschliche Individuum«, Zürich 1965, S. 21
5 Georges Sorel, »Réflexions sur la violence«, Paris 1950, S. 16
6 Marx, »Briefe an Kugelmann«, Berlin 1952, S. 125
7 Albert Camus, a. a. O., S. 301

Barbarei und Zivilisation

1 Bertrand de Juvenel, »Du pouvoir«, Paris 1972, S. 31
2 Fourier, »Théorie des Quatre Mouvements et des Destinées Générales«, Paris 1967, S. 130
3 Leibniz, »Nouveaux Essais sur l'Entendement Humain«, Paris 1966, S. 81
4 Baudelaire, »Œuvres complètes«, Paris 1961, S. 1260
5 Schiller, »Schriften zur Philosophie und Kunst«, München 1959, S. 85
6 William Godwin, »Enquiry Concerning Political Justice«, Middlessex 1976, S. 83
7 Vgl. »Die Lage der arbeitenden Klasse in England«
8 Aldous Huxley, »Collected Essays«, New York 1958, S. 299
9 Max Horkheimer, »Die geistige Funktion der Philosophie«, Frankfurt 1974, S. 11
10 Heleno Saña, »Dialektik der menschlichen Emanzipation«, Köln 1989, S. 113
11 Georges Gurvitch, »Dialektik und Soziologie«, Neuwied 1965, S. 181
12 Camus, a. a. O., S. 233
13 Rosa Luxemburg, »Gesammelte Werke«, 5. Band, Berlin 1975, S. 719
14 Rousseau, »Œuvres choisies«, Paris 1960, S. 6

Das Zeitalter des Zynismus

1 Raymond Aron, »La lutte des classes«, Paris 1964, S. 36
2 Jeremy Bentham, »An Introduction to the Principles of Morals and Legislation«, in dem Sammelband »The Utilitarians«, New York 1961, S. 73
3 MEW, 3. Band, Berlin 1958, S. 402
4 De LaMettrie, »Discours sur le bonheur«, in: »Œuvres philosophiques«, 2. Band, Amsterdam 1764, S. 237
5 Ders., »L'art de jouir«, a. a. O., S. 275
6 Charles Fourier, a. a. O., S. 78 u. 81
7 Vgl. »Die Ideologie der anonymen Gesellschaft«, Köln 1966
8 Vgl. »Allemagne et Italie«, 1. Band, Brüssel 1839, S. 142
9 Erich Fromm, »Analytische Sozialpsychologie und Gesellschaftstheorie«, Frankfurt 1970, S. 64
10 Benjamin Constant, »De la liberté chez les modernes«, Paris 1980, S. 512 u. 513
11 MEW, 1. Band, Berlin 1977, S. 382
12 Camus, a. a. O., S. 175
13 Proudhon, »Système des contradictions économiques ou philosophie de la misère«, 1. Band, Paris 1923, S. 222
14 Bakunin, »Gesammelte Werke«, 2. Band, Berlin 1957, S. 257

Die politische Macht

1 Alexis de Tocqueville, »Œuvres complètes«, 1. Band, Paris 1954, S. 54
2 Bakunin, a. a. O., 1. Band, S. 168
3 MEW, 4. Band, Berlin 1974, S. 482
4 Rousseau, »Du contrat social«, Livre III., Chap. XV.
5 Ebd., Livre III., Chap. XV.
6 Gaetano Mosca, »Teorica dei governi e governo parlamentare«, zitiert nach: James H. Messel, »Der Mythos der herrschenden Klasse. Gaetano Mosca und die Elite«, Düsseldorf/Wien 1962, S. 38
7 Ebd., S. 39
8 Lenin, »Gegen den Revisionismus«, Berlin 1959, S. 461
9 Barrington Moore, »Zur Geschichte der politischen Gewalt«, Frankfurt 1966, S. 16
10 MEW, 4. Band, S. 469
11 Paul M. Sweezy, »Die Zukunft des Kapitalismus und andere Aufsätze zur politischen Ökonomie«, Frankfurt 1970, S. 75
12 Rosa Luxemburg, a. a. O., 5. Band, S. 104

13 Ernest Mandel, a. a. O., S. 440
14 Paul M. Sweezy, »Theorie der kapitalistischen Entwicklung«, Frankfurt 1970, S. 368
15 Vgl. Frankfurter Rundschau, 20. 10. 1990
16 Peter Koslowski, »Ende der Geschichtsphilosophie als Revindikation der Geschichtlichkeit«, in: »Widerspruch«, Münchner Zeitschrift für Philosophie, 10. Jahrgang 1990, S. 29

Die Welt als Ware

1 Jean Baptist Say, »Catechismus der National-Wirtschaft«, Karlsruhe 1816, S. 139
2 Eduard Bernstein, »Die Voraussetzungen des Sozialismus und die Aufgaben der Sozialdemokratie«, Stuttgart 1899, S. 75–76
3 Paul M. Sweezy, »Die Zukunft des Kapitalismus«, a. a. O., S. 15
4 Ludwig von Mises, »Die Wurzeln des Antikapitalismus«, Frankfurt 1958, S. 12
5 Ernest Mandel, a. a. O., S. 456
6 Akio Morita, »Made in Japan«, Bayreuth 1986, S. 351–352
7 Proudhon, a. a. O., 1. Band, S. 223
8 Marx, »Das Kapital«, 1. Band, Berlin 1965, S. 658
9 Marx, »Grundrisse«, Berlin 1953, S. 311
10 MEW, 3. Band, S. 36
11 Rosa Luxemburg, »Internationalismus und Klassenkampf«, Berlin und Neuwied 1971, S. 292–293
12 Jean Braudillard, »La societé de consommation«, Paris 1970, S. 35
13 Camus, »La chute«, Paris 1958, S. 18
14 Cioran, »De l'inconvénient d'entre né«, Paris 1973, S. 40
15 Marx, »Grundrisse«, a. a. O., S. 155
16 Ebd., S. 82

Die kapitalistischen Hochburgen

1 Petra Kelly, Rede im Bundestag, 26. 6. 1984
2 Sartre, »Les sécuestrés d'Altona«, Paris 1960, S. 357
3 Werner Weidenfeld, »30 Jahre EG-Bilanz der europäischen Integration«, Bonn 1987, S. 8
4 Gespräch mit »Der Spiegel«, 30. April 1990
5 Heleno Saña, »Glanz und Elend der deutschen Leistung«, in: »Der Preis der Tüchtigkeit. Deutschland von außen betrachtet«, Köln 1991, S. 83

6 Bakunin, Brief an die Brüsseler »Liberté«, 5. Oktober 1872
7 Max Frisch, »Tagebuch 1966–1971«, Frankfurt 1972, S. 314
8 Tom Morgantau, »Brainpower«, in: Newsweek, 7. 1. 1991
9 Alexis de Tocqueville, »De la démocratie en Amérique«, 1. Band, Paris 1961, S. 50
10 Hiroaki Kobayashi, »Wirtschaftsmacht Japan. Struktur und Organisation«, Köln 1987, S. 54
11 Vergl. Hermann Kahn, »Bald werden sie die ersten sein. Japan 2000. Zukunftsmodell der neuen Herren der Welt«, Wien/München/Zürich 1970
12 André Gorz, »Zur Strategie der Arbeiterbewegung im Neokapitalismus«, Frankfurt 1972, S. 148–149
13 Herbert Marcuse, »Ideen zu einer kritischen Theorie der Gesellschaft«, Frankfurt 1969, S. 185
14 Max Horkheimer/Theodor W. Adorno, »Dialektik der Aufklärung«, Frankfurt 1981, S. 29

Völker und Klassenherrschaft

1 In: Frankfurter Rundschau, 13. 10. 1990
2 Proudhon, a. a. O., 2. Band, S. 35
3 Marx/Engels, »Das Kommunistische Manifest«
4 Schumpeter, »Kapitalismus, Sozialismus und Demokratie«, Bern 1946, S. 40
5 Rosa Luxemburg, Ges. Werke, 5. Band, S. 593
6 MEW, 2. Band, S. 555
7 Marx, »Das Kapital«, 1. Band, S. 790–791
8 Georg Lukács, »Geschichte und Klassenbewußtsein«, Neuwied 1968, S. 242
9 Eduard Bernstein, »Die Voraussetzungen des Sozialismus«, Stuttgart 1909, S. 89
10 Vgl. Rolf Winter, »Hitler kam aus der Dankwartsgrube«, Hamburg 1991
11 Wilhelm Reich, »Die Massenpsychologie des Faschismus«, Köln 1971, S. 50
12 Camus, »L'homme révolté«, a. a. O., S. 264
13 Marx/Engels, »Briefwechsel«, 2. Band, Berlin 1949, S. 421
14 Lenin, »Gegen den Strom«, Hamburg 1921, S. 512
15 Paul M. Sweezy, »Die Zukunft des Kapitalismus«, a. a. O., S. 130
16 Marx, »Das Elend der Philosophie«, Berlin 1947, S. 34
17 Marx, »Briefe an Kugelmann«, a. a. O., S. 59
18 Marx, »Grundrisse«, a. a. O., S. 312
19 Vgl. vor allem »Zwei Taktiken der Sozialdemokratie in der demokratischen Revolution«, 1905 erschienen
20 Bakunin, a. a. O., 3. Band, S. 131

21 Isaiah Berlin, »Wider das Geläufige. Aufsätze zur Ideengeschichte«, Frankfurt 1981, S. 471
22 Régis Debray, »Révolution dans la révolution?«, Paris 1967, S. 105–106
23 Lenin, »Über Krieg, Armee und Militärwissenschaft«, 1. Band, Berlin 1961, S. 571 und 573
24 Frantz Fanon, »Les damnés de la terre«, Paris 1968, S. 115
25 Ebd., S. 25
26 Jean Ziegler, »Erinnerungen an Che Guevara«, in: »Che Guevara und die Revolution«, Herausg. von H. R. Sonntag, Frankfurt/Hamburg 1968, S. 64
27 Mao Tse-tung, »Ecris choisis«, 2. Band, Paris 1967, S. 112
28 Lenin, »Über Krieg, etc.«, a. a. O., S. 73
29 Ebd., S. 160
30 Rudi Dutschke, »Die Widersprüche des Spätkapitalismus, die antiautoritären Studenten und ihr Verhältnis zur Dritten Welt«, in: »Rebellion der Studenten oder die neue Opposition«, Hamburg 1968, S. 65
31 Rede in Algier, 27. 2. 1965, in: »Cuba, una revolución en marcha«, Herausg. von F. Fernández Santos, Paris 1967, S. 153

Weltelend und Weltüberfluß

1 Thomas Robert Malthus, »Das Bevölkerungsgesetz«, München 1977, S. 18
2 Ebd., S. 85
3 Ebd., S. 49–50
4 Ebd., S. 127–128
5 Engels, »Umrisse zu einer Kritik der Nationalökonomie«, MEW, 1. Band, S. 519
6 Ralph Waldo Emerson, »Gesellschaft und Einsamkeit«, Jena 1907, S. 129
7 Montesquieu, »De l'esprit des lois«, 1. Band, Paris 1960, S. 102
8 David Ricardo, »The Principles of Political Economy and Taxation«, New York 1973, S. 81
9 Walter Lippman, »The Good Society«, New York 1943, S. 171
10 Asit Datta, »Welthandel und Welthunger«, München 1985, S. 145
11 Gespräch mit Joelmir Beting, in: FR, 11. 12. 1985
12 Proudhon, a. a. O., 1. Band, S. 84
13 Nietzsche, »Also sprach Zarathustra«, München 1958, S. 57
14 Britta Jünemann, »Das Recht auf Asyl ist ein unveräußerliches Menschenrecht«, in: FR, 5. 12. 1990
15 Heidegger, »Sein und Zeit«, Tübingen 1967, S. 104 und folg.
16 Walter Benjamin, »Zur Kritik der Gewalt«, Frankfurt 1965, S. 84
17 Rudolf Hilferding, »Das Finanzkapital«, Berlin 1947, S. 305
18 Norman Mailer, »Advertisements for Myself«, New York 1960, S. 389

Die islamische Zeitbombe

1 Hegel, »Vorlesungen über die Philosophie der Geschichte«, in: »Werke«, 12. Band, Frankfurt 1970, S. 434
2 Gamal Abdel Nasser, »Die Philosophie der Revolution«, in: »Die arabische Revolution«, Herausg. von Fritz René Allemann, Frankfurt 1957, S. 56
3 Montesquieu, »De l'esprit des lois«, Livre XXIV, Chap. V.
4 Ernst Bloch, »Avicenna und die Artistotelische Linke«, Frankfurt 1963, S. 13
5 Shepard B. Clough, »Kultur und Wirtschaft«, Frankfurt 1954, S. 211
6 Christopher Dawson, »Understandig Europe«, New York 1960, S. 140
7 Peter Scholl-Latour, »Allah ist mit den Standhaften«, Stuttgart 1983, S. 112
8 Vgl. John W. Spanier, »American Foreign Policy since World War II«, New York 1960, S. 100
9 John C. Campbell, »Defense of the Middle East«, New York 1960, S. 153–154
10 Theodor Herzl, »Der Judenstaat. Versuch einer modernen Lösung der Judenfrage«, Köln 1908, S. 30
11 Martin Buber, »Ein Land und zwei Völker. Zur jüdisch-arabischen Frage«, Frankfurt 1983, S. 271
12 Max Horkheimer, »Zur Kritik der instrumentellen Vernunft«, Frankfurt 1963, S. 309
13 Arthur Koestler, »Diebe in der Nacht«, Berlin 1983, S. 336–337
14 Vgl. Le Monde, 16. 4. 1969
15 Vgl. Le Figaro, 4. 3. 1991

Der postmoderne Mensch

1 Nietzsche, »Vorspiel einer Philosophie der Zukunft«, Frankfurt 1959, S. 114
2 André Breton, »Manifestes du surrealisme«, Paris 1967, S. 19
3 Kant, »Werke«, 4. Band, Frankfurt 1968, S. 708
4 Sartre, »Qu'est-ce que la littérature?«, Paris 1948, S. 268
5 Nietzsche, »Die fröhliche Wissenschaft«, München 1959, S. 181
6 Condorcet, »Esquisse d'un tableau historique des progrès de l'esprit humain«, Frankfurt 1963, S. 117
7 Camus, »L'homme révolté«, a. a. O., S. 180
8 Carlyle, »Selected Writings«, Middlessex 1971, S. 65
9 Camus, »La chute«, a. a. O., S. 125
10 Engels, »Die Lage der arbeitenden Klasse in England«, MEW, 2. Band, S. 257
11 Thomas Mann, »Der Zauberberg«, Frankfurt 1960, S. 473
12 Kant, »Werke«, 11. Band, Frankfurt 1964, S. 37–38
13 Horkheimer/Adorno, »Dial. der Aufklärung«, a. a. O., S. 73

14 Roland Barthes, »Über mich selbst«, München 1978, S. 48
15 Ernest Mandel, »Die Strategie der Übergangsforderungen«, in: »Wege zur veränderten Gesellschaft«, Herausg. von Hendrik Bussiek, Frankfurt 1971, S. 52
16 Vgl. »Vom Umsturz der Werte«, in: »Ges. Werke«, 3. Band, Bern 1955
17 Erich Fromm, »Anatomie der menschlichen Destruktivität«, Stuttgart 1974, S. 318

Das Leben als Strafe

1 E. M. Cioran, »Der Absturz in die Zeit«, Stuttgart 1980, S. 32
2 Kierkegaard, »Traité du desespoir«, Paris 1949, S. 73
3 Vgl. »Del sentimiento trágico en la vida de los hombres y de los pueblos«
4 D. H. Lawrence, »Selected Letters«, New York 1961, S. 220
5 Bernhard Bolzano, »Sozialphilosophische Schriften«, Stuttgart 1975, S. 139
6 Celine, »Voyage au bout de la nuit«, Paris 1952, S. 26
7 Kafka, »Briefe an Milena«, Frankfurt/Hamburg 1966, S. 53
8 Norbert Copray, »In Hoffnung widerstehen«, München 1988, S. 11–12
9 J. K. Galbraith, »Gesellschaft im Überfluß«, München 1963, S. 92

Der Sieg des Niedrigen

1 Baudelaire, »Les paradis artificiels«, Paris 1963, S. 59
2 Hölderlin, »Werke in zwei Bänden« (Parkland-Klassiker), 2. Band, S. 51
3 Novalis, »Blütenstaub«, in: Atheneum, Erster Band, Erstes Stück, Berlin 1798, S. 70
4 Robert Kalivoda, »Der Marxismus und die moderne geistige Wirklichkeit«, Frankfurt 1970, S. 88–89
5 Mallarmé, »Propos sur la poesie«, Monaco 1946, S. 33
6 Rimbaud, »Œuvres poétiques«, Paris 1964, S. 119
7 Diderot, »Le neveu de Rameau«, a. a. O., S. 26
8 Vgl. »Der Absturz in die Zeit«, a. a. O.
9 Daniel Bell, »Die Zukunft der westlichen Welt«, Frankfurt 1976, S. 28–29
10 Helvetius, »De l'homme«, 2. Band, London 1773, S. 332
11 Schelling, »Über das Wesen der menschlichen Freiheit«, Stuttgart 1983, S. 87
12 Ebd., S. 85
13 Rousseau, »Emile ou de l'éducation«, Paris 1966, S. 111
14 Kant, »Werke«, 2. Band, S. 51
15 Rousseau, »Emile«, a. a. O., S. 317
16 Benjamin Franklin, »The Autobiography and Other Writings«, New York 1961, S. 95

17 Chateaubriand, »Génie du christianisme«, 2. Band, Paris 1966, S. 445
18 Camus, »Les justes«, Paris 1950, S. 107
19 Bernhard Mandeville, »Die Bienenfabel oder Private Laster, öffentliche Vorteile«, Frankfurt 1968, S. 362
20 Adorno, »Ges. Schriften«, a. a. O., 6. Band, S. 242
21 Max Horkheimer, »Die ges. Funktion der Phil.«, a. a. O., S. 82
22 Ulrich Sonnemann, »Negative Anthropologie«, Reinbek 1969, S. 135
23 Sartre, »L'existentialisme est un humanisme«, Paris 1962, S. 38

Natur und Mensch

1 Morris Berman, »Wiederverzauberung der Welt. Am Ende des Newtonschen Zeitalters«, Reinbek 1985, S. 13
2 Descartes, »Discours de la méthode«, sixième partie
3 Francis Bacon, »New-Atlantis«, Berlin 1959, S. 83
4 Camus, »L'homme révolté«, a. a. O., S. 313
5 Erich Fromm, »Die Furcht vor der Freiheit«, München 1990, S. 16
6 Max Weber, »Die protestantische Ethik«, Leck-Schleswig 1965, S. 33
7 Bakunin, a. a. O., 1. Band, S. 147
8 Nietzsche, »Die fröhliche Wissenschaft«, a. a. O., S. 181
9 Alexander Block, »Ausgewählte Werke«, 2. Band, München 1978, S. 147–148
10 Rosa Luxemburg, »Ges. Werke«, a. a. O., 5. Band, S. 643
11 Engels, »Dialektik der Natur«, MEW, 20. Band, Berlin 1978, S. 452
12 Hans Jonas, »Das Prinzip Verantwortung«, Frankfurt 1980, S. 33
13 Marx, »Frühe Schriften«, 1. Band, Darmstadt 1971, S. 593–594
14 Christian Graf von Krockow, »Die Heimkehr zum Luxus«, Zürich 1989, S. 67
15 Marx, »Das Kapital«, a. a. O., 1. Band, S. 687
16 In: El Sol, Madrid, 9. 1. 1991
17 In: »Der Frühsozialismus«, Herausg. von Thilo Ramm, S. 221
18 Marx, »Grundrisse«, a. a. O., S. 592 und folg.
19 Marx, »Frühe Schriften«, a. a. O., 1. Band, S. 604
20 Bakunin, a. a. O., 1. Band, S. 127
21 Camus, »L'homme révolté«, a. a. O., S. 235
22 Ebd., S. 363

Die geistige Gleichschaltung

1 Michel Leiris, »Die eigene und die fremde Kultur«, Herausg. von Hans-Jürgen Heinrichs, 1. Band, Frankfurt 1977, S. 97
2 Raymond Williams, »Culture and society 1780–1950«, New York 1960, S. 344

3 Maxim Gorki, »Für Frieden und Demokratie«, Berlin 1954, S. 109
4 MEW, 3. Band, S. 627
5 Sören Kierkegaard, »Die Tagebücher«, 1. Band, Düsseldorf 1962, S. 16
6 Heleno Saña, »Cultura proletaria y cultura burguesa«, Madrid 1972, S. 35
7 Diderot, »Œuvres philosophiques«, Paris 1961, S. 312
8 Baudelaire, »Œuvres complètes«, a. a. O., S. 627
9 Ilja Ehrenburg, »Memoiren«, 3. Band, München 1965, S. 594
10 Krusytyo Goranov, »Some Observations on the General Theory of Culture«, in dem Sammelband: »Research Dimensions of Bulgarian Sociology Today«, Sofia 1990, S. 140
11 Vgl. Newsweek 17. 6. 1991, S. 56
12 Sartre, »Qu'est-ce que la littérature?«, a. a. O., S. 167
13 Camus, »La chute«, a. a. O., S. 15
14 Horkheimer/Adorno, »Dialektik der Aufklärung, a. a. O., S. 307
15 Alexander Block, a. a. O., 3. Band, S. 338
16 Marx, »Zur Kritik der Hegelschen Rechtsphilosophie«, MEW, 3. Band, S. 391
17 Georges Sorel, a. a. O., S. 52
18 Mikis Theodorakis, Kongreß, Künstler in Aktion, Vgl. FR 22. 12. 1988
19 Sartre, »Qu'est-ce que la littérature?«, a. a. O., S. 88
20 Alexander Block, a. a. O., 3. Band, S. 344

Ist der Sozialismus tot?

1 Alfred Paffenholz, »Der gestürzte Marx. Vom Weiterleben einer Vision«, in: NDR, 3. 3. 1991
2 Hans-Martin Lohmann, »Der tote Hund beißt noch immer«, in: FR 27. 4. 1991
3 Kautsky, »Der Bolschewismus in der Sackgasse«, Berlin 1930, S. 89–90
4 Lenin, »Was tun?«, »Werke«, 5. Band, Berlin 1959, S. 385–386
5 Leszek Kolakowski, »Marxismus – Utopie und Anti-Utopie«, Stuttgart 1974, S. 39–40
6 Engels, »Briefe an Bebel«, Berlin 1958, S. 41
7 Vgl. Bunte, 29. 11. 1990
8 Engels, Einleitung zu »Die Klassenkämpfe in Frankreich von 1848 bis 1850«, von Marx, Berlin 1895, S. 17
9 Sinowjew, »Der Krieg und die Krise des Sozialismus«, Wien 1824, S. 17–18
10 Trotzki, »Die permanente Revolution«, Frankfurt/Hamburg 1969, S. 152
11 Rosa Luxemburg, »Die russische Revolution«, Eing. und herausg. von Ossip K. Flechtheim, Frankfurt 1963, S. 69 und folg.
12 Lenin, »Die Diktatur des Proletariats und der Renegat K. Kautsky«, Leipzig 1919, S. 16

13 Rosa Luxemburg, »Die russische Revolution«, a. a. O., S. 75
14 Kautsky, »Terrorismus und Kommunismus«, Berlin 1919, S. 152
15 Lenin, »Staat und Revolution«, Berlin 1918, S. 95
16 Hermann Weber, »Demokratischer Kommunismus? Zur Theorie, Geschichte und Politik der kommunistischen Bewegung«, Hannover 1969, S. 101 und folg.
17 Karl Kautsky, »Die Internationale und Sowjetrußland«, Berlin 1925, S. 39–40
18 Ignazio Silone, in dem Sammelband: »Ein Gott, der keiner war«, München 1962, S. 95–96
19 Milovan Djilas, »Conversations avec Staline«, Paris 1962, S. 145
20 Heleno Saña, »La Internacional Comunista 1919–1945«, 2. Band, Madrid 1972, S. 316

Auf der Suche nach einer besseren Welt

1 MEW, 3. Band, S. 67
2 Norman Mailer, a. a. O., S. 259
3 Emile Durkheim, »Der Selbstmord«, Neuwied/Berlin 1973, S. 236
4 Feuerbach, »Philosophische Kritiken und Grundsätze«, Leipzig 1969, S. 156
5 Stojanović, a. a. O., S. 111
6 Camus, »L'homme révolté«, a. a. O., S. 180–181
7 MEW, 3. Band, S. 229
8 Iring Fetscher, »Thesen zum Ende der bürokratischen Planwirtschaft«, in: Widerspruch, a. a. O., S. 16
9 Mihailo Marcović, »Dialektik der Praxis«, Frankfurt 1968, S. 70
10 Rousseau, »Emile«, a. a. O., S. 374
11 Benedetto Croce, »Filosofia della pratica«, Bari 1909, S. 311
12 Emile Durkheim, »Über die Teilung der sozialen Arbeit«, Frankfurt 1977, S. 439
13 Jürgen Habermas, »Theorie und Praxis«, Frankfurt 1971, S. 50
14 Diderot, »Le neveu de Rameau«, a. a. O., S. 52
15 Joseph de Maistre, »Les soirées de Saint-Petersbourg«, 1. Band, Lyon/Paris 1872, S. 217
16 Camus, »Lettres a un ami allemand«, Paris 1948, S. 74
17 Camus, »La peste«, Paris 1983, S. 121
18 Reinhold Schneider, »Briefe an einen Freund«, Köln 1951, S. 50
19 Spinoza, »Ethik«, V., XII.
20 Montaigne, »Essais«, 2. Band, Paris 1965, S. 288
21 Kant, »Werke«, 7. Band, Frankfurt 1968, S. 261
22 Nietzsche, »Vorspiel einer Philosophie der Zukunft«, Frankfurt 1959, S. 110

Erfüllung und Entfremdung

1 Sören Kierkegaard, »Die Tagebücher«, a. a. O., 1. Band, S. 322
2 Proudhon, a. a. O., 2. Band, S. 87
3 Pascal, »Pensées«, Paris 1960, S. 131
4 Sartre, »L'être et le néant«, a. a. O., S. 128
5 Baudelaire, »Œuvres complètes«, a. a. O., S. 253
6 Kierkegaard, »Die Tagebücher«, a. a. O., 1. Band, S. 138
7 Hölderlin, a. a. O., S. 31
8 Ebd., S. 31
9 Sartre, »L'être et le néant«, a. a. O., S. 40
10 MEW, 3. Band, S. 76
11 Norbert Copray, a. a. O., S. 52
12 Dorothee Sölle, »Wählt das Leben«, Stuttgart/Berlin 1980, S. 57
13 Kalivoda, a. a. O., S. 79
14 Ebd., S. 84
15 Camus, »Le mythe de Sysiphe«, Paris 1942, S. 165
16 Erich Fromm, »Anatomie der menschlichen Destruktivität«, a. a. O., S. 63

Das Ringen um Wahrheit

1 Velsko Korać, »Lob der philosophischen Vernunft«, in: »Revolutionäre Praxis. Jugoslawischer Marxismus der Gegenwart«, Freiburg 1969, S. 29
2 Rudolf zur Lippe, a. a. O., S. 235
3 Auguste Compte, »Cours de philosophie positive«, 1. Band, S. LI (Classiques Garnier)
4 Herbert Marcuse, »Vernunft der Revolution«, Darmstadt/Neuwied 1972, S. 286
5 Engels, »Der Ursprung der Familie, des Privateigentums und des Staates«, Berlin 1964, S. 199
6 Miladin Zitović, »Die Dialektik der Natur und die Authentizität der Dialektik«, in: »Revolutionäre Praxis«, a. a. O., S.141
7 Karl Korsch, »Marxismus und Philosophie«, Frankfurt/Wien 1966, S. 104
8 Sartre, »Qu'est-ce que la littérature«, a. a. O., S. 308
9 Robert Kalivoda, a. a. O., S. 94
10 Svetozar Stojanović, a. a. O., S. 28
11 Rosa Luxemburg, »Ges. Werke«, a. a. O., 5. Band, S. 591
12 Marx, »Das Kapital«, 1. Band, S. 791
13 Ebd., S. 791
14 Marx, »Das Elend der Philosophie«, a. a. O., S. 34

Das Reich des Humanen

1 Kant, »Werke«, a. a. O., 12. Band, S. 730
2 Marx, »Grundrisse«, a. a. O., S. 21
3 Rousseau, »Emile«, a. a. O., S. 287–288
4 Thomas Paine, »Rights of Man«, Middlessex 1976, S. 185
5 MEW, 3. Band, S. 74
6 Feuerbach, a. a. O., S. 37
7 MEW, 3. Band, S. 6
8 Descartes, a. a. O., VI.
9 Mihailo Marković, »Dialektik der Praxis«, Frankfurt 1968, S. 105
10 Lucien Goldmann, »Sciences humaines et philosophie«, Paris 1966, S. 16
11 Erich Mühsam, »Die Befreiung der Gesellschaft vom Staat«, Berlin 1978, S. 31
12 Stojanović, a. a. O., S. 121
13 MEW, 3. Band, S. 74
14 Adam Schaff, »Entfremdung als soziales Phänomen«, Wien 1977, S. 302–303
15 Saint-Simon, »Du système industriel«, in »Œuvres«, 3. Band, Paris 1869, S. 251
16 Montesquieu, a. a. O., Buch XI., Kap. VI.
17 Brief vom 17. Mai 1846
18 Voltaire, »Lettres philosophiques«, Paris 1964, S. 55
19 Camus, »L'homme révolté«, a. a. O., S. 369
20 Ilja Ehrenburg, a. a. O., 2. Band, S. 244
21 Edgar Quinet, a. a. O., 1. Band, S. 132
22 Kant, »Werke«, a. a. O., 12. Band, S. 667
23 Bakunin, a. a. O., 3. Band, S. 245
24 Schelling, »Texte zur Philosophie und Kunst«, Stuttg. 1982, S. 97
25 Ebd., S. 97
26 Nietzsche, »Also sprach Zarathustra«, München 1958, S. 40
27 Jürgen Habermas, Silvia Bovenschen u. a., »Gespräche mit Marcuse«, Frankfurt 1978, S. 54
28 Erich Mühsam, a. a. O., S. 39

Eine neue Weltordnung?

1 »Dantes Monarchie«, übersetzt von Constantin Sauter, Freiburg im Breisgau 1913, S. 116
2 Albert Einstein, »Frieden«, Bern 1975, S. 443
3 Dieter Ruloff, »Weltstaat oder Staatenwelt«, München 1988, S. 219

4 Georg Schwarzenberger, »Civitas maxima«, Tübingen 1973, S. 15
5 Vgl. Hans Morgenthau, »Politics among Nations«, New York 1948
6 Bernard Shaw, »Wegweiser für die intelligente Frau zum Sozialismus und Kapitalismus«, Frankfurt 1978, S. 131
7 Kant, »Werke«, a. a. O., 11. Band, S. 213
8 Nietzsche, »Vorspiel einer Philosophie der Zukunft«, a. a. O., S. 127
9 Carlyle, a. a. O., S. 177
10 Rousseau, »Ecrits choisies«, a. a. O., S. 14
11 Gracchus Babeuf, »Le tribun du peuple«, Paris 1969, S. 266